Business Process와 IT 융합을 통한 경영혁신

혁신 바이블

Business Process와 IT 융합을 통한 경영혁신

혁신 바이블

김태성 | 김영진 지음

카오스북
CHAOS BOOK

Business Process와 IT 융합을 통한 경영혁신

혁신 바이블

발행일 2014년 9월 30일
저 자 김태성 · 김영진
발행인 오성준
발행처 카오스북
주 소 경기도 파주시 문발동 507-9번지
전 화 031-949-2765
팩 스 031-949-2766

등록번호 제406-2012-000111호

디자인 디자인콤마

웹사이트 www.chaosbook.co.kr
ISBN 978-89-98338-58-9 93320

정가 25,000원

Preface

서문

2014년 가을의 초엽에 이 책을 출판하게 되어 감사하게 생각한다. 이 책의 주된 목적은 국가나 기업의 경쟁력 강화를 위하여 경영 전반에 걸친 프로세스를 어떻게 분석하고 혁신하는지에 대한 중요한 항목을 공유함으로써 기업뿐만 아니라 나아가 국가 경쟁력에 보탬이 되고자 한다. 혁신은 개선이 아니다. 혁신은 이전에 관행처럼 해오던 것을 새로운 기법을 도입하여 새롭게 고치는 것이다.

국가나 기업은 한정된 자원에서 어떤 자원이 기여도가 높은지 파악하고 프로세스의 분석을 통해 최적화된 프로세스를 경영에 적용하는 것이 필요하며 매우 중요하다. 한편 멋있는 계획만으로는 혁신을 완성할 수 없다. 혁신의 처음이자 마지막은 사람이다. 사람의 마인드가 변화되지 않으면 혁신은 단순한 보고서 작성을 위한 활동으로 끝나게 된다. 이에 저자는 수년에 걸쳐 기획하고 자료를 수집하여 분석함으로써 혁신의 바이블이 되는 책을 만들고자 하였다.

이 책은 혁신의 개요, 비즈니스 프로세스 분석, 미래모형 수립, 통합 실행계획 수립으로 구성되어 있으며, 부록으로 컨설팅 분석기법을 수록하였다. 혁신전략의 수립부터 실행까지 활용할 수 있도록 구성된 책으로 국가나 기업 그리고 컨설턴트들에게 도움이 되기를 바란다.

이 책이 나올 수 있도록 모든 환경을 허락하신 하나님께 영광을 돌리고 같이 고민하고 많은 시간을 투자한 김영진 교수님께 감사를 드린다.

2014년 9월 1일

김태성

저자 소개

김태성

김태성 교수는 New Jersey Institute of Technology에서 산업공학으로 석사학위를, Louisiana State University에서 산업공학으로 박사학위를 취득하였다. 삼성SDS의 전자제조 컨설팅부서에서 Master Consultant로 근무하였고, 현재는 국립 금오공과대학교 산업공학부 교수로 재직하고 있다. 삼성전자 및 삼성전기, 삼성 SDS의 주요 프로젝트를 수행하였으며, 다수의 국가 프로젝트를 수행하고 있다. 주요 연구분야로 MES, SCM/APS, OR/DEA 및 조직 효율성 진단과 평가를 연구하고 있다.

[약력]

(현) 국립금오공과대학교 산업공학부 교수
(현) 국립금오공과대학교 기획협력처장
University of Maryland 연구교수
㈜삼성전기 자문교수
㈜삼성전자 자문교수
㈜삼성SDS Master Consultant

김영진

김영진 교수는 한양대학교 대학원에서 산업공학으로 석사학위를, 건국대학교에서 경영학으로 박사학위를 취득하였다. 삼성 SDS의 환경컨설팅, 하이테크컨설팅, 제조컨설팅, g3환경사업단 등에서 부서장으로 근무하였고, 현재는 국립 금오공과대학교 컨설팅대학원 교수로 재직하고 있으며 중소기업기술정보진흥원 감사로 활동하고 있다. 삼성전자 및 삼성 관계사, 삼성 SDS의 주요 프로젝트를 수행하였으며, 다수의 국가 프로젝트를 수행하였다. 주요 연구분야로는 PI, ERP, SCM, MES, PLM, Green ICT 및 경영 진단과 경영혁신 컨설팅을 연구하고 있다.

[약력]

(현) 국립금오공과대학교 컨설팅대학원 교수
(현) 중소기업기술정보진흥원 감사
기술사(공장관리), 기술지도사(분야: 생산관리),
국제기술사(APEC - Engineer, EMF - IRPE)
㈜삼성SDS 환경컨설팅 팀장, 전자제조컨설팅 실장
하이테크컨설팅 팀장, g3환경사업단장
㈜삼성SDS SCP Master Business Consultant

Contents

차례

CHAPTER

01

INNOVATION
BIBLE

이노베이션 개론

1.1 이노베이션 개념

1) 이노베이션의 등장 배경

21세기의 급변하는 경영환경은 기업으로 하여금 직면한 경영문제를 과거와 같은 전통적인 대응 방식으로는 더 이상 해결할 수 없게 함으로써 경쟁사들에 대한 경쟁우위를 확보하지 못한다. 따라서 기업은 지속적인 내·외부 경영환경의 변화에 대한 결과지향적인 변화를 필요로 하게 되었다.

전통적 경영문제 해결방식은 조직 전체의 성과보다는 기능적 결과에 초점을 둠으로써, 내부 환경에만 초점을 둔 정보시스템의 설계, 문제발생의 근본원인보다 표면적인 증상만을 찾게 하는 한정된 자원의 한계를 노출하였다. 결과가 아닌 업무활동에 초점이 맞추어져 있는 경영형태 및 프로세스로 인하여 직면한 경영 문제의 해결을 위해 기존 프로세스에 새로운 요구사항을 추가한다거나 다방면적인 접근을 통한 문제해결이 어려웠다.

특히, WTO의 출범으로 각국에서 취해졌던 보호무역장벽의 철회와 세계 지역경제권의 성장, 첨단기술의 고부가가치 생산체계로의 전환, 복잡·다양한 소비자 요구의 증대 등 외부환경의 변화와 가용설비와 자원의 부족, 산업 및 전문 인력의 부족, 리드타임의 단축 및 성과측정 방법의 필요성 증대와 같은 내부 환경의 변화, 전자상거래의 활성화, 기술 생애주기의 단축, 시스템 통합 등과 같은 정보기술의 변화 등은 과거 전통적인 경영 문제 해결 방식으로는 더 이상 기업이 직면한 경영 문제를 해결할 수 없게 되었다. 이러한 지속적인 경영환경의 변화에 대응하기 위하여 이노베이션innovation이란 혁신적인 개념이 등장하게 되었는데, 이는 비즈니스 프로세스를 고정된 틀 안에서 꺼내어 IT 시스템과 업무 자동화의 중심이 되도록 하고 비즈니스 프로세스를 지속적으로 관리하는 체계적인 이노베이션 구현 전략으로 나타나게 되었다.

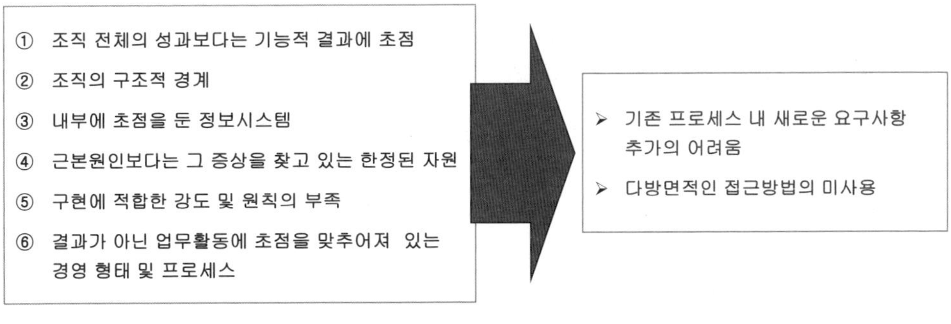

그림 1-1 전통적 경영 문제 해결 접근방법의 문제점

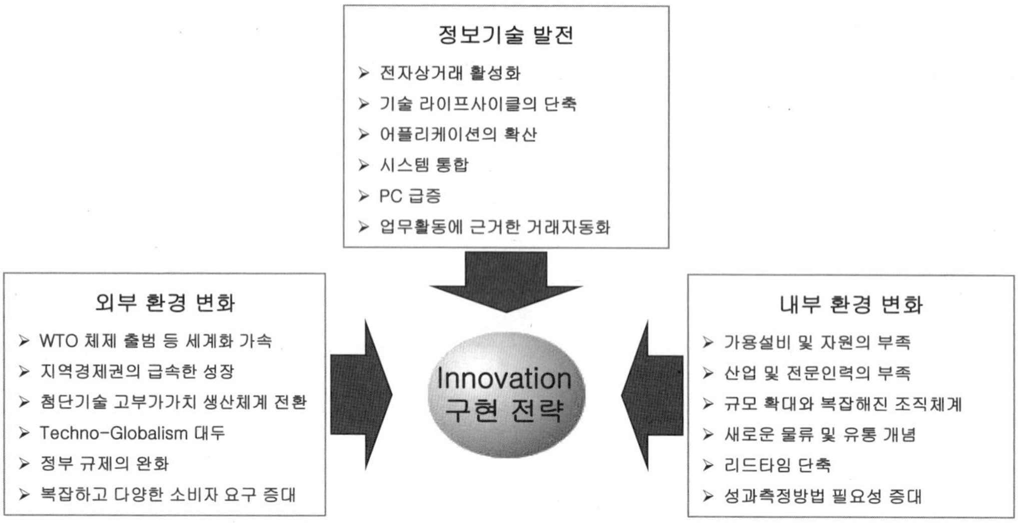

그림 1-2 이노베이션의 등장 배경

2) 이노베이션의 정의

이노베이션은 업무 처리 방식의 개선에 초점을 두고 조직, 제도, 문화의 개선까지 포함하고 있으며, 조직과 제도, 업무 처리 방식의 직접적 개선을 목적으로 문제점 분석을 통해 개선과제를 도출하는 활동으로 정의할 수 있다.

혁신의 개념은 1992년 해머Michael Hammer와 챔피James Champy에 의해 소개되었는데, "BPRbusiness process reengineering이란 비용, 품질, 서비스, 스피드와 같은 핵심 성과에서 극적인 향상을 이루기 위하여 기업 업무 프로세스를 기본적으로 다시 생각하고 근본적으로 재설계하는 것"이라 정의하면서, BPR의 핵심은 비즈니스 프로세스의 획기적인 개선이라 하였다.

표 1-1 BPR 정의

Business Process Reengineering란?
비용, 품질, 서비스, 속도와 같은 핵심적dramatic 성과에서 극적인 향상을 이루기 위해 기업 및 조직의 업무 프로세스process를 기본적fundamental으로 다시 생각해보고 보다 개선된 프로세스 도출을 위해 근본적Radical으로 재설계하는 것 –Michael Hammer
경영혁신과 정보처리 기술의 유기적 결합을 통한 업무 프로세스의 재구축 활동 –Thomas Dacenport & Janes Martin

이노베이션은 조직전반에 걸친 점진적인 변화가 아닌 빠른 시간 내에 조직 내의 인력, 비즈니스 프로세스, 기술을 동원하여 괄목할 만한 성과 및 조직변화를 성취하는 것을 의미한다. 탑-다운top-down 접근방식으로 프로세스 개선과 IT 및 자동화 기술을 최대한 활용하며, 일반적으로 성과 반영까지 2~4년의 기간이 소요된다.

3) 이노베이션의 효과

이노베이션innovation은 새로운 패러다임을 창조하고 조직을 새롭게 창출함으로서 근본적 변화를 유발하여 고객 측면에서는 다양한 제품에 대한 선택기회의 폭을 넓혀주고 기업으로부터 보다 빠른 제품이나 서비스 혜택을 받을 수 있도록 해주며, 저렴한 가격으로 제품을 구매할 수 있도록 해준다. 또한 기업 측면에서는 업무 리드타임을 단축하고 사원의 업무능력 제고로 소수정예화를 가능하게 해주며, 제조경쟁력을 제고시켜 준다. BPR의 효과를 요약하면 다음 표 1-2, 표 1-3과 같다.

이노베이션의 기대효과는 단기적 효과와 장기적 효과로 구분할 수 있다. 단기적 효과로 업무 효율성 향상을 통한 간접비용의 절감, E-Business 구축을 위한 전사적 정보 인프라 구축, 전략구매 활동을 통한 직접 조달비용의 감축, 가치 사슬 통합 등을 들 수 있으며, 장기적 효과로 전략, 조직, 프로세스 개선 및 정보화에 대한 기대효과를 들 수 있다.

표 1-2 경제주체별 이노베이션의 효과

고객 측면에서의 효과	기업 측면에서의 효과
● 다양한 제품에 대한 선택기회 제공 ● 보다 빠른 제품이나 서비스 혜택 제공 ● 저렴한 가격으로 제품 구매할 수 있는 기회 제공	● 프로세스의 복잡성 제거 ● 정보시스템과의 유기적인 통합 ● 리드타임 단축을 통한 서비스 확충 ● 비부가가치 업무의 제거, 적정 규모의 인력 활용, 재고 회전율 향상 등을 통한 비용절감 ● 자원 재할당 등을 통한 품질 향상 ● 전사적인 프로세스 연계성 강화 및 최적화 ● 단순과업에서 다차원적 작업으로 프로세스 변환

표 1-3 기간별 이노베이션의 효과

단기적 효과	장기적 효과
1. 업무효율성 향상을 통한 간접비용 절감 – 시스템 유지보수 비용 감소 – 재고수준 감소 및 재고 회전율 증대 – 간접비 및 운영 관리비 감소 **2. E-Business 구축을 위한 전사적 정보 인프라 구축** – 전사통합 시스템 구축 – 경영정보 분석 및 성과관리 데이터 제공 – 중복데이터 방지(Master Data 표준화) – 실시간 정보 공유 및 데이터 처리시간 단축 **3. 전략구매 활동을 통한 직접 조달비용 감축** – 조달비용 및 재고 유지비용 감축 – 조달리드타임 감축 – 조달물품 품질 향상 **4. 가치 사슬 통합** – 통합된 정보시스템 구축(재무, 생산, 영업, 인사, 물류시스템 통합) – 고객에서 공급업체까지의 가치 사슬value chain 활동 연동	**1. 전략적 기대효과** – 고객가치의 극대화 – 최적 생산/수익 극대화를 통한 이익 중심의 성장 – 경쟁력 우위 확보를 통한 가치 중심의 경영 **2. 조직의 기대효과** – 관리력의 향상 – 전문적이고 융통성 있는 조직 관리 **3. 프로세스 개선의 기대효과** – 고부가가치 효율적 업무처리에 따른 수익성 증대 – 환경변화에 능동적 대처 가능한 업무 처리 – 신속한 의사결정 체계 확립 **4. 정보화의 기대효과** – 첨단 시스템 구축을 통한 시스템의 표준화, 통합화 및 최적화 – 전사통합 시스템 구축 방향 제시

4) 이노베이션의 고려사항

① 수평적 관점의 유지

이노베이션 수행 시 고려사항은 첫 번째로 조직을 내부 또는 기능 위주의 관점으로 보는 것이 아니라 기업 외부(공급자, 고객 등)의 관점을 포함하여 기술, 사람, 하부구조에 의해 지원되는 하나의 수평적 프로세스의 통합체로 인식하는 것이다.

그림 1-3 이노베이션의 수평적 관점

② 획기적인 성과 달성

두 번째는 고객 요구사항과 경쟁적 환경요소가 급격히 변함에 따라 점진적인 성과 향상을 추구하기보다는 고객이 인지할 수 있는 획기적인 성과가 가능함을 인식해야 한다. 이노베이션에서 요구하는 성과란 최소한의 향상 또는 적절한 조정이 아니다. 다시 말해서, 이노베이션은 10%의 향상보다는 90% 향상을 추구하며, 전통적인 방식을 대체하는 획기적인 방식을 추구하는 것이다.

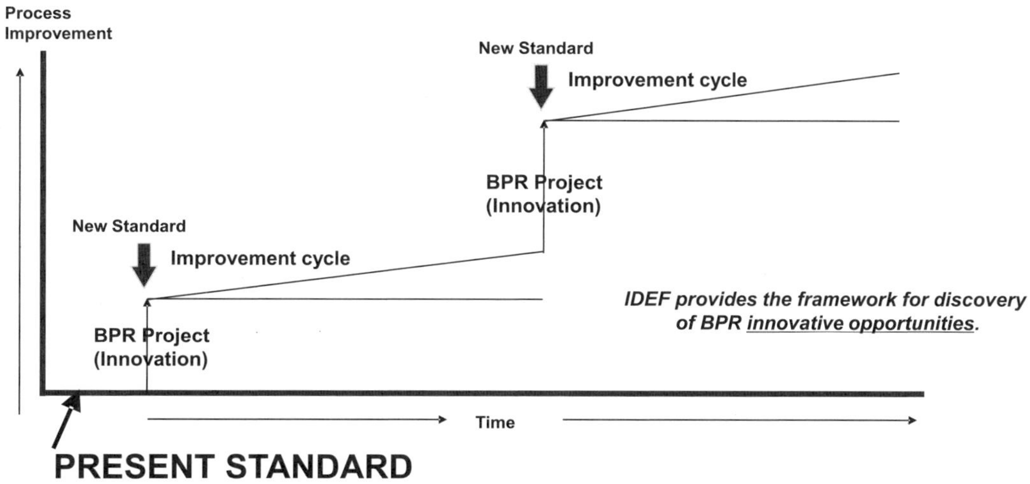

그림 1-4 이노베이션(BPR) Improvement Cycle

③ 통합적 해결방안 촉진

마지막 세 번째의 고려사항은 정보기술, 운영, 전략, 변화관리, 재무 등 다양한 차원의 개념과 원리를 고려한 광범위한 시각으로 접근하여 다각적인 해결방안을 도출해야 한다.

대부분의 기업에서 이노베이션은 기업 활동의 부가가치 창출을 위한 모든 프로세스 관점에서 파악하는 것이므로, 고객의 주문에서부터 고객에게 제품의 인도까지 가치를 창출하고 이익을 실현하는 데 필요한 모든 프로세스들과 프로세스들 간의 연결고리를 고려하여야 하기 때문에, 이러한 모든 프로세스들을 지원하고 있는 정보기술-운영-사업전략 및 기능별 전략-재무-변화관리 등 구성 요소들의 다양한 차원과 다방면적인 접근법을 통해 통합적으로 해결해야 한다.

1.2 이노베이션과 정보기술

1) 이노베이션과 정보기술의 연관관계

정보기술이 기업경영의 핵심요소가 되면서 경영활동 수행과 기업전략을 효율적으로 지원하는 정보기술은 경영활동에 있어서 기업 경쟁우위 확보, 기업의 생산성 및 업무성과 제고와 새로운 사업기회의 제공을 위한 도구로 활용되고 있다. 이러한 정보기술을 이용하여 프로세스의 변화를 도모할 수 있게 하는 이노베이션과 정보기술과의 관계는 기업이 급변하는 경영환경에 효율적으로 대응할 수 있도록 지원해 준다.

한편, 정보기술은 이노베이션에 있어 가장 강력한 도구enabler이지만, 정보기술이 유일한 도구는 아니다. 정보기술은 사업전략과 일치하도록 설계되어야 하며, 고객의 상이한 요구에 대해 여러 가지 전술이 사용가능하도록 해야 한다. 따라서 이노베이션에는 새로운 강력한 도구 및 모델이 존재하게 되며, 정보기술을 활용한 변화관리가 이노베이션의 핵심이다.

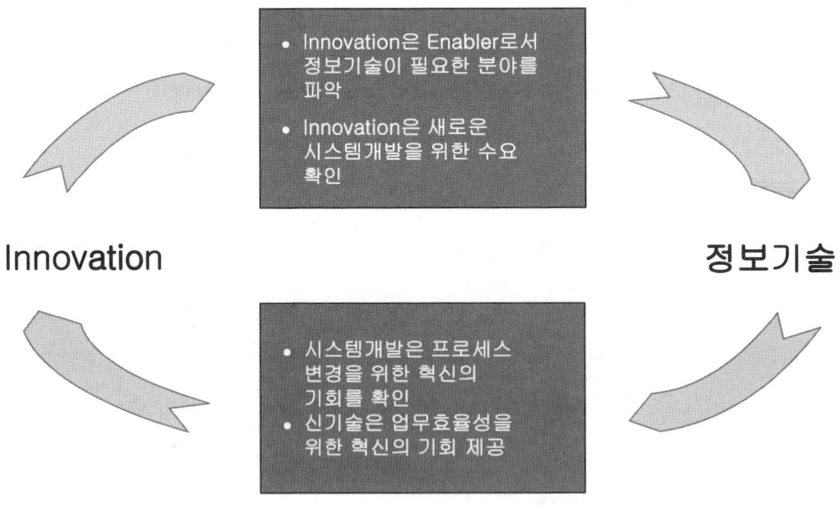

그림 1-5 이노베이션과 정보기술 간 관계

2) 유용한 도구로서의 정보기술

기존의 정보기술은 한 시점의 한 장소에서만 나타나는, 전문가만이 업무수행 가능한 복잡한 형태였다. 또한 정보를 검색하고 송수신할 수 있는 별도의 사무실이 필요했으며, 주요 서류는 서면으로 전달되어 처리되는 등 기술로서의 한계가 많았으나, 유용한 도구enabler로서 정보기술이 진화되면서 데이터베이스가 공유되고, 일반사용자도 전문가의 업무를 할 수 있게 되었다. 현장근무자 역시 어디에서나 정보를 교류할 수 있으며, 여러 사람이 동시에 주요 서류작업이 가능하게 되었다. 유용한 도구enabler로서의 다양한 정보기술들을 요약하면 다음 그림 1-6과 같다.

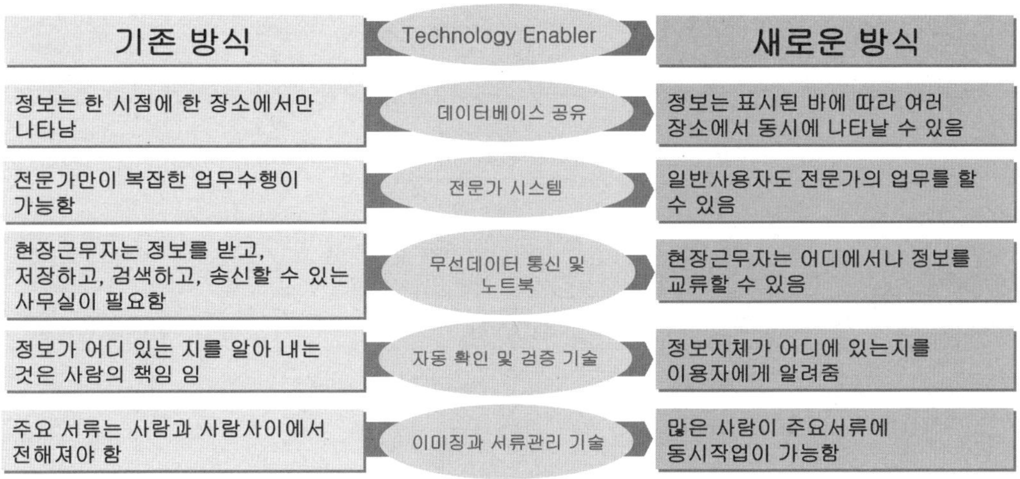

그림 1-6 유용한 도구로서의 정보기술 역할

3) 정보기술 활용 전략

급변하는 경영환경에서 정보기술을 이용하기 위해 새로운 정보기술과 시스템을 어떻게 활용하고 계획하는지가 중요하다. 그림 1-7을 참고로 요약하면 다음과 같은 사항들을 전략적으로 고려해야 한다.

① 어떻게 시스템을 사용할 것인가?

② 어떤 새로운 어플리케이션을 사용할 것인가?

③ 무슨 새로운 기술을 계획하고 있는가?

④ 현행 정보기술관련 직원과 사용기술은 무엇인가?

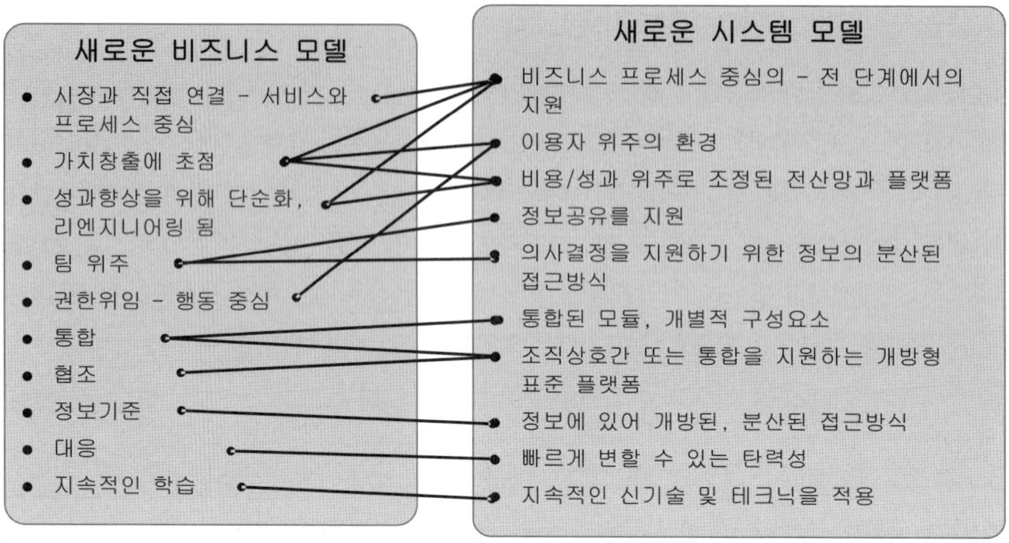

그림 1-7 새로운 비즈니스 모델과 시스템 모델 간의 연계

1.3 이노베이션 사례

1) Memorial Healthcare Systems

미국 정부의 의료보험 환급률reimbursemen 수준 인하에 따라 고객에게 수준 높은 서비스를 제공하기 힘들어 지자 Memorial Healthcare SystemsMHS는 혁신 프로젝트를 수행하게 되었다. MHS 이노베이션 프로젝트의 주요 목표는 운영비용을 적극적으로 절감하여 손실을 상쇄하는 방안으로, MHS 내 모든 부서의 운영비용을 18개월 안에 20% 절감을 목표로 하였다. 이노베이션 프로젝트의 기대효과를 요약하면 [표 1-4]와 같다.

① 접근

- TFT팀 구성으로 다방면의 비즈니스 프로세스 관점을 분석함
- 분석 결과 백오피스back-office/공급망 비즈니스 프로세스supply chain business process 개선 필요성 확인
- 개선을 위한 어플리케이션application 변경 과제 및 시스템 명세서 도출
- 사용할 공통 아키텍처common architecture를 선정
- 공통 아키텍처를 사용하여 수/미납, 자산관리, 인사관리 데이터 흐름data flow을 더욱 강화시킴

표 1-4 Memorial Healthcare Systems 이노베이션 프로젝트의 기대효과

과거	현재
페이퍼 서류	전자 서류
브로커 혹은 판매 대리인	웹, 디바이스 확산, e-마켓 플레이스
사일로/종속 데이터	데이터 웨어하우징, 데이터 가용성
종합 생산/서비스 통제	아웃소싱
제품중심	고객중심, 개인화
수작업 혹은 고객 데이터분석을 하지 않음	공인회계분석

- 벤더Vendor와 연락하여 공통 아키텍처 바탕의 제안서 요청

② 결과

- 창고 폐쇄로 운영비 감수
- e-비즈니스 모델의 JITJust-in-time 프로세스 도입으로 맞춤 서비스 확대
- 20% 성과는 올리지 못했으나 10~15% 확보

2) 보험사 A

급변하는 경영환경과 급속도로 발전되고 있는 정보기술의 향상으로 전산 시스템과 e-프로세스를 도입하지 않을 경우, 경쟁사들과의 경쟁에서 밀려날 위험 요소가 커지게 되며, 앞서가는 선진 금융기업을 위해 전통적인 전산 시스템보다는 전산기술 혁신을 바탕으로 수익 생성 업무와 경쟁력 강화가 필요하게 되었다.

보험사 A는 서류관리, 인터넷과 CRM 솔루션과 같은 통합시스템integration system의 도입으로 업무 효율성 강화와 비용절감 효과를 목적으로 혁신 프로젝트를 수행하였다. 개선사례의 구체적인 내용은 그림 1-8과 같다.

① 접근

- **3가지 개선 포인트 파악**

  1. 가상화virtualization

     보험사들이 사업확장을 위한 방법으로 정보시스템의 가상화를 추진하여 비용절감이나 업무 능력을 강화함

2. 세계화globalization

보험사의 신규상품이 늘어나고 글로벌 규제 적용이 의무화되면서 이에 필요한 수단으로 정보시스템을 적극 활용함

3. 고객선호도 변화shifting customer preferences

보험상품의 경우 보험사마다 큰 차이가 없지만 가장 중요한 서비스를 정보시스템을 이용하여 고객들의 선호도를 높게 한다는 점

- **4가지의 개선 방안 도출**

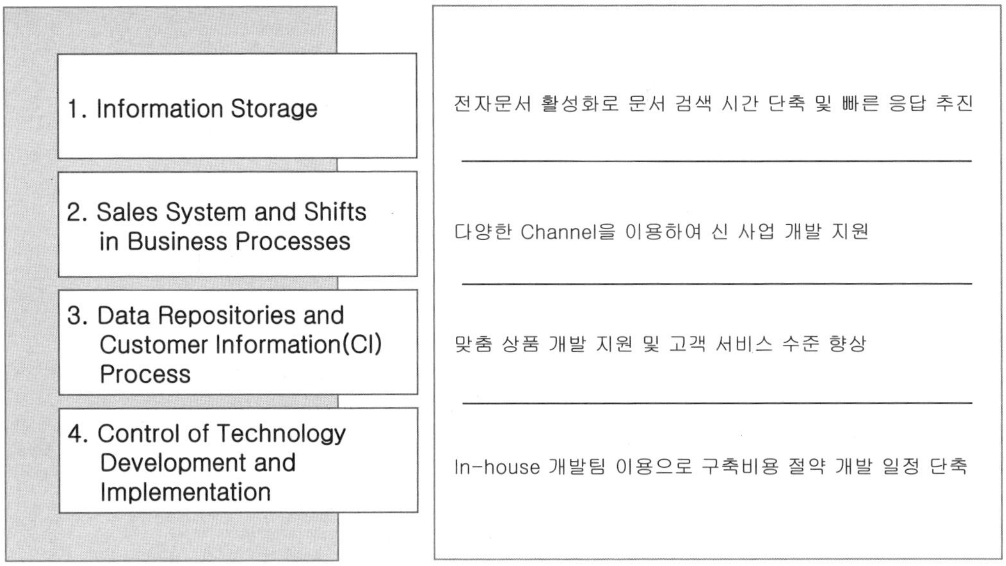

그림 1-8 보험사 이노베이션 사례

② 결과

- 맞춤 서비스 지원으로 매출원revenue stream 확장 및 고객 만족도 향상
- 개발 기간 단축
- 금융 기관 리더십 확보 및 금융계 수준 향상

1.4 이노베이션 성공요소

1) 기업 생명주기의 5단계

기업 생명주기의 5단계는 사업개척pioneering에서 시작하여, 합병consolidation, 갱신renewal, 변화transformation 등을 거쳐 사업을 마무리too late하는 단계를 거치게 된다. 기업 생명주기 단계와 성과와의 관계를 나타내면 그림 1-9와 같다.

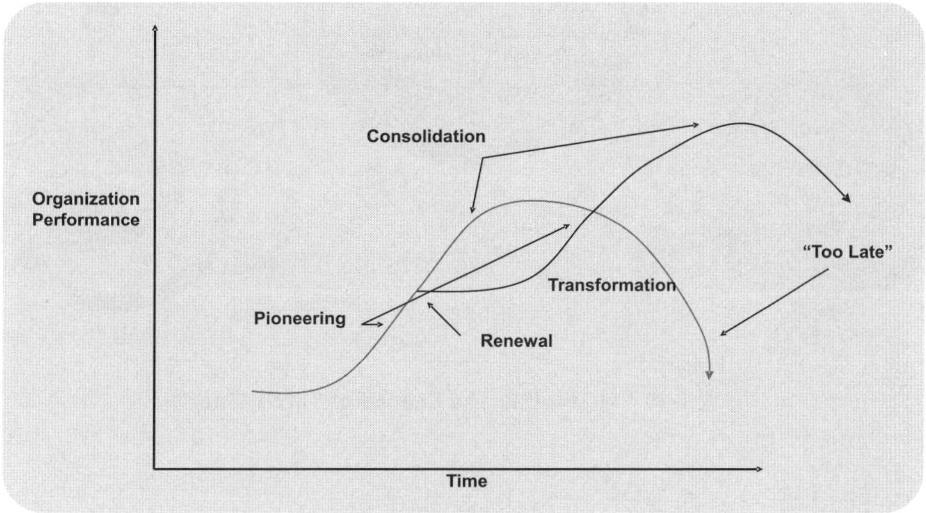

그림 1-9 기업 생명주기 단계와 성과 간의 관계

① **사업개척**pioneering: 새로운 비즈니스 시작의 초기와 중간 단계

② **합병**consolidation: 조직 생명 주기의 늦은 중간 단계

③ **갱신**renewal: 변화로 이끌어가는 조직 내에서 재생하는 단시간의 기간

④ **변화**transformation: 조직에서 근본적인 변화로 나타나는 기간

⑤ **마무리**too Late: 모든 징후들이 조직화가 쇠퇴하고 있다는 것을 보여주는 단계

또한, 기업은 사업전략의 성공적인 수행을 위해 설계design → 실행implement → 평가assess의 3단계The change of three ring를 거치게 된다. 3단계를 그림으로 나타내면 그림 1-10과 같다.

첫 번째 설계단계에서는 현상을 분석하고 기초 프로젝트 계획을 수립하여 전략을 제안한다. 두 번째 실행단계에서는 프로세스와 사업개선을 목적으로 사업수행에서 발생하는 현상들을 지속적으로 모니터링하고 업데이트한다. 세 번째 평가단계에서는 사업 설계와 수행단계를 피드백함으로 초기 전략수립의 실현가능성과 비전달성 여부를 점검한다.

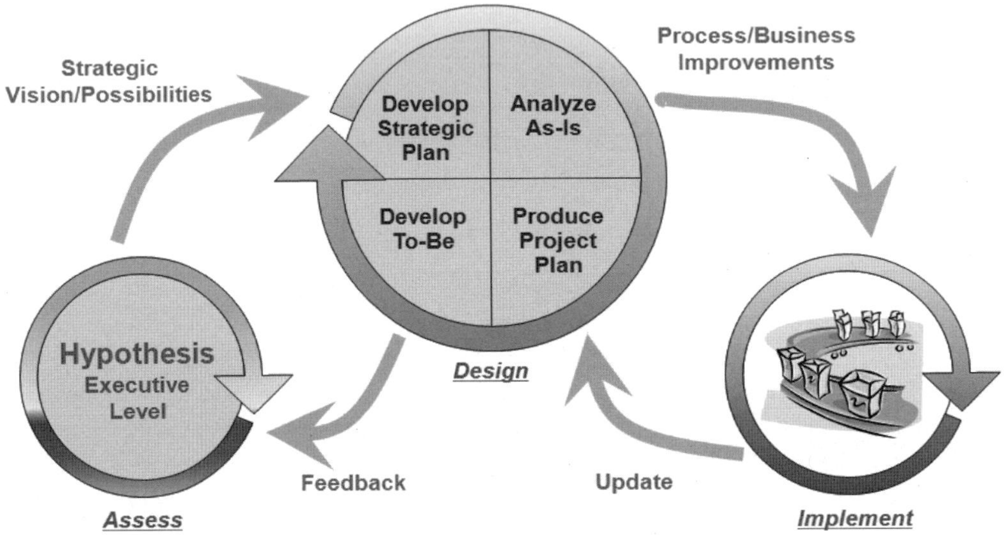

그림 1-10 세 고리 변화(The Change of Three Ring)

2) 이노베이션 성공을 위한 고려 요소와 조건

이노베이션을 성공하기 위해서는 최고경영층의 지속적인 관심과 지원이 뒷받침되어야 한다. 또한, 적절한 혁신 추진 조직이 구성되어 개인의 능력보다는 팀웍teamwork이 갖춰진 조직이 필요하며, 내부 조직원과 외부 구성원(컨설턴트) 간의 적절한 융화가 필요하다.

이노베이션은 경영프로세스의 개선을 목적으로 하고 있으므로, 내부적인 평가와 프로세스 맵map 구성을 통해 프로세스의 적절한 흐름을 파악하여야 하며, 경쟁 기업/조직과의 차이gap를 줄여나가기 위하여 지속적이고 획기적인 방법으로 프로세스를 파악하는 것이 중요하다.

한편, 이노베이션은 실현 불가능하고 현실적이지 못한 목표 및 기대수준을 설정할 경우 실패의 요인이 될 수 있으므로 목표와 목적을 현실적이고 구체적으로 설정하여야 한다. 예를 들어, 고객 가치 극대화를 위한 프로세스 개선을 목표로 하는 경우 서비스 품질개선, 가격인하 및 시간단축과 같은 명확한 목표를 제시할 수 있어야 하며, 경영혁신을 위한 프로세스 개선을 목표로 하는 경우 원가절감, 제품의 품질향상, 업무환경의 제고, 생산/유통 시간 감축 등과 같은 구체적인 목표 설정이 이루어져야 한다.

또한, 급진적 변화에 대한 조직 구성원들의 저항 및 부적응이 있을 수 있으므로 기존 개념의 변화에 대한 준비와 체계적인 교육훈련을 실행하여 성공적인 이노베이션 프로젝트 수행이 될 수 있도록 준비하여야 한다.

이노베이션 성공을 위한 고려사항과 전제조건을 요약하면 다음과 같다.

① 이노베이션 성공을 위한 고려사항

- 비즈니스 프로세스에 초점
- 처방fix이 아닌 변화change 관리에 중점
- 업무 재설계 외에 보다 많은 부분의 변화 프로세스 필요
- 몇 개의 주요 프로젝트 선정으로 프로젝트의 분산 방지
- 변화의 범위, 정도에 제약을 두지 않도록 주의
- 회사 내 최우선순위로 BPR 프로젝트를 선정
- 확실한 결과를 얻을 수 있도록 투자에 대한 사전준비
- 최소한의 부작용을 기대 및 예측하여 대비
- 가능한 한 빠른 이노베이션 프로젝트를 시행

② 리엔지니어링 성공을 위한 전제조건

- 명확한 기업의 목표설정
- 최고경영층의 전폭적인 지지와 참여
- 원활한 상하 의사소통 경로의 확보
- 고객의 입장에서 고객의 절실한 욕구를 반영
- 재능 있는 조직구성원의 자발적인 참여
- 제3자의 전문적이고 폭 넓은 시각 수용
- 다른 프로젝트와 연관관계 파악

1.5 이노베이션 구현 전략 체계도

이노베이션 구현 전략의 전체 체계도는 다음 그림 1-11과 같다. 크게 환경분석에서는 기업을 둘러싸고 있는 경영환경과 정보기술을 분석하여 기업의 주요 성공요소와 정보화 요구사항 등을 분석하며, 현황분석에서는 조직 및 업무체계부터 정보시스템에 대한 사용자 수준 분석에 이르기까지 현황을 분석하고 요구사항과 개선과제를 정리하여 선진사 벤치마킹을 통한 차이분석을 한다. 그리고 기업의 미래 모형을 설계해서 통합적인 실행계획을 수립하는 4단계로 구분되며 각 단계에는 활동activity과 과업task이 유기적인 관계로 연계되어 있어 기업의 업무 프로세스를 혁신하는 데 필요한 수행방법을 제시한다.

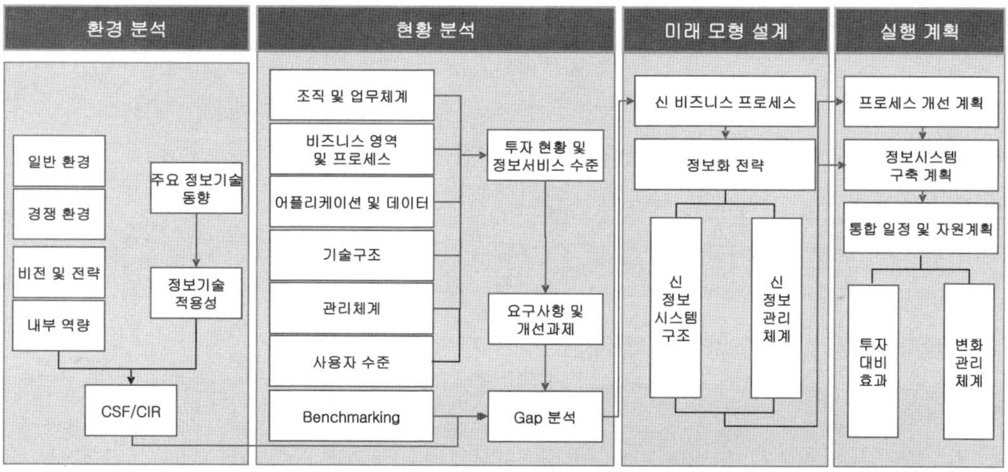

그림 1-11 이노베이션 구현 전략 전체 체계도

토의문제 및 활동

1. 많은 산업에서의 기업 및 기관별 경쟁에서 경영혁신이 중요한 이유는 무엇인지 생각해보자.

2. 그림 1-2를 참고하여 각자가 속해 있는 조직이나 기업들의 외부 환경, 내부 환경 및 정보기술 변화는 무엇인지 생각해보자.

3. 표 1-3을 참고하여 각자의 기업이나 조직이 BPR을 수행하였을 때의 효과에 대하여 생각해보고 이를 정리하라.

4. 그림 1-6을 참고하여 현재의 업무 방식에서 정보기술을 활용하면 어떠한 새로운 업무 방식으로 변화되는지를 생각해보자.

5. 각자의 기업이나 조직이 경영혁신을 성공적으로 수행하기 위한 고려사항과 전제조건을 작성해보자.

CHAPTER

02

INNOVATION
BIBLE

경영 환경

2.1 경영환경 개념

1) 경영환경 분석의 목적

기업은 경제, 정치, 법률, 사회, 문화와 같은 기업을 둘러싼 외부환경은 물론 기업 내부의 조직문화, 마케팅, 재무, 인적자원, IT 인프라 등과 같은 내부 환경과의 상호작용을 통해 경제적 기능을 추구한다. 동일 시장에서 같은 제품을 생산 판매하는 경쟁기업도 외부환경이 똑같지는 않으므로 기업의 경영환경 분석 시에는 특정 기업차원에서 주어진 여건과 환경을 분석하여야 한다. 또한, 경영환경은 고객 선호도, 정부정책, 경쟁관계, 내부성장 등 시장경쟁에 의해 끊임없이 변화하므로 반복적이고 지속적으로 경영에 대한 환경 분석과 다음 [표 2-1]과 같은 체크리스트를 통한 진단이 필요하다.

표 2-1 환경 분석 체크리스트(경영 환경 분석)

- 경제·사회·정부정책·산업에 관한 충분한 자료를 검토하였는가?
- 환경변화가 조직에 미치는 영향이 정리되어 있는가?
- 내부 역량에 관한 임원·조직의 핵심인력 및 각 부분 인력의 요구사항을 충분히 수렴하였는가?
- 각종 통계 정보의 기준일과 단위가 표시되어 있는가?
- 외부환경·내부 역량·비전 및 전략·과제·CSF의 논리적 흐름이 일관성을 유지하고 있는가?
- 사소한 CSF가 도출되어 있지는 않은가?
- 비전 및 전략에 대한 고객사의 검토가 있었는가?

따라서 경영환경 분석이란 "대상 기업 및 대상 이슈에 영향을 미치는 내·외부적인 영향 요인들을 분석하여, 당면한 문제해결을 위한 컨설팅 과정 중에서 일관되게 지향해야 할 방향성과 결과의 현실성을 위하여 고려되어야 할 제약조건을 정의하는 것"을 의미한다.

경영환경 분석은 일반환경, 경쟁환경, 내부 역량, 비전 및 전략에 대한 분석으로 구성된다. 일반환경은 정치, 경제, 사회, 문화, 법·제도 등에 관한 환경요소 분석을 의미하며, 경쟁환경 분석은 직접경쟁자, 공급자, 고객, 신규 진입자, 대체재의 5가지 경쟁요인5 forces 분석을 의미한다. 내부 역량 분석은 가치사슬value Chain, 균형성과표balanced Score Card, 7S 등의 기법에 의한 기업 내부 역량 분석을 말한다. 기업 비전 및 전략 분석은 기업의 비전 및 전략에 입각한 내·외부 환경 요인을 SWOT 매트릭스SWOT matrix로 재구성한다.

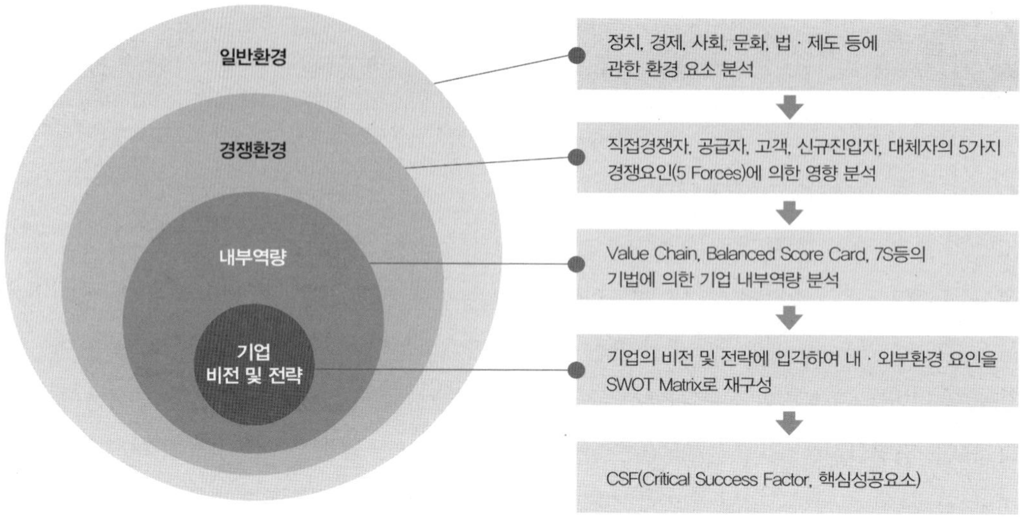

그림 2-1 경영 환경의 일반적 구성

경영환경에 영향을 주는 외적 요소를 분석하기 위한 방법으로 거시적인 환경동향 분석, 산업구조 분석, 시장 세분화 분석, 고객 니즈needs 분석, 경쟁사 분석, 기술동향 분석, 시나리오 기법 등이 있다. 경제, 정치, 법률, 사회, 문화와 같은 거시적인 외부환경은 기업 스스로 이를 회피하거나 변경시키기 어렵다는 특성이 있어서 기업은 외부환경의 변화에 효과적으로 순응하거나 회피할 수 있는 기업역량에 의해 좌우된다.

기업의 내부 환경을 분석하기 위한 방법으로 사업의 수익성 및 현금흐름 분석, 손익분기점 분석, 비즈니스 시스템 및 가치사슬value chain 분석, 벤치마킹, 핵심역량 분석, 조직 진단사업 포트폴리오 분석 등이 있으며, 기업의 내부 환경 분석 시에는 기업이 보유하고 있는 자원의 양과 질, 그리고 자원을 결합하는 경영활동을 분석하는 것이 핵심과제가 된다.

기업 외부환경 및 내부 환경 분석을 통해 기업의 강점strength, 약점weakness, 기회opportunity, 위협treat 요인들을 도출해내고, 결과적으로 사업 및 경영활동 수행을 위한 핵심성공요소critical success factor: CSF를 도출하는 것이 경영환경 분석의 목표이다. 이 장에서는 이러한 경영환경 분석을 위해 사용되고 있는 일반환경 분석과 경쟁환경 분석, 내부 역량 분석, 비전 및 전략 분석의 기법들을 소개하고, 각 기법별 주요 분석 산출물에 대해서 살펴볼 것이다.

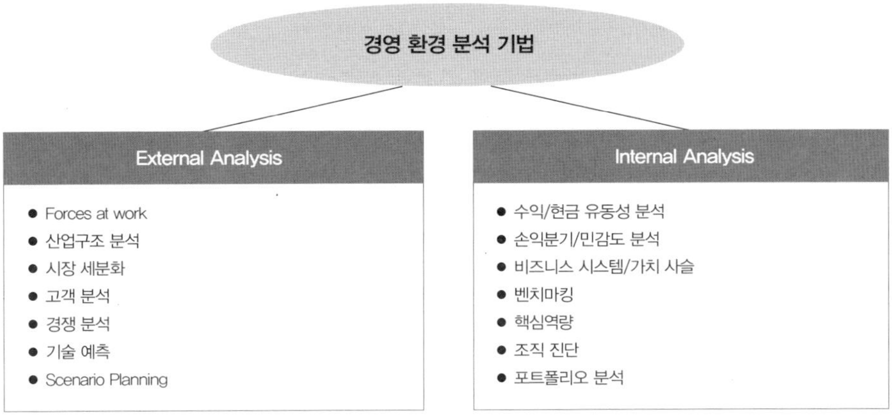

그림 2-2 **환경 분석 체크리스트(경영환경 분석)**

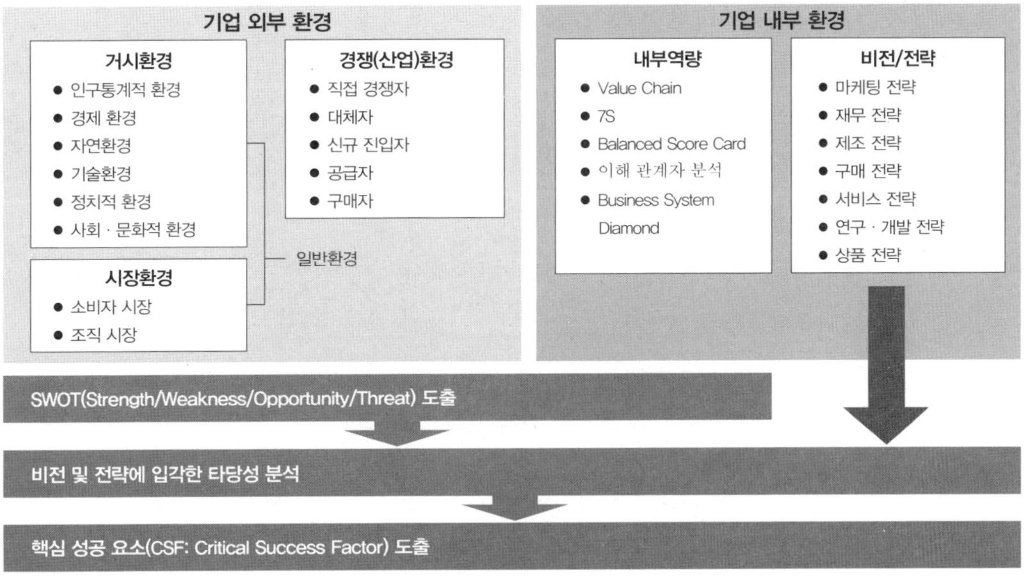

그림 2-3 **경영환경 분석 프레임워크**

2) 경영환경 분석 수행 공정 및 산출물

경영환경 분석 활동은 일반환경 분석, 경쟁환경 분석, 내부 역량 분석, 비전 및 전략 분석 등 4가지 과업으로 구성된다. 경영환경 분석 활동의 결과는 5개의 산출물로 구성되는데, 그림 2-4와 그림 2-5에 나타내었다.

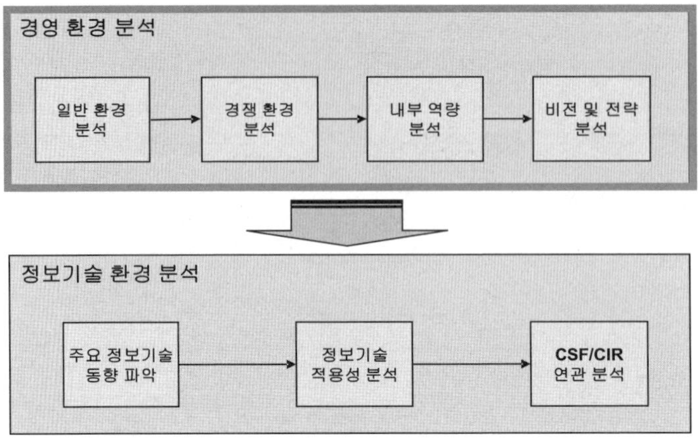

그림 2-4 경영환경 분석 활동

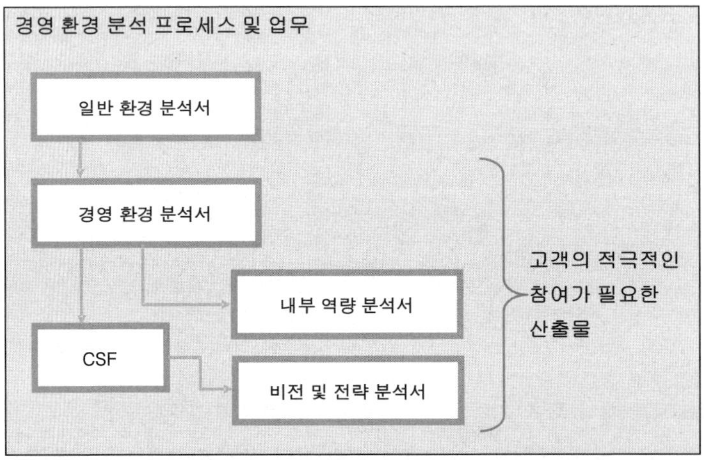

그림 2-5 경영환경 분석 활동 산출물

2.2 일반환경

일반환경에 대한 분석은 기업의 일반적인 외부환경을 분석하여 경영에 영향을 주는 주요 환경 요소를 도출하는 분석방법으로 경영에 영향을 주는 외부환경을 파악하여, 외부환경별 경영에 영향을 주는 주요 요인 및 요인별 파급효과를 도출한다.

표 2-2 일반환경 분석 주요내용

구분	주요내용
목적	기업의 일반적인 외부환경을 분석하여 경영에 영향을 주는 주요 환경요인을 도출함
입력물	N/A
수행절차	① 경영에 영향을 주는 외부환경을 파악함 – 경제적 환경, 시장 환경, 사회적/문화적 환경, 기술적 환경 및 경쟁환경을 중점적으로 파악 – 외부 문헌 및 자료, 타 프로젝트 산출물 참조 ② 외부환경별 변화요소 중에서 경영에 영향을 주는 요인을 도출하여, 각 요인별 파급 효과를 산출함
산출물	일반환경 분석서
기법	전문가 집단의 전문기술[Delphi]

일반환경 분석은 기업을 둘러싼 거시환경과 시장 환경의 제반 상황으로부터 기업이 당면한 문제에 대한 영향요인과 예상 시나리오 및 적절한 대응방안을 밝혀내는 것을 목적으로 하는데, 여기서 기업의 거시환경 요인이란 경제적, 정치적, 사회문화적 및 기술적 요인을 말한다. 기업의 거시환경 요인의 경우 프로젝트의 특성상 시간과 정보의 제약이 있기 때문에 체계적인 분석이 어려우므로, 기업의 의사결정과 경영성과에 중대한 영향을 미치는 요인들을 선별하여 집중적인 분석을 할 필요가 있다.

기업의 거시환경 요인에 대한 분석을 요약하면 다음과 같다.

① 경제적 요인: GDP 성장률, 물가상승률, 이자율, 환율, 에너지 가격 동향 등의 분석
② 정치적 요인: 기업 활동과 관련된 법률, 정책, 이해당사자에 대한 분석

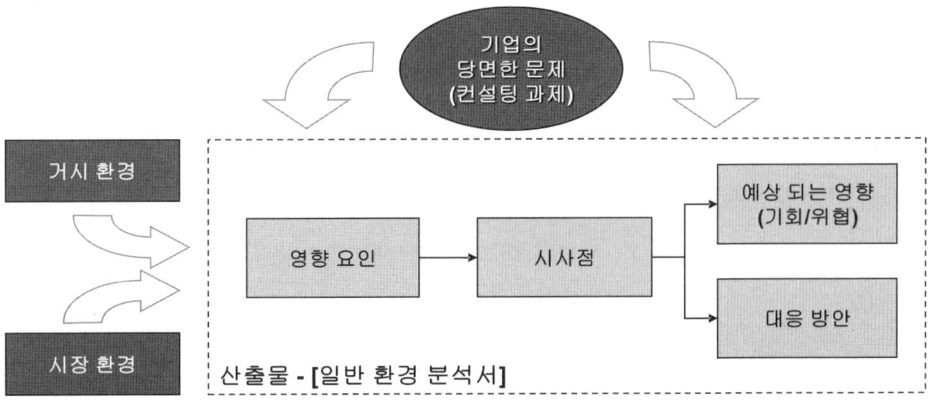

그림 2-6 경영환경 분석 활동 산출물

③ 사회 문화적 요인: 인구증가율의 추이, 소비자 라이프스타일의 변화, 여성의 사회적 진출, 환경에 대한 사회적 인식의 변화 등에 대한 분석

④ 기술적 요인: 기술 환경의 변화에 대한 분석

1) 접근방법

일반환경 분석의 분석기법은 거시환경 및 시장 환경의 각 구성요소별로 문헌 및 자료 조사와 관계자 설문조사 및 인터뷰를 통하여 관련 요인을 분석 정리한다. 일반환경 분석 시 유의해야 할 사항으로 견지해야 할 자세 다섯 가지와 피해야 할 자세 두 가지를 들 수 있다.

① 견지해야 할 자세

- 사실에 입각fact base
  가능한 관련된 수치 및 통계 자료와 구체적인 예시를 바탕으로 논리전개
- 포괄적인 접근 금지comprehensive
  부분으로 전체를 설명하여서는 안 됨
- 관련성 유지relevant
  주어진 문제와 관련된 요인으로 초점을 유지
- 최신에 근거updated
  최신의 자료와 사실을 근거로 함
- 미래지향적/현실적future oriented/realistic
  가능하면 향후에 대한 추세와 전망을 반영함(현실성과 신뢰성이 보장된 범위 내에서)

② 피해야 할 자세

- 과장overstatement
  특정 사실의 확대 해석, 과장, 무리한 논리의 전개를 피함
- 주관적 견해subjective Opinion
  분석자 자신 또는 특정 개인의 주관적 견해를 일반화시켜서는 안 됨

일반환경 분석의 거시환경 분석 요인을 세부적으로 분류하면 인구 통계적 요인, 사회문화적 요인, 자연환경적 요인, 경제적 요인, 정치/정책적 요인, 기술적 요인 등 6가지 요인으로 구분할 수 있으며, 그 내용을 요약하면 그림 2-7과 같다.

요인	내용	요인	내용
인구통계적 요인	● 인구증가 추이 ● 교육 수준 구분 ● 연령별 인구분포 ● 가족구성 패턴 ● 인종 구성 ● 인구이동 추이	사회/문화적 요인	● 핵심 문화 가치(Core Cultural Value)의 지속성 ● 하위 문화(Subculture)의 존재 ● 2차적 문화 가치의 변화
자연환경적 요인	● 기본 자원: 무한자원, 재생가능, 유한자원, 재생불능 유한자원 ● 에너지비용 ● 공해수준 ● 자연환경요소에 대한 정부의 개입	경제적 요인	● 소득분포 · 국가 또는 지역의 산업구조 · 정치적 소득 분배 방식 ● 저축, 채무, 신용 구조 ● 지출패턴
정치/정책적 요인	● 법, 관련 정부 기관, 압력단체 등에 의한 사업기회의 제한 또는 촉진 ● 각종 규제 법률 및 제도 · 불공정 경쟁으로부터의 기업보호 · 불공정 사업 관행으로부터의 소비자 보호 · 공익 옹호	기술적 요인	● 창조적 파괴로서의 신기술 ● 주요 기술혁신 사이의 경기침체… 소규모 기술발전이 보충 ● 신기술은 예기치 못한 장기적인 영향을 발휘 ● 주요 추세: 기술변화 주기의 가속화, 무한한 혁신기회, R&D 예산의 점증, 규제의 증가

그림 2-7 거시환경 분석 요인

한편, 일반환경 분석의 시장 환경 분석 요인을 살펴보면, 시장특성별 소비자 시장consumer market과 조직 시장business market으로 구분할 수 있다.

소비자 시장이란 제품 또는 서비스를 구매하는 개인들로 구성된 시장을 의미하며, 분석 시 문화적 요인, 사회적 요인, 개인적 요인 및 심리적 요인을 분석하게 된다. 세부적인 요인은 그림 2-8와 같다.

조직 시장business market(industrial market, reseller market, government market)이란 새로운 제품이나 서비스를 생산하기 위한 목적으로 제품이나 서비스를 구매하는 조직으로 구성된 시장을 의미하며, 환경적 요인, 조직적 요인, 대인적 요인 및 개인적 요인을 분석한다. 세부적 요인은 그림 2-9와 같다. 그리고 소비자 시장과 조직 시장의 차이점을 구매유형, 과정과 형태에 따라 비교하여 요약하면 [표 2-3]과 같다.

문화적 요소	사회적 요소	개인적 요소	심리적 요소
• 문화 • 하위문화 • 사회계급	• 준거집단 • 가족 • 역할 및 지위	• 연령과 생애주기단계 • 직업 • 경제적 상황 • 라이프 스타일 • 인성 및 자아개념	• 동기부여 • 지 각(perception) • 학습 • 신념과 태도

그림 2-8 소비자 시장(Consumer Market) 분석 요인

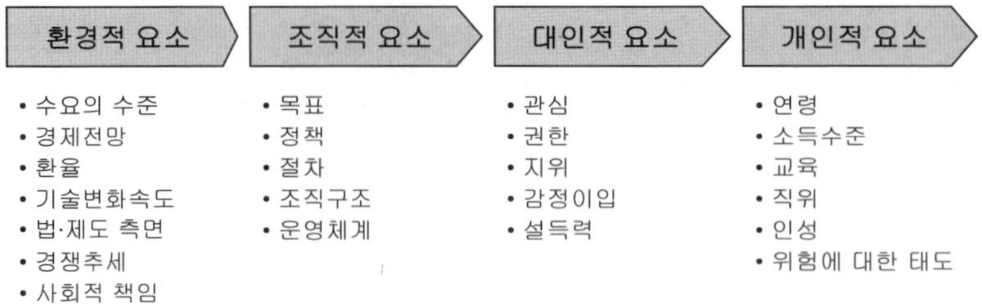

그림 2-9 **조직시장(Business Market) 분석 요인**

표 2-3 소비자 시장과 조직 시장의 차이점

구분	소비자 시장	조직 시장
구매자 유형	대형의 구매자	소수의 구매자
	지역으로 집중된 구매자	공급자와 구매자 간 긴밀한 관계
수요형태	비탄력적 수요	2차수요
구매과정	복잡한 의사결정 과정 및 다원화된 의사결정	프로페셔널
구매형태	상호성	직접구매

2) 일반환경 분석 산출물(법원 호적업무 사례를 중심으로)

대다수의 사람들이 업무혁신이 어렵고 많은 업무의 변화가 힘들다고 생각하는 호적업무 사례를 중심으로 일반환경 분석을 살펴보자.

법원에서의 호적업무는 법원행정처, 감독법원, 호적관서 등의 공공기관에서 이루어지는 업

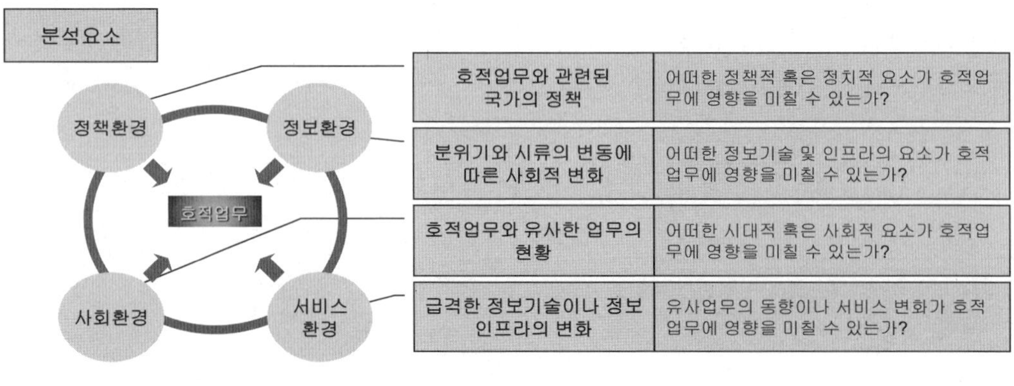

그림 2-10 **외부환경 분석모형도 샘플**

무로 정의되는데, 그림 2-10에서 보듯이 공공업무의 특성상 크게 4가지 외부환경 분석요인을 검토하는 것으로 모형을 정의할 수 있다.

외부환경에 대한 설문, 면담 및 문헌 조사를 통하여 주요 외부환경 영향요인들을 도출하여 기회요인과 위협요인들을 확인한다. 사례를 통하여 파악한 내용을 요약하면 그림 2-11과 같다.

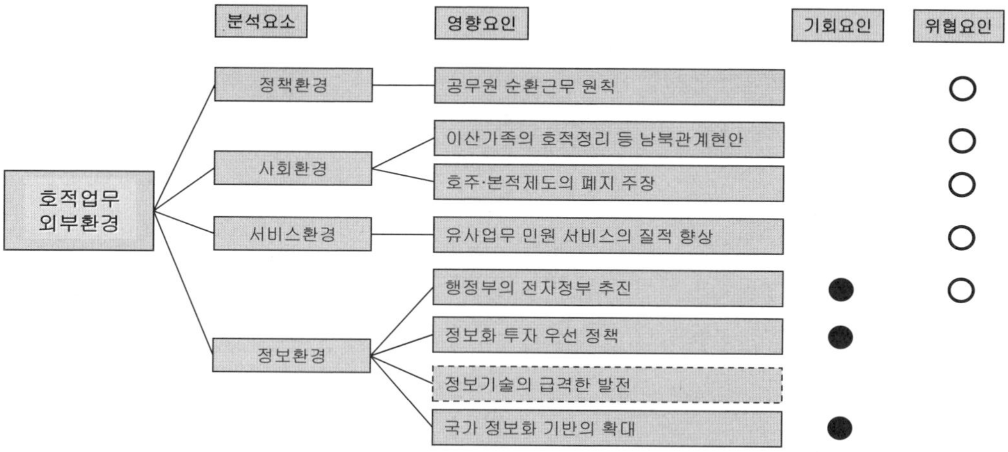

그림 2-11 외부환경 분석을 통한 기회 및 위협요인 파악 예시

사례에서 보듯이 4가지 외부환경 분석요소별로 영향을 주는 요인이 8가지 요인으로 확인되었다. 공무원 순환근무 원칙, 이산가족의 호적정리 등 남북관계 현안 호주·본적제도의 폐지 주장과 유사업무 민원 서비스의 질적 향상은 호적업무에 위협적인 요인이 된다는 것으로 정리하였으며, 정보환경 측면에서는 행정부의 전자정부 추진, 정보화 투자 우선 정책과 국가 정보화 기반의 확대는 이노베이션의 기회 요인으로 분류하여 정리되었다. 정보기술의 급격한 발전은 아직까지는 호적업무에 대한 외부환경에 영향을 주는 요인으로는 볼 수 없고 잠재적으로 영향을 줄 수 있다고 판단할 수 있다.

2.3 경쟁환경

경쟁환경 분석은 대외 환경의 변화 내용에 따른 기업의 경쟁환경 요인을 도출하며, 해당조직을 중심으로 각 환경 분야별 변화 내용을 기술하고 이를 바탕으로 경영전략 및 경쟁우위 달성방향

표 2-4 경쟁환경 분석 주요 내용

구분	주요 내용
목적	대외 환경의 변화 내용에 따른 기업의 경쟁환경 요인 도출
수행절차	① 해당 조직을 중심으로 각 환경 분야별 변화 내용을 기술하고 이를 바탕으로 경영전략 및 경쟁우위 달성 방향을 설정하고 시사점을 정리함 ② 5-Forces 모델기법 또는 3C & FAW 기법을 활용하여 각 요소별 환경변화 요인을 도출하고 이를 정리함
산출물	경쟁환경 분석서
기법	3C & FAW 기법, 5-Forces 모델기법

을 설정하고 시사점을 정리하는 분석기법이다. 경쟁환경 분석은 대상 기업이 해당 산업 내에서 장기적으로 유리한 경쟁위치를 차지할 수 있도록 관련된 경쟁 요인과 각 요인에 대한 대응방안을 도출하는 것을 목적으로 한다. 경쟁환경 분석에 대한 목적, 절차, 산출물 및 기법의 주요 내용을 요약하면 [표 2-4]와 같다.

1) 접근방법: 마이클 포터의 5가지 경쟁요인 모델

마이클 포터[Michael Porter]의 5가지 경쟁요인 모델[5 forces model]은 산업구조 분석을 위해 주로 사용되는 기법으로 고객, 경쟁자, 공급자를 포함하는 산업의 구조적 특성을 이해하는 것을 지원한다. 또한 산업의 구조적 특성을 산업의 매력도(산업의 이익 창출 가능성)를 결정하는 산업 내 경쟁도, 특정산업의 진입 장벽 결정요소, 공급자의 교섭력, 구매자의 교섭력, 대체재의 위협 등 5가지 구조적 요인[drivers]에 의해 설명한다. 모델에서 경쟁을 유발시키는 5가지 경쟁요인들은 한 사업 내에서 똑같이 중요하지는 않으며, 중요한 구성 요소들은 사업마다 다를 수 있다. 마이클 포터의 5가지 경쟁요인 모델 구조를 요약하면 그림 2-12와 같다.

5가지 경쟁요인 모델은 다양한 산업 환경에서의 산업구조와 경쟁자 분석에 포커스를 두고 있으며, 해당 기업이나 조직의 산업 환경을 분석하여 경쟁우위 전략을 수립하기 위한 도구로 활용된다. 5가지 경쟁요인 모델은 산업 매력도를 결정하는 다섯 가지 요인과 그 기초가 되는 요인, 그리고 그러한 요인들이 시간이 지남에 따라 어떻게 변화하며 전략을 통해 어떠한 영향을 받을 수 있는가에 대해 파악할 수 있게 한다. 광범위한 3가지 기본적 전략(원가우위, 집중화, 차별화)에 대한 분석적인 체계를 제시하여 경쟁우위 전략을 수립하도록 지원한다. 이에 대한 관계와 내용을 요약하면 그림 2-13, 그림 2-14와 같다.

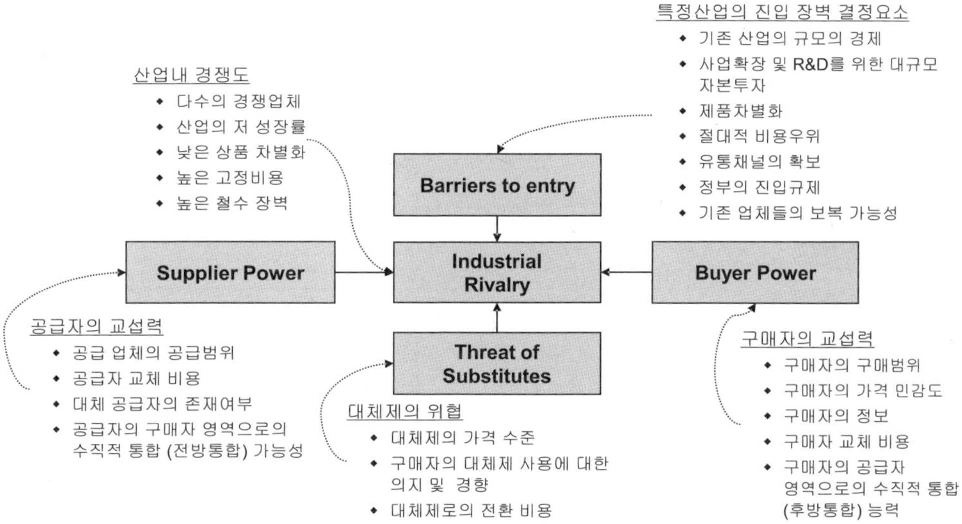

그림 2-12 마이클 포터의 5가지 경쟁요인 모델 구조

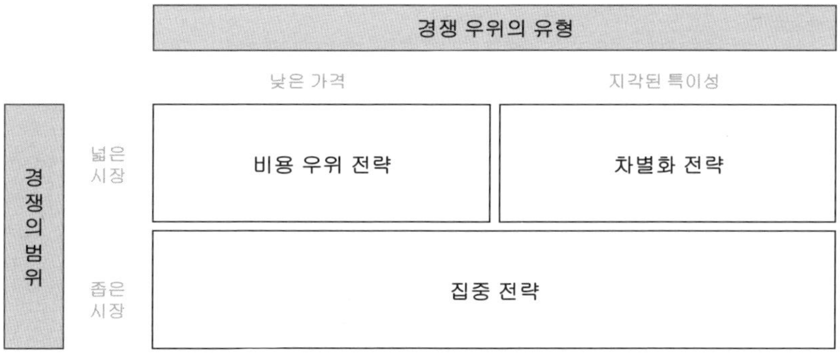

그림 2-13 산업 매력도의 동인

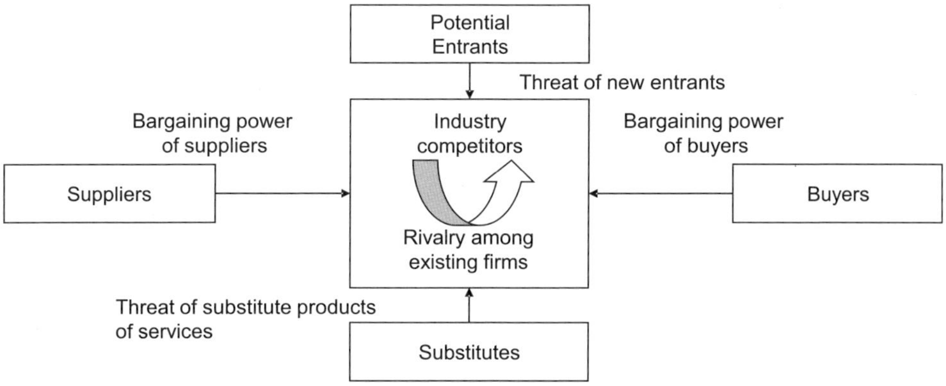

그림 2-14 경쟁우위와 경쟁범위에 따른 분류 모형

5가지 경쟁요인 모델에 의한 경쟁분석/전략수립은 "경쟁자 정의 → 경쟁요인에 대한 자료조사 → 시사점 도출 → 경쟁우위 전략 도출"의 4단계를 통해 수행된다.

경쟁자의 정의	❖ 기업내의 각종 기획 자료나 임원진의 인터뷰를 통하여 다섯 가지 경쟁 요인에 대한 개념을 정의하고 해당하는 대상 실체를 설정
경쟁요인에 대한 자료조사	❖ 대상 실체들에 대한 방문, 인터뷰, 설문 및 문헌 조사 등을 통하여 이들의 주요 특성별 자료를 수집하고 정리함.
시사점의 도출	❖ 다섯 가지 요인별로 이들의 변화 방향과 산업 내에서 기업의 상대적 지위(강점과 약점)를 파악 ❖ 경쟁우위 요인으로 작용할 수 있는 경쟁전략 과제(대상 항목)를 설정
경쟁 우위 전략 도출	❖ 도출된 경쟁전략 과제를 토대로 5가지 경쟁 요인들의 변화에 대응하기 위한 전략을 도출 ❖ 3가지 본원적 경쟁 전략 개념에 따라 비즈니스적인 측면이나 정보기술의 활용이라는 측면에서 접근

그림 2-15 5가지 경쟁요인 모델 전략 수립 과정

경쟁환경은 경쟁의 심화정도에 따라 브랜드 경쟁[brand competition], 산업 경쟁[industry competition], 동종 경쟁[form competition], 총체적 경쟁[generic competition]으로 구분할 수 있으며, 산업별 경쟁구도는 다음과 같은 요인을 근거로 분류된다.

- 경쟁 차별화 정도에 따라서 독과점, 과점, 차별적 과점, 순수 경쟁
- 진입 및 이동 장벽
- 철수 및 축소 장벽
- 원가 구조
- 수직통합 정도
- 국제화 정도

한편, 진입장벽과 철수장벽의 강도에 따라 경쟁구도를 설명할 수 있다. 철수장벽과 진입장벽이 모두 높을 경우 수익은 높지만 위험이 함께 수반되며, 진입장벽과 철수장벽이 모두 낮을 경우 수익은 작지만 안정적인 보상이 뒷받침 될 수 있다. 철수장벽과 진입장벽 간의 관계를 도식화하면 그림 2-16과 같다.

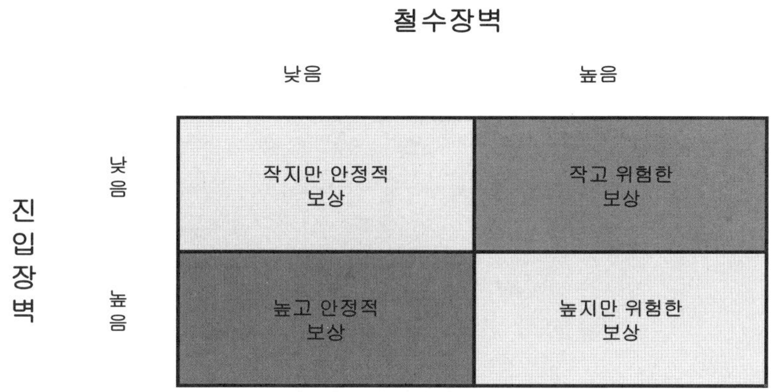

그림 2-16 철수장벽 대비 진입장벽 간의 관계

경쟁자의 강·약점 분석을 위한 정보는 크게 외부 정보와 내부 정보로 구분할 수 있다. 외부로 나타나는 외부 정보explicit information의 예로는 매출, 시장 점유율, 수익률, 투자회수율, 현금 유동성cash Flow, 신규 투자액, 설비효율 등을 들 수 있는데, 이러한 외부 정보는 시장조사를 통한 모니터링으로 수집된다. 내부 정보implicit information의 예로 시장 점유율share of market, 고객마음 점유율Share of Mind, 고객심장 점유율share of heart 등을 들 수 있으나 수집이 어렵다는 단점이 있다.

경쟁우위 전략을 도출하기 위해서는 먼저 전략적 그룹을 설정하여야 하는데, 전략적 그룹은 특정 표적시장에서 동일한 전략을 구사하는 기업들의 집단들로 구성한다. 경쟁목표에는 수익성 제고(미국식)/시장 점유율 확장(동북아시아), 현금 유동성, 기술적 선두 유지, 서비스 수준 제고 등과 같은 요인들이 복합적으로 적용되며, 전략적 그룹을 정의하는 요인들로 품질수준, 수직통합 정도, 기술수준, 지역적 대상, 생산방식 등을 들 수 있다.

2) 경쟁환경 분석 산출물(예시)

마이클 포터의 5가지 경쟁요인 모델에 근거하여 경쟁사를 분석하고 경쟁요인을 분류하고 경쟁 환경에 따른 기회와 위협요인을 작성한 사례를 그림으로 나타내면 그림 2-17, 그림 2-18, 그림 2-19와 같다.

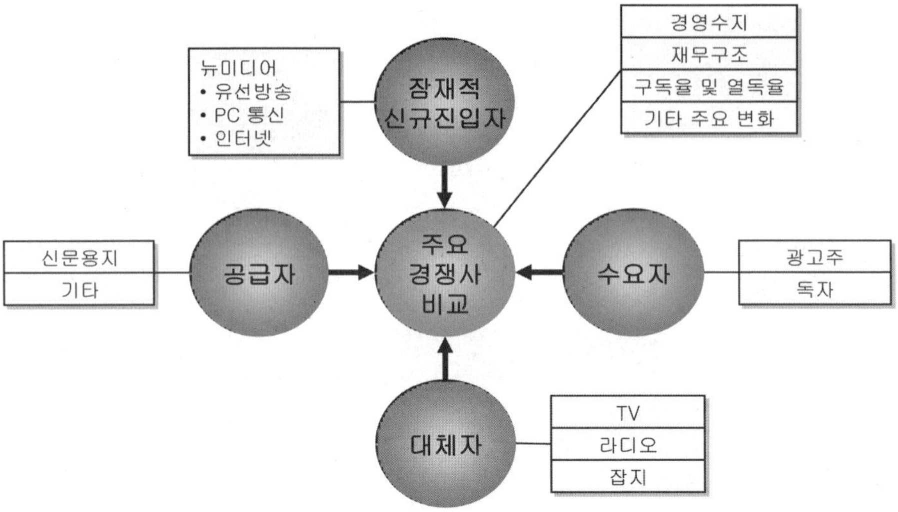

그림 2-17 경쟁사 분석요인 도출 사례

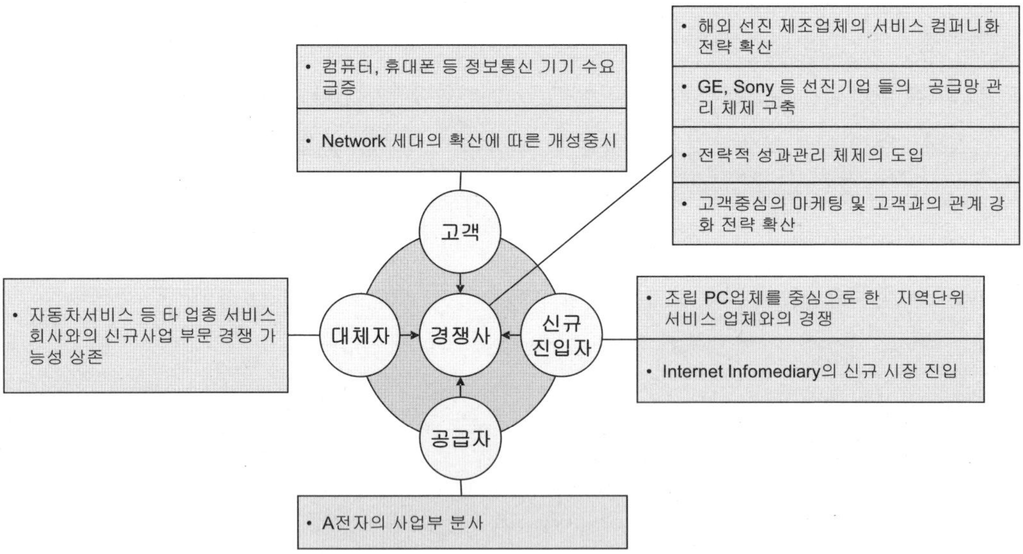

그림 2-18 마이클 포터의 5가지 경쟁요인의 모델에 근거한 경쟁요인

분석 요소	주요 변화 요인	기회	위협
경쟁사 및 선진사	• 해외 선진 제조업체의 서비스 컴퍼니화 전략 확산	• 성장성 및 수익성 분석을 통한 신규 사업 영역체계화	• 해외업체의 국내 진출에 따른 사업 기반 약화
	• GE, Sony 등 선진기업 들의 공급망 관리 체제 구축	• 공급사와 전략적 제휴를 통한 공급망 관리체제 구축	• 해외업체의 국내 진출시 고비용구조에 따른 경쟁력 약화
	• 전략적 성과관리체제의 도입	• 전략적 성과관리를 통한 비전 및 경영전략 전사공유 및 실행체제 구축	• 의사결정 및 조직 발전의 상대적 정체 가능성
	• 고객중심의 마케팅 및 고객과의 관계강화 전략 확산	• Web을 중심으로 하는 고객관계 관리 체제 구축	• 통합 고객관리체제 미구축시 타사 제품 서비스 부문 등 고객기반 약화

그림 2-19 **경쟁 환경에 따른 기회 및 위협 요인**

2.4 내부 역량

내부 역량 분석은 경쟁우위를 달성하기 위한 내부 역량 요인을 도출하고 이를 바탕으로 기업의 강점, 약점, 기회, 위협 요소를 정립하기 위하여 실시한다. 내부 역량 분석의 수행절차는 경영에 영향을 주는 내부 환경요소를 파악하고, 기업의 내부 역량과 이해관계자 분석을 통하여 기업의 핵심역량과 내부/외부 고객과의 관계를 정립하며, 경영에 영향을 주는 외부/내부 환경요소에 대한 SWOT 분석 또는 기업의 체계에 대한 BSD^business system diamond^ 분석을 적용하여 현재의 문제점 및 요구사항을 분석하여 정리한다. 내부 역량 분석에 대한 목적, 절차, 산출물 및 기법의 주요 내용을 요약하면 [표 2-5]와 같다.

내부 역량 분석의 목적은 첫째, 기업이 보유한 내부 자원과 능력을 평가하여 기업의 강점과 약점을 파악하고, 둘째, 강점을 활용하거나 새로운 자원이나 능력의 개발과 축적을 통해 강점을 강화함으로써 경쟁우위를 지속시키는 데 있다.

표 2-5 내부 역량 분석 주요내용

구분	주요 내용
목적	경쟁우위를 달성하기 위한 내부 역량 요소를 도출하고 이를 바탕으로 기업의 강점·약점·기회·위협 요소를 정립함
입력물	경쟁환경 분석서
수행절차	① 경영에 영향을 주는 내부 환경요소를 파악하고, 기업의 내부 역량과 이해관계자 분석을 통하여 기업의 핵심역량과 내부/외부 고객과의 관계를 정립(이해관계자 분석기법) ② 경영에 영향을 주는 외부/내부 환경요소에 대한 SWOT 분석, 또는 기업의 체계에 대한 BSD[business system diamond] 분석을 적용하여 현재의 문제점 및 요구사항을 분석, 정리
산출물	내부 역량 분석서
기법	이해관계자 분석기법, BSD기법, CSF기법, SWOT분석 기법

핵심역량Core Competency

경쟁기업에 비해 특별히 우월한 자원이나 능력을 의미하며, 차별화된 기술적 능력, 뛰어난 학습능력, 보완적 자산 등을 그 예로 들 수 있다.

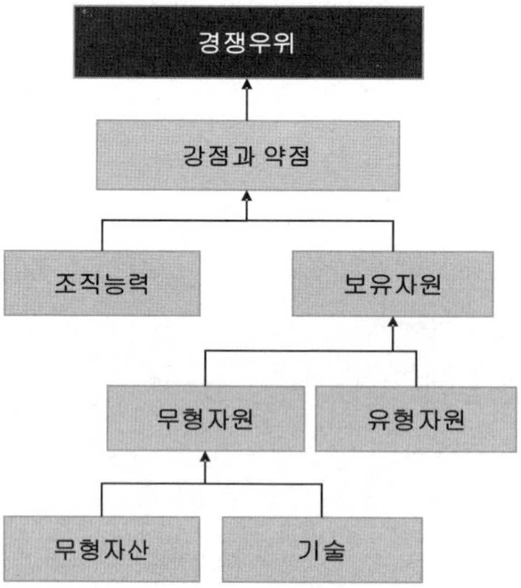

그림 2-20 경쟁우위 계층(Hierarchy)

1) 접근방법

내부 역량 분석은 "분석기법의 검토 → 분석요소의 도출 → 각 요소별 영향요인 분석 → 시사점 및 대응전략 도출"의 4단계를 통해 수행된다. 분석요소 도출에 사용될 수 있는 기법으로는 다음과 같은 툴이 있다.

- 마이클 포터Michael Porter의 가치사슬 분석value chain analysis
- 토마스 피터스Thomas Peters의 7S 분석
- 캐플란과 노턴Kaplan & Norton의 균형성과지표 분석balanced scorecard analysis
- 마이클 해머Michael Hammer의 비즈니스 시스템 다이아몬드 분석business system diamond Analysis
- 이해 관계자 분석 등

① 가치사슬 분석(마이클 포터)

가치사슬 분석value chain analysis은 고객에게 가치를 전달하기 위해 조직에서 수행하는 주요 활동들을 체계적으로 분석하고, 경쟁사 대비 차별화 요인을 파악하는 데 유용한 방법으로 사용되고 있다. 최근에는 주로 조직 활동을 위한 정보기술의 지원을 설명하기 위한 기초로 사용되고 있다. 가치사슬 분석 기법은 기업의 효율성에 영향을 미칠 수 있는 내부운영을 주활동primary activity과 지원활동support activity으로 구분하여 가치의 흐름에 따라서 분석하는 모델로 주활동들은 순차적 흐름으로 구성되고 각 과정을 거치면서 새로운 가치가 부가되며 지원활동들에 의해서 골고루 지원된다. 가치사슬 분석 및 내부 역량 분석항목을 요약하면 그림 2-21, 그림 2-22와 같다.

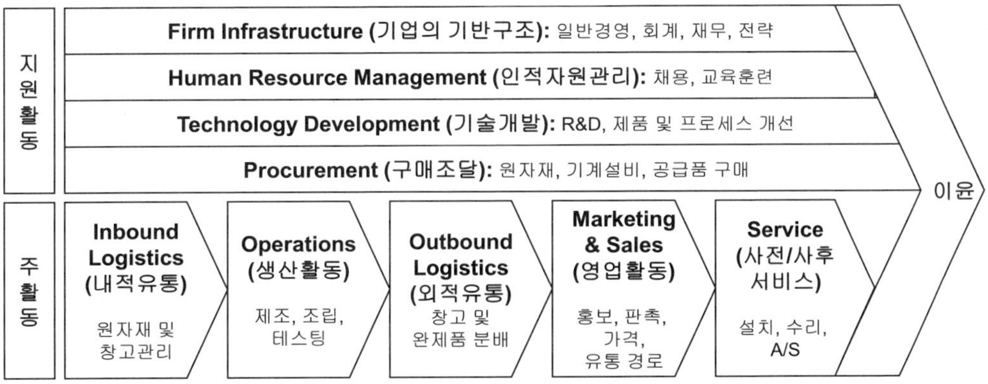

그림 2-21 가치사슬 다이어그램

- 주활동: 유통, 생산, 영업, 사전/사후 서비스 활동
- 지원활동: 기업 기반구조, 인적자원관리, 기술개발, 구매조달 등

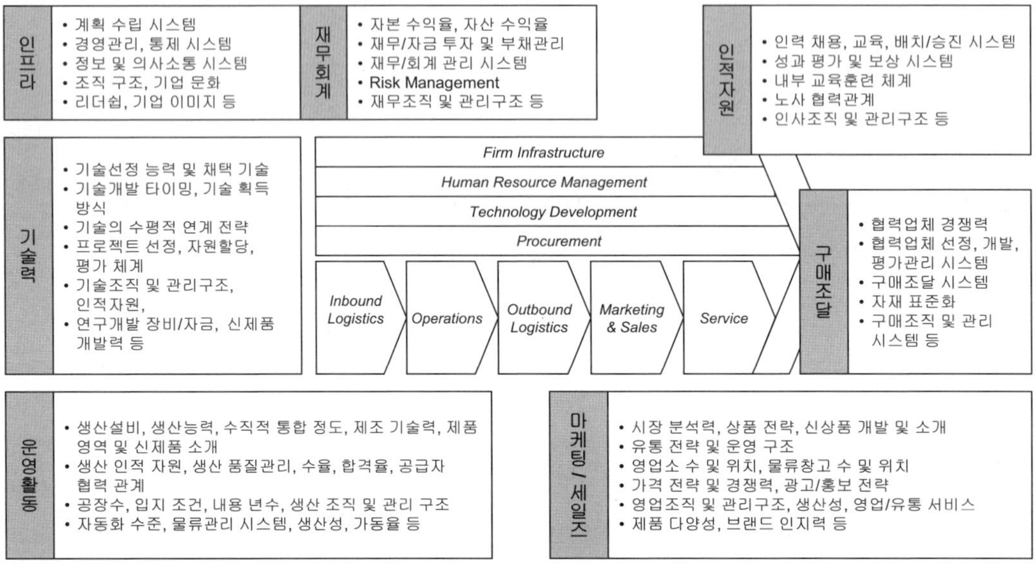

그림 2-22 가치사슬에 따른 내부 역량 장단점 분석항목

② 7S 분석(토마스 피터스)

7S 분석은 기업조직의 변화 대처 능력에 영향을 끼치는 7가지 경영 요소들이 거미줄처럼 상호 연결되어 있는 것으로 기업 전체를 진단하여 전략을 수립, 실행, 평가하는 구조적 사고의 틀을

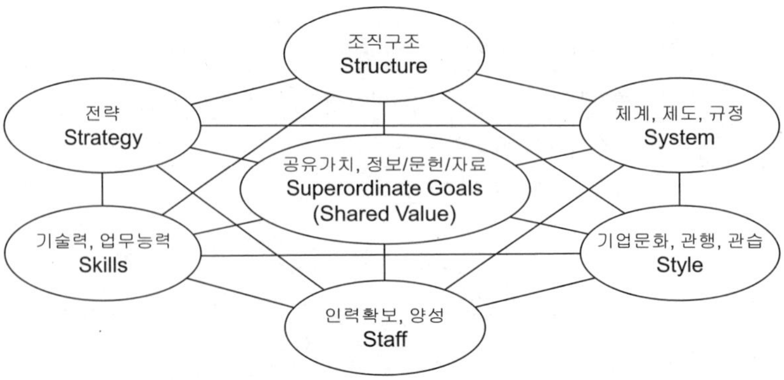

* 토마스 피터스(Thomas J. Peters)가 저서 "초우량 기업의 7가지 요소"에서 제시

그림 2-23 7S 분석 다이어그램

제공하는 도구이다. 기업 경영에 있어 전략적 사고란 경영의 외적, 내적 요소를 포괄하는 총체적 사고를 의미하므로 전략의 수립, 실행, 평가에 있어 7가지 경영요소들에 대해 전체적인 시각에서 사고해야 한다.

③ 균형성과지표(BSC) 분석(캐플란과 노튼)

균형성과지표 분석balanced scorecard analysis은 조직의 비전과 전략을 균형화된 성과측정지표KPI로 구체화하여 전체 조직이 목표달성에 역량을 집중할 수 있도록 지원하는 전략 경영 도구로서, 하버드 비즈니스 스쿨harvard business school의 캐플란robert kaplan 교수와 르네상스 솔루션Renaissance Solutions 사의 노튼David Norton 박사에 의해 제시되었다.

BSC 분석은 조직이 발전하기 위해서 재무, 고객, 내부 프로세스, 학습 및 성장의 4가지 측면 간의 균형을 강조하며, 이를 지속적으로 관리·발전시키기 위한 도구로 균형성과지표balanced acorecard: BSC를 제시한다.

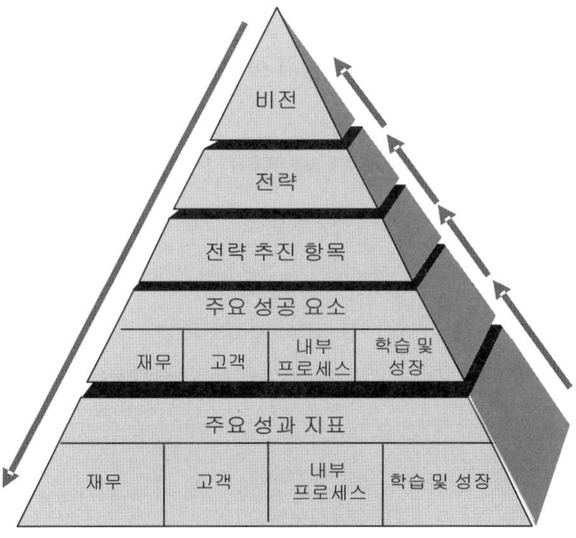

그림 2-24 BSC 피라미드 모형

BSC 모델의 4가지 관점을 살펴보면 다음과 같다.

- **재무적 측면:** 기업 활동의 결과는 수익성으로 나타나야 하며, 수익의 일부는 기업의 발전이 원동력이 되는 학습 및 성장의 측면에 전략적으로 재투자되어야 한다.

- **고객 측면**: 수익성과 기업 존재의 원천은 고객이며, 고객의 상품 또는 서비스에 대한 평가와 시장 점유율 등이 성과기준에 포함되어야 한다.
- **내부 프로세스 측면**: 양질의 상품 또는 서비스를 고객에게 제공하기 위해서는 내부 프로세스가 효율적·효과적으로 운영되어야 한다.
- **학습 및 성장(또는 혁신)의 측면**: 내부 프로세스의 혁신을 위해서는 숙련되고 동기부여된 인적 자원과 기업에 축적된 지적 자원, 각종 정보 자원 등의 분배가 적절히 이루어져야 한다.

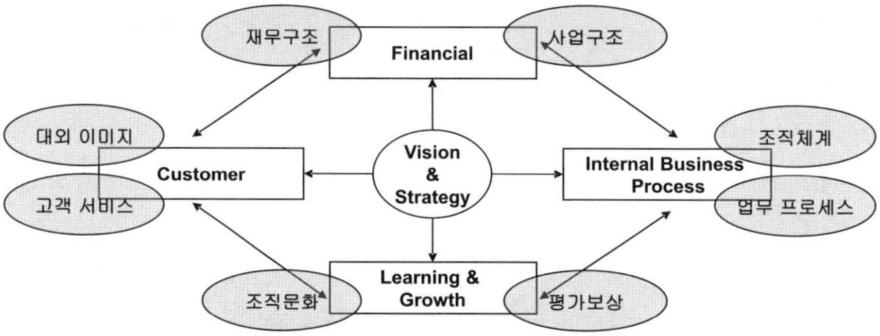

그림 2-25 BSC 모델에 의한 핵심 분석요소

④ 비즈니스 시스템 다이아몬드(business system diamond: BSD)

기업의 내부 환경 및 문제점을 파악하고 각 구성별로 그에 대한 전략 및 대응책을 제시하는 기법으로 비즈니스 프로세스business process, 조직/업무구조job & structure, 기업문화value & beliefs, 관리 및 평가체계management & measurement system로 구성되어 있다. BSD는 마이클 해머michael hammer가 『리엔지니어링 기업혁명reengineering the corporation』이란 저서에서 기업을 이해하는 틀로서 개념을 제시하였다.

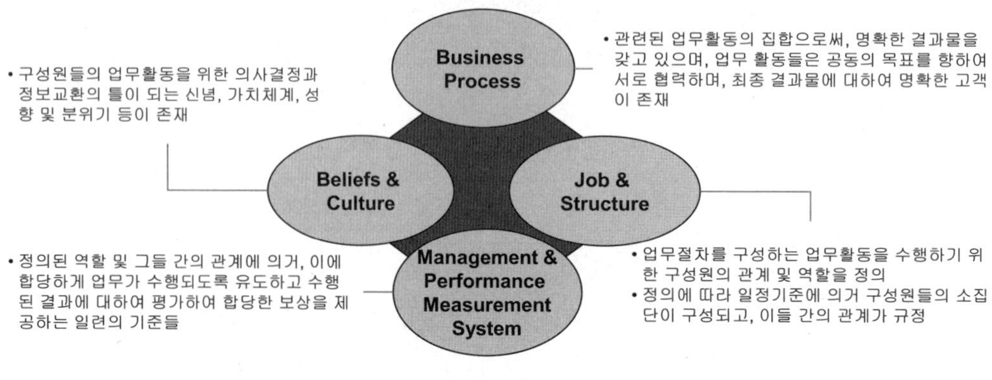

그림 2-26 비즈니스 시스템 다이아몬드 모델

⑤ 이해관계자 분석

기업/조직과 관련된 내부 및 외부의 이해관계자의 관계를 분석하여 이미지 개선, 내부 및 외부 고객의 만족도 제고 및 경쟁력 강화를 위한 방안 및 핵심 과제를 도출하는 기법이다. 또한 기업 및 조직이 취하는 각종 전략 및 의사결정, 외부에서의 환경변화가 주요 이해관계자에 미치는 영향을 분석하는 데 활용되기도 한다.

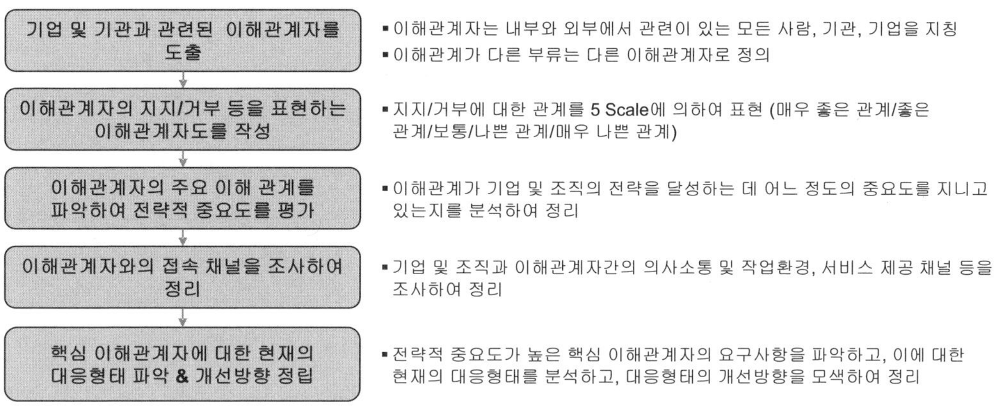

그림 2-27 이해관계자 분석 과정

2.5 비전 및 전략

조직의 비전/전략/과제를 중심으로 핵심성공요소[CSF]를 도출하기 위해 다음의 절차에 의해 수행한다.

① 경영 비전/전략/과제를 수집하여 이를 실현하기 위한 각 부서 단위별 중점 추진과제를 도출한다.

② 설문 및 인터뷰를 실시하고 결과 자료를 종합 정리하여 CSF[critical success factor]를 도출한다(CSF 기법).

③ 도출된 CSF를 SWOT분석 결과와 연관 분석을 수행하여 비전전략보고서를 작성한다.

비전 및 전략 분석의 목적은 기업의 이미 설정되어진 비전이나 전략을 검토하여 이를 토대로 기업 외부환경 및 내부 역량에 대한 분석 결과를 중심으로 SWOT[strength/weakness/opportunity/threat]분석을 수행하고 핵심성공요소critical success factor: CSF를 도출하는 데 있다. 도출된 CSF는 향후 분석과정에 있어서 방향성과 제약조건으로 작용하게 되는데, 비전 및 전략을 분석하는 접근방법을 요약하면 그림 2-28과 같다.

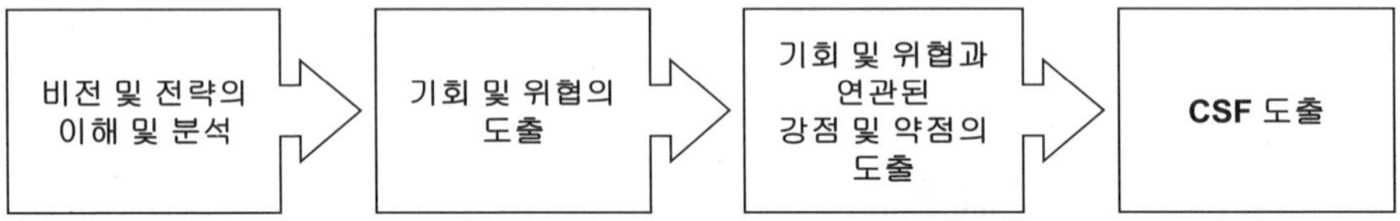

그림 2-28 비전 및 전략 분석 접근방법

1) 기업 전략의 구성

① 전략경영의 메커니즘

전략이란 본래 군사용어로서 적에 대응하여 특정 목적을 달성하기 위해 각종 전투를 통합하고 군대 및 물자를 계획적으로 사용하여 전쟁을 전체적으로 전개 운용하는 방책을 의미한다. 기업에서의 전략이란 기업이 외적 환경, 소비자, 경쟁사들의 변화에 대응하거나 그러한 변화를 기대하여 계획하는 실행 조치들을 말한다.

불가측성의 난기류 환경하에서 기업이 생존대응하기 위해 전략계획시스템S2: System을 통해 경영전략S1: Strategy을 개발하여 조직능력S3: Structure을 통합해 나가는 총체적 환경대응 메커니즘을 전략경영이라고 한다.

전략경영의 체제를 다이어그램으로 요약하면 그림 2-29와 같다.

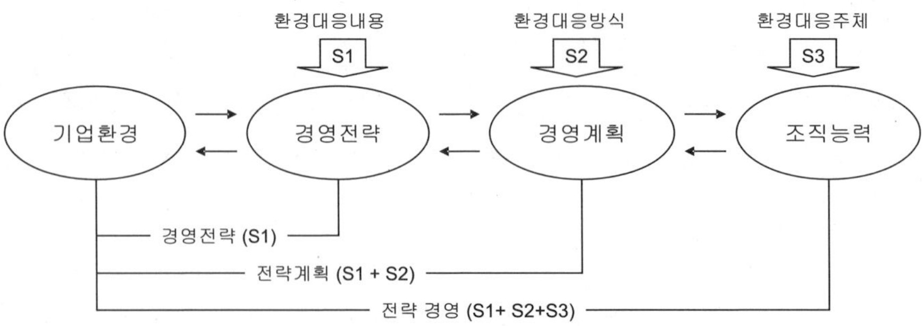

그림 2-29 전략 경영의 메커니즘 다이어그램

② 전략의 원리

- 생존의 원리
  기업이 생존을 위해서는 최소한 하나의 전략적 우위를 갖추어야 한다.
- 지피(知彼)의 원리
  경쟁사의 강·약점을 잘 알아야 전략적 경쟁우위를 갖출 수 있다.
- 기회의 원리
  시장에 잠재하는 기회를 파악하고 포착하여 전략적 경쟁우위로 삼는다.
- 집중의 원리
  자사의 전략적 경쟁우위로 키울 만한 부분 중 몇 개만 선정하여 집중한다.
- 일관성의 원리
  고객이 중요하게 생각하는 것과 일관되게 자원이 집중되도록 한다.
- 인식의 원리
  고객이 자사의 전략을 인식하고 반응하도록 전략을 세운다.

③ 전략의 구성

전략은 전략에 대한 의사결정이 이루어지는 기업 내부의 수준에 따라 다음의 3가지 수준의 전략으로 나눌 수 있다.

- 전사적 수준의 전략: 포트폴리오 전략, 세계화 전략
- 본원적 경쟁전략: 사업부 수준의 전략
- 기능적 수준의 전략: 기능별 가치 활동(생산, 마케팅, 재무, 인사 등) 전략

④ 전사적 수준의 전략-포트폴리오(Portfolio) 전략

기업 내 전략 사업단위Strategic Business Unit: SBU의 포트폴리오를 분석하여 기업자원을 적정하게 배분함으로써 균형 포트폴리오를 구성해야 한다. 복수의 사업 단위를 운영하는 대기업의 경우, 전사적 차원에서 사업 단위의 포트폴리오 분석을 통하여 불균형적인 상태를 조정함으로써 안정적 성장을 유지할 수 있다.

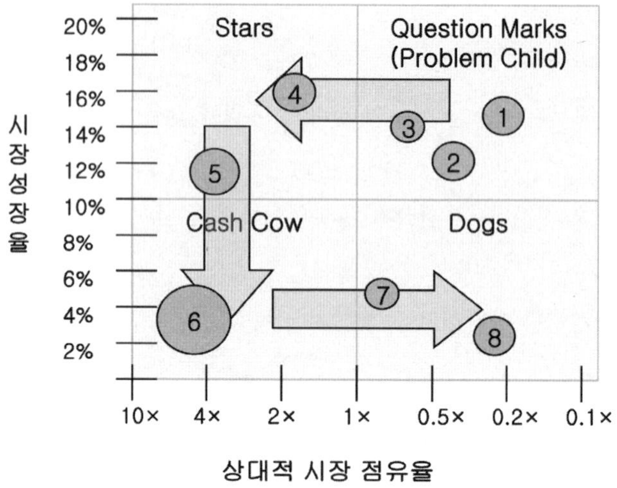

그림 2-30 포트폴리오 분석을 위한 BCG 매트릭스 다이어그램

그림 2-30은 포트폴리오 분석 다이어그램을 위한 BCG 매트릭스를 요약하여 나타낸 것으로 설명하면 다음과 같다.

- Stars: 높은 상대적 시장점유율과 높은 상대적 시장 성장률을 갖고 있어 경쟁적인 강점과 확장의 기회를 갖는 사업단위. 적극적인 투자가 요구되는 사업이므로 자금소요가 많으나 스스로 해결해야 한다.
- Cash Cow: 상대적으로 높은 시장점유율을 갖고 있어 경쟁적 강점과 많은 이윤을 창출하는 자금원천이나 낮은 성장률로 확장기회와 시장기회가 적어 위험이 있다.
- Dogs: 낮은 시장점유율과 낮은 시장 성장률로 경쟁력도 없고 사업 매력도 없다. 따라서 수익성이 없으나 추가적인 자금소요도 없다.
- Question Marks: 낮은 상대적 시장점유율과 높은 시장 성장률을 갖고 있으므로 현재 경쟁적 위치는 약하지만 확장의 기회가 있다. 많은 투자자금이 요구되고 전략성공에 따라 Stars가 되고 그 후 Cash Cow가 될수 있다. 만약 실패로 끝나면 시장이 성숙함에 따라 소멸하거나 Dogs로 추락하게 된다.

한편, 전략 사업 단위들의 분석을 통한 평가 작업이 끝나면 사업 단위의 진입, 퇴출 전략을 통해 포트폴리오 불균형을 수정하는 사업구조 조정을 시행해야 한다.

- 진입 전략: 인수합병acquisition, 내부 사업화internal new venturing, 합작투자joint venturing

BCG 매트릭스 다이어그램에서 의문표[Question Mark]로 분석된 전략 사업단위에 대하여는 추가적인 투자를 통하여 이익창출의 확대를 도모하여야 한다. 인수합병을 통하여 진입할 것인지 아니면 내부 사업화(기업 내부에 신규 사업 단위 구축)를 통하여 할 것인지에 대한 전략 결정이 중요하다.

진입 장벽이 높지 않을 때, 기존 사업과 진입하려는 사업과의 상관관계가 높을 때, 스피드가 별로 요구되지 않을 때에는 내부 사업화 전략이 인수합병 전략보다 더욱 효과적일 수 있다.

- 퇴출 전략: 투자환수 전략[divest], 수확전략[harvest], 청산전략[liquidation]

  퇴출 전략에는 투자환수, 수확, 청산 전략이 있는데 이 중 수확전략이란 자금흐름을 증대시키기 위해서 특정 사업 단위에 대한 투자를 의도적으로 줄이고 증대된 자금을 유망사업으로 전환하는 전략이다. 수확전략에 해당하는 사업 단위의 사기가 저하되는 등의 문제가 나타날 수 있다.

⑤ 전사적 수준의 전략-성장전략

기업이 장기적 이익기반을 마련하여 안정적 장기적 성장을 추구하기 위해서 추구하는 전략으로 단일사업 집중전략, 수직적 통합전략, 장기계약, 다각화 전략, 전략적 제휴, 국제화 전략 등이 있다.

- 단일사업 집중전략

  국내 시장에서 단일사업에 집중하는 전략으로 이익 극대화를 위하여 가격우위, 차별화, 집중전략을 시행한다. 시장성장기에는 인적, 물적, 재무적 자원을 집중함으로써 경쟁우위를 확보하나 성숙기 산업으로 접어들면서 투자기회가 줄어 성장에 제약을 받을 수 있다.

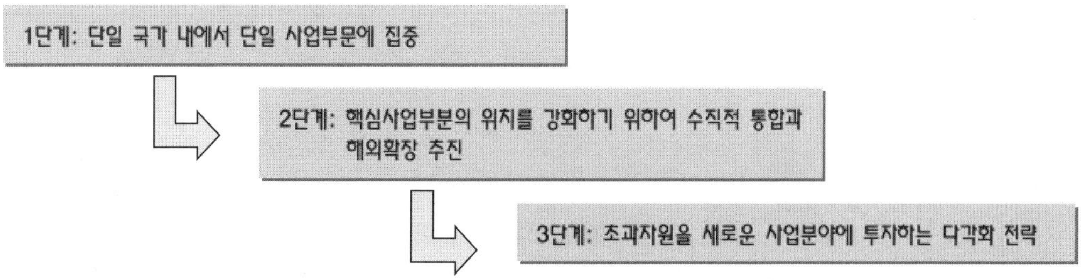

그림 2-31 단일사업 집중전략 추진단계

- 수직적 통합전략

원료 생산에서 유통판매까지의 일련의 기업의 활동과정을 수직적으로 통합하는 전략으로 전방통합과 후방통합이 있다. 수직적 통합은 생산원가의 절감, 시장중개인 등에 투입되는 시장비용의 절감, 품질향상에 기여하는 장점도 있으나 수요가 불확실하고 기술변화가 심할 때 위험부담이 클 수 있다.

- 장기계약

수직적 통합전략의 단점을 대체할 수 있는 전략으로 공급자는 구매자에게 지속적 공급을, 구매자는 공급자에게 지속적인 구입을 약속하는 협정을 통해 장기계약의 참가 기업들이 수직적 통합에서 얻을 수 있는 이점을 서로 공유한다. 관료적 비용을 제거하지만 계약위반 등의 신뢰문제가 발생할 수 있다.

- 다각화 전략

다각화 전략은 기존 기업 활동과의 연관관계에 따라 관련 다각화와 비관련 다각화로 구분할 수 있다.

관련 다각화는 기업의 가치사슬, 예컨대 제조, 마케팅, 기술적 측면에서 사업 간 연관관계가 하나 이상 존재할 때를 의미하며, 비관련 다각화는 기존 기업 활동과 전혀 관련이 없는 새로운 분야로 진출하는 것을 의미한다. 관련 다각화는 자원공유와 기술이전이 가능하기 때문에 상대적으로 보다 많은 가치를 창출하는 것으로 알려져 있다.

- 전략적 제휴

전략적 제휴란 다른 기업과 제휴관계를 통해서 새로운 사업 분야로 진출하는 것을 의미한다. 새로운 사업기회 개발을 위한 비용과 위험부담을 둘 이상의 기업이 서로 공유함으로써 다각화 전략이 갖는 위험을 줄이면서 이점을 살리기 위한 전략적 대안으로 선택 가능하다.

독자적으로 추진하는 다각화 전략에 비해 기업 이익이 줄어들며, 제휴 파트너에게 중요한 기업 노하우가 노출될 수 있기 때문에 미래에 전략적 위험을 초래할 수도 있음을 주의해야 한다.

- 국제화 전략

현지 국가의 시장 요구에 맞는 제품을 차별화하고 국가별 권한 위임을 통하여 현지 경쟁력을 강화하거나(다국가적 전략), 세계시장을 하나의 시장으로 간주하여 표준화된 제품의 대량생산을 통하여 해외시장을 공략하며(글로벌 전략), 범세계적 통합(글로벌화)과 지역적 전략 분산(현지화)을 동시에 강화하는 전략(혼합형 전략-글로벌 로컬 전략이라고도 함)을 통해 성장을 추구한다.

⑥ 본원적 경쟁 전략-포터의 3가지 본원적 경쟁전략

- 원가우위 전략cost-leadership strategy

  경쟁기업보다 더 낮은 원가로 제품과 서비스를 생산함으로써 경쟁우위를 유지하는 전략으로 성숙기가 되어 가격경쟁이 심화되면 더욱 위력을 발휘할 수 있다.

- 차별화 전략differentiation strategy

  디자인, 신뢰성, 배달, 서비스 제공 등에 있어 고객이 무언가 다르다는 느낌을 가질 수 있도록 제품과 용역을 제공하는 전략으로 고객에게 차별화에 대한 프리미엄을 요구하기 때문에 보통 원가선도 기업보다 가격이 높다.

- 집중화 전략focus strategy

  집중화 전략은 특정 시장, 특정 소비자 집단, 특정 지역 등에 원가 우위나 차별화 우위로 집중 공략하는 것을 의미한다. 원가 우위 전략과 차별화 전략이 전체 시장을 대상으로 한 전략임에 반하여 집중화 전략은 특정 시장에만 집중하고 원가 우위 전략이나 차별화 전략 중 하나를 선택해 공략한다는 특징이 있다.

본원적 전략 결정사항	원가우위전략	차별화 전략	집중화 전략
제품차별화	낮음	높음	낮거나 높음
시장세분화	낮음	높음	낮음
차별역량	제조와 자재관리	연구개발/마케팅	어떠한 것도 좋음
전략적 목표	산업전체	산업전체	적소시장

그림 2-32 본원적 전략에 따른 전략 차별화

마이클 포터의 3가지 본원적 경쟁 전략과 5가지 경쟁요인과의 관계를 요약하면 그림 2-33과 같다.

⑦ 기능적 수준의 전략

기능적 전략이란 경영진이 사업을 위해 선택하는 구매, 생산, 마케팅 등 경영 각 기능의 운영방법 및 부가가치 활동에 대한 원칙을 의미하는 것으로 분류하면 다음과 같다.

- 마케팅 전략
- 재무 전략
- 제조 전략
- 구매 전략
- 서비스 전략
- 연구 개발 전략
- 상품 전략

경쟁요인	본원적 전략		
	원가우위 전략	차별화 전략	집중화 전략
동일시장 내의 경쟁	원가우위로 충분한 경쟁력을 갖음	차별화로 경쟁유지	소비자 욕구변화에 신속한 대응
잠재적 신규진입자	원가우위로 규모의 경제 실현 → 진입장벽	상품 충성도와 차별화 → 진입장벽	소비자 충성도 → 진입장벽
공급자의 교섭력	원가 상승 압력에 대한 신축성	생산원가보다는 가격에 관심	소량구매로 단기적으로 불리
구매자의 교섭력	가격인하에 덜 영향받음	상표 충성도로 인해 구매자는 별 문제가 안됨	차별역량으로 구매자에 대해 우위점령
대체자의 위협	원가상의 우위 → 대체품으로부터 보호	Brand Loyalty가 차별화 기업을 대체품으로부터 보호	Customer Loyalty로 대체품 위협 감소

그림 2-33 마이클 포터의 5가지 산업 경쟁요인과 본원적 전략의 관계

2) SWOT 분석

SWOT 분석은 기업의 경영환경 및 내부 조직의 강·약점을 체계적으로 분석하여 전략 수립에 기여할 수 있는 전략적 과제 및 방향성을 설정하기 위한 기법이다. 기업의 경영환경에 관련된 이슈를 크게 기회[opportunities], 위협[threats], 강점[strengths], 약점[weakness]으로 구분하여 파악함으로써 가장 경쟁 전략적인 포지션을 설정한다.

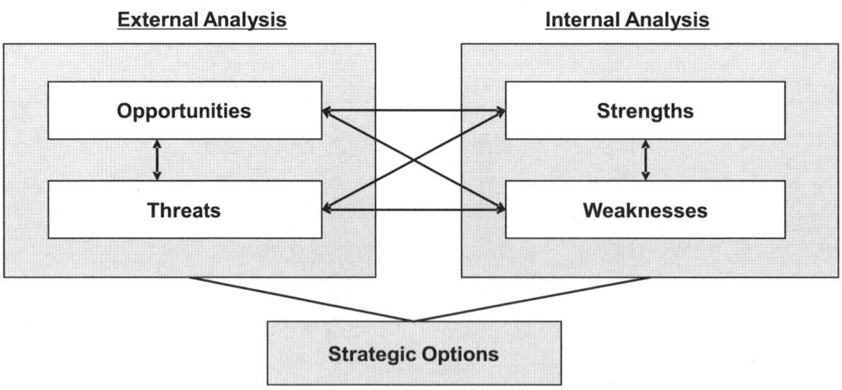

그림 2-34 SWOT 분석 다이어그램

SWOT 매트릭스는 SWOT 분석에서 외부환경 요소(기회, 위협)와 내부 역량 요소(강점, 약점)를 결합시켜 전략 방향과 바람직한 전략안을 유도하는 과정으로, 기업이 수행하는 사업의 현재 환경을 분석하고, 미래의 환경 변화 추세를 예측하여 어떠한 환경요인이 성공의 기회가 될지

위협이 될지를 파악하는 도구이다.

전략적 관점에서 기회 및 위협 요인을 기업 내부의 강·약점과 결합시키고 바람직한 전략안을 도출하는 방법으로 이를 요약하면 그림 2-35와 같다.

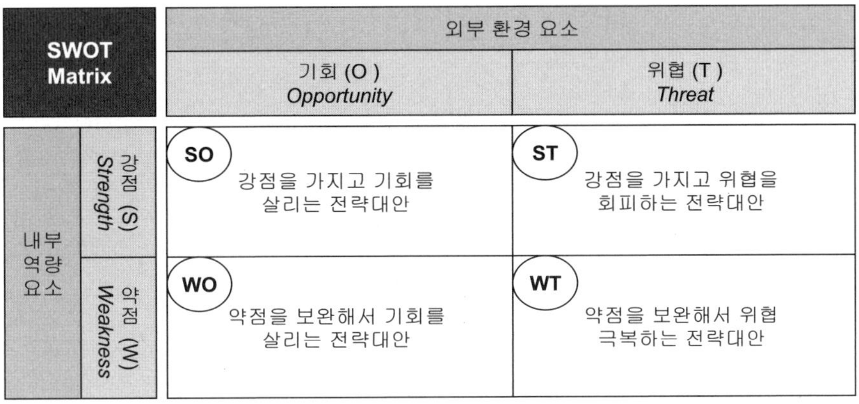

그림 2-35 SWOT 매트릭스 다이어그램

3) 핵심성공요소(CSF)의 도출 과정(사례-1)

외부환경 요소의 기회·위협 요인과 내부 역량 요소의 강·약점 요인을 결합시켜 바람직한 전략 대안을 만들어내는 SWOT 매트릭스 분석을 통한 CSF(Critical Success Factor, 핵심성공요소) 도출 과정을 요약하면 그림 2-36과 같다.

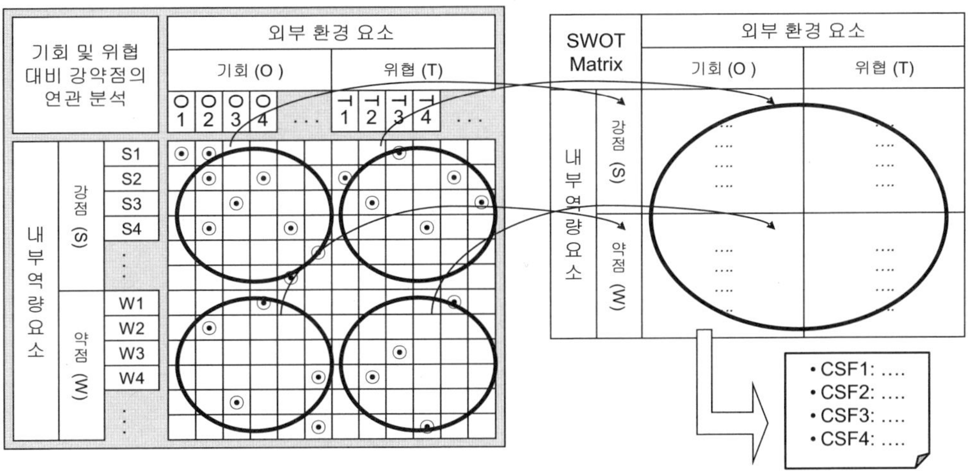

그림 2-36 SWOT 분석을 통한 CSF 도출과정(1)

4) 핵심성공 요소(CSF)의 도출 과정(사례-2)

외부환경의 기회·위협 요인과 내부 역량의 강·약점 요인의 관계 분석을 통해 중점적으로 관리해야 할 전략주제를 확인하고, 전략주제를 만족시키기 위한 주요 과제를 정의하여 이를 달성하기 위한 CSF를 도출하는 SWOT 분석방법을 통한 CSF 도출과정을 요약하면 그림 2-37과 같다.

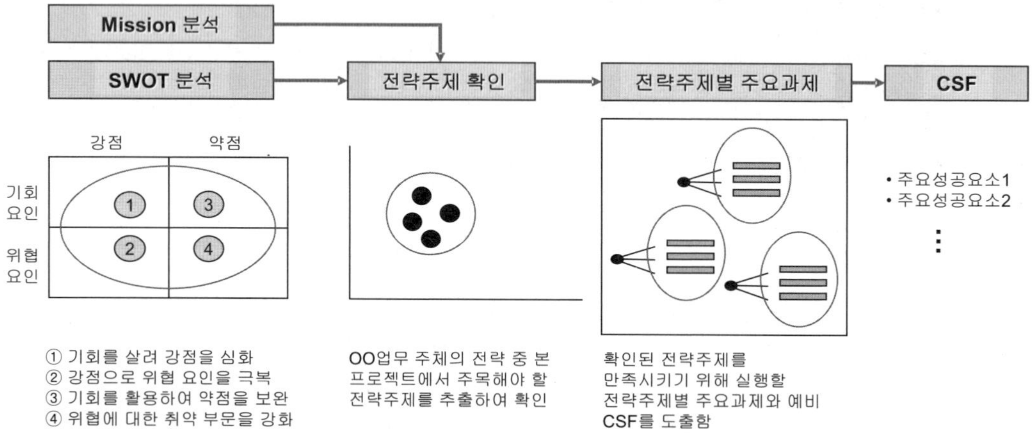

그림 2-37 SWOT 분석을 통한 CSF 도출과정(2)

토의문제 및 활동

1. 경영 환경에 대한 구성요소 4가지에 대하여 생각해보고 각 요소별로 분석 기법들을 정리해보자.

2. 그림 2-3을 참고하여 경영 환경에 대한 분석 프레임워크를 각자가 속해 있는 조직이나 기업에 적용하여 전체적인 그림을 그려보자.

3. 그림 2-6을 참고하여 각자의 기업이나 조직에 대한 일반 환경을 생각해보고 분석하여 이를 그림으로 그려보자.

4. 일반 환경에서 그림 2-10과 2-11를 참고로 하여 각자의 기업이나 조직에 대한 외부 환경 분석 모형을 생각해보고 그림으로 그려보자.

5. 마이클 포터의 5가지 경쟁요인 모형michael porter's 5 forces model에 대해 설명하고 5가지 구조적 요소에 대해서 구체적으로 설명하라. 그리고 각자의 기업이나 조직, 산업에 대하여 그림 2-12를 참고하여 마이클 포터의 모형을 그려보자.

6. 그림 2-33을 참고하여 각자의 기업이나 조직에 대한 가치 사슬을 분석하여 가치사슬 다이어그램value chain diagram을 그려보자.

7. 그림 2-36과 그림 2-37을 참고하여 각자의 기업이나 조직에 대한 SWOT 분석을 하고, 핵심성공요소Critical Success Factor를 도출하라.

CHAPTER

03

INNOVATION
BIBLE

정보기술 환경

3.1 정보기술 환경 개념

1) 정보기술 환경 분석의 목적

정보기술 환경 분석은 최신 정보기술의 동향 및 추세를 파악하여 기업의 필요 정보요구에 적합한 주요 요소 기술의 적용성을 분석하며, 기업의 정보 기반 구조의 효율성과 정보관리의 체계 및 구조를 분석한다.

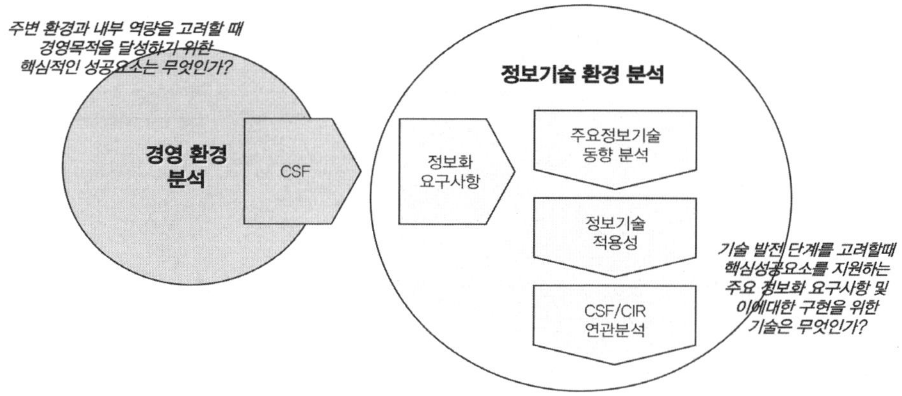

[참조] CSF: Critical Success Factor, 핵심 성공 요소, CIR: Critical Information Requirement, 핵심 정보화 요구사항

그림 3-1 정보기술 환경 분석 포지셔닝

2) 정보기술 환경 분석 수행 공정

정보기술 환경 분석의 수행은 주요 정보기술 동향파악, 정보기술 적용성 분석 및 CSF/CIR 연관분석 등 3가지 과업으로 구성된다.

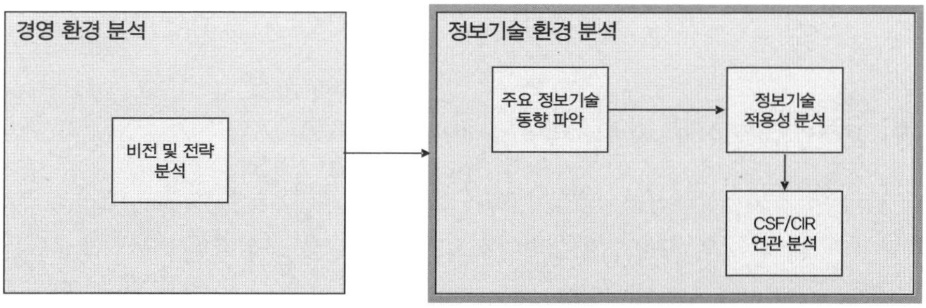

그림 3-2 정보기술 환경 분석 수행

3) 분석 산출물

정보기술 환경 분석 수행의 결과는 그림 3-3이 보여주는 바와 같이 4가지 산출물로 구성된다.

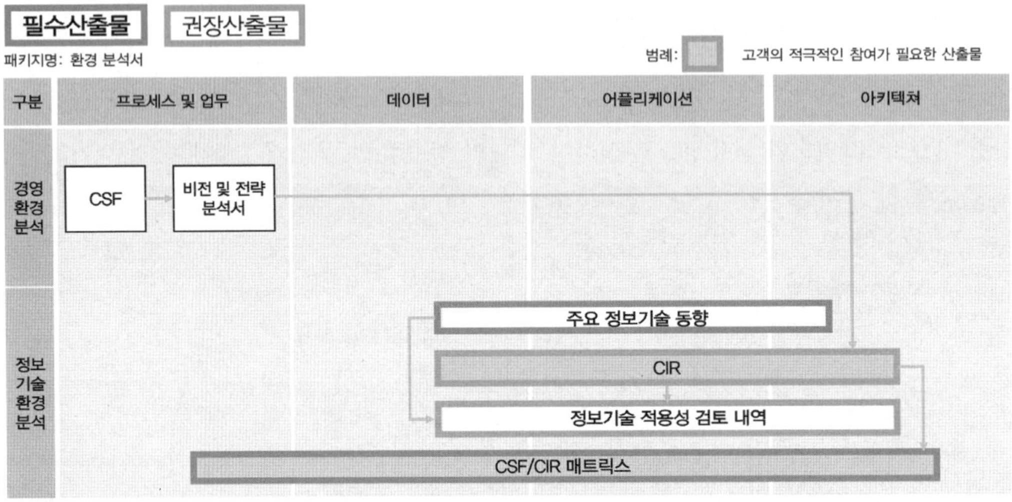

그림 3-3 Activity에 따른 산출물

3.2 주요 정보기술 동향 파악

대상 기업에 적용 가능한 정보기술을 정의하고 일반적인 추세와 기술현황에 대하여 정리하여 정보 전략 계획에 반영할 수 있는 기술의 파악을 목적으로 주요 정보기술 동향을 파악한다.

문헌과 정보기술 전문업체 등을 활용하여 정보처리 구조 및 정보기술 요소별 일반적 추세와 동향에 관련된 자료를 수집하고, 정보기술의 개념, 기능/성능, 기술내역, 표준화 방향 등의 내용을 포함하여 주요 정보기술 동향을 TBB기법을 이용하여 체계적으로 정리한다.

1) 주요 정보기술 동향 파악 접근방법

주요 정보기술의 동향을 파악하기 위하여 정보기술의 과거, 현재, 미래에 대한 전반적인 흐름 분석을 통하여 정보기술의 활용추세를 파악하고, 정보기술을 구성하는 기반구조를 정의한다. 또한, 정보기술 기반구조에서 대상기업의 정보화와 관련된 분석대상 최신 정보기술을 선정하여 분석한다.

① 정보기술 활용추세 및 기반구조 분석

과거, 현재, 미래의 기술에 대한 분석으로부터 정보기술의 활용추세를 도출하고, 대상기업 정보화와 관련되어 분석해야 할 최신정보기술을 선정한다.

정보기술의 활용추세 및 기반구조의 분석절차를 그림으로 나타내면 그림 3-4와 같다.

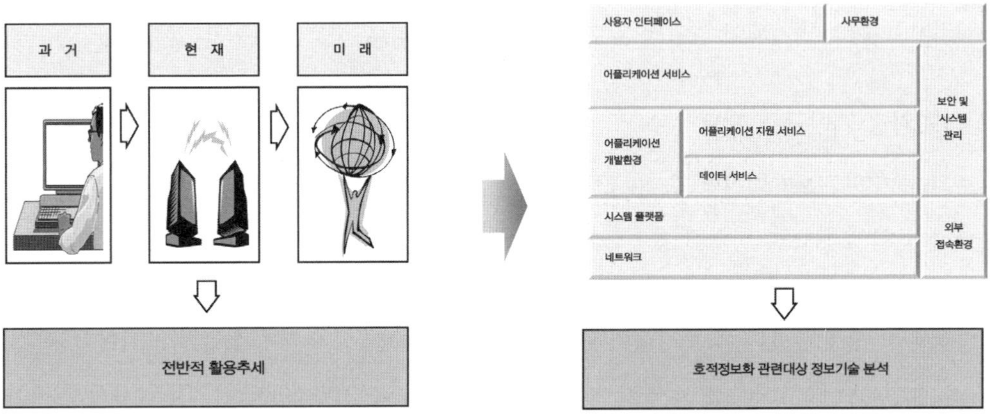

그림 3-4 정보기술 활용추세 및 기반구조 분석절차

2) 산출물 예시

기업의 정보기술 흐름 분석을 파악하여 산출물로 만든 예시를 요약하면 그림 3-5와 같다.

과 거	현 재	미 래
▪ 전산실 중심 ▪ 중앙집중처리 환경 ▪ 계층형 DBMS ▪ 메인 프레임에 의존(1-Tier) ▪ Character User Interface ▪ 저용량,단일매체 네트워크 ▪ 3GL 이용 ▪ 독자적 통신망 이용	▪ 사용자 중심 ▪ 분산처리 환경 ▪ 관계형 DBMS ▪ 클라이언트/서버(2,3-Tier) ▪ Graphical User Interface ▪ 고용량,복합매체 네트워크 ▪ 4GL 이용 ▪ 인터넷/인트라넷/익스트라넷 이용	▪ 개인생활 중심 ▪ 복합,통합처리 환경 ▪ 객체형 DBMS ▪ Peer-to-Peer 및 Web 환경(Multi-Tier) ▪ Multimedia User Interface, 인간과 기계간 인터페이스, 생체인식 ▪ 통합망(유/무선 고속 복합매체 네트워크) ▪ Object Oriented Language, Natural Language ▪ 인터넷과 Life Cycle 공존

그림 3-5 정보기술 흐름분석

① 정보기술의 활용추세 분석

- 정보서비스가 인트라넷/익스트라넷/인터넷 형태의 기반구조에서 제공되는 추세이다.
- 전자상거래의 기술 기반구조로서 인터넷이 확산되고 있다.
- 개방형 시스템 구조와 정보공유의 의미가 더욱 강조되고 있다.
- 내부 네트워크의 형태도 독자적인 망에서 인터넷 기술을 이용한 인트라넷으로 바뀌어 가고 있다.
- 모든 응용프로그램이 웹 브라우저에서 동작하게 될 것으로 전망된다.
- 멀티미디어와 연계되어 생활의 일부로 자리 잡게 된다.

② 정보기술 기반구조 개요

정보기술 기반구조란 데이터, 응용시스템 및 서비스를 구현할 수 있도록 지원하는 기술적인 하부구조와 이에 관련된 요소기술의 집합체를 의미한다. 국제표준을 수용하는 정보기술을 채택하여 확장 및 상호 인터페이스가 가능하고 환경변화에 유연하게 대처할 수 있는 정보기술 기반구조를 구성해야 하며, 정보기술의 활용 측면에 있어 현실성과 가용성이 확보되어야 한다.

응용시스템 및 서비스를 구현할 때 특정 정보기술 요소에만 주목할 것이 아니라 전체적인 정보기술 기반구조의 구성요소로서 각각의 정보기술 요소들을 통합해 나가는 접근방식을 취해야 성공적인 정보시스템을 구축할 수 있다.

③ 정보기술 영역

정보시스템 구축 시 요구되는 정보기술은 다음과 같이 10개의 영역으로 분류한다.

- 사용자 인터페이스
- 어플리케이션 서비스
- 데이터 서비스
- 시스템 플랫폼
- 보안 및 시스템 관리
- 사무환경
- 어플리케이션 지원 서비스
- 어플리케이션 개발환경
- 네트워크
- 외부접속 환경

표 3-1 정보기술 기반구조 영역분석

부문	정의	발전방향	기술요소	적용방향
사용자 인터페이스	컴퓨터 조작(활용)의 편의성을 제공하는 기술요소의 집합	• 멀티미디어 환경의 수용	– CUI – GUI – MUI	• 사용자에게 편리한 인터페이스 사용
사무환경	개인 사무환경을 지원하는 기술 요소의 집합	• 정보 획득·분석 및 제공 환경 지원	– Groupware – OA도구 – 개인환경 DBMS – Web Browser	• 개인 업무 효율성 향상을 위한 정보 제공 및 가공
어플리케이션	사용자의 업무수행에 필요한 직접적인 기능을 다른 정보기술 요소를 사용해서 구현하는 응용프로그램 및 서비스의 집합	• 웹기반 기술을 활용하여 모든 자원을 효율적으로 관리하는 방향으로 진행	– CRM – SCM – KMS – ERP – EUC – EDMS – 전자지불 – 원격교육 시스템	• 사용자 중심의 어플리케이션 • 정보의 공유 및 가용성 제고
어플리케이션 지원 서비스	분산처리 및 원격 데이터 접근 등의 어플리케이션이 필요로 하는 기능들을 일관성 있게 통합적으로 지원함으로써 어플리케이션의 수행 효율을 증가시키고 개발 및 유비보수를 용이하게 해주는 기술요소의 집합	• 이질적인 환경의 정보시스템의 상호운영을 보장 • 웹기반의 분산 시스템 개발을 지원하고 안정적인 웹 트랜잭션을 보장	– Middleware – Object Web	• 어플리케이션 서비스의 안정성, 확장성 및 성능 확보 • 개발 및 유지 보수의 용이성 제고
데이터서비스	데이터 접근 및 활용을 원활하게 하는 기술요소의 집합으로서 분산 파일 서비스 및 데이터베이스 관리 기능을 제공하고 데이터 접근의 투명성 보장 및 통합관리를 가능하게 해주는 제반 정보기술 환경	• 데이터 교환 기능(파일공유 및 전송) • 분산데이터의 투명성, 보안성 및 전사적 관리기능	– DBMS – Data Warehouse – OLAP – Data Mining – 광파일시스템	• 데이터 통합화 • 데이터 신뢰성/정합성 확보 • 정보의 고부가가치화 • 이미지 데이터 서비스의 수용

<계속>

부문	정의	발전방향	기술요소	적용방향
어플리케이션 개발 환경	어플리케이션과 데이터베이스의 개발 및 유지보수를 위한 제반 정보기술 환경으로서 전사 정보모델 구축으로부터 단위시스템별 분석, 설계, 구현 및 유지보수에 이르기까지 전체 개발주기 동안의 생산성 및 품질을 제고할 수 있는 기술요소의 집합	• 개발 및 유지 보수공정의 표준 가이드 제공 • C/S환경지원 • JAVA 계열과 MS 계열의 웹 개발 환경으로 빠르게 변화하고 있음	– C/S 개발 도구 – 웹 개발 도구 – XML 개발 도구 – 멀티미디어 제작 도구	• 어플리케이션의 유연성 및 확장성 확보 • 웹기반 어플리케 이션 개발 환경 • 개발 및 유지보수의 용이성
시스템 플랫폼	개인, 부서, 사업장, 전사차원에서 활용되는 어플리케이션과 데이터 운용을 지원하는 H/W 및 S/W 플랫폼	• 개방형 구조 표준 준수 • 이기종 간 상호 운영 기능 • 재해 및 장애 시 지속적 운영을 위한 가용성 강화	– Operating System – Open System – HA System	• 안정성 및 성능 확보 • 개방형 구조 • 고가용성 구조 • 웹기반 구조
네트워크	사용자와 각 환경별 플랫폼을 연결, 접속하는 관련 기술요소의 집합으로서 정보시스템 자원 간의상호 운영성 및 접근투명성을 보장함	• 국제표준을 수용함으로써 개방화를 지향 • 멀티미디어 정보 수용	– LAN – WAN	• 통신망 표준의 수용 • 데이터 통신의 고속화
보안 및 시스템 관리	어플리케이션, 데이터, 네트워크, 시스템 플랫폼 등정 보시스템을 구성하는 모든 자원에 대한 관리 및 이들 자원에 대한 접근을 제한하고 통제하는 기술요소의 집합	• 원격 시스템 제어 통합 보안관리 • 인터넷 보안 기술의 강화	– Firewall – IDS – VPN – NMS/SMS – 전자서명 – Backup & BRS	• 시스템의 안정성 확보 • 개인정보보호 인터넷보안 기술의 도입 • 중앙 집중적인 시스템 관리 및 보안 관리
외부접속환경	외부와의 연결을 위한 관련 기술요소의 집합	• 데이터 및 메시지 온라인 송수신 기능 • 보안관리 기능	– E-Mail – EDI – XML/EDI	외부 유관기관과 효율적 데이터 교류

※ 표의 용어정리

CUI : character user interface, 문자 사용자 인터페이스
GUI : graphical user interface, 그래픽 사용자 인터페이스
MUI : multimedia user interface, 멀티미디어 사용자 인터페이스
OA : office automation, 사무자동화
DBMS : data base management system, 데이터베이스관리시스템
CRM : customer relationship management, 고객관계관리
SCM : supply chain management, 공급망관리
KMS : knowledge management system, 지식관리시스템
ERP : enterprise resource planning, 전사적 자원관리
EUC : end user computing, 최종 사용자 컴퓨팅
EDMS : electronic documents or data management system, 전자문서관리시스템
OLAP : online analytical processing,
C/S : client/server, 클라이언트/서버
XML : eXtensible markup Language
HA : high availability, 고가용성
LAN : local area network, 근거리 통신망
WAN : wide area network, 광대역 통신망
IDS : Intrusion Detection System, 침입탐지시스템
VPN : Virtual Private Network, 가상 사설망
NMS : Network Management System, 네트워크관리시스템
SMS : System Management Software, 시스템관리 소프트웨어
BRS : Business Recovery Service, 업무복구시스템
EDI : Electronic Data Interchange, 전자문서교환

3) 지식관리시스템

지식관리시스템knowledge management system: KMS은 조직 내 지식을 개인이나 조직차원에서 적극적으로 창출하고 이를 효율적으로 조직 내 다른 구성원과 공유하게 하며, 조직 내 지식창고에 체계적으로 저장 관리하여 지식경영을 가능하게 하는 일련의 과정 및 이를 기반으로 운영되는 조직 내 정보시스템을 의미한다. 지식사회에서는 조직원의 창의성, 지식, 경험이 가장 중요한 가치창출의 원천으로 사람의 머릿속에 잠재된 지식을 어떻게 체계화하고 수치화하여 조직 내 여러 사람이 손쉽고 빠르게 공유할 수 있는가가 조직의 경쟁력을 좌우함에 따라 지식관리시스템이 등장하게 되었다. 예컨대, 감독법원 및 호적관서가 보유하고 있는 유무형의 호적관련 정보자산(법률, 기재례, 호적관련 지식 및 경험 등)을 관리하기 위해서 정형화되고 통합된 접근방법으로 호적지식 저장소를 구축하고 지식의 획득, 공유, 활용 및 창조 프로세스를 최적화할 수 있는 도구로서

지식관리시스템의 검토가 필요하다.

① 지식관리시스템의 특징

지식관리시스템은 향후 업무 수행을 향상시킬 것으로 기대되는 조직 자체 보유 업무처리 절차나 규정, 각종 보고서들을 통합하고 체계화한 정보와 조직원 개개인이 가지고 있는 지식과 경험, 그리고 선진사례 등 지적자산을 전체 조직차원에서 체계적이고 용이하게 발굴, 창출, 수집, 관리하고 공유하는 체계를 지원하는 지식공유시스템이다. 인적자원에 대한 투자의 효과를 극대화하기 위해 지식, 경험, 창의성 등을 최대한 상호 공유하게 함으로써 업무의 생산성을 극대화하고 고부가가치를 창출하는 것을 목적으로 한다.

재사용이 가능한 지식을 적시에 제공하고 부가가치 창출의 잠재력을 지닌 지식의 축적으로 이를 자산화하며, 축적된 지식을 바탕으로 고품질의 서비스를 제공하여 업무생산성과 조직의 경쟁력을 강화시킨다. 지식관리의 성공여부는 적용한 기술에 있는 것이 아니라, 그것을 얼마나 잘 활용하고 받아들일 수 있는 조직문화가 조성되어 있느냐에 따라 결정된다.

② 지식관리시스템 구성요소

- 지식 자원

  지식은 크게 암묵지tacit knowledge와 형식지explicit knowledge 두 가지로 구분할 수 있다. 암묵지는 개인이나 조직의 업무처리 과정 속에 묻혀 있기 때문에 겉으로 드러나지 않는 노하우를 의미한다. 조직 내 대부분의 일이 이러한 암묵지 상태에서 이루어지기 때문에 사람이 떠나면 업무에 대한 지식도 함께 사라지게 된다.

  반면에 형식지란 규정이나 지침서 등과 같은 객관적으로 가시화되어 누구나 활용할 수 있도록 되어 있는 지식을 의미한다. 따라서 유용한 지식관리시스템을 구축하기 위해서는 암묵지를 형식지로 전환하는 지식생성 작업이 필수적이다.

  지식관리시스템은 상이한 지식원천을 유기적으로 연결하거나 재가공 과정을 통하여 사용자들의 목적과 용도에 맞도록 재구성하는 지식생성 기능을 제공해야 한다.

- 지식 저장소

  생성된 지식을 저장하는 곳으로 획득한 지식을 체계적으로 분류한 색인 데이터베이스와 물리적 저장 위치를 나타내는 지식 지도knowledge map, 그리고 실제 지식 정보 등을 저장하는 곳이 있다.

- 지식 지도

  사용자가 원하는 지식에 쉽게 접근할 수 있도록 지식을 용도별, 부문별로 정리한 지식 분류

체계를 의미한다. 지식 지도를 구성할 때는 조직의 핵심 프로세스별로 요구되는 지식을 도출하고 업무처리 관점에 따라 지시의 전체적인 구성을 논리적으로 체계화시켜야 한다.

지식 지도는 관리자 측면에서는 저장 분류체계와 물리적인 위치를 제공해주고, 사용자 측면에서는 원하는 지식을 신속하고 정확하게 검색할 수 있도록 지식의 분류 및 연관성에 따라 접근 권한과 조건 검색 및 키워드 검색 기능 등을 제공한다.

③ 지식관리시스템 구축 기반기술

- SGML standard generalized markup language

SGML은 상이한 시스템 간 복합문서 정보들을 공통적으로 표현하기 위해 국제표준기구에서 데이터 객체 양식표준으로 정한 것이다. SGML 표준은 임의의 형태 문서, 임의의 응용에 대한 범용적인 마크업을 정의하기 위한 방법을 표준화한 객체지향형 메타언어 meta-language 이다. 이를 이용하여 텍스트, 그래픽, 오디오, 비디오 등 거의 모든 유형의 데이터들이 복합적으로 포함된 문서를 명확하게 처리할 수 있다.

- XML eXtensible markup language

웹 기반의 자료구조 규격 언어인 HTML의 확장 언어로서 홈페이지 구축기능, 검색 기능 등을 향상시켰을 뿐만 아니라 업무에 필수적인 클라이언트시스템의 복잡한 데이터 처리를 용이하게 하는 기능을 지원한다. 인터넷 사용자가 웹에 집어넣을 내용을 작성하고 관리와 접근을 용이하게 하는 포맷으로 구성되어 있다.

HTML은 웹 페이지에서 데이터베이스처럼 구조화된 데이터를 지원할 수 없는 반면, XML은 사용자가 구조화된 데이터베이스를 의도대로 조작할 수 있다.

- 그룹웨어

그룹웨어는 개인이나 팀, 부서와 같은 그룹 단위의 작업을 지원하기 위한 정보시스템을 의미한다. 좁은 의미로는 전자우편이나 전자결재, 일정관리 등의 기능을 뜻하지만 넓은 의미에서 보면 조직 내 정보공유 기능을 지원해 주는 소프트웨어를 총칭한다.

- EDMS electronic document management system

EDMS는 조직 내 비정형적인 문서를 효과적으로 관리하기 위한 문서관리 솔루션으로 문서의 발생에서 소멸까지 전 과정을 관리하며 사용자가 쉽게 문서정보를 찾을 수 있도록 지원해 주는 시스템이다.

지식은 이론과 경험의 통합이라고 할 수 있는데, 정형화된 실체만 있는 것이 아니라 오히려 비정형의 자료가 지식의 큰 부분을 차지하고 있다. EDMS는 바로 이러한 비정형의 정보를 전달하거나 저장, 관리하기 위한 정보시스템이다.

- OCR optical character reader

OCR은 스캐닝된 문서로부터 빛의 양적 차이를 이용하여 문자를 인식, 판독하는 장치로서 광학문자판독기, 자기잉크판독기 등이 있다.

- FTR full text retrieval

정보검색시스템은 각종 데이터의 수집 및 분석을 통해 구축된 데이터베이스로부터 사용자의 정보 요구에 대하여 다량의 정보원을 통해 사용자가 찾고자 하는 가장 적합한 형태의 정보를 신속 정확하게 탐색하여 제공하는 기능을 수행한다. 정보검색에는 대표적으로 키워드 keyword 검색과 FTR full text retrieval 검색이 있다. 키워드 검색은 각각의 문서정보에서 해당 내용을 대표하는 키워드를 일일이 사람이 추출하고 등록하여 검색 시 질의어로 입력된 키워드와 비교하는 방식이고, FTR은 문장 전체를 인덱싱 indexing 하여 검색의 대상으로 하는 방식이다.

하나의 문서가 몇 개의 키워드로 대표되는 제한적인 키워드 검색보다 정확성과 효율성 면에서 뛰어난 문서 전체를 대상으로 하는 FTR의 중요성이 대두되고 있다.

FTR은 자연어를 이용한 전문 검색엔진으로 지식 지도를 구성하기 위한 필수 기능으로 그 기본구조를 간략히 설명하면 다음과 같다.

» 여러 가지 형태의 문서의 내용과 문서에 관련된 정보(본문의 위치, 작성일, 작성자 등)를 색인에 저장한다.

» 대부분의 문서는 단순한 텍스트 text 가 아닌 자체 포맷 format 을 지니고 있는데, FTR은 단어를 추출하기 위하여 문서를 텍스트 형태로 변환한다.

» 형태소 분석기를 통해 인덱스 데이터베이스에 저장할 색인어를 추출한다.

» 해당 색인어 및 색인어와 관련된 정보(색인어가 포함되어 있는 문서의 명칭, 위치 등)를 추출하고 추출된 정보를 인덱스 데이터베이스에 저장한다.

» 사용자로부터 입력된 질의어를 인덱스 데이터베이스를 검색하여 결과를 나타낸다.

④ 기술동향

국내에서는 외국에서 도입된 솔루션과 국내에서 자체 개발한 솔루션 등 하드웨어, 소프트웨어 솔루션 업체들과 효율적으로 필요한 지식을 추출해내고 지식에 대한 공유, 체계를 수립하기 위한 지식관리 컨설팅 분야 업체들이 시장을 형성하여 활성화되고 있다. 또한, 컨설팅, DW, CRM, EDMS, 인트라넷의 복합서비스에 의한 KMS 시현이 본격적으로 논의되어 확산되고 있는 추세이다. 세계 유수의 기업들이 경쟁력 향상 및 강화를 위해 KMS를 도입하고 있는데, 대부분은

EDMS의 솔루션이 지식관리 쪽을 포함하여 KMS 솔루션으로 진화하는 경향을 보이고 있다. 국내외 최고 경영자뿐만 아니라 국가적인 차원에서 지식경영에 대한 중요성을 인식하고 있기 때문에 이를 뒷받침하는 KMS를 적극적으로 추진하고 있다.

3.3 정보기술 적용성

1) 정보기술 적용성 분석

CSF, 비전 및 전략 분석서, 주요 정보기술 동향을 중심으로 주요 정보화 요구사항critical information requirement : CIR을 도출하고, 이를 바탕으로 주요 요소 기술의 활용 방향, 범위 및 적용상의 과제를 분석한다.

① 내·외부 환경 분석에서 도출된 전략과제 및 CSF를 바탕으로 주요 정보요구CIR를 도출한다.
② CIR을 토대로 정보기술 활용 방향, 범위, 과제를 설정한다.
③ 주요 정보기술 동향을 참조하여 적용 가능한 기술요소에 대한 기술성/업무 매트릭스 분석을 수행한다(매트릭스 분석기법).

2) 정보기술 적용성 분석 접근방법

정보기술 적용성 분석을 위해 일반환경 분석에서 도출된 주요 성공요소CSF와 설문/면담을 통해 주요 정보화 요구사항CIR을 도출한다. 또한 주요 정보기술 동향에서 분석한 정보기술 중에서 기술성숙도, 표준화, 현장검증도 등을 고려하여 CSF/CIR을 만족시키는 정보기술에 대한 적용성 분석을 실시한다. 이를 요약하면 그림 3-6과 같다.

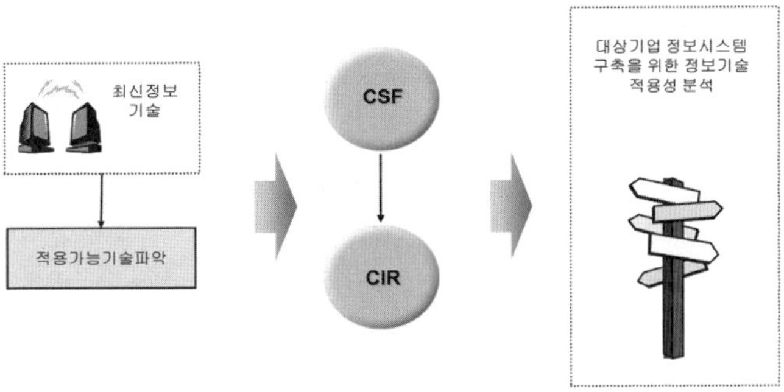

그림 3-6 주요 정보화 요구사항 파악절차

3) 정보기술 적용성 분석기법

① TBB^technical building block^

TBB는 정보시스템을 구성하는 각종 기술요소를 체계적으로 그룹핑하여 블록 형식으로 정리하는데, 각각의 기술블록을 정리하여 설명하면 다음과 같다.

- 어플리케이션 서비스
  일관된 사용자 인터페이스 표준이 필요하며 하이퍼텍스트 방식이나 전문가시스템 개념이 적용된 강력한 도움말 기능이 통합적으로 제공되어야 한다.
- 개발 환경
  응용시스템 개발을 지원하는 개발 툴 및 실제 EUC에 필요한 기능을 제공한다.
- 어플리케이션 지원 서비스
  어플리케이션이 데이터에 편리하고 안정적으로 접근할 수 있는 기능을 제공한다.
- 데이터 서비스
  데이터의 원활한 저장 및 필요한 모델로의 가공을 가능하게 하는 기능을 제공한다.
- 시스템 플랫폼
  기반업무 개발 및 응용시스템을 위한 기본 기능을 제공한다.
- 네트워크
  시스템 간 상호 정보교환 및 전체 시스템의 유기적인 연결을 위한 기능을 제공한다.
- 보안체계
  일관성 있는 보안 체계의 제공으로 정보시스템의 신뢰성을 증가시킨다.

그림 3-7은 이를 다이어그램으로 요약하여 보여주고 있다.

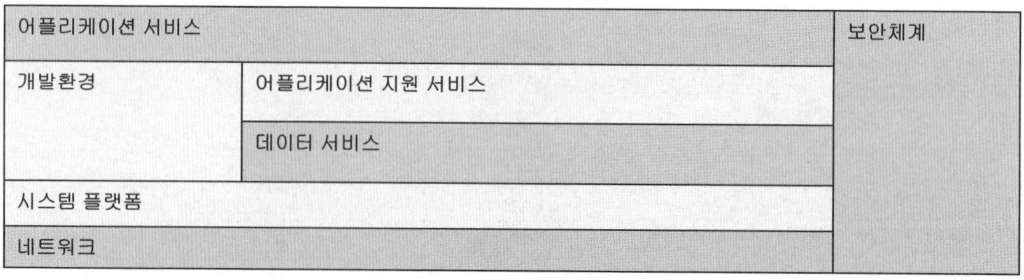

그림 3-7 TBB 다이어그램

② 정보기술 도입 가능성 검토 대상 선정 사례(프로젝트별 특성을 반영하여 선정)

정보기술 구조 중에서 도입여부를 검토할 대상 정보기술을 TBB로 정리하면 다음과 같다.

- 어플리케이션 서비스: 그룹웨어groupware, EMR, OCS, PACS, CRM, D/W
- 개발 환경: C/S 개발환경, 웹 개발환경
- 어플리케이션 지원 서비스: 미들웨어middleware
- 데이터 서비스: DBMS
- 시스템 플랫폼: 고가용성 시스템, C/S 계층구조, 운영체제, 모바일 컴퓨팅
- 네트워크: 고속 네트워크 기술, NMS, DICOM
- 보안체계: 보안정책, 보안기술

③ 정보기술 적용 가능성 평가항목 및 기준

- 기술 성숙도: 해당 요소기술의 완성도 수준을 의미하며 향후 대규모의 기술보완 및 업그레이드가 예상되지 않아 기술도입 시 안정적 유지보수가 가능한 정도
- 표준화: 해당 요소기술이 전 세계적 정보기술 발전 추세로서 업계 표준, 산업 표준으로 선택된 정도
- 현장 검증도: 해당 요소기술을 도입하여 활용하는 현장 사이트 수의 많음 정도
- 개발/운영 수월성: 해당 요소기술의 습득 및 활용이 수월한지 여부로서 개발/운영의 난이도 수준
- 투자비용: 해당 요소기술 도입 시 상대적인 투자비용의 과다 수준

④ 기술 수용주기 분석-캐즘모형

무어Jeoffrey A. Moore, 1997에 의하면 시장에서 신기술(특히, 첨단기술)이 수용될 때 기술 수용주기의 구성 요소들은 변함이 없으나, 구매심리학적 집단들 사이에 일시적 단절이 존재하여 수요가 정체되거나 후퇴하는 단절현상을 거치게 된다. 초기시장의 성공에 이어서 곧바로 주류시장의 급격한 성장이 이루어질 수 있다는 기존의 첨단기술 마케팅 모델 개념에 대해 실제로는 기술 수용 주기에서 단절을 의미하는 캐즘 기간chasm period이 존재한다는 것이다. 캐즘chasm은 기업 경영에 아주 위험한 기간으로서 가능한 한 빨리 통과하기 위한 전략과 전술이 필요한데, 결국 첨단 신기술의 도입에 있어서 반드시 캐즘에 대한 검토가 필요하다는 의미이다. 그림 3-8은 이를 요약한 캐즘 모형을 보여주고 있다.

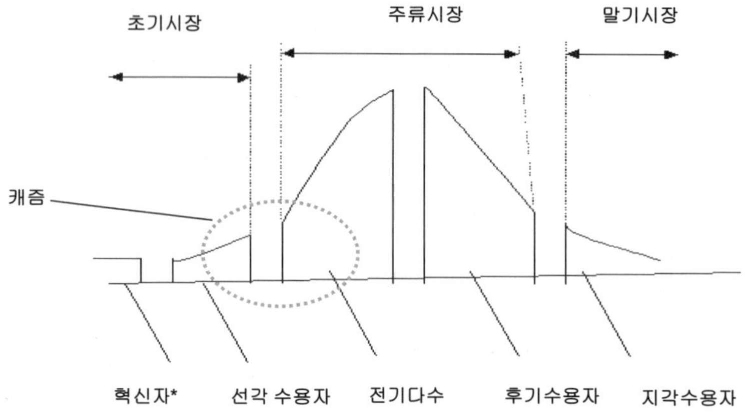

그림 3-8 캐즘 모형

3.4 CSF & CIR 연관 분석

CSF와 CIR의 연관성을 분석함으로써 경영전략과 정보전략의 방향을 일체화하기 위해 매트릭스 분석기법을 이용하여 CSF/CIR의 연관성을 분석한다.

1) CSF & CIR 연관 분석 접근방법

CSF & CIR 분석은 일반환경 분석에서 도출된 주요 성공요소와 정보환경 분석에서 도출된 주요 정보화 요구사항과의 연관 관계를 파악한다. 이를 위한 정보기술 적용성 파악 절차는 다음과 같다.

대상기업 정보화에 필요한 정보기술 적용성 분석을 위해 첫째, 전략과제 확인 및 설문/면담을 통해 도출된 CSF와 CIR을 정의하고 둘째, CSF/CIR 연관 분석을 통해 미래모형 정립 정보화 전략을 수립한다.

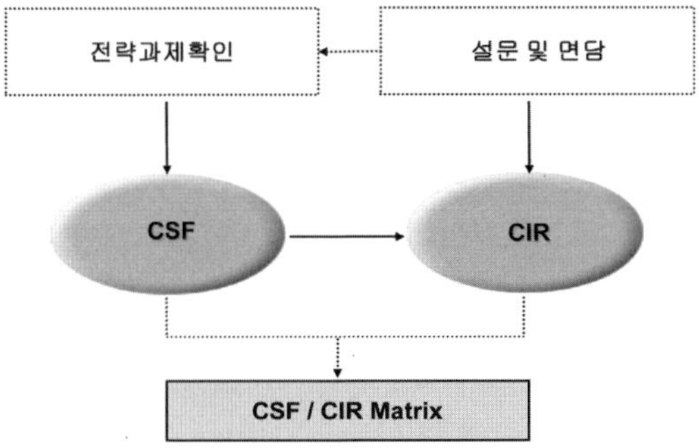

그림 3-9 정보기술 적용성 파악절차

2) CSF & CIR 연관 분석기법

CSF & CIR 연관 분석은 SWOT 분석과 이를 통한 전략대안 CSF, CIR을 도출하여 정의한다. 참고용 시트를 그림 3-10, 그림 3-11, 그림 3-12, 그림 3-13에 나타내었다.

내적요인 / 외적요인	강점	약점
기회	SO	WO
위협	ST	WT

그림 3-10 SWOT 분석 Sheet

전략 대안	개요 및 의의

그림 3-11 전략대안 Sheet

핵심성공요소(CSF)	개요 및 의의	관련 전략	평가 항목

그림 3-12 CSF 정의서 Sheet

핵심정보요구사항(CIR)	개요 및 의의	관련 CSF	적용가능 IT

그림 3-13 CIR 정의서 Sheet

토의문제 및 활동

1. 정보기술 환경에 대한 분석 시 구성요소 3가지에 대하여 생각해보고 각 요소별로 분석 기법들을 정리하라.

2. 그림 3-5를 참고하여 주요 정보기술에 대한 동향을 파악하여 흐름분석을 하고 그림을 그려보라.

3. TBB[technical building block]를 구성하고 있는 10가지 기술요소를 설명하고 그림을 그려보라.

4. 기술 수용주기 분석에서의 캐즘[chasm] 모델을 설명하라.

5. 그림 3-10과 그림 3-11을 참고하여 각자의 기업이나 조직에 대한 SWOT 분석과 전략대안 시트를 작성하라.

6. 그림 3-12를 참고하여 각자의 기업이나 조직에 대한 CSF 정의서를 작성하라.

7. 그림 3-13을 참고하여 각자의 기업이나 조직에 대한 CIR 정의서를 작성하라.

CHAPTER

04

INNOVATION
BIBLE

비즈니스 프로세스

4.1 비즈니스 프로세스 분석

업무현황 분석에 해당하는 비즈니스 프로세스 분석 결과는 프로세스 개선방향 도출의 기초자료로 활용된다.

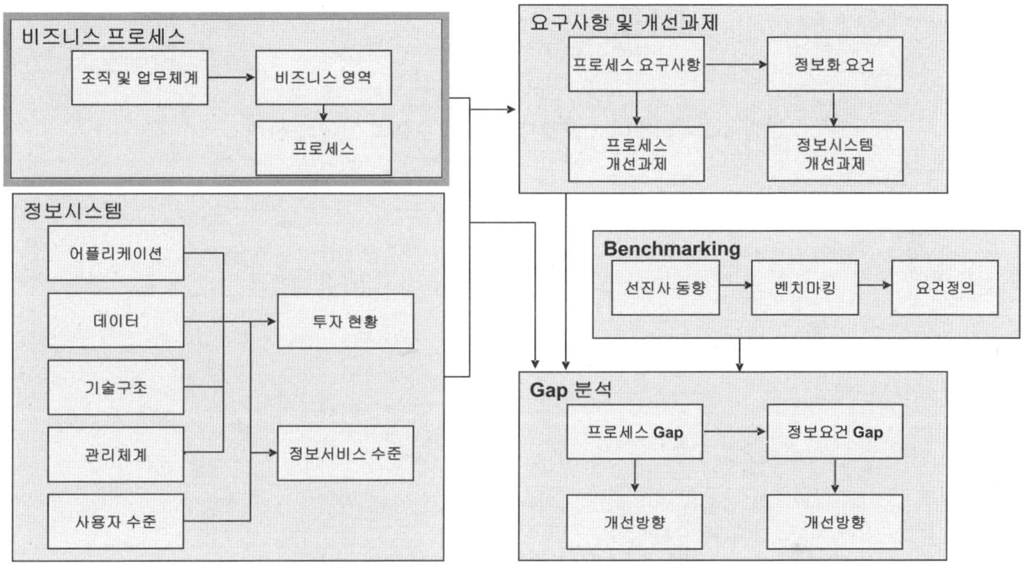

그림 4-1 비즈니스 프로세스 분석 공정도

1) 비즈니스 프로세스 분석의 목적과 배경

① 목적

기업의 비전, 미션 및 경영전략 분석 결과를 토대로 현행 조직과 업무프로세스의 효율성 및 적합성을 파악하고 문제점 및 개선 사항을 도출한다.

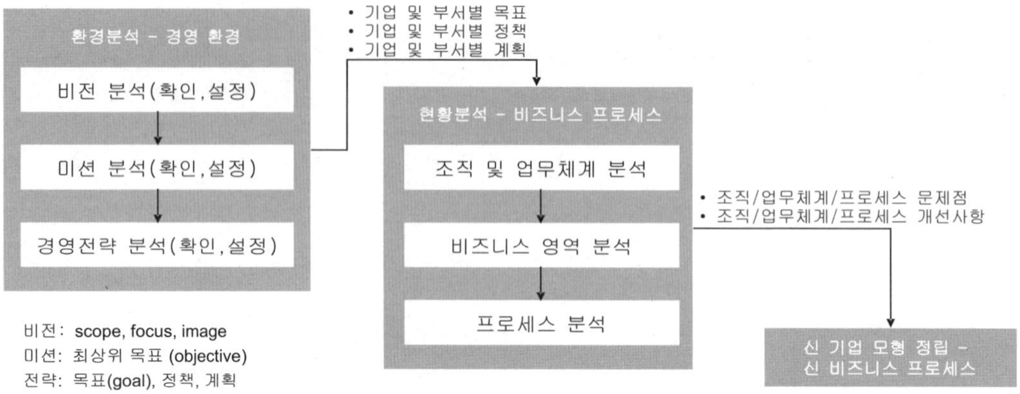

그림 4-2 비즈니스 프로세스 분석 수행의 입출력 관계

② 배경

기업모형의 구성 요소인 조직, 기능, 프로세스는 기업의 비전과 경영목표 달성에 적합하게 설계되어 그 역할이 수행되어야 한다.

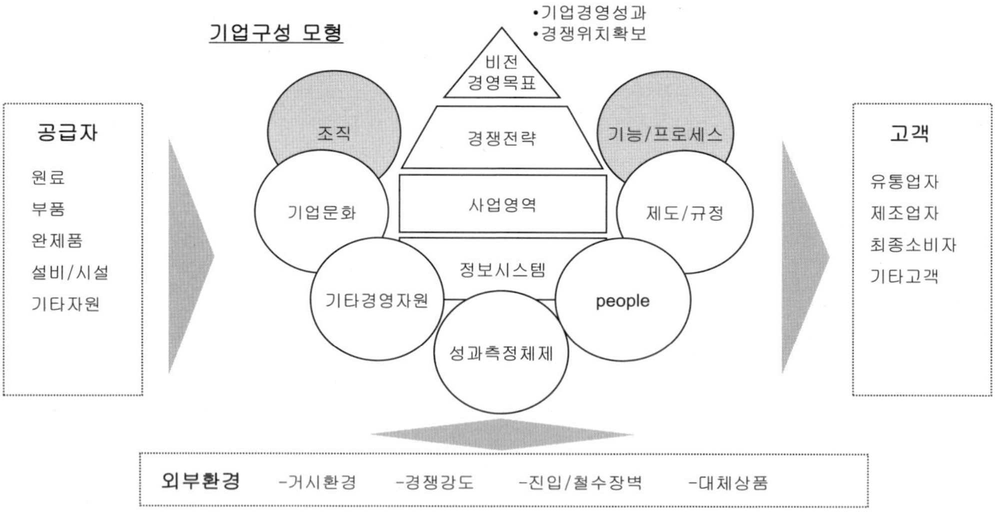

그림 4-3 비즈니스 프로세스 분석과 기업구성 모형과의 관계

기업구성 모형을 근거로 한 기업경영모형(5M)은 경영혁신을 위한 기본 틀로서 경영환경 및 내부 역량 진단을 통해 기업모형corporate model, 기능모형function model, 통합모형integration model 내에 포함되는 조직, 기능, 프로세스의 개략적인 현황이 파악된다. 이를 요약하면 그림 4-4와 같다.

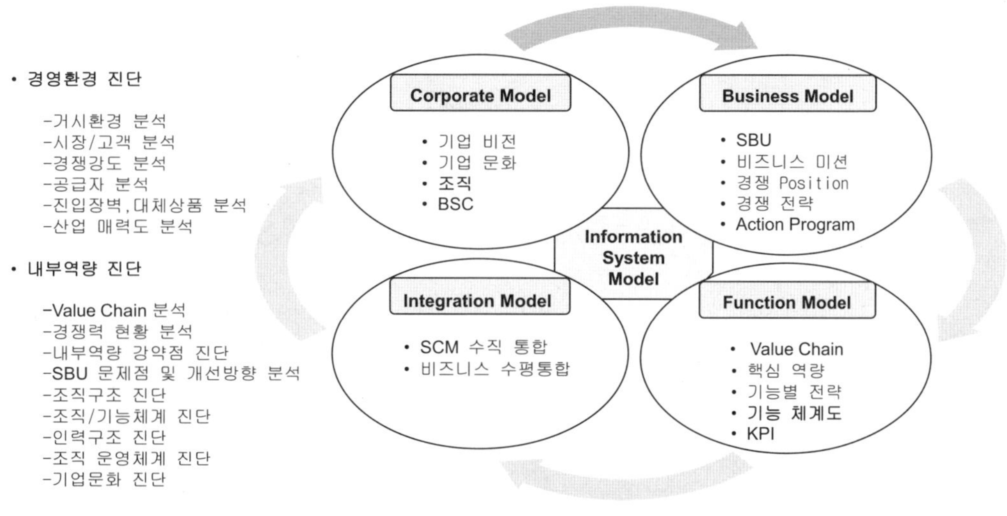

그림 4-4 기업경영 모델

내부역량 진단을 통해 개략적으로 파악된 업무 현황은 비즈니스 프로세스 분석 단계에서 구체화된다. 정보공학 피라미드의 상위 수준인 정보 전략과 사업영역 분석과의 관련성을 비교하면 그림 4-5, 그림 4-6과 같다.

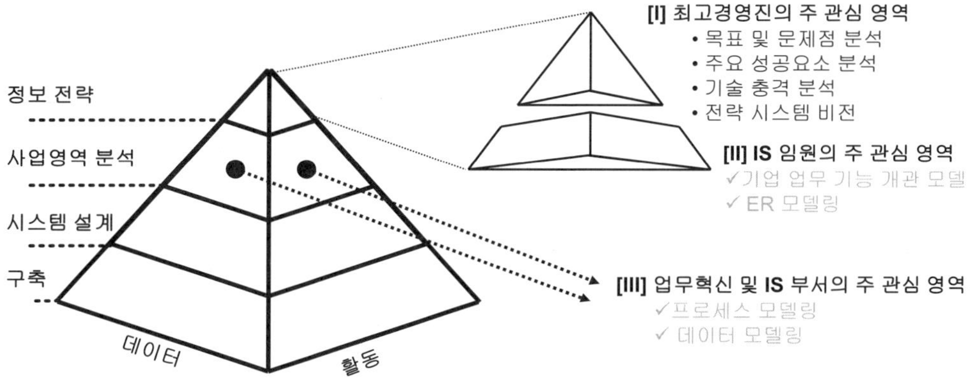

그림 4-5 정보공학 피라미드

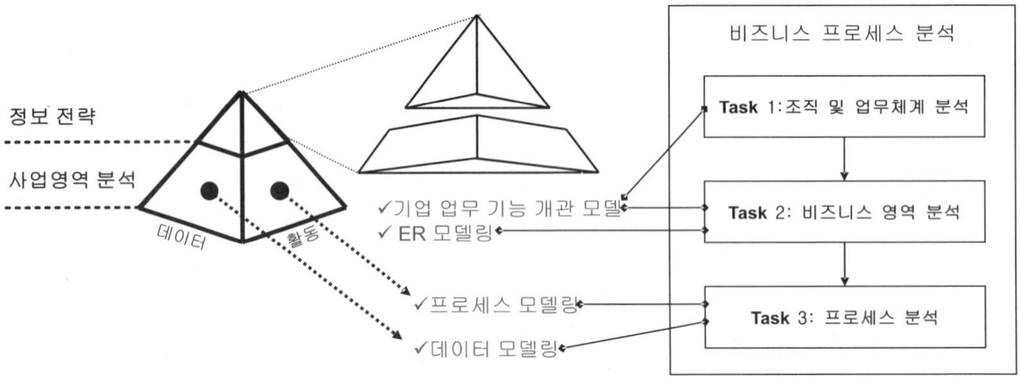

그림 4-6 정보공학 피라미드와 비즈니스 프로세스 분석

2) 접근방법

기업 전반에 걸친 비즈니스 프로세스 분석을 위해 조직과 업무 기능 측면에서 현황을 파악하고 업무 기능별 프로세스를 정의한 후 개선과제를 도출한다.

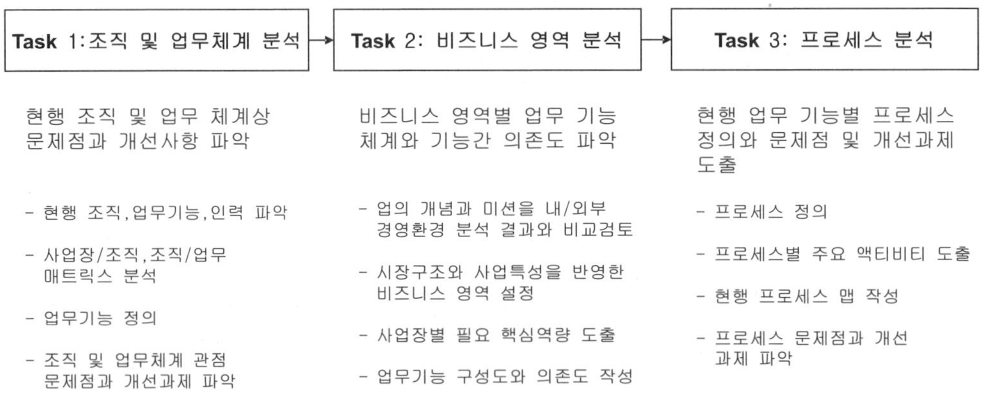

그림 4-7 비즈니스 프로세스 분석 절차

비즈니스 프로세스 분석은 진단의 관점을 선정한 후 진행한다. 현행 업무에 대한 관련자료를 분석하고 워크샵, 설문조사를 통해 필요한 정보를 수집하여 진단 관점(조직의 효율성, 프로세스의 유기적 연계성, 서비스의 고객지향성 등)을 선정한 후 현행 조직/기능/프로세스를 분석하고 진단한다.

그림 4-8은 이를 도식화하여 잘 나타내주고 있다.

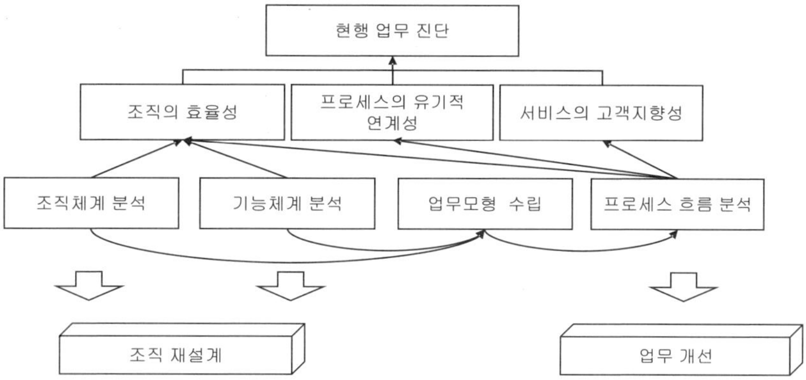

그림 4-8 비즈니스 프로세스 분석과 진단 관점

비즈니스 프로세스 분석 시 조직과 기능의 영역을 구분한 후 업무개선과 조직 재설계의 대상을 선정한다. 그림 4-9는 이를 요약하여 보여주고 있다.

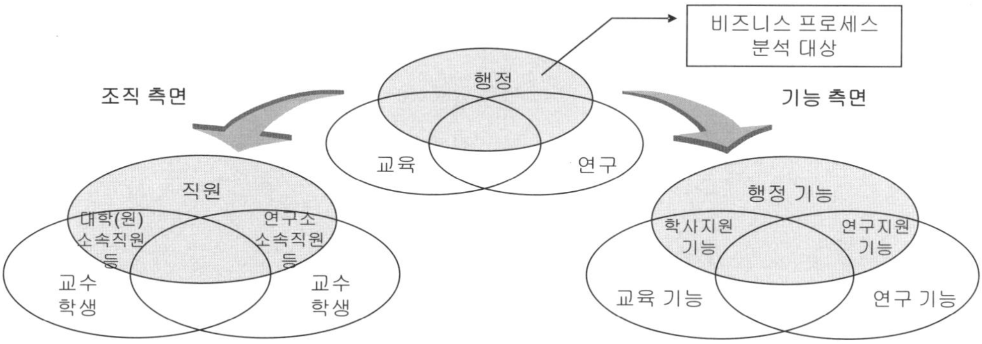

주) 기업의 조직과 기능의 영역 구분을 위해서는 가치사슬을 이용함

그림 4-9 조직과 기능의 영역 구분

4.2 조직 및 업무체계

1) 조직 및 업무체계 분석

현행의 업무기술서 및 조직/업무 상관도를 작성하고, 현행 조직 및 업무체계상의 문제점 및 개선 사항을 파악하는데, 그 수행절차와 기법은 다음과 같다.

① 사업장 현황과 사업장별, 조직별, 수행인력 등에 관련된 자료(현행 업무규정, 지침, 매뉴얼, 주요 대장 및 전표 등)를 수집한다.

② 사업장/조직 및 조직/업무 매트릭스 분석을 수행한다.

③ 가치사슬 기법을 활용하여 업무기능을 정의하고, 업무기술서를 작성한다(업무 기능 간 상호 의존도, 관련 자료 및 정보, 고객 등).

④ 조직/CSF/업무기능 매트릭스 분석을 통해 조직 및 업무체계 관점에서 파악되는 문제점과 개선과제를 BSD[business system diamond] 기법으로 정리한다.

2) 조직 및 업무체계 분석 접근방법

조직체계 분석과 업무체계 분석은 각각의 구성요소를 정의한 후 수행하며, 정보화를 고려한 정형화 및 개선을 위한 과제의 도출에 초점을 두고 진행한다.

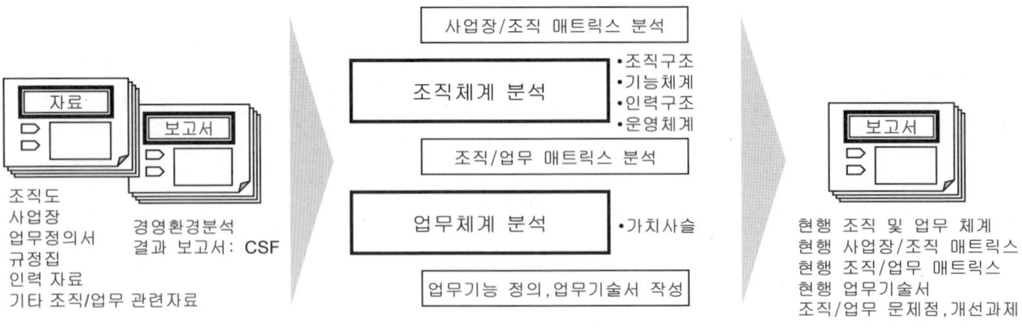

주) 분석에는 인터뷰 또는 설문 작업을 반드시 포함해야 함

그림 4-10 조직 및 업무체계 분석의 구성요소와 산출물

조직체계 분석 결과로서의 문제점과 개선과제는 업무체계의 가치사슬 분석 결과를 반영해야 한다.

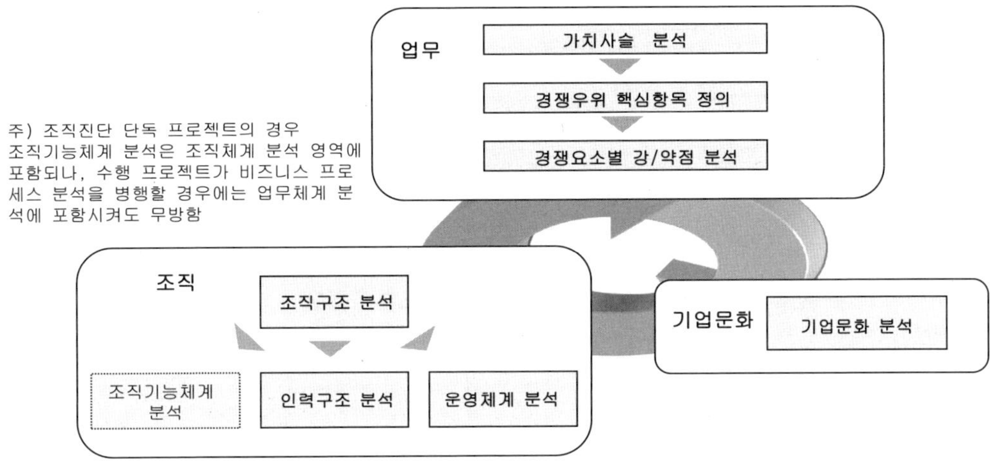

그림 4-11　조직체계 분석과 업무체계 분석과의 관계

기업의 조직모델을 구성하는 4가지 요소별로 필요한 항목을 결정한 후 분석을 시행한다.

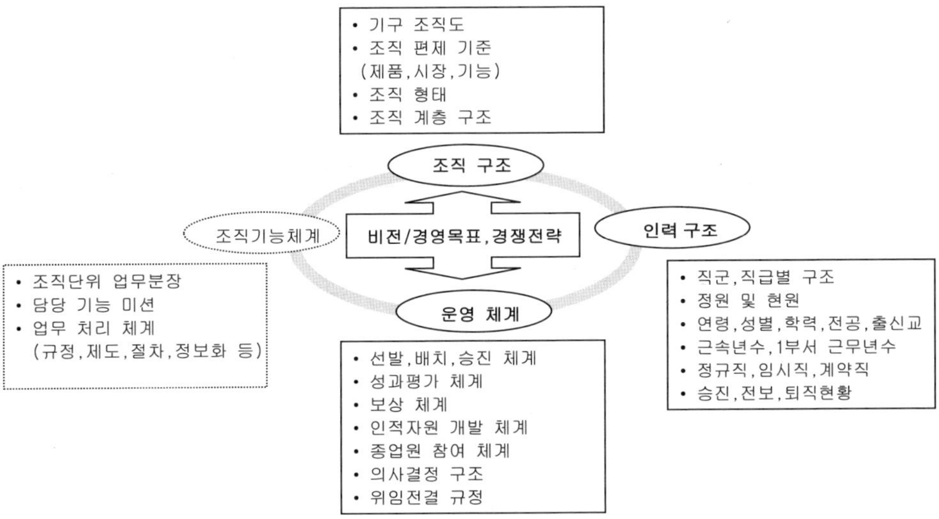

그림 4-12　조직모델의 구성요소

현행 조직체계 분석에서는 현 조직의 구조, 운영체계, 그리고 인력구조를 파악하여 주요 현안을 정의한다.

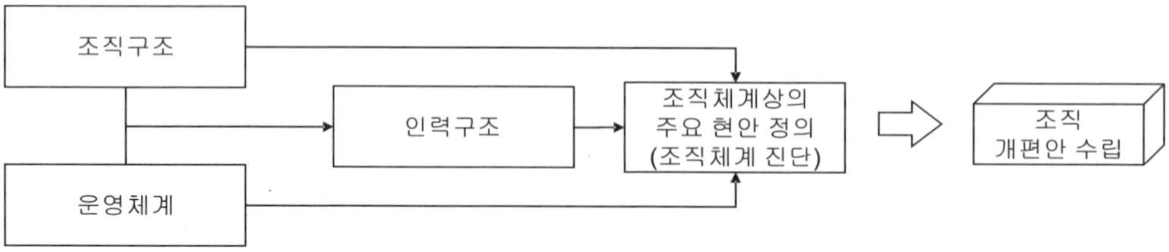

주) 상기의 흐름도는 조직기능체계 분석을 업무체계 분석에 포함시킨 경우임

그림 4-13 조직모델 구성요소별 흐름도

- 분석 범위 설정: 지역별 전 조직

  현황 분석 범위에 포함되지 않는 조직은 별도로 명기한다. 단, 분석의 목적에 따라 필요한 경우 적절하게 조정한다.

- 조직구조 및 인력구조 파악: 조직 운영체계 분석

  기구조직도, 조직별 정원표, 직원 명부, 연보 등 관련 자료에 대한 검토와 관련 부서의 협조하에 조사를 실시하고, 규정 중 조직 관련 규정에 대한 자료 분석을 실시한다.

기업의 업무를 연관성 있는 활동으로 나타낸 가치사슬을 기반으로 하여 업무 기능을 분석한다.

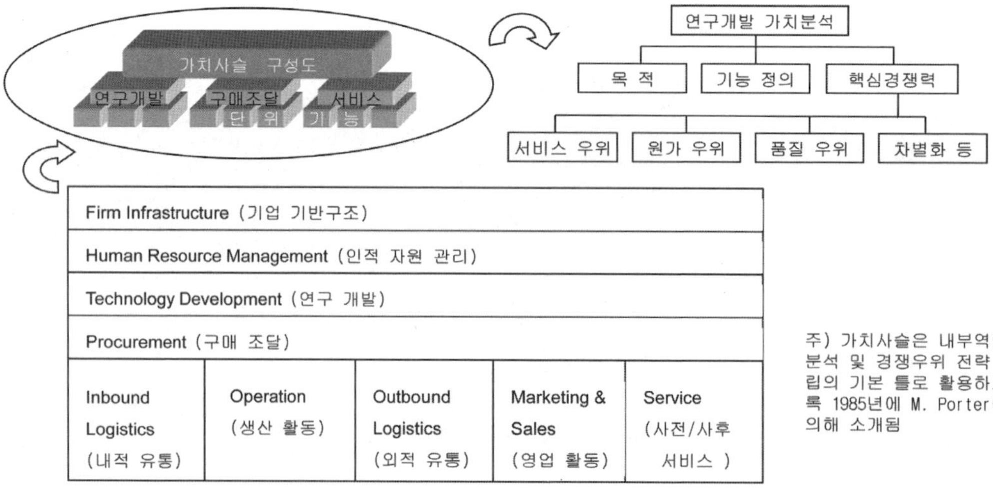

주) 가치사슬은 내부역량 분석 및 경쟁우위 전략 수립의 기본 틀로 활용하도록 1985년에 M. Porter에 의해 소개됨

그림 4-14 가치사슬 구성도

기업의 단위 조직들이 담당하는 업무 내역을 파악하고 업무를 수행함에 있어 문제점과 애로사항을 조사하여 주요 현안을 정의한다.

① 분석 범위의 설정분석

다음과 같이 범위에 포함되지 않는 조직을 합의하여 결정한다.

- 정보시스템 관리 조직
- 한시적 조직과 직원배치 및 업무 수행이 없는 조직
- 신설 조직으로 업무가 정형화되지 않은 조직

② 단위조직별 업무 내역 조사

③ 업무 수행상 문제점과 애로사항 조사

부서 수준의 책임자(과장 또는 주임급)를 대상으로 부서업무 수행상의 문제점과 애로사항에 대한 설문조사를 실시하여 현황과 문제점을 검토한다.

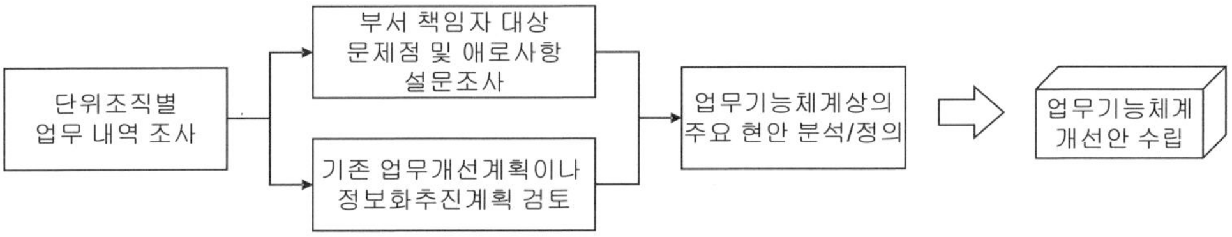

그림 4-15 업무기능체계 개선안 수립 절차

다음은 현재의 기구 조직도를 참고하여 조직구조의 형태, 특징, 경쟁력, 편제에 대해 항목별로 정리하고 조직 구조를 분석한다.

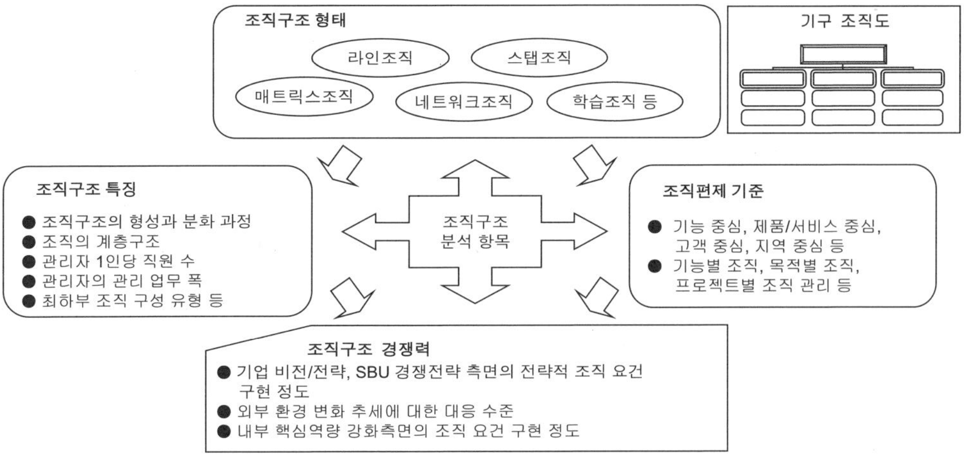

그림 4-16 조직구조 분석 항목

운영체계 분석 항목별로 현황을 정리하고 인터뷰와 선진 우수사례를 참조하여 분석한다.

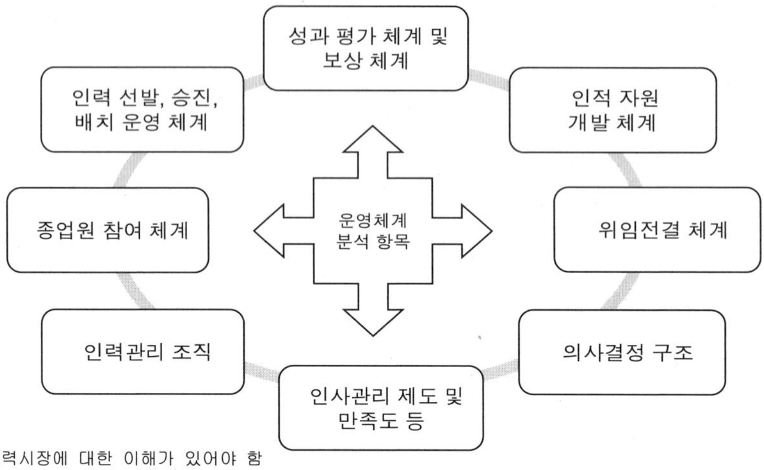

주) 인력시장에 대한 이해가 있어야 함

그림 4-17 운영체계 분석 항목

현재의 인력구조 관리기준과 인력 현황을 항목별로 정리, 참고하여 조직력을 분석한다.

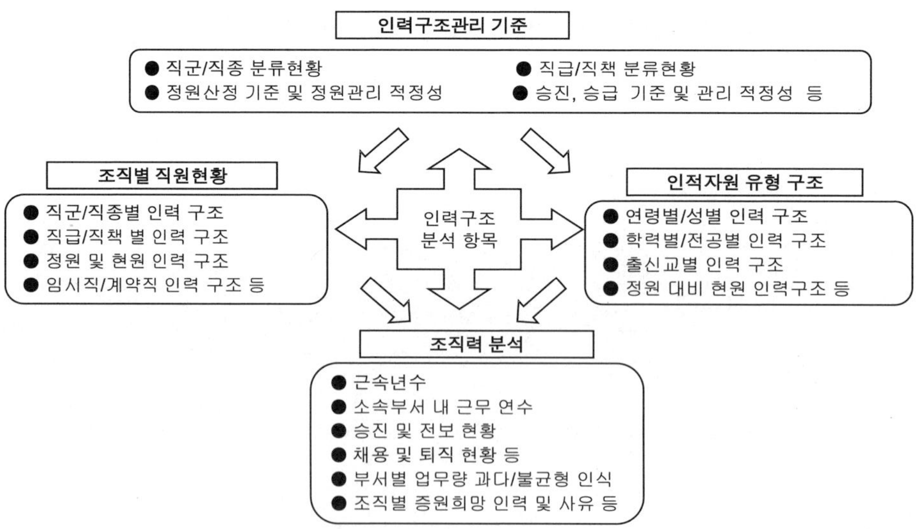

그림 4-18 인력구조 분석 항목

기업문화에 대한 이해가 부족할 경우 조직체계 분석 결과인 개선 과제의 부적절한 지적이 있을 수 있으므로 그림 4-19와 같이 기업문화의 각종 요소를 고려해야 한다.

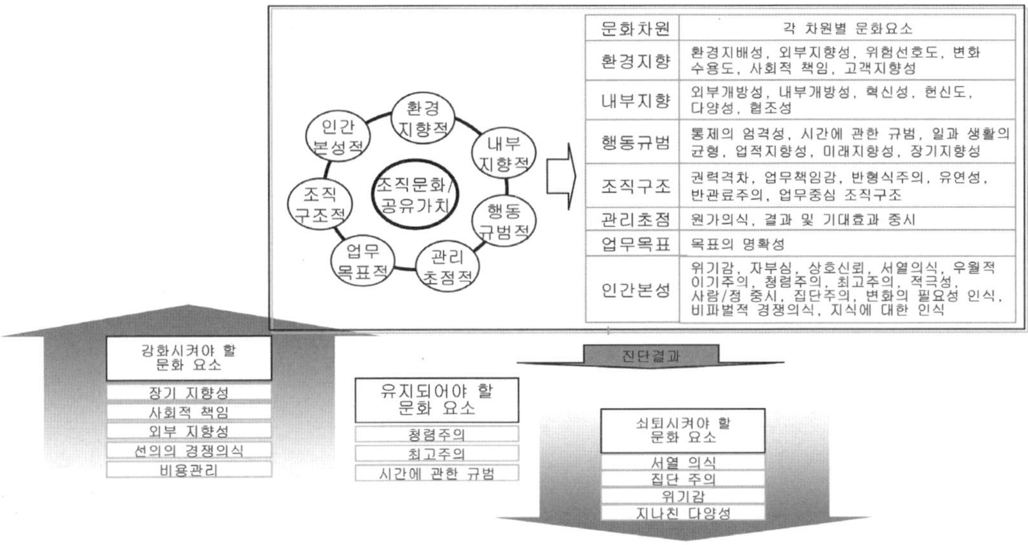

그림 4-19 기업문화 고려 항목

매트릭스 분석으로 CSF와 업무기능 및 조직체계상의 문제점과 개선과제를 파악하여 BSD 기법으로 정리한다.

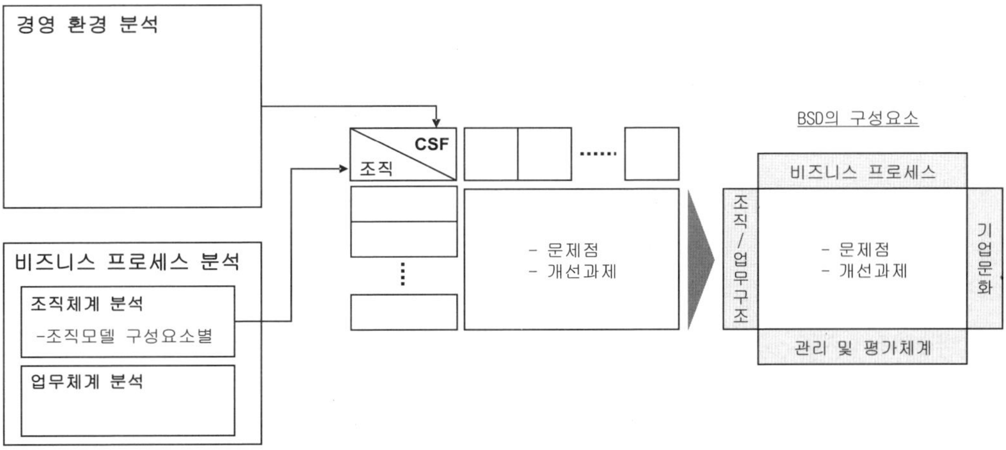

그림 4-20 BSD를 활용한 조직체계상 문제점과 개선과제의 정리

3) 조직 및 업무체계 분석 기법

조직 및 업무체계 분석을 위해 가치사슬 내 활동 내역을 기초로 조직의 업무 기능을 분류하여 정리한다.

지원 활동	Firm Infrastructure (기업 기반구조) : 경영관리, 계획, 재무/자금, 법률/정부 업무, 품질관리 등				
	Human Resource Management (인적 자원 관리) : 채용, 교육, 배치, 평가, 보상 등 인사제도/인력관리 관련				
	Technology Development (연구 개발) : 노하우, 업무절차, 기술 등				
	Procurement (구매 조달) : 원/부자재, 원료, 설비, 비품 관련 구매 업무				
기본 활동	Inbound Logistics (내적 유통)	Operation (생산 활동)	Outbound Logistics (외적 유통)	Marketing & Sales (영업 활동)	Service (사전, 사후 서비스)
	자재 검수, 입고, 자재 출고, 자재 창고 관리, 재고 관리, 배차 계획, 자재 반품 등	설비 생산, 조립, 가공, 테스트, 설비관리 제반 생산 활동	제품 입고, 출고, 출하 계획, 배차 관리 주문 관리 등	광고, 판매채널, 가격 정책, 견적, 주문 처리, 판매 등 마케팅/판매 활동	제품 설치, 고장 수리, 소비자 교육, 부속품 공급 등

그림 4-21 가치사슬의 구성요소별 활동 내역

① 조직 및 업무체계 분석 목적

업무 내역과 업무처리절차, 문서 양식, 관련법·제도 및 유관 조직과의 연관 관계 등을 조사 분석하여 업무 기능을 정립하고, 기능 간 연계성을 파악하여 기능별 주요 문제점 및 요구사항을 도출하여 종합정보시스템을 구축하기 위해 실시한다.

② 방법

» 단위조직별 업무조사서 작성
» 현업 면담

③ 업무조사서 종류

- 업무기능 분류표
  단위조직별로 현재 수행되고 있는 업무와 규정상 수행되어야 할 업무기능에 대해 현재 수행되지 않고 있는 업무기능과 기능 개요를 파악하고, 현재 수행되고 있는 업무기능으로서 규정되어 있지 않은 업무기능 및 기능개요에 대해 추가 또는 수정·보완하여 단위조직별 업무

기능을 정립한다.

- 업무처리절차 기술서

  단위조직별로 정립된 각 업무기능에 대하여 업무 수행 요청사항으로부터 내부 처리 및 업무 종료에 이르는 모든 업무처리절차와 이와 관련된 법·제도, 업무처리방법 및 문제점을 파악한다.

- 사용양식 총괄표

  각 단위조직의 업무기능별 업무 수행 시 사용된 관련 서류의 양식을 파악하고, 해당되는 필요 정보를 파악한다.

업무 영역: 　　　　　　　　　　　　　　　　　　　　작성자:

기능영역	업무기능(사무)	기능(사무) 개요	담당조직(계)	미수행사유

그림 4-22　**업무기능 분류표**

조직: 　　　　　　　　　　기능 영역: 　　　　　　　　　　작성자:

업무기능 (사무)	관련부서(기관) 및 자료명	주관부서 처리절차	관련 법/제도 및 내역	처리절차 설명	문제점

그림 4-23　**업무처리절차 기술서**

업무기능 (사무)	사용양식(자료)명	관련 법/제도 및 내역	작업형태	발생량	활용/보고기관

그림 4-24　**사용양식 총괄표**

앞 절에서 기술한 접근방법에서 제시한 바와 같이 매트릭스 분석으로 CSF와 업무기능 및 조직체계상의 문제점과 개선과제를 파악하고, BSD 기법으로 정리한다.

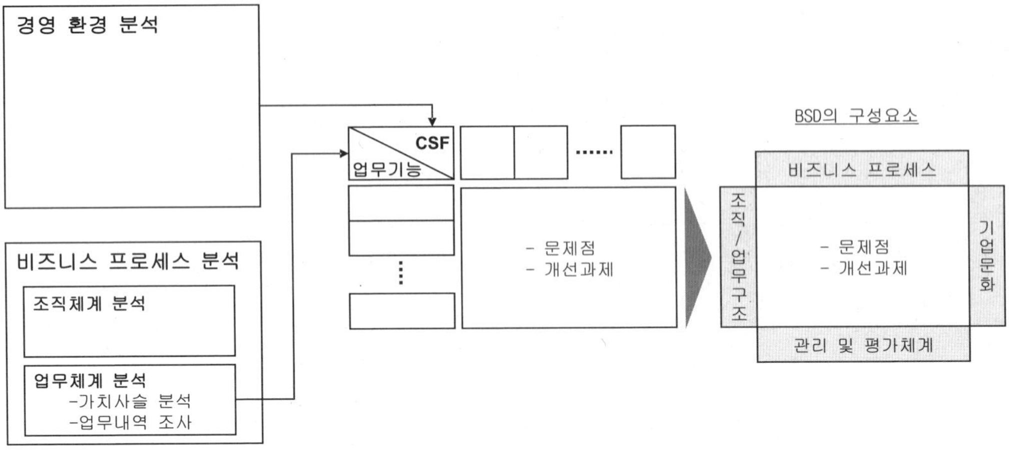

그림 4-25 BSD를 활용한 업무기능상 문제점과 개선과제의 정리

4) 산출물(법원 호적업무 조직을 사례로)

앞서 경영환경 분석과 마찬가지로 계층별로 복잡하고 업무기능 조직별로 분산되어 있는 조직 및 업무 프로세스를 대상으로 호적업무와 관련된 대법원, 감독법원, 호적관서 조직에 대한 조직구조 및 인력구조를 파악하고, 조직별 주요 업무기능에 대한 분석을 통하여 현행 호적업무 관련 조직의 현안을 파악하여 정의하고 주요 현안 및 개선과제 산출물로 정리한다.

- 대법원, 감독법원, 호적관서 조직구조 및 인력구조 분석
- 조직별 업무기능 체계 분석 및 업무영역 정의
- 조직-업무 매트릭스 구성

조직구조 분석에 의하면 사법부의 호적업무 수행조직인 법원 조직은 최고법원인 대법원과 각급 법원으로 구성되며, 각급 법원은 고등법원, 특허법원, 지방법원, 가정법원, 행정법원으로 나뉜다. 지방법원과 가정법원 사무의 일부를 처리하기 위하여 그 관할구역 내에 지원을 둔다. 호적사무는 법원행정처 법정과를 정점으로 서울가정법원의 호적과(1개소), 각급 지방법원의 법정과(12개소) 및 지원의 총무과 내 호적계(40개소)를 중심으로 수행된다.

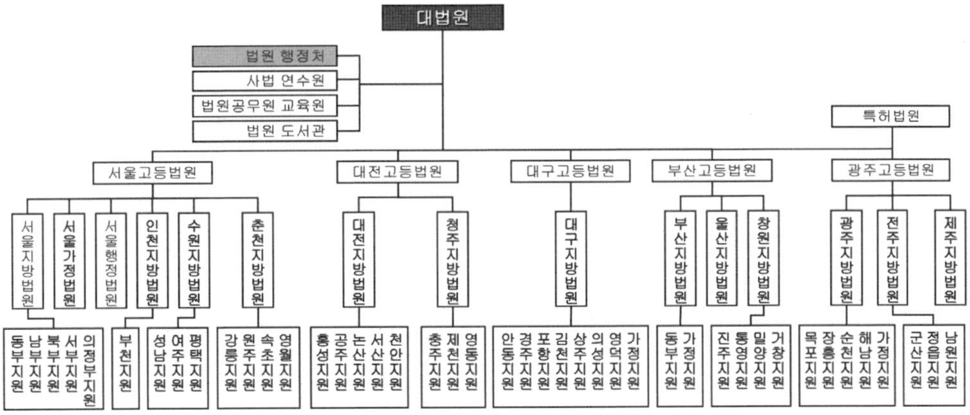

그림 4-26 조직도 사례

① 호적업무 수행조직의 기본 틀

호적업무에 관련된 전체 조직은 대법원의 법원행정처 법정과, 감독법원(가정법원, 지방법원, 지원), 호적관서(시구읍면) 및 동사무소, 외교통상부의 재외공관 등의 대행기관으로 구성된다.

호적업무 수행과 관련된 조직의 직제는 호적법, 호적법 시행규칙과 법원조직법 및 지방자치법, 지방자치법 시행령에 규정되어 있다. 법원행정처 법정과에서 호적업무에 대한 정책 및 제도에 관한 업무를 수행하며, 실질적인 감독업무는 각급 법원의 법정과 또는 지원의 호적계에서 관할 호적관서에 대해 독립적으로 수행한다. 호적관서는 지방자치단체에 소속되어 운영되고 있으며, 호적사무와 관련된 예산운영 및 인사에 관한 권한은 해당 호적관서가 속한 지방자치단체에서 담당한다.

따라서 전체적인 호적업무 수행조직의 특징은 실무 수행조직과 감독조직으로 이원화된 조직구조라 할 수 있다.

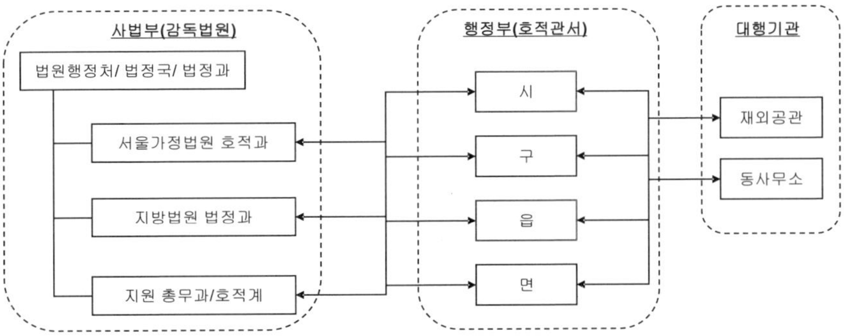

그림 4-27 업무 수행 조직

② 호적업무 수행체계

호적의 신고나 신청 등의 수리, 호적의 기재는 물론 호적등초본의 발행 및 호적에 관한 장부의 정리 등을 포함하는 호적사무의 처리는 시(구)읍면의 장에게 위임하여 처리한다. 이들을 호적사무관장자라 하는데 이들은 호적사무담임자를 임명하여 호적사무를 처리한다.

이외에 호적사무관장자의 대행자로 재외공관의 장이나 동의 장이 일부 호적사무 처리를 수행한다. 감독법원은 호적관서의 호적업무 수행에 대한 감독기능 및 지원 역할을 수행한다.

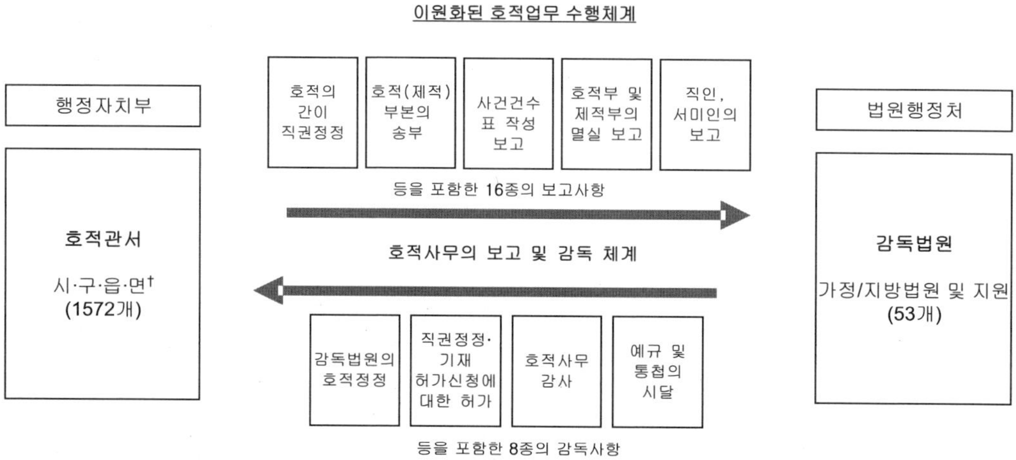

그림 4-28 이원화된 호적업무 수행체계

③ 이원화된 조직 및 업무체계에 대한 호적업무 담당 공무원 간의 인식

설문조사 결과를 보면 이원화된 조직 및 업무체계에 대한 감독법원 직원과 호적관서 직원의 인식정도에는 큰 차이가 있음을 알 수 있다. 호적관서 공무원의 경우는 전반적으로 현행 업무체계에 대한 긍정적인 인식의 정도가 법원의 공무원보다 높게 나타나고 있음을 알 수 있는데, 특히 감독법원의 직원들은 호적관서에 대한 감독 및 관리업무에 대한 합리성에 대해 부정적 인식이 큰 것으로 나타난다.

④ 호적업무 수행조직의 역할 분석

민쯔버그Mintzberg는 조직을 5가지 기본 부문으로 구분하였다. 그의 이론에 따라 호적업무를 수행하는 조직 간 역할을 구분하면 그림 4-29와 같이 정리할 수 있다. 이러한 호적업무 관련 조직의 역할 구분과 운영 현황에 따라 호적업무 관련 조직의 효율성 및 적합성을 분석한다.

구분	개념적 정의	호적업무 관련 조직의 경우
전략부문 (Strategic Apex)	• 조직의 전략을 수립하고 가장 포괄적인 관점에서 관리하는 최고경영층이 있는 곳임	• 법원행정처장 및 차장, 법정국장, 법정심의관 및 법정과 소속 업무수행 직원들을 포함한 부이사관 또는 서기관급 이상의 직원들이 주로 이에 해당함
중간라인부문 (Middle Line)	• 전략부문과 핵심운영부문 간을 직접적으로 연결시키는 라인에 위치한 모든 중간관리자가 포함됨	• 지방법원 법정과 및 지원 호적계의 사무관급 이하 주사급 이상의 직원들이 주로 이에 해당함
기술구조부문 (Technostructure)	• 조직내의 과업과정과 산출물이 표준화되는 시스템을 설계하는 분석가들이 포함됨	• 법정국에서 수행하는 법규정비 및 제도개선을 담당하는 직원들이 주로 이에 해당함
지원스탭부문 (Support Staff)	• 기본적인 과업흐름 외에 발생하는 조직의 문제에 대해서 지원을 하는 모든 전문가들로 구성됨	• 예산,인사, 복리후생 및 전산화 운영를 담당하는 타 부서 및 구성원 • 호적업무 전산화 추진조직
핵심운영부문 (Operating Core)	• 조직의 제품이나 서비스를 생산해내는 기본적인 일들이 발생하는 곳임	• 신고접수, 증명발급 등의 호적업무를 수행하는 일선 호적관서의 직원들이 주로 이에 해당함

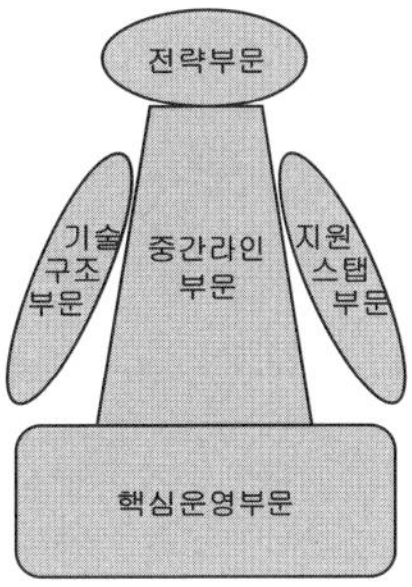

그림 4-29 민쯔버그(Mintzberg)의 조직을 구성하는 다섯 가지 기본 부문으로 본 호적업무 조직

현행 호적업무의 특성을 고려할 때 호적업무 수행조직의 구성 및 운영은 전문적 관료조직professional bureaucracy의 형태를 취하는 것이 바람직하며 이러한 전문적 관료조직의 업무 특징은 다음과 같다.

- 업무의 복잡성으로 인해 고도 기술이나 지식을 소유한 전문가들이 자신의 업무에 대하여 상당한 통제력과 재량권을 행사한다.
- 직업의식이 투철한 전문가들이 현장에서 근무한다.

전문적 관료조직의 요구조건과 현행 호적업무 수행조직의 운영 현황을 비교해 보면 [표 4-1]과 같은 상이점을 발견할 수 있다.

표 4-1 전문적 관료조직의 필수조건 만족도 분석

구분	전문적 관료조직의 요구조건	호적업무 수행조직의 운영현황
관리	• 지식 및 기술능력의 표준화를 조성 메커니즘으로 활용하여 관료화를 진행함	• 호적업무에 대한 체계적인 업무표준 및 지침서가 미비함 • 호적공무원의 역량 및 성과를 측정할 성과지표가 미비함
인적요소	• 업무수행을 위한 기본적인 지식과 기술을 소유한 상태로 입사함	• 공무원 채용시험을 통한 인력으로 임용 시의 호적관련 전문지식은 상대적으로 미흡하나 법의 해석 및 적용에 대한 기본적 자질을 갖추고 있음
	• 고도의 교육과 훈련을 받고 직업의식이 투철한 전문가들이 현장에서 근무함	• 법원공무원 교육원에서 제공하는 6,7급 법원공무원 대상의 1주간 교육이 전부이며, 교육 제공의 형평성과 효율성이 낮음 • 호적관서 공무원의 경우 호적업무에 대한 체계적 교육기회가 매우 미흡한 상태로 실질적인 교육은 전임자를 통해 받는 상황임
	• 관리 계층이 실무자에 비해 상대적으로 우수한 기술, 지식 및 경험을 보유해야 함	• 담당자의 임명이 순환근무 원칙에 근거하여 이루어지는 관계로 기술 및 지식능력의 차이를 크게 기대할 수 없음
조직구성형태	• 핵심운영 부분을 지원하기 위한 지원스탭 부분이 매우 구체화되어야 함	• 호적업무와 관련된 지원스탭 부분이 법원 단위별로 운영되어 지원조직이 미흡함 • 전산화 사업이 주진 중인 관계로 전산화 조직의 구성이 체계적이지 못함
	• 조직 구성 체계는 실무적으로 상위부분인 전략부분과 핵심운영 부분이 1계층 수평조직 형태를 유지함	• 실질적으로 호적업무 수행조직은 법원행정처–지방법원(지원)–호적관서의 3계층 구조를 유지하고 있음

⑤ 업무관련 조직 특성

업무처리 내용 및 절차가 다양하고 근거 법령에의 부합 여부를 판단해야 하는 호적업무의 특성상, 관련 조직구조의 효율성과 적합성을 분석하기 위해 비일상적 기술을 사용하는 조직의 전형적 특성과 비교하면 다음과 같은 상이점을 확인할 수 있다.

표 4-2 업무 조직 특성

구분	비 일상적 기술을 사용하는 업무*	호적 업무	비교
일반적 특성	• 업무의 다양성이 높고, 업무에 적합한 절차를 발견하는 탐색과정이 매우 복잡함	• 호적 사건의 내용과 기재 방식이 다양하며, 신청사건 처리 중 호적의 내용과 적합성을 판단하는 조사 과정의 업무 난이도가 높음	유사
인적 자질	• 업무와 관련된 지식이 풍부하고 우수한 자질을 요구 • 공식적인 교육과 직무경험을 통하여 전문가로서의 자질을 습득	• 순환근무로 인해 체계적인 교육 및 기타 지원 없이 단기간에 실무를 통해 경험 축적후 보직 이동	상이
표준화	• 업무 수행의 절차나 방법이 비공식적임 • 표준화의 정도가 낮음	• 업무수행의 절차보다 내용에 관한 법규가 더 많아 업무 수행의 절차나 방법이 비교적 공식적이지 않음 • 호적내용의 다양성으로 인하여 기재례의 표준화 적용이 미비함	유사
통제범위	• 업무 기술의 난이도 측면에서 상급자와의 상호작용 요구 정도가 높아 통제범위가 좁은 편 • 전문화 정도가 높은 인력이 업무 수행할 경우 상급자와 통제범위는 넓어짐	• 지방법원(지원) 단위로 비교적 전문화 정도가 낮은 호적관서의 인력을 관리하며 통제범위 또한 넓음	상이
분권화	• 일반적으로 전문인력에 의해 수행되므로 분권화 정도가 높음	• 호적업무 관련 의사결정과 책임이 감독법원에 집중되어 분권화 정도가 낮음	상이
의사소통	• 업무의 다양성으로 빈번한 의사소통이 요구됨 • 수직적인 의사소통보다 수평적인 의사소통의 요구정도가 높음	• 호적업무 처리와 관련하여 수직적 의사소통과 수평적 의사 소통 체계가 원활하지 않음	상이
조정과 통제	• 정기 회의와 같은 수평적인 의사소통의 요구정고가 높음	• 호적업무 처리와 관련하여 수직적 의사소통과 수평적 의사소통 체계가 원활하지 않음	유사
조직구조의 목표	• 비일상적인 기술을 사용하는 업무에는 업무처리의 효율보다 업무처리의 결과인 제품 또는 서비스의 품질이 중요함	• 국민의 신분관계에 관련된 호적업무 처리에 있어 정확성이 가장 중요하며, 효율적인 업무처리의 중요도는 낮은 편임	유사

* Charles Perrow가 정의한 비 일상적인 기술의 조직 기술 분류의 틀

4.3 비즈니스 영역 분석

비즈니스 영역 분석은 조직의 핵심 역량을 도출하고, 비즈니스 영역별 업무 기능체계 및 기능 간 의존도를 파악한다. 이를 위해 현행 조직 및 업무체계, 현행 업무기술서를 바탕으로 다음의 절차를 수행하여 비즈니스 영역 분석서(업무기능 구성도, 의존도)를 도출한다.

① 업무의 개념과 미션을 파악하고 이를 내/외부 경영환경 분석 결과와 비교 검토
② 시장구조, 사업특성을 파악하고 분석하여 비즈니스 영역을 설정
③ 미션 대비 비즈니스 영역을 분석하여 각 사업장에서 갖추어야 할 핵심역량을 도출
④ 매트릭스 분석기법을 활용하여 비즈니스 영역별 업무기능 구성도 및 의존도를 작성

1) 접근방법

비즈니스 영역은 광의의 비즈니스 영역과 협의의 비즈니스(업무) 영역으로 구분할 수 있다. 그림 4-30은 넓은 의미에서의 비즈니스 영역과 좁은 의미에서의 업무 비즈니스 영역을 나타내고 있다.

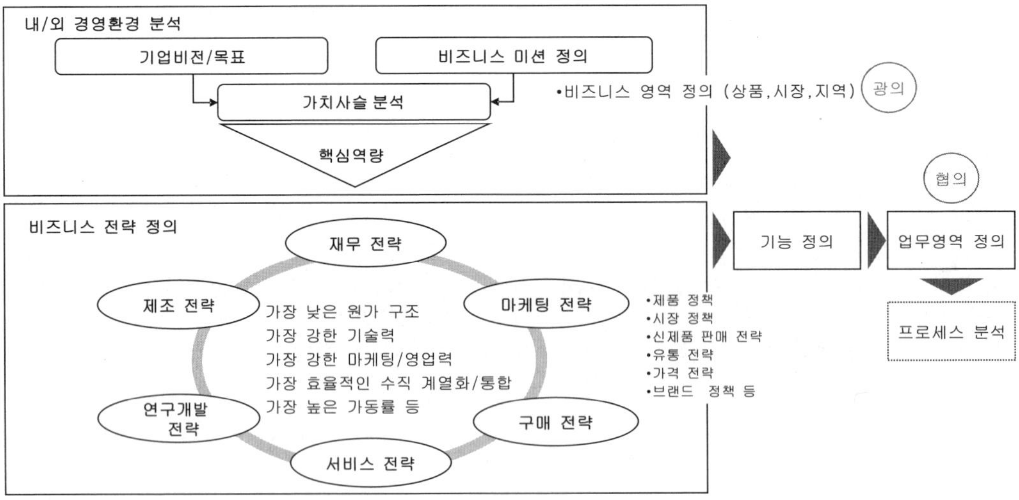

그림 4-30 비즈니스의 두 가지 영역

2) 분석기법

광의의 비즈니스 영역으로부터 핵심역량 도출을 위해 가치사슬 구성요소별 평가항목을 선정한다.

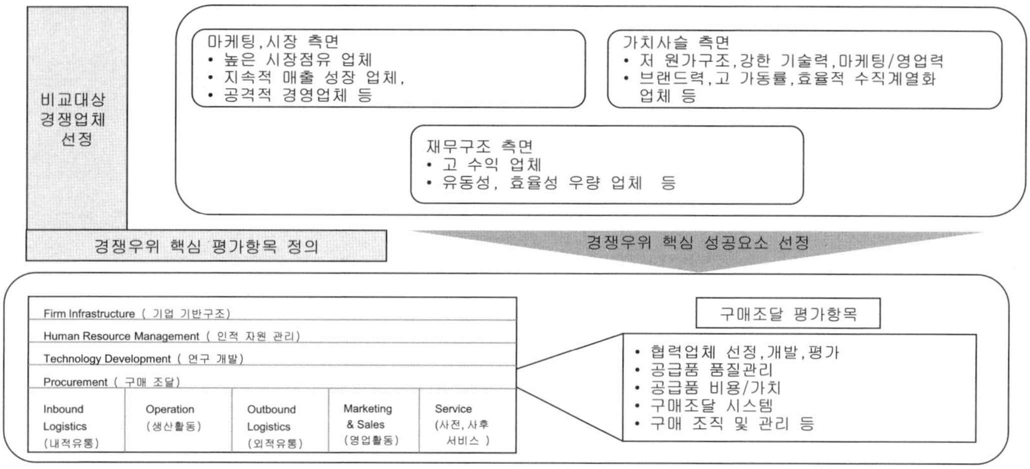

그림 4-31 경쟁우위를 위한 가치사슬 구성요소별 평가항목

경쟁우위를 위한 가치사슬의 구성요소별 평가항목과 보유 역량을 비교하여 핵심역량의 장단점을 파악한다.

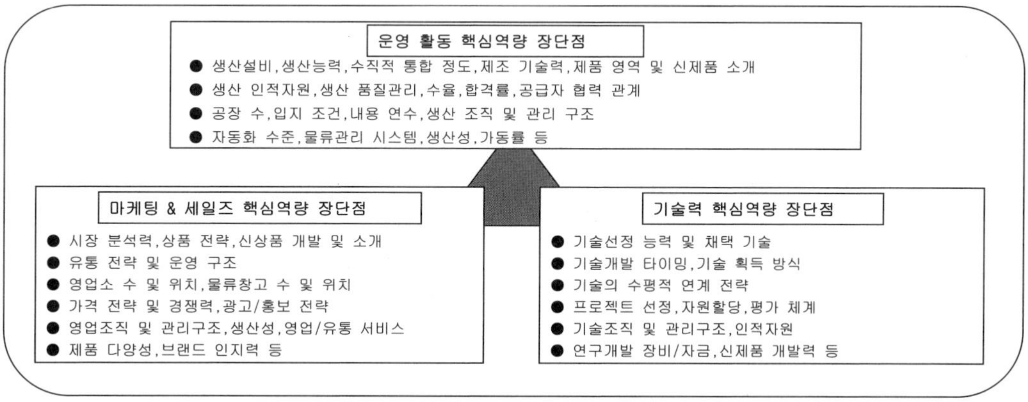

그림 4-32 경쟁우위를 위한 가치사슬 구성요소별 고려요소(I)

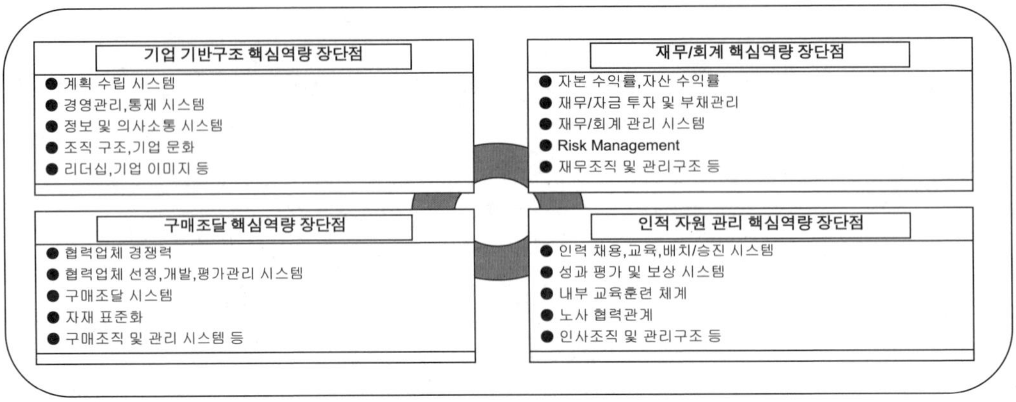

그림 4-33 경쟁우위를 위한 가치사슬 구성요소별 고려요소(II)

파악된 핵심역량 장단점을 고려하여 비즈니스 전략을 수립한다.

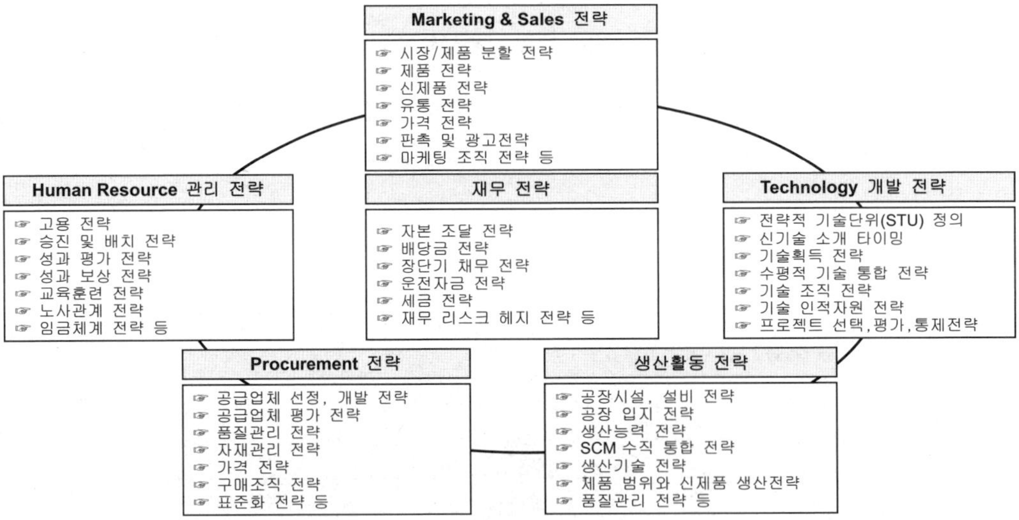

그림 4-34 가치사슬 구성요소별 비즈니스 전략 내역

설정된 비즈니스 전략을 중심으로 업무체계 분석 액티비티의 업무내역조사서와 가치사슬 분석 결과를 활용하여 기업 전반에 걸친 업무기능 체계를 구체화한 후, 업무기능 대비 주제데이터 매트릭스 분석으로 업무영역을 정의한다.

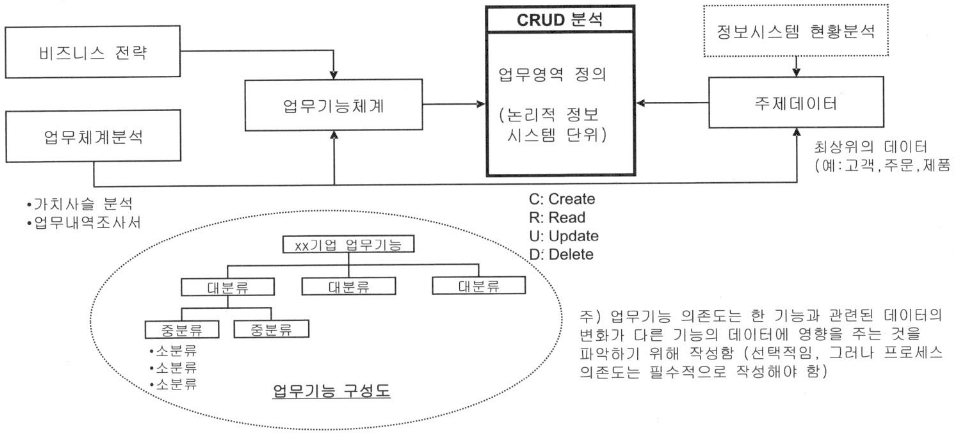

그림 4-35 업무영역 정의를 위한 입력 요소

3) 산출물

보험 및 금융 업종의 비즈니스 영역분석을 통하여 도출된 업무 기능은 표 4-3, 표 4-4와 같다.

표 4-3 보험업종에서의 업무기능

경영계획	**상품판매**	**설비 및 장비 공급**
회사발전방향	판매	설비계획
장기계획	고객심사	설비 서비스관리
사업계획	리스크 공학	장비 및 공급관리
벤처계획	고객기록관리	창고관리 및 유통
상품관리	청구 및 수금	**일반관리**
경영 장부관리	고객서비스	법률서비스
상품서비스 모니터링	상품서비스	홍보
상품 재평가	보험	광고
통제 및 측정	보험청구 평가 및 처분	회계감사
재무계획	비보험처리 서비스	정보개발
운영계획	비보험전문 서비스	운영지원
성과평가	**재무**	인력관리
상품 개발 및 유지보수	자금관리	외부 서비스관리
상품설계	자산회계	시스템 계획
가격결정	지출할당	시스템 개발
상품목표 및 측정	클레임적립	유지 보수 및 운영
상품구현	세금처리	
	회사방부 및 원장관리	
	투자관리	

표 4-4 금융업종에서의 업무기능

경영계획·통제	자금이체서비스	금융	마케팅	법률관계
목표계획	신용장	예산계획및통제	시장정의	소송
대안예측	자금이체	금융분석	시장조사	세무 상담
평가와 통제	채권양도	자산관리	광고 및 판촉	계약 검토
조직	증권양도	부채관리	홍보	법률 영향 분석
정책수립	대부	자본관리	상품구현	법률 준수 검토
자원할당	입금/출금 검사	재무보고	경쟁력분석	**관리**
외부관계	수금	**인사**	**자금관리**	관리회계
상품개발	금고	계획	투자관리	회계감사
검토 및 승인	배당자동재투자	모집 및 채용	자금 시장 도구	설비
자원평가	외환	훈련	고객	규정준수
전략개발	현금관리	노임및봉급관리	조사 및 승인	세금
교육개발	**신탁**	종업원관계	계좌설정	급료지불
가격결정	회계서비스	수익관리	계좌통제	보안
	자산관리	경력계발	계좌유지보수	**운영**
		퇴직 또는 이직	계좌폐지	통신
		정부시책 준수		데이터처리
				거래서비스
				조회서비스
				교정
				메일

제조 및 유통 업종의 비즈니스 영역분석을 통하여 도출된 업무 기능은 표 4-5, 표 4-6과 같다.

표 4-5 제조업에서의 업무기능

제품개발·응용	배송네트워크	플랜트운영	관리	생산능력관리
기술개발	현장영업·서비스	계획.일정.통제	법률	최적생산능력결정
제품응용	OEM영업·서비스	실적보고	PR	생산능력할당
신제품	주문입력	급송신속처리	보안	생산능력취득
기존제품	**재무**	자재·인력계획	정부보고	
응용엔지니어링	자금관리	주문처리	사무실관리	
명세	현금	제품프로세스 명세	**계획·통제·측정**	

<계속>

제품계획	단기금융	집행	회계연도사업계획	
사업케이스결정	장기금융	주문발송	연간운영계획	
사업케이스평가	재무통제	배송	분기운영계획	
마케팅	예산지출	창고관리	보고 및 통제	
마케팅계획	관리회계	품질	**인사**	
시장조사/개발	일반회계	예방적유지보수	계획	
가격결정	장부관리·내부통제	자재이동	충원	
홍보.광고.판촉		**운영통제**	개발 및 관리	
영업분석 예측		생산계획	보고	
보 증 정 책 · 기 타 SW		운송계획	퇴직	
시장운영		실적보고		
		재고관리		

표 4-6 유통업에서의 업무기능

구매	**일반업무**	**관리**
공급자 선정	구매	미지급계정
요구조건	설비유지보수	미수계정
구매시기	보안	급료지불
할당	PR	통계 및 재무보고
영업계획	회계감사	회계감사
재고관리	재고관리	판매촉진처리
가격결정	물리적 재고관리	인력 및 훈련
가격인하	내부의사소통	
판매	**관리 및 재무통제**	
프레젠테이션	예산	
전시	자금관리	
인력계획	이익계획	
신제품소개	평가 및 통제	
광고	자본지출계획	
고객서비스	신용허가	
	재무협상	

4.4 프로세스 분석

현행 업무 기능별 프로세스를 정의하고 문제점과 개선과제를 도출하기 위해 프로세스 분석을 수행한다.

① 현행 업무기술서, 업무기능 구성도, 의존도를 참조하여 프로세스를 정의하고 프로세스 정의서를 작성한다(프로세스명, 목적, 범위, 고객, 산출물)

② 프로세스별 액티비티 내역을 분석한다.

③ FID function information diagram 기법을 활용하여 현행 프로세스 맵을 작성한다.

1) 접근방법

부서 업무조사표와 비즈니스 영역 분석서를 참조하여 프로세스 정의서를 작성하고, 주요 액티비티를 중심으로 프로세스 맵 작성과 프로세스 관련 문제점 및 개선사항을 파악한다.

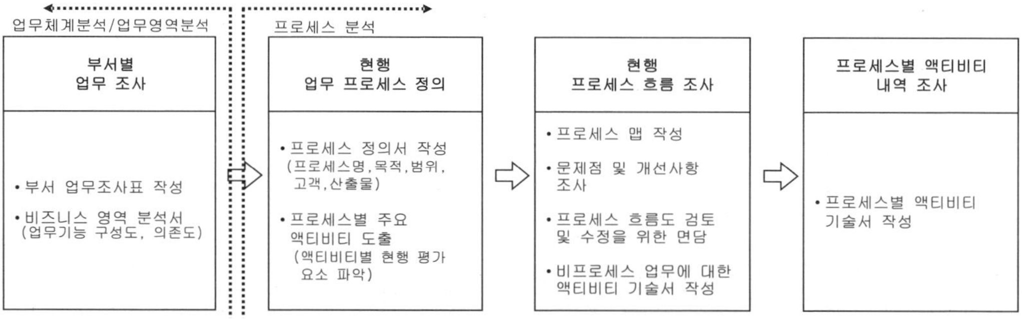

그림 4-36 프로세스 분석 절차

2) 프로세스 분석기법

① 프로세스에 대한 이해

프로세스는 "조직의 종적 기능단위(본부 또는 부서)에서 해결되지 않고 2개 이상의 종적 기능단위를 거쳐서 처리되는 업무 cross functional 의 횡적 흐름"으로 정의되는데 반복적이고 repeatable 예측 가능하며 predictable 정의할 수 있어야 definable 한다.

프로세스 모델은 조직과 별도로 수행되는 전사의 업무를 프로세스 관점에서 정의하며, 향후 데이터 아키텍처와 애플리케이션 아키텍처를 정의하기 위해 작성한다. 또한 기업목표, 주요 성공요인, 단위조직, 사업장 유형과의 관계 분석을 통해 프로젝트 우선순위 결정에 활용할 목적으로 작성하는데 메가 프로세스, 메이저 프로세스, 프로세스, 서브프로세스, 액티비티로 분류할 수 있다. 그림 4-37은 보험사를 사례로 하는 프로세스를 보여주고 있다.

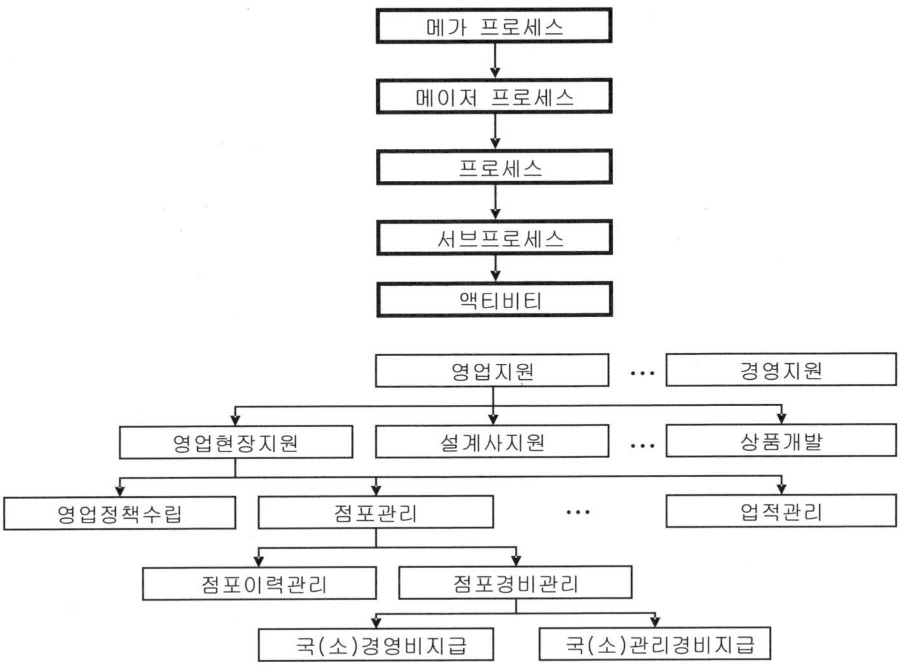

그림 4-37 보험사의 사례로 보는 프로세스

② 일반적 업무모형에 대한 이해

일반적 업무 모형에는 프로세스성 업무와 비프로세스성 업무가 존재한다. 일반적 업무 모형에서는 조직의 전체 기능을 기능영역과 기능요소에 따라 부문 및 업무군으로 구분하는데, 각 업무군은 실제 수행되는 업무들의 집합에 해당하며 수행업무는 프로세스성 업무와 비프로세스성 업무로 구분된다.

프로세스성 업무는 기능단위별로 수행되는 부가가치성 활동들의 흐름에 해당하고, 비프로세스성 업무는 프로세스성 업무가 아닌 업무들로 이는 다시 부서고유 업무와 부서공통 업무로 나뉜다. 그림 4-38은 일반적 업무 모형의 사례를 보여준다.

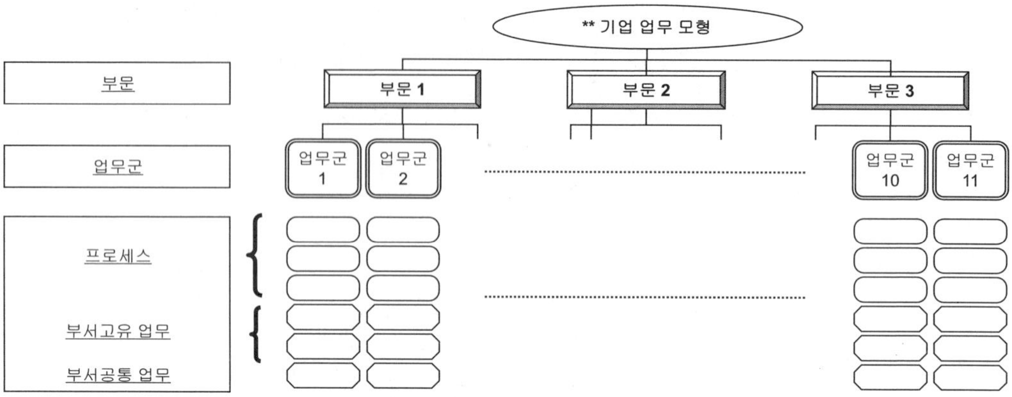

그림 4-38 일반적 업무 모형

③ 프로세스 정의 대상 선정

일반적 업무 모형과 부서별 업무조사표로부터 업무 모형을 유도하여 정의하고 프로세스 정의 대상 영역을 선정한다. 그림 4-39는 프로세스 정의 대상 영역의 선정을 보여주고 있다.

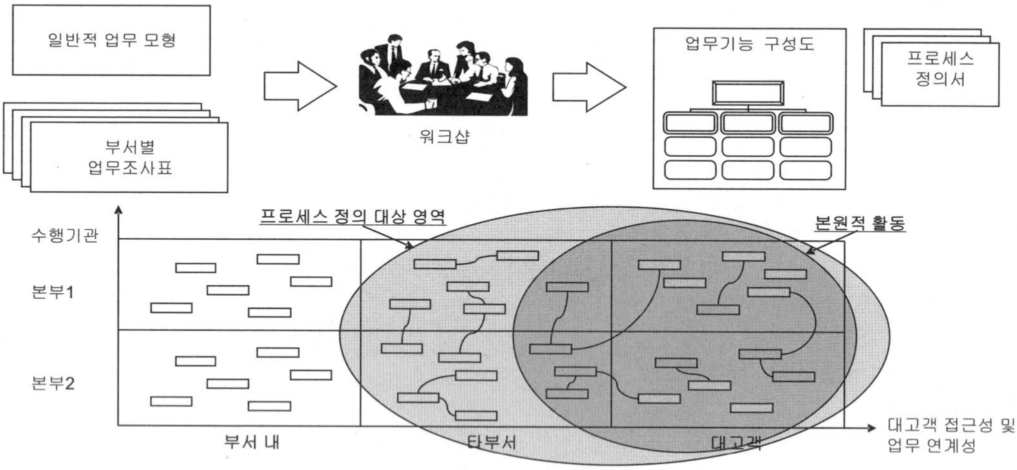

그림 4-39 프로세스 정의 대상 영역의 선정

④ 프로세스 정의서 작성

업무 모형에서 정의된 프로세스에 대하여 프로세스의 목적과 개요, 개시 및 종료 요건, 주요 업무 흐름, 관련 부서 등을 정의한다.

보험회사 영업현장 지원 내 점포관리 프로세스의 경우

프로세스명	정의	목적	범위
점포관리	점포변동 이력 및 점포 운영을 위한 인력 및 제경비를 지원하는 프로세스	•효율적인 점포 운영 •점포운영의 활성화 •현실적인 경비지원	•점포이력(신설,변경,폐쇄,분할,통폐합 등) 관리 •점포 인력확보 및 관리 •점포관련 제경비 지급

대학 학생선발 프로세스의 경우

프로세스 번호 프로세스명	목적 및 개요	개시요건	주요 업무 흐름	종료요건	관련부서	세부 구분
1.1.1 학생선발	각 단위 교육기관의 모집방법을 통하여 우수한 학생을 선발	교육부 공문/ 학사 일정	선발계획수립-입학시험홍보-원서교부-접수-분류-점검-문제출제-선발전형-합격자사정-합격자발표-신입생등록	신입생등록	입학관리처 정보통신처 대외협력처 재무과 각 대학원	학부 신입생선발 대학원 학생선발 편입생 선발

그림 4-40 프로세스 정의서

⑤ 프로세스 흐름도(맵) 작성과 문제점/개선방향 도출

업무 프로세스를 상세히 파악하기 위해서는 프로세스 흐름도 작성 방법과 현행 업무 프로세스의 문제점 및 개선방향 도출을 위한 평가기준에 대해 이해해야 한다. 업무모형에서 정의된 각 프로세스에 대하여 프로세스의 흐름 및 문제점을 현업의 업무분석팀과 공동으로 프로세스 수행 방식에 대해 다음과 같은 원인 분석의 관점을 선정하여 핵심문제점을 파악한다.

- 프로세스 수행 조직의 효율성
- 프로세스의 유기적 연계성
- 서비스의 고객 지향성

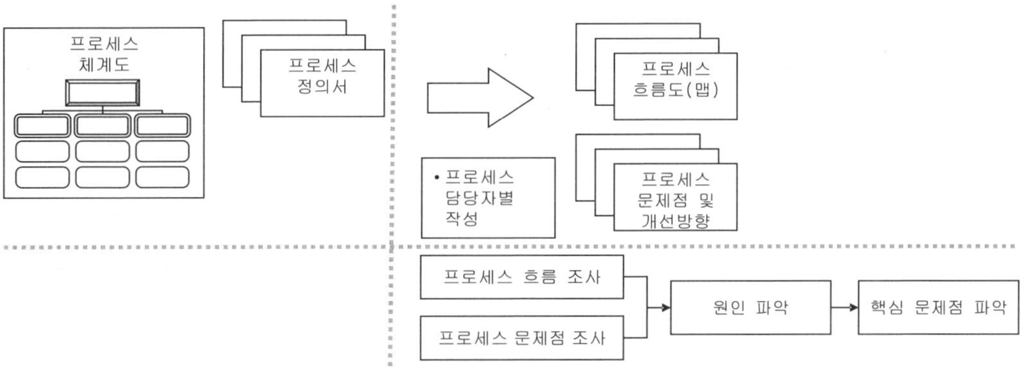

그림 4-41 프로세스 흐름 절차

⑥ 프로세스 흐름도(맵) 작성

프로세스는 논리적인 흐름이 있는 액티비티들로 구성되는데, 업무 수행 절차를 상세하게 파악하기 위해 현행 프로세스를 이해하기 쉬운 형태로 도식화하여 작성한다. 이러한 흐름도는 업무의 흐름과 문제점 파악 및 개선 아이디어 도출에 효과적이다.

액티비티는 프로세스를 구성하는 세부 단위 활동으로 대체로 액티비티 간에는 대기시간이 존재한다. 액티비티에서 처리되는 대상의 상태에 있어서 의미 있는 변화가 발생하면 액티비티가 종료된 것으로 볼 수 있으며, 액티비티별로 고객, 투입input, 산출output이 정의될 수 있어야 한다. 시스템을 이용하여 수행되는 업무처리는 하나의 액티비티로 표현될 수 있는데, 의사결정 및 결재는 액티비티로 표현한다.

프로세스 흐름도 작성 시에는 다음에 유의해야 한다.

- 업무 흐름 란에는 프로세스를 구성하는 액티비티와 담당부서를 흐름을 고려하여 도시한다.
- 프로세스를 구성하는 액티비티를 시간적/논리적 순서에 의해 가능한 한 좌에서 우로 작성해 나가며, 선후관계를 화살표로 명기하고 액티비티에는 아라비아 숫자로 일련번호를 부여하여 액티비티 좌측 상단에 표기한다.
- 특정 기준에 의해 분지되는 경우 마름모꼴에 분지기준을 명시하고 각각에 대해 다른 경로로 액티비티를 도시한다.
- 한 장에 모두 나타내기 어려운 경우에는 프로세스 흐름도 작성 양식에 일련번호를 기재하고 각 장에 연결점을 명시하되, 연결점은 알파벳 대문자 'C' 에 일련번호를 붙여서 구분한다.
- 연결되는 항목이 다른 프로세스인 경우 해당 프로세스 명을 프로세스 기호와 함께 명시한다.
- 입력 정보 란에는 액티비티 수행과 관련해서 전 단계의 액티비티에서 전달된 정보 외에 참조하는 정보를 기재하되 정보의 형태 및 출처를 함께 명시한다.
- 출력 정보 란에는 액티비티의 수행 결과로 발생하는 정보 중에서 다음 단계로 전달되지 않고 보관/저장되는 정보를 기재하되 보관/저장방법 및 저장소를 함께 명시한다.
- 각 액티비티의 수행 방법을 범례의 기호를 통해 구별하여 나타내며 기호는 액티비티의 우측 상단에 기재한다.
- 범례기호 중 '결재'의 경우에는 몇 단계의 결재를 거치는지를 결재기호 앞에 숫자로 표기한다.
- 범례에 없는 경우에는 업무개요 란에 간략하게 명시한다.
- 업무개요 란에는 액티비티에 대한 추가적인 설명이 필요한 경우 글상자에 해당 액티비티 일련번호와 함께 간략한 설명을 기재한다.

- 프로세스 흐름도 작성 시 항상 객관적인 자세를 견지해야 한다.
- 프로세스 흐름도 작성 시 액티비티를 구분하는 기준에 유의하여 가능한 한 상세하게 작성한다.

메가 프로세스 명		메이저 프로세스 명		
프로세스 명	(/)	작성자	과	계

입력정보		< 범례 > 회의 결재 서류 전달 우편 디스켓 전달 전화 FAX E-mail 수작업 전산작업 펌 뱅킹 공문 시행
업무 흐름		
출력정보		
업무 개요		

그림 4-42 프로세스 흐름도 작성 양식

⑦ 프로세스 문제점/개선방향 도출

프로세스의 문제점 및 개선방향의 도출에 우선하여 도출 포인트를 선정한 후 진행하는 것이 바람직하다. 프로세스 문제점 파악을 위한 관점 선정의 예를 들면 다음과 같다.

프로세스 명		작성자	과	계	

	문 제 점	개 선 방 향
조직의 효율성		
프로세스의 유기적 연계성		
서비스의 고객지향성		
기타		

그림 4-43 현행 업무프로세스 문제점 및 개선방향 도출 양식

- **조직의 효율성:** 프로세스 지원 관점에서의 적합성/의사결정의 신속성
- **프로세스의 유기적 연계성:** 액티비티의 필수성/업무의 중복성/액티비티 간 연계의 신속성/정보공유의 수준
- **서비스의 고객 지향성:** 고객 접근성(위치/방법)/제공 속도/서비스의 질

현행 액티비티 조사표

① 프로세스명	② 작성자			③승인자		
	직급	성명	인	직급	성명	인

④ №__	액티비티명				⑥ 수행내용
⑧ 관련부서					
선행부서	수행부서		수혜부서		
⑨ 정보항목					
입력		출력			
문서	시스템	문서	시스템		
⑩ 수행주기					
일	주	월	학기	년	
⑪수행시간		⑫ 담당자			

⑦ 수행자격요건					
학력정도	전공	자격면허	성별	학술지식	실무지식

그림 4-44 액티비티 기술서(조사표, 사양서) 양식

⑧ 업무 처리 규정 작성

정의된 메이저 프로세스의 개요를 기초로 프로세스를 분류/정리하고 액티비티를 도출하여 프로세스 맵을 작성한 후, 프로세스 상세화의 최종 단계로 업무 처리 규정을 작성하는데, 액티비티 수행 시 시스템 상에서 관리되어야 할 업무 처리 규정과 참고사항(예, 시스템에서 자동으로 이루어지는 업무), 거래의 종류를 기술한다.

업무 처리 규정은 작업 수행자, 보안 사항, 업무 처리 시 다음 업무를 위해 준비해야 할 사항을 말하며, 거래의 종류는 입력, 질의, 갱신, 보고서 거래로 분류하여 작성하는데 그 정의는 다음과 같다.

- **입력 거래:** 레코드를 생성하는 거래
- **질의 거래:** 기록되어 있는 정보를 조회하는 거래
- **갱신 거래:** 기록되어 있는 레코드를 변경하는 거래

- 보고서 거래: 주어진 양식에 따라 보고서를 작성하는 거래

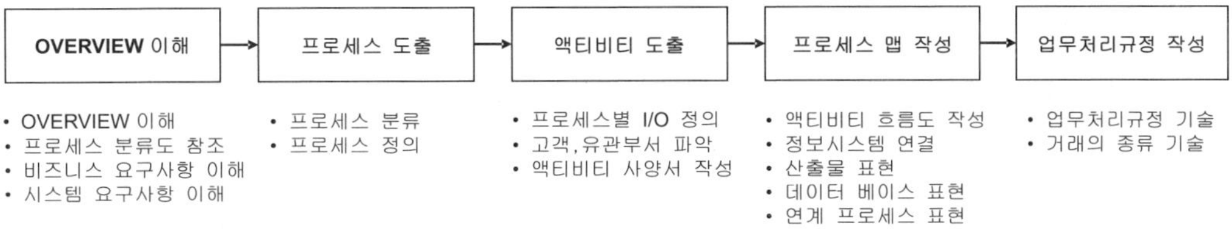

그림 4-45 프로세스 상세화 작업 단계 정리

토의문제 및 활동

1. 비즈니스 프로세스에 대한 분석 절차의 3단계에 대하여 설명하고, 각 요소별로 분석 기법들을 정리하여 이를 설명하라.

2. 그림 4-21을 참고하여 조직 및 업무체계 분석을 위하여 가치사슬의 구성요소별 활동 내역을 정리하고, 각자의 기업이나 조직에 대한 활동 내역과 비교하여 작성하라.

3. 민쯔버그Mintzberg의 조직 구성 다섯 가지 부분을 분류하고 각각의 정의와 내용을 설명하라.

4. 그림 4-34를 참고하여 가치사슬 구성요소별 비즈니스 전략에 대하여 각자의 기업이나 조직에 대한 비즈니스 전략들과 비교하여 작성하라.

5. 업무영역을 정의하기 위하여 사용하는 CRUD분석에 대하여 설명하라.

6. 그림 4-37을 참고하여 각자의 기업이나 조직에 대한 프로세스를 분류하고 작성하라.

7. 프로세스 분석 절차에 대하여 설명하라.

CHAPTER

05

INNOVATION
BIBLE

정보시스템 분석

5.1 정보시스템 분석 개념

1) 정보시스템 분석

비즈니스 프로세스 및 정보시스템 현황 분석 결과에 따른 요구사항을 정리하여 정보시스템 개선 과제 및 개선 방향 도출의 기초자료로 활용된다.

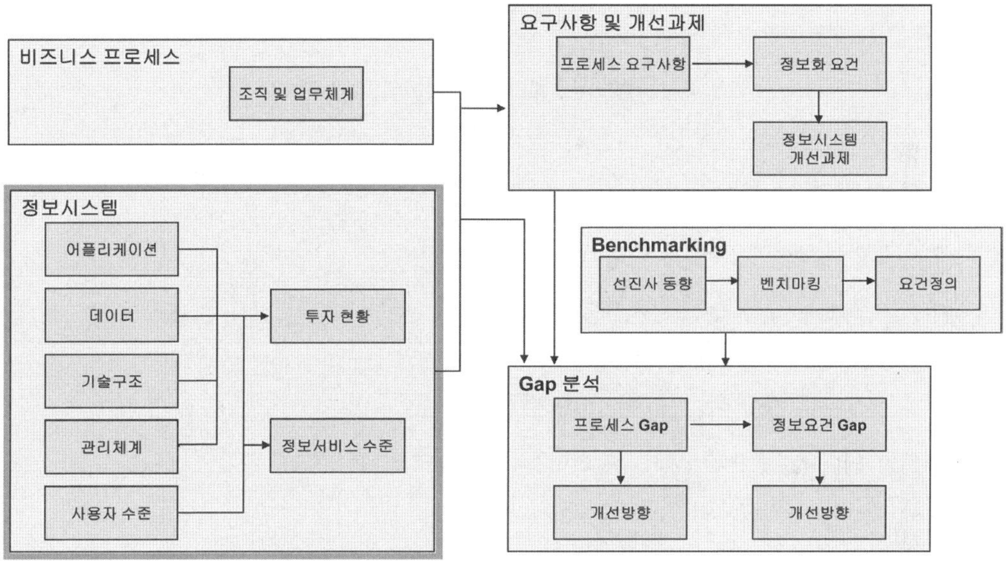

그림 5-1 정보시스템 분석 액티비티

① 타 액티비티와의 관계

프로세스 분석을 통한 비즈니스 요구사항을 도출하고, 현 정보시스템에 대한 현황 파악과 분석을 통하여 새로운 비즈니스를 도출한다.

② 요구사항의 충족성 비교

현 정보시스템의 문제점을 통한 요구사항을 정의하고 요구사항을 통합한 개선 과제를 도출한다.

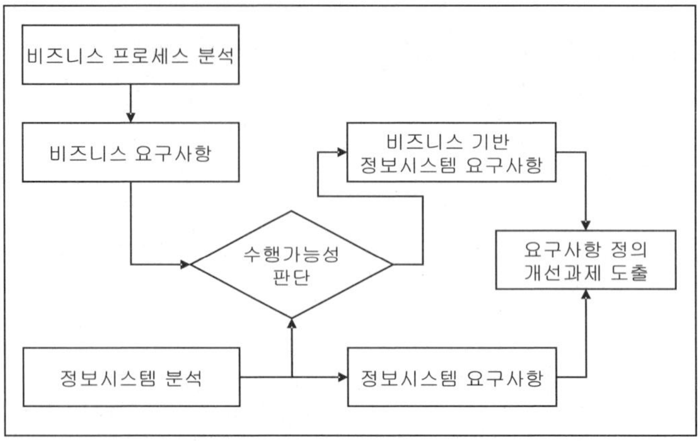

그림 5-2 정보시스템과 타 액티비티 간의 관계도

③ 현황분석 체크리스트

- 조직의 현황에 대한 기준일과 단위가 표시되어 있는가?
- 프로젝트의 대상이 되는 업무에 대한 모든 기능이 도출되어 있는가?
- 프로젝트의 대상 업무 기능이 체계적으로 분류되어 있는가?
- 조직과 업무기능 간의 연관성이 정리되어 있는가?
- 프로젝트 대상이 되는 프로세스의 전사적 구조가 표현되어 있는가?
- 프로세스 정의가 기술되어 있는가?
- 프로세스 범위의 모호성이 제거되어 있는가?
- 프로세스 엑티비티상의 I/O가 명확히 표현되었는가(PI프로젝트에 한함)?
- 하드웨어, 네트워크, 데이터베이스, 어플리케이션 및 정보관리에 관한 모든 사항이 조사되어 정리되어 있는가?
- 시스템과 업무기능 간의 연관성에 의한 업무지원상의 문제점이 파악되어 있는가?
- 데이터와 어플리케이션 간의 관계에 의한 시스템적 문제점이 파악되어 있는가?
- 문제점, 요구사항, 개선 과제의 논리적 연관성이 명확히 표현되어 있는가?
- 요구사항 및 개선 과제가 전략을 반영하여 도출되어 있는가?
- 선진사의 현황이 요구사항 및 개선 과제를 중심으로 정리되어 있는가?
- 개선목표가 현재 상황과 비교하여 업무/시스템적으로 명확히 기술되어 있는가?
- 프로세스별로 기술되어 있는가?

2) 정보시스템 현황 분석의 목적

정보시스템에 대한 현황 분석은 ① 운영되고 있는 정보시스템을 응용시스템application system, 데이터(DB/FILE), 정보시스템의 기반구조, 정보시스템 운영의 관점에서 정보시스템의 현황 및 문제점을 분석하고, ② 현행 정보시스템의 어플리케이션, 데이터, 기술구조, 네트워크, 요소기술, 관리체계, 사용자 수준, 정보 서비스 수준 및 투자 현황 등을 분석하여 적합성을 파악하고 최적 모형을 기준으로 비교자료를 제시하며, ③ 향후 개선 과제 및 발전 전략을 제시하기 위한 기초 자료로 활용한다. 이를 7가지 과업으로 요약하여 그림 5-3에 보여준다.

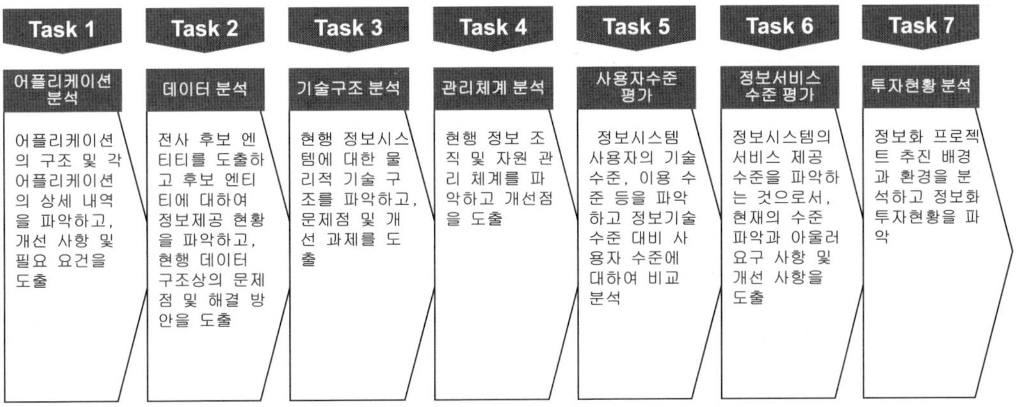

그림 5-3 정보시스템 현황 분석 태스크

3) 접근방법

① 정보시스템 분석 절차

정보시스템의 분석 절차는 다음과 같이 3단계로 정의할 수 있는데, 그림 5-4는 각 단계별 활동을 보여준다.

- 1단계: 정보시스템 현황조사
- 2단계: 정보시스템 현황 분석
- 3단계: 개선 방향 정의

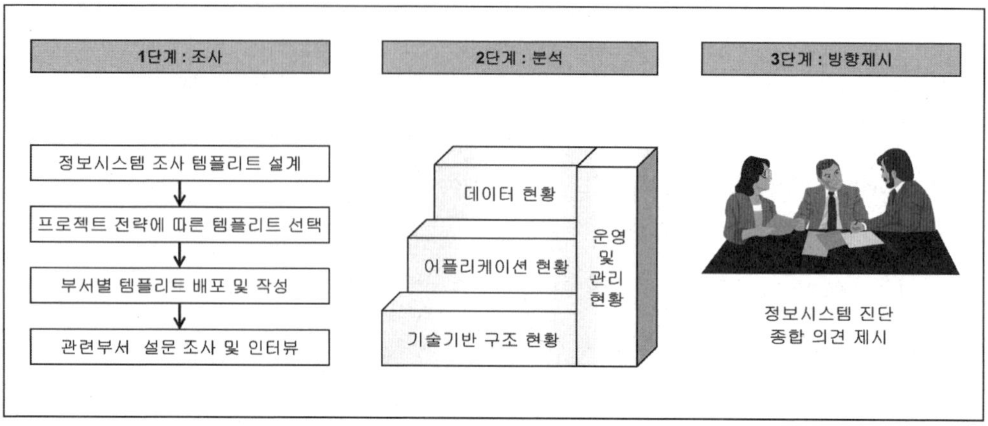

그림 5-4 정보시스템 분석 절차

4) 분석기법

정보시스템 현황 분석의 주요 분석기법은 정보기술의 아키텍처 동향분석 등 여러 가지 분석기법들을 활용한다. 이를 그림으로 요약하여 그림 5-5에서 5-11까지 표현하였다.

① 정보기술의 아키텍처 동향

고객사에 맞는 정보기술 아키텍처가 무엇인지를 찾기 위해서는 고객사의 네트워크 구조, 사용자가 누구인지와 관리하고자 하는 정보를 파악하고 관련 동향을 분석할 필요가 있다.

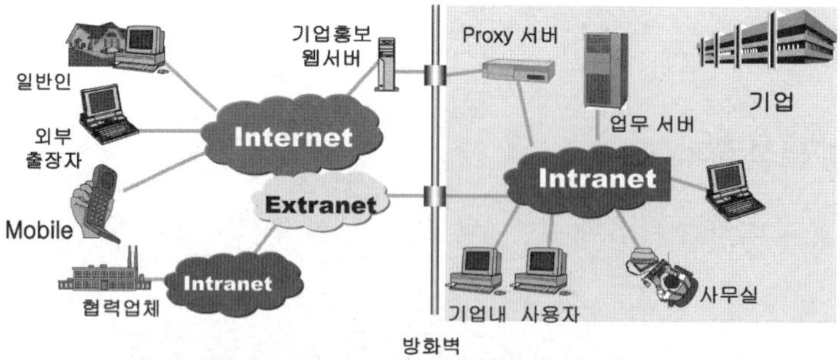

구 분	Internet	Intranet	Extranet
사용 네트워크	공용 인터넷망	사설 네트워크	사설 네트워크와 일부 인터넷망
사용자	불특정 다수	조직내 사용자	조직내 사용자와 제한된 외부 사용자
다루는 정보	임의의 정보	보안을 요하는 정보	허용된 범위내에서 공개가능한 정보

그림 5-5 정보시스템 아키텍처

② 정보시스템 진화 방향

계획되지 않은 필요에 의거한 시스템 추가로 시스템 간의 데이터 관리가 복잡하였으나, 계획된 시스템 구축으로 데이터 통합 관리가 가능해지면서 시스템 효율성이 증대되는 방향으로 진화되었다. 그림 5-6과 5-7은 JP모건의 정보시스템 사례를 통해 시스템의 진화된 모습을 보여준다.

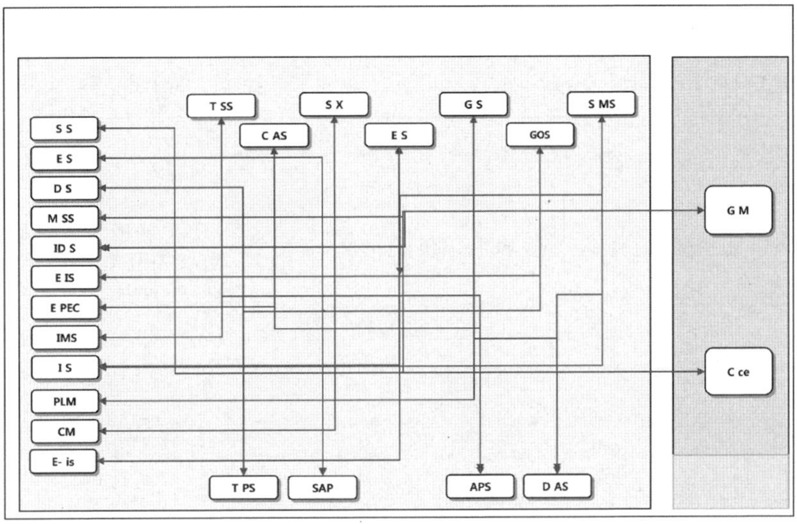

그림 5-6 JP모건 구 시스템(Inter-application Spaghetti)

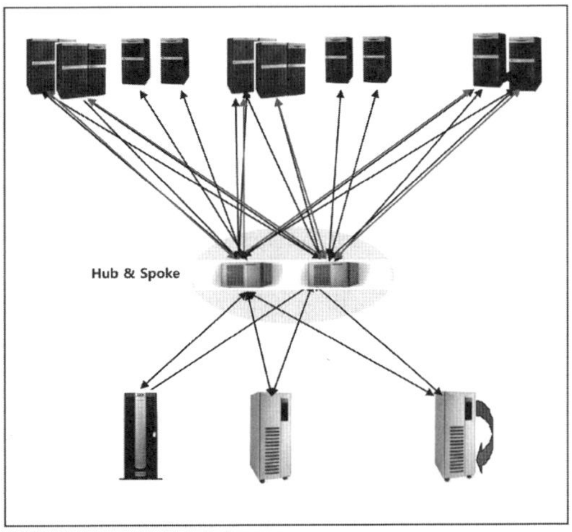

그림 5-7 JP모건의 신 통합시스템(Hub & Spoke 모델)

③ 정보시스템 분석 관점

기업에 구축되어 있는 현재의 정보시스템 현황을 분석하는 단계로 경영과 정보기술 양 측면에서의 정보시스템을 분석한다. 또한 시스템 개발 순환주기(SDLC)와 시스템 운영 양 측면에서의 정보시스템을 분석하는데, 정보시스템의 분석은 다음의 3가지 관점에서 실행한다.

- 첫째, 기업 경쟁력/경쟁전략 차원에서의 정보시스템
- 둘째, 현업 관리자/실무자 입장에서의 정보시스템
- 셋째, 정보시스템 전문가 입장에서 정보시스템에 대한 평가가 가능하도록 분석한다.

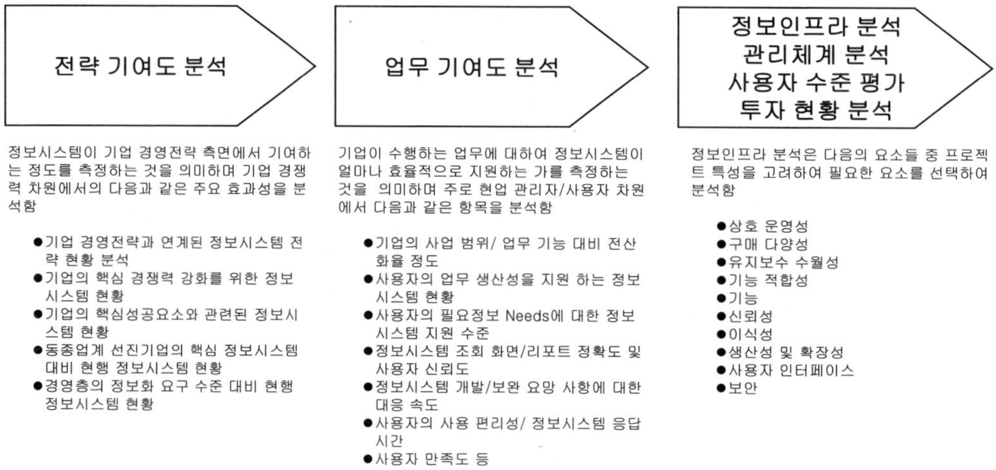

그림 5-8 정보시스템 분석 관점

정보시스템 구축과 관련된 제반 분석 및 설계 과정상에서 도출되는 자료들은 상호 연관성이 존재한다. 단계적으로 진행되는 각 활동에서 산출되는 자료(항목) 간의 상호연관성과 관련 정도를 파악하여 일관성을 유지하여야 하며, 관련요인과 관계 파악이 완벽하게 이루어져야 한다.

이 기법에서 서로 교차하는 항목(도출 자료)을 매트릭스로 보여주는 것은 사용자로 하여금 전반적인 집합 또는 분산의 모습을 볼 수 있기 때문에 매우 유익하다. 또한 항목의 순서를 재배열하여 집단을 나타내게 하거나 또는 전산화 알고리즘을 이용하여 집단화를 이룰 수도 있다.

업무기능 \ 솔루션	ERP	CRM	CPC	KM
구매	◐			◐
생산	●		●	●
마케팅		●	◐	●
영업		●		●
재무	●			◐

● : 업무의 전체 기능이 솔루션으로 구현 됨 ◐ : 업무의 일부 기능만 솔루션으로 구현 됨

그림 5-9 매트릭스 분석의 예(업무기능과 솔루션)

정보시스템 현황분석 및 구축 전략에서 적용하여야 하는 매트릭스 분석 내용은 다음과 같다.

- 경영목표 vs. CSF, 업무기능, 프로세스, 정보 기능 매트릭스
- 경영전략 vs. CSF, 업무기능, 프로세스, 정보 기능 매트릭스
- CSF vs. 조직, 업무 기능, 프로세스, 정보 기능 매트릭스
- 업무기능 vs. 조직, 프로세스, 활동, 엔티티, 정보기능 매트릭스
- 프로세스(활동) vs. 조직, 엔티티, 정보기능 매트릭스
- 엔티티(실체) vs. 조직, 엔티티, 정보기능 매트릭스

엔티티 vs. 업무기능, 프로세스, 정보기능 등의 매트릭스 분석 시 상호 관계도를 나타내는 기호로 주로 CRUD^Create, Read or Reference, Updata, Delete^를 사용하기 때문에 일반적으로 이를 CRUD 매트릭스라고 부른다.

④ 정보시스템 관리의 전략 그리드

현재의 정보시스템이 가진 전략적 영향력과 개발 중인 시스템의 전략적 영향력에 의해서 기업은 전략형, 전환형, 공장형, 지원형의 네 가지 범주로 분류할 수 있다. 경영자는 이 전략 그리드^grid^ 도표에 의해 전략 기술이나 시스템 부문에 대한 경영 관리상의 과제에 관한 개략적인 가이드라인을 얻을 수 있다.

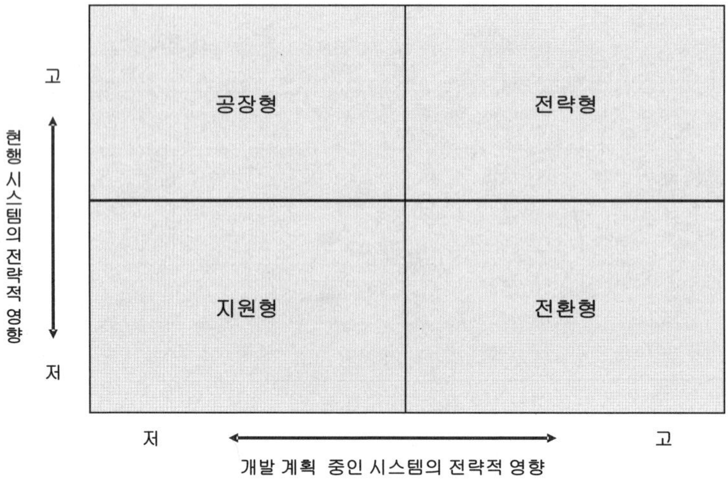

출처 : F. W. 맥파란 외. "정보시스템 기업 경영전략

그림 5-10　정보시스템 관리의 전략 그리드

⑤ 사업범주의 유형

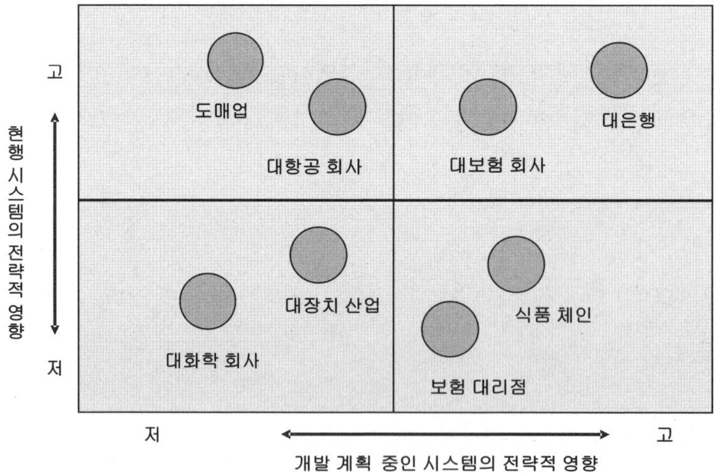

그림 5-11　사업범주 4분면도

전략 그리드에 따른 사업범주의 유형을 살펴보면 다음과 같다.

공장형에 속하는 기업은 현재의 정보기술에 크게 의존하여 원활한 업무 운영이 이루어지고 있는 기업이다. 그렇지만 정보기술이 기업의 경쟁력 강화 관점에서 새로이 중요하게 대두되는 경우는 많지 않으며, 장기적인 기업 전략과의 연결성도 그다지 중요하게 여겨지지 않는다. 이러한 기업에서의 시스템 부문 업무로는 현행 시스템의 신뢰성 향상이나 보수 작업 측면이 중요하게 작용된다(이러한 사업 범주에는 대규모 도매업체나 항공회사 같은 업체가 포함됨).

지원형에 속하는 기업은 기존의 시스템뿐만 아니라 계획 중인 시스템마저도 기업 활동에 미치는 전략적 영향력이 낮은 기업이다. 시스템 구축 계획이 기업의 성공에 그다지 영향을 미치지 않으며, 시스템 부문 성과performance의 좋고 나쁨도 중대한 문제로 발전하지는 않는다. 따라서 경영자가 시스템 구축 계획에 관여하는 정도도 극히 낮고 장기적인 기업 전략과의 연계도 약하다(이 사업 범주에는 대규모 장치 산업, 대규모 화학회사 등 대규모 설비 산업체가 포함됨).

전략형 형태에 속해 있는 기업은 정보시스템이 현재의 업무 운영에 미치는 영향이 매우 높고, 동시에 미래의 경쟁에 이기기 위해서 정보기술이 차지하는 역할이 상당히 중요하다. 이 범주에 소속되어 있는 기업에서는 일반적으로 시스템 관리가 적절하게 잘 이루어지며, 미래의 시스템 계획에 대해서도 주도면밀하게 준비되어 있다. 또 시스템 부문과 경영자의 관계도 대단히 밀접하게 되어 있으며 시스템 부문의 관리자가 중역인 경우가 많다.

전환형에 속하는 기업은 기업 목표를 달성하기 위해 현재는 정보기술에 의존하는 비율이 낮지만 장래에는 정보기술이 전략목표 달성에 없어서는 안 되는 중요성을 가지는 기업이다. 기업의 장기적 업적은 정보기술 이용 여부에 의해 큰 영향을 받기 때문에 전략형과 마찬가지로 시스템 구축 계획에 대한 회사 전체적인 관여가 필요하다(이 사업 범주에는 식품 체인점이나 보험 대리점 등이 포함됨).

5) 산출물

① 수행 태스크와 산출물

정보시스템 현황 분석의 7개 태크스task와 각각의 산출물 및 이의 용도를 그림 5-12에 나타내었다.

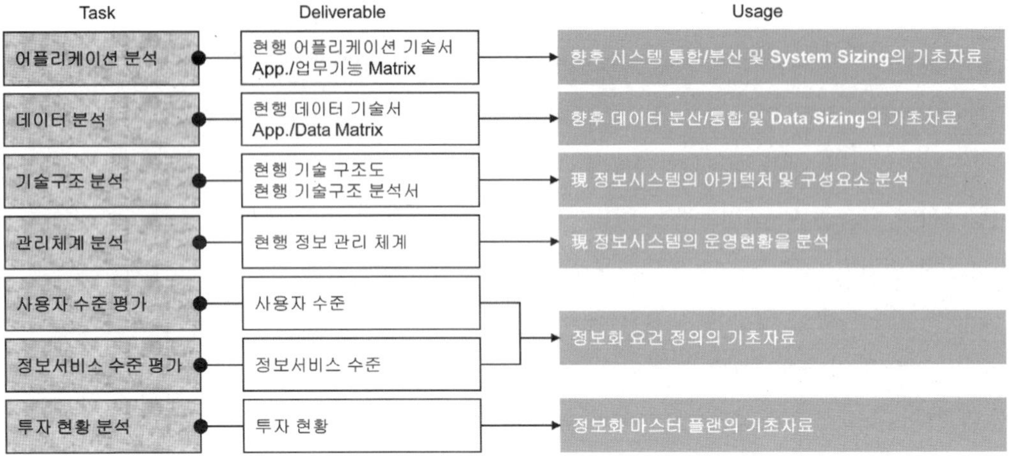

그림 5-12　**수행 태스크와 산출물**

② 분석 산출물 흐름도

현행 정보시스템의 어플리케이션, 데이터, 기술구조, 네트워크, 요소기술, 관리체계, 사용자 수준, 정보 서비스 수준 및 투자 현황 등을 분석한다.

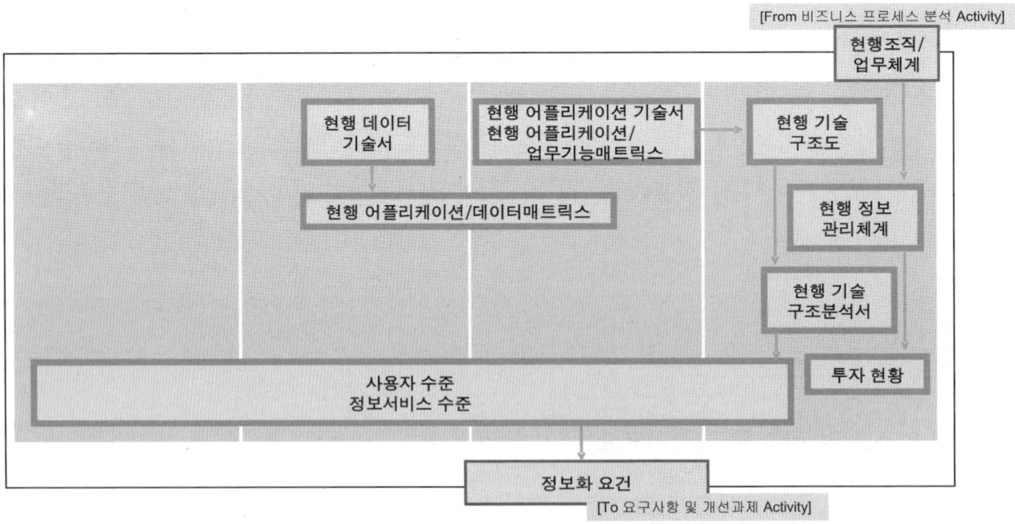

그림 5-13　**분석 산출물 흐름도**

5.2 정보시스템 어플리케이션 분석

현행 시스템 개요, 기능차트, 세부 시스템 내역서를 중심으로 어플리케이션의 구조 및 각 어플리케이션의 상세 내역을 파악하고, 개선 사항 및 필요 요건을 도출한다. 조사 템플리트와 인터뷰/설문, 매트릭스 분석기법을 통해 다음의 절차에 의해 수행하여 현행 어플리케이션 기술서, 현행 어플리케이션/업무기능 매트릭스를 작성한다.

① 현재 개발되어 운영 중인 정보시스템에 대한 어플리케이션 현황을 조사하여 현행 어플리케이션 구조도를 작성한다.
② 어플리케이션의 개발방법, 언어, 사용빈도(중요도), 활용범위, 지원, 업무기능, 어플리케이션 위치, 처리복잡도, 처리형태 등을 파악하여 현행 어플리케이션 기술서를 작성한다.
③ 각 어플리케이션에 대한 개선사항 및 기타 필요 요건을 파악하여 정리한다.

1) 접근방법

현재까지 정보시스템을 개발하여 운영 준비 중인 고객사 정보시스템의 어플리케이션 구조와 프로그램 현황을 파악하고 기능별 주요 내용을 조사한다. 그리고 정보시스템의 어플리케이션 구조분석에서 추출한 프로세스로 매트릭스를 작성하여 어플리케이션과 프로세스와의 상관관계를 파악한다. 또한 타 기관으로부터 입수되는 정보와 타 기관에 제공하는 정보를 조사하고 관련기관과의 인터페이스 방식을 분석한다.

- 어플리케이션 구조 파악
- 어플리케이션과 프로세스와의 상관관계 분석
- 타 기관으로부터 입수되는 정보 및 타 기관으로 제공하는 정보 파악

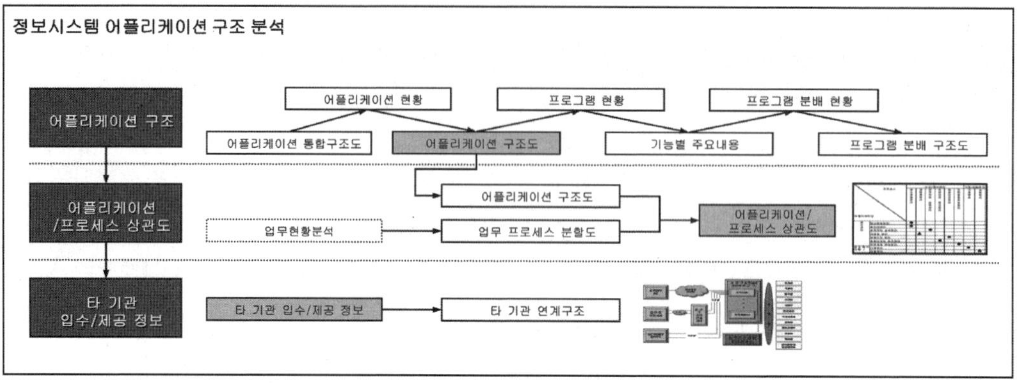

그림 5-14 어플리케이션 분석 절차

2) 분석기법

어플리케이션 분석은 다음의 방법에 의하여 실행한다.

- 현행 시스템 개요 분석
- 각 시스템의 기능차트 분석
- 기능차트를 통한 세부 시스템 파악
- 세부 시스템에 대한 기능특성 분석

① 어플리케이션 기능 특성 분석

먼저 어플리케이션의 기능 특성 분석에 있어서 처리 타입과 업무지원 성격을 나열하면 다음과 같다.

- BO[basic operation] : 기본 업무 처리
- AO[operation for additive service] : 부가 고객 서비스를 위한 처리
- MS[supportive of marketing] : 마케팅(영업) 지원
- PS[supportive of planning] : 경영계획 수립 및 각종 계획성 업무
- RDS[supportive of R & D] : 연구개발 지원
- FA[administration of finance] : 재무관리 기능
- PA[administration of personnel] : 인사관리 기능
- OA[administration of operation] : 영업관리 기능
- OT[administrative of other type] : 기타 관리성

구체적인 특성에 대한 분석은 다음에 의거한다.

- 발생 주기: Secondly(S), Hourly(H), Daily(D), Weekly(W), Monthly(M), Yearly(Y)
- 처리 형태: On-Line(OL), Batch성 업무 또는 On-line 처리(BOL), Batch(B)
- 처리 시간: 서비스 요청부터 처리 완료 후 응답까지의 시간(즉시, 시간, 일)
- 처리 복잡도: 단위 응용시스템 기능의 복잡도(상, 중, 하)
- 사용자 수: 특정 어플리케이션을 수행하는 사람 수
- 지역 분산도: 단위 업무를 수행하는 곳(중복도 가능함)

② 어플리케이션 분석 산출물

현행 어플리케이션 기술서, 현행 어플리케이션/업무기능 매트릭스

③ 현행 어플리케이션 기술서 구성

- 시스템 간의 관계 및 구조에 대한 설명 ⇨ 응용시스템 구조도
- 시스템 구성요소에 대한 이해 ⇨ 응용시스템 구성도
- 단위 시스템의 기능 이해 ⇨ 단위 응용시스템 기능 정의
- 단위 시스템의 활용도 ⇨ 단위 응용시스템 세부 정의

④ 현행 어플리케이션 기술서 작성 원칙

- 현행 시스템의 구조도를 통해 전체 시스템 계층hierarchy을 파악하고 시스템 간의 연간관계를 분석한다.
- 응용시스템의 구성 업무를 분석한다.
- 단위 응용시스템의 세부기능 특성을 분석한다.
- 비즈니스 프로세스와 어플리케이션의 연관관계를 분석한다.

5.3 데이터 분석

현행 업무 기술서, 현행 어플리케이션 기술서를 바탕으로 전사적인 후보 엔티티를 도출하고 후보 엔티티에 대하여 정보제공 현황을 파악하여 현행 데이터 구조상의 문제점 및 해결 방안을

도출한다.

① 현행 데이터베이스 및 파일 레이아웃을 조사하여 주요 후보 엔티티를 파악한다
② CIR 및 업무체계, 프로세스 분석, 필요 정보 및 요구사항으로부터 후보 엔티티를 파악한다.
③ 후보 엔티티를 종합하여 전체(전사) 엔티티를 도출하고, 어플리케이션/데이터의 상관도를 CRUD 매트릭스 분석을 이용하여 작성한다. 필요 시 상위 레벨 엔티티 관계도[ERD]를 작성한다.
④ 각 엔티티에 대한 정의와 특성, 현행 데이터베이스 또는 파일, 활용 빈도, 활용 기능, 활용 어플리케이션, 활용 지역 등을 파악하고 현행 데이터 기술서를 작성한다(현행 레코드 건수[size] 및 증가율 포함).

1) 접근방법

물리적 데이터베이스 구조와 논리적 데이터베이스 구조를 분석하고 데이터베이스에 구축되어 있는 대상기업 정보를 개략적으로 도식하여 현행 데이터 구조상의 문제점 및 해결방안을 도출하기 위해 데이터의 상세 현황을 파악한다.

- 현 정보시스템의 데이터 구조도 작성
- 데이터 상세 현황 파악
- 어플리케이션/데이터 상관도 구성

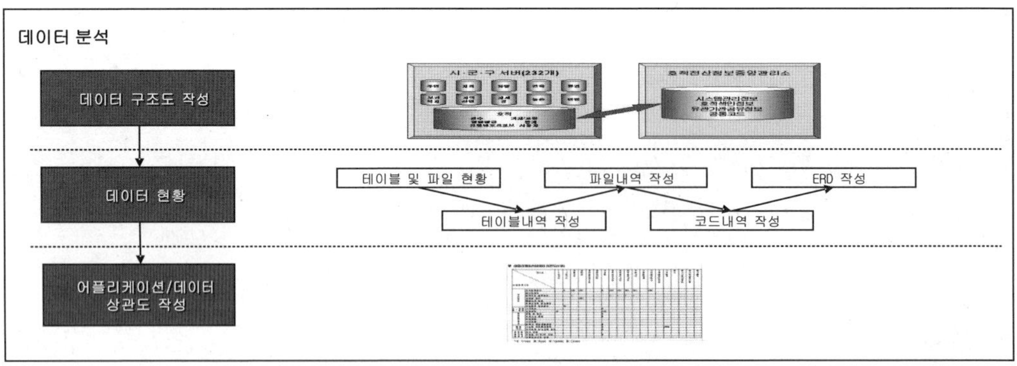

그림 5-15 데이터 분석 접근방법

2) 분석기법

현행 어플리케이션 기술서를 이용하여 시스템 구조를 이해하고, 현행 업무 기술서를 통해 업무 기능을 이해한다. 현행 어플리케이션 별 주요 엔티티를 도출하고 정립하여 엔티티 특성을 분석한다.

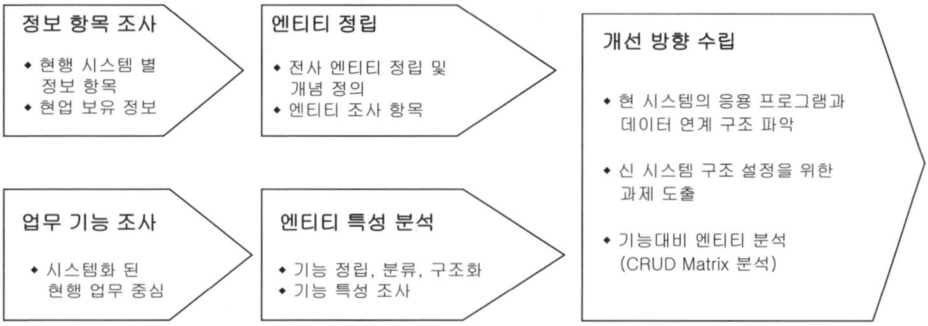

그림 5-16 데이터 분석 프로세스

① 엔티티 분석

정보시스템 내의 각종 DB나 VSAM 파일보다는 정보시스템 내에서나 임직원들의 업무수행 시 실제적으로 사용되는 정보항목을 기준으로 하여 새로운 정보시스템 구조를 설정할 때 활용성을 극대화하기 위해 각 부서 내 보관 정보를 포함한 개념의 엔티티를 정립한다.

또한 새로운 정보시스템의 아키텍처를 구축하기 위하여 필요한 정보를 중심으로 한 엔티티의 특성을 분석한다.

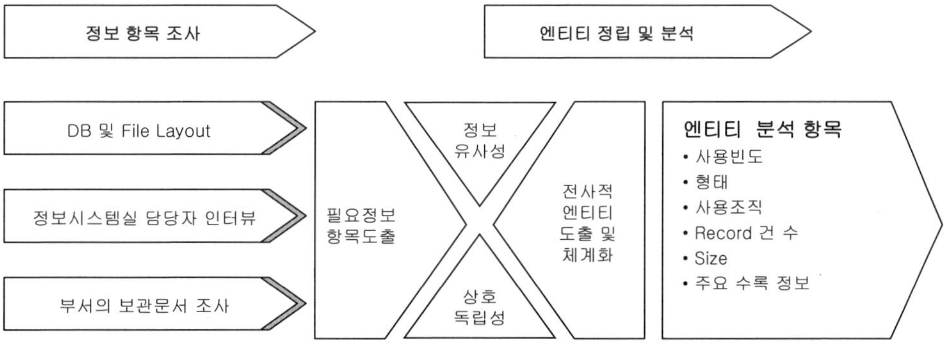

그림 5-17 엔티티 분석 프로세스

② 데이터 분석 산출물

데이터의 규모와 활용도에 대한 분석을 통해 현행 데이터 기술서를 산출하고, 데이터와 어플리케이션과의 관계 분석을 통해 현행 어플리케이션/데이터 매트릭스를 산출한다.

③ 데이터 분석 산출물 작성 원칙

다음의 원칙을 기준으로 데이터 분석 산출물을 작성한다.

- 주요 데이터에 대한 조사 및 누락 데이터에 대한 재조사를 실시한다.
- 데이터의 이용 현황에 대한 체계적인 항목을 설정한다.
- 데이터 설계 및 생성 업무 프로세스에 대한 분석을 수행한다.
- 데이터 관리에 대한 업무 프로세스에 대한 분석을 수행한다.

④ 현행 데이터 기술서 구성요소

현행 데이터 기술서는 다음의 구성요소를 기반으로 작성한다.

- 형태: DB의 형태(HDB, RDB, SAM File)
- 건수: 총 레코드 건수
- 크기: 레코드의 최대 크기
- 주요 수록 정보
- 사용 조직

⑤ 현행 어플리케이션/데이터 매트릭스(CRUD Matrix)

정립된 엔티티에 대하여 각 부서와 정보시스템실 혹은 전산화 담당부서(IS실)에 확인을 요청한 후 누락된 사항을 추가하고, 정립된 기능[function]에 대하여 IS실에 확인을 요청하여 보완한다. 정리된 기능과 엔티티를 바탕으로 각각의 기능에서 엔티티의 활용방식을 CRUD의 형태로 표현한다.

⑥ CRUD 사용 부호

각각의 경우에 사용하는 CRUD의 부호는 다음과 같다.

- C[create]: 주어진 엔티티에 새로이 레코드를 추가하는 경우, 하나의 엔티티가 여러 개의 파일 및 DB에 중복되어 보관하는 경우, 파일 및 DB에 관계없이 최초로 기록이 일어나는 경우
- R[read]: 이미 기록된 레코드를 조회하는 경우

- U^update^: 레코드가 이미 기록되어 있는 데에 수정을 가하거나 레코드 중 기록되어 있지 않은 필드에 값을 기록할 경우
- D^delete^: 레코드를 삭제하는 경우

이렇게 사용된 CRUD는 그림 5-18에서 보이는 것처럼 어플리케이션과 데이터 분산을 위한 기초자료로 이용된다.

어플리케이션 \ 데이터		11호서식	12호서식	개명사건	과태료	과태료부과기준	관장자이력	구성원	국적상실사건	국적취득사건	국적회복사건	귀화사건	기관및단체	기아발견보고	기재례코드집합	기재통계	로그	로그기록자정보	로그대상테이블	로그통계
접수관리	접수등록관리		R	CRU	CRU			R	CRU	CRU	CRU	CRU		CRU						
	불수리관리																			
	본적지외 송부관리			C					C	C	C	C								
	과태료 관리				CRU															
	특종신고 관리																			
	추완신고의 최고관리																			
	주민등록 정보관리		RU																	
기재/교합관리	기재관리							R												
	교합관리	CR						CUD												
열람발급관리	열람 및 발급							R												
	부분사실 증명							R												
	무적증명																			
	수납조회																			
	타부서 정보제공관리							R												
통계관리	기능별 복합통계관리							R								CRUD				
	감독법원 보고자료 관리							R												
유형별 호적정보 검색	접수 조회																			
	유형별 호(제)적 조회							R												
	열람발급내역 조회																			

* **C** : Create **R** : Read **U** : Update **D** : Delete

그림 5-18 어플리케이션/데이터 상관도 예시

5.4 기술구조 분석

현행 어플리케이션 기술서를 바탕으로 현행 정보시스템에 대한 물리적 기술 구조를 파악하여 문제점 및 개선 과제를 도출한다. 자료수집과 인터뷰 및 델파이^delphi^ 기법을 이용하여 다음의 절차에 따라 현행 기술 구조도, 현행 기술구조 분석서를 도출한다.

① 어플리케이션, 하드웨어, 소프트웨어, 네트워크, 유틸리티, 기타 설비에 대하여 현재 보유하거나 보유 예정인 정보기술 자원에 대한 수량, 공급처, 구입 시기, 위치, 역할, 현 상태(현행 시스템 기술구조 현황)를 파악한다.

② 현행의 물리적 시스템 구성도를 작성한다.

③ 현행 정보기술 자원이 새로운 시스템 요건 및 요건사항을 수용할 수 있는지에 대한 기술적 검토(확장성, 상호 운영성)를 실시하고 재활용성을 검토한다.

④ 기술 구조 측면의 문제점 및 개선 과제를 파악하여 정리한다.

1) 접근방법

정보기술 분석에서는 현행 정보시스템의 하드웨어 및 소프트웨어, 네트워크 구조를 분석하고 장비 도입 현황, 배치 현황과 정보시스템 개발을 위한 하드웨어, 소프트웨어, 네트워크 현황을 파악한다.

- 정보시스템 구성도, 하드웨어 구성도, 소프트웨어 구성도, 네트워크 구성도 작성 및 기술적 구조 분석
- 하드웨어, 소프트웨어, 네트워크의 사양과 도입 및 배치 현황 파악
- 개발시스템의 하드웨어, 소프트웨어, 네트워크 현황 파악

기술구조 분석 시 각 항목의 관리 툴 형태 및 자체 분석과 함께 수행 프로젝트의 성격을 고려하여 유관기관과의 연계 형태, 유사서비스 비교, 정보자원의 공동이용 형태 등을 검토·분석하여 다음 단계의 미래모형 to-be 정립 및 실행계획 action plan 수립의 기반 자료로 활용한다.

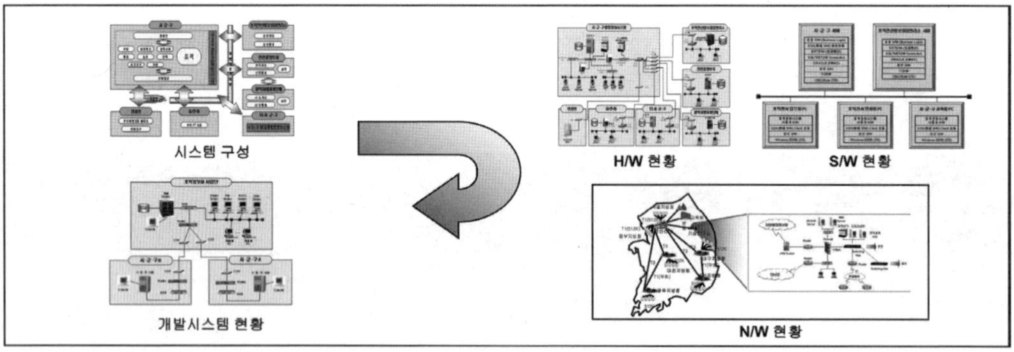

그림 5-19 기술구조 분석 접근방법

2) 분석기법

① 기술기반 현황의 분석 방식

기반 시스템을 정보 서비스 형태에 따라 주요 시스템으로 나누고, 이를 각각의 서브시스템으로

분류한다. 이후 각 서브시스템별로 시스템 구성요소와 기능적 요소를 현업 조사결과에 근거하여 분석한다. 그림 5-20은 기술기반 현황의 분석방식을 도식화하여 보여준다.

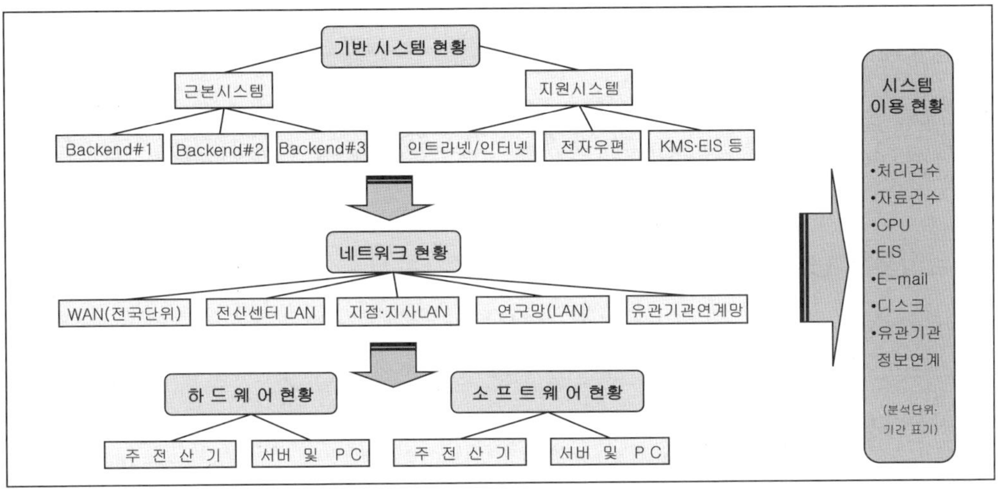

그림 5-20 기술기반 현황의 분석방식

② 시스템 아키텍처 비교

[표 5-1]에 시스템 아키텍처와 관련하여 기존의 3계층 클라이언트/서버 시스템과 웹기반 시스템을 비교하여 정리하였다.

표 5-1 클라이언트 서버 시스템과 웹기반 시스템 비교

구분	기존의 3계층 C/S	웹 기반 시스템
클라이언트 코딩	개발 필요	표준 웹 브라우저 사용
서버 코딩	개발 필요	개발 필요
개발도구의 보급	파워빌더, 델파이, 비주얼베이직 등	대표적인 개발도구가 없음 (무수히 많은 업체의 제품이 등장)
미들웨어의 사용	기본적으로 사용함	일반적으로 사용하지 않음
버전 관리	시스템의 버전 관리가 복잡함 (클라이언트 분산 버전 관리)	버전 관리가 쉬움 (중앙 집중식 버전 관리)
클라이언트 부하	많음(fat client)	적음(thin client)

<계속>

구분	기존의 3계층 C/S	웹 기반 시스템
서버의 부하	경우에 따라 다름(조절 가능)	많음
네트워크 부하	비교적 많음	비교적 적음
유저 인터페이스	윈도우 기능에 의존	다양한 기능(HTML, JAVA, ActiveX)
분산환경 지원	미들웨어에 의한 지원	기본적으로 지원 안 함
트랜잭션의 처리	미들웨어에 의하여 처리	CGI 프로그램에 의하여 처리
시스템 표준화	개발도구마다 서로 다름	인터넷의 표준 환경 사용

③ 중앙집중처리 방식과 클라이언트/서버 시스템

빠른 경영환경의 변화속도로 기존 호스트 중심의 메인프레임 환경에서 이에 대응하기가 어려워지면서 오픈 시스템의 배경하에서 데이터와 비즈니스 로직, 표현층이 분리된 클라이언트/서버 시스템이 등장하였다.

중앙집중처리 방식은 서버 컴퓨터에 대한 의존성이 극대화되어 이에 따른 비용의 증가와 특정 컴퓨터에 대한 종속이라는 단점이 있는 반면, 응용프로그램의 단일화 및 안정성의 장점이 있다.

클라이언트/서버 방식은 네트워크 구축과 응용프로그램의 분배 등에 따른 클라이언트 시스템의 비용 증대 등의 단점에도 불구하고 클라이언트 상의 윈도우 사용에 따른 GUI 구현으로 인한 멀티미디어 활용, 서버 투자비용 감소, 분산처리가 가능하다는 장점으로 사용이 증가하고 있다.

[표 5-2]는 중앙집중처리 방식과 클라이언트/서버 시스템을 비교하여 기술하고 있다.

표 5-2 중앙집중처리방식과 클라이언트/서버 시스템 비교

구분	중앙집중형 시스템	클라이언트/서버 시스템
안정성	높음	낮음
통신장애	발생확률 낮음	발생확률 높음
클라이언트 부하	없음	많음
비용	서버 투자비용 증대	클라이언트 서버 투자비용 증대
개발 환경	문자 위주	GUI 환경
프로그램 분배	중앙에서 일률적 관리	클라이언트마다 따로 관리
환경변화	환경변화에 느림	환경변화에 빠름
종속성	하드웨어에 종속	개방성 보유

④ 정보시스템 분석 산출물 구성

정보시스템의 분석에 따른 산출물은 다음과 같이 구성된다.

- 현행 기술 구조도 및 분석서
  각 서브시스템별 구성요소 및 네트워크 구성 현황을 표현하여 기술적 요소와 기능적 요소에 대한 설명을 첨부한다. 각 서브시스템 현황을 직관적으로 파악하기 위해 구성도로 표현한다. 시스템 아키텍처에 대한 현황을 파악할 수 있다.
- 정보시스템 이용 현황
  CPU, 메모리, 하드디스크, 네트워크 장비(라우터 CPU 점유율) 등의 이용 현황이 기술되어 있다.
- 정보시스템 장비 및 소프트웨어 현황
  주전산기, 서버, PC, 네트워크 장비(CPU, 메모리, 하드 디스크 사양) 및 소프트웨어 사양에 대한 현황이 기술되어 있다.

5.5 정보시스템 관리체계 분석

정보시스템 관리체계 분석은 설문지, 인터뷰, 델파이(delphi) 기법을 이용해 현행 정보 조직 및 자원 관리 체계를 파악하고 개선점을 도출한다.

① 정보시스템 관리 부문의 조직도, 업무분장도 및 인터뷰 자료를 통해 단위 조직별로 분석한다.
② 정보기술 자원 관리체계(보안, 유지보수, 품질관리) 및 방법을 조사한다.
③ 임무 및 역할에 대비한 인력자원의 적정성을 분석한다.
④ 인터뷰 또는 설문을 통해 전산 인력에 대한 보유기술 수준을 분석한다.
⑤ 현행 관리 체계에 대한 문제점 및 개선 과제를 도출하여 정리한다.

1) 접근방법

대상기업의 현 정보시스템 개발 현황 및 정보보호 현황, 재해 및 장애대책, 운영인력의 조직 및 자원의 적정성, 보유기술 수준 등을 파악하여 개선 방향을 도출하며, 미래모형(to-be) 수립단계에서 제시하는 to-be 이미지의 효율적인 적용을 위한 전략 수립의 기반 자료로 활용한다.

- 정보관리조직체계: 정보시스템 운영조직의 적절성, 정보관리 절차의 적합성, 사업 연속성 지원의 적절성 등
- 자원관리체계: 관리적, 물리적, 기술적 정보보호 측면에서 계획된 정보보호 대책 파악
- 재해 및 장애대책: 재해 및 장애 시 복구조직 및 절차에 대한 계획 파악

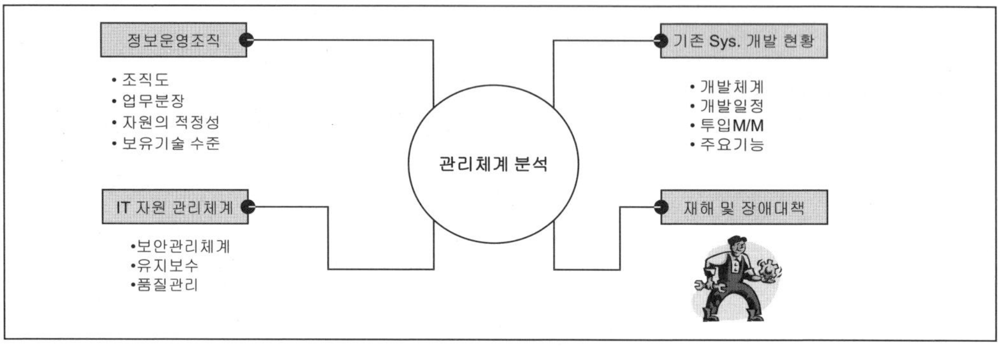

그림 5-21 정보관리체계 분석방법

2) 분석기법

① 정보관리체계 구성 내용

정보관리체계는 다음의 내용들로 구성된다.

- 정보시스템 운영조직 현황(운영조직, 업무분장, 인력 현황-경력별, 근속 연수별, 학력별, 전공별)
- 정보시스템 개발 및 유지보수 현황
- 보안관리 현황과 장애 및 재해 대책

② 정보시스템 개발 현황 구성 내용

정보시스템의 개발과 관련한 상세내역에 관해 다음의 내용 등을 포함한다.

- 개발 상세내역: 프로젝트명, 기간, 개요, 관련부서, 예상했던 기대효과, 현재 활용도 등
- (연도별)시스템 개발 내역: 프로젝트 목적, 개발시스템 구성 및 기능
- (연도별)시스템 개발 투입인력 현황
- 개발 프로젝트 당 평균 기간 및 비용

③ 정보시스템 유지보수 현황

- 유지보수 종류: 에러 수정corrective maintenance, 새로운 하드웨어, 업무 변화adaptive maintenance, 사고 예방preventive maintenance, 신기능 요구사항perceptive maintenance
- 시스템 유지보수: 조사 대상(하드웨어, OA 장비 및 통신선, 시스템 소프트웨어) 및 계약 업체, 계약 금액, 계약 내용 등의 조사항목
- 어플리케이션 유지보수: 조직변경, 업무 변경

④ 보안 구성 요소

물리적 보안, 시스템 접근 보안, 컴퓨팅 환경 보안, 통신회선 안전보안, 자료 유출보안을 포함한다.

⑤ 장애 및 재해 대책 현황

장애 예방 대책(장애예방 및 복구 표준, 예방점검 일정 계획, 예방점검 체크리스트) 및 장애 복구(장애 유형, 장애 조치 절차) 관련 현황과 재해 대책을 포함한다.

5.6 사용자 수준 분석

설문지를 이용하여 정보시스템 사용자의 기술 수준, 이용 수준 등을 파악하고 정보기술 수준 대비 사용자 수준에 대하여 비교 분석한다.

① 사용자에 대한 정보기술 수준과 필요 정보기술 요구에 대해 설문을 통하여 필요 시 조사한다.
② 설문 분석을 통한 사용자 정보기술 수준을 분석하고 사용자가 요구하는 정보기술 내역을 계층별, 조직단위별, 업무분야별 파악 및 정리 정리한다.
③통계 및 델파이 기법을 이용하여 사용자 수준 정의서를 작성한다.

1) 사용자 수준 분석 접근방법

① 평가 전략

- 사용자의 정보화 수준을 측정하기 위한 척도를 수립한다.
- 기업의 현황에 맞는 설문을 선택한다.

- 직무별 분류에 의한 설문서를 작성한다.

② 분석 항목

사용자 수준 항목의 예는 다음과 같다.

- 업무프로세스에 대한 마인드
- 정보화에 대한 마인드
- 정보기술 활용능력: OA 능력/패키지 활용 능력/정보화 지식

사용자의 수준 평가 영역은 업무 프로세스, 정보화 마인드, 정보기술 활용 능력의 3가지로 설정하여 설문한다.

③ 업무 프로세스에 대한 마인드

- 우리 부서에서는 업무수행 리드타임lead time을 줄이기 위한 활동(예를 들면, BPR, TQM 등)이 활발하게 진행되어 왔다.
- 우리 부서는 업무프로세스 혁신(신속한 업무처리 및 의사결정)을 위한 대안과 접근방법을 찾는 노력을 꾸준히 해왔다.
- 우리 부서 및 나는 타부서 및 구성원의 업무협조 요청 시 적극적으로 도와준다.

④ 정보화에 대한 마인드

- 나는 정보화가 우리 회사의 경쟁력 확보에 큰 도움을 준다고 생각한다.
- 나는 정보시스템을 이용하여 나의 업무처리 방법이나 절차를 많이 변화시킬 수 있다고 생각한다.
- 나는 정보화 관련 교육에 적극적으로 참여하고 있다.
- 우리 부서 및 나는 우리 회사에서 추진하고 있는 정보시스템 개발 프로젝트에 적극적으로 참여하고 있다.
- 나는 우리 회사의 정보 자원 및 자산을 중요하게 생각한다.

⑤정보기술 활용 능력

- 프로그래밍(C 언어, Visual Basic, HTML, Java 등) 능력
- 일반 사무용 소프트웨어(Word, Excel, Powerpoint 등) 사용 능력

- 데이터베이스 개발 능력(Oracle, Sybase, Infomix 등)
- 운영체제(DOS, Windows, Unix 등) 사용 능력
- 하드웨어 및 주변기기(프린터, 스캐너 등) 사용 능력
- 사용 가능 소프트웨어의 수(OLAP 툴, 웹 에디터, CRM)
- 여러 자료에 대한 검색 및 커뮤니케이션 능력(PC 통신, Internet 등)
- 출력 자료를 이해하고 해석하는 능력
- 업무의 모형화 및 적용 능력(회귀분석, OR 모형 등)

5.7 정보 서비스 수준 분석

현행 기술구조 분석서, 현행 어플리케이션 기술서를 기반으로 정보 시스템의 서비스 제공 수준을 파악하는 것으로서 현재의 수준 파악과 아울러 요구 사항 및 개선 사항을 도출한다.

① 현행 정보조직 및 정보시스템의 활용도 및 정보기술 제공도에 대한 사용자 평가를 파악하기 위하여 계층별 설문조사를 실시한다.
② 수집된 설문 결과를 각 계층별 또는 정보서비스 내역별로 분석하여 정리한다.
③ 문제점 및 개선 방안을 기술하여 정보서비스 수준 정의서를 작성한다.

1) 접근방법

정보서비스 수준을 조사할 수 있는 분야를 도출하고 설문조사의 방법에 의하여 현황을 파악하여, 그림 5-22와 같은 비주얼한 방식으로 정보서비스 분야(예, 5개 분야)에 대한 종합결과를 표현하고 현황 및 문제점을 제시한다.

- 정보시스템과 현업 업무와의 일치/조화성
- 사용자의 편리성 및 친밀성
- 제공 정보의 효율성 및 효과성
- 정보시스템 제공도
- 정보시스템 활용의 필요성

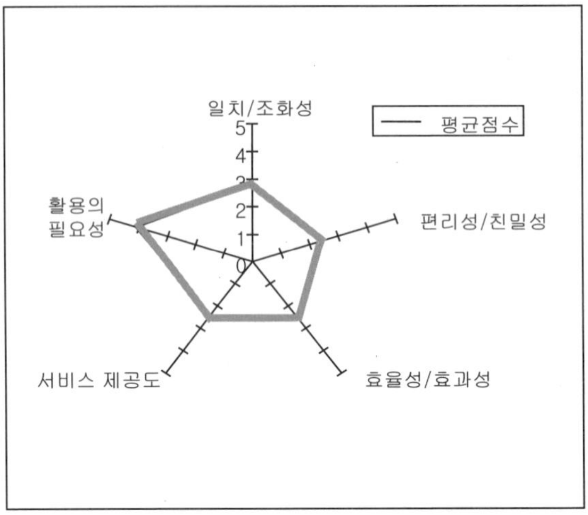

그림 5-22 정보서비스 수준 분석

3) 분석기법

정보시스템 현황에 대한 설문조사는 6개 분야 26개 항목에 대하여 실시하여 다음과 같은 분석결과를 도출한다.

① 일치 및 조화성

- 현행 정보시스템이 실제의 업무처리 절차를 잘 반영하고 있다.
- 보고서 형식이나 화면 양식 등과 같은 출력 정보의 형태는 적절하다.
- 현행 정보시스템이 제공하는 정보가 사용자가 요구한 사항에 비추어 적절하다.
- 정보시스템 개발 및 사용과 관련하여 사용자의 참여정도가 높다.

② 편리성 및 친밀성

- 정보시스템에 대한 사용자 매뉴얼이 충실하다.
- 정보시스템의 사용방법이 명확하고 실행이 용이하며 일관성이 있다.
- 화면구성이나 운영절차가 사용하기 쉽게 구성되어 있다.
- 데이터의 입력, 수정, 삭제를 위한 절차가 간편하다.
- 데이터의 입력 오류를 방지하는 자동 오류검색automatic error check 기능이 충분하다.
- 도움말 기능이 충분하여 사용자 스스로 모르는 부분을 학습할 수 있다.

- 정보시스템 장애 발생 시 전산실과의 연락방법이 용이하며 제공서비스가 충분하다.

③ 제공 정보의 효율성 및 효과성

- 필요로 하는 정보가 시기적절하게 제공이 잘 되고 있다.
- 정보시스템에서 제공되는 정보의 질(내용, 속도, 접근의 용이성)에 만족한다.
- 정보시스템에서 제공하는 출력물이 현업에서 유용하게 쓰이고 있다.
- 정보시스템에서 제공하는 출력 정보가 정확하며 신뢰성과 일관성이 높다.
- 필요로 하는 정보를 쉽게 획득할 수 있으며 출력 정보의 양과 질이 의사결정에 충분하다.

④ 정보서비스 제공도

- 정보시스템 개발 의뢰 업무절차가 간단하다.
- 개발 의뢰한 업무를 이해하기 위해 전산실과의 협의가 충분히 이루어지고 있다.
- 원하는 기간 또는 상호 합의한 기간 내에 정보시스템 개발이 완료된다.
- 개발된 정보시스템에 대한 사용자 교육과 훈련이 충분하게 이루어지고 있다.
- 현행 정보시스템에 대한 유지보수 혹은 변경을 요청하는 빈도가 낮다.
- 새로운 정보시스템 개발이나 서비스 요청에 대한 전산실의 반응은 빠르고 시기적절하다.
- 종합적으로 판단할 때 회사의 정보시스템 환경에 대해 만족한다.

⑤ 기타사항

기타사항으로는 정보시스템 활용의 필요성에 대한 설문과 주관적인 필요 정도와 대상 업무를 조사한다.

정보시스템 활용대상업무	장치장관리
	통계업무
	순환 및 화물입고
	컨테이너 정보입력
	반출입 Order
	현황파악 및 통계확인
	감가상각 업무
	야드장치 장소변경
	예산업무
	CY 및 본선계획 업무
	야드장치 업무
	직통관 업무
	인터넷
	정산업무
	결산 및 세무회계
	회계 경리업무
	장비관리
	부품관리

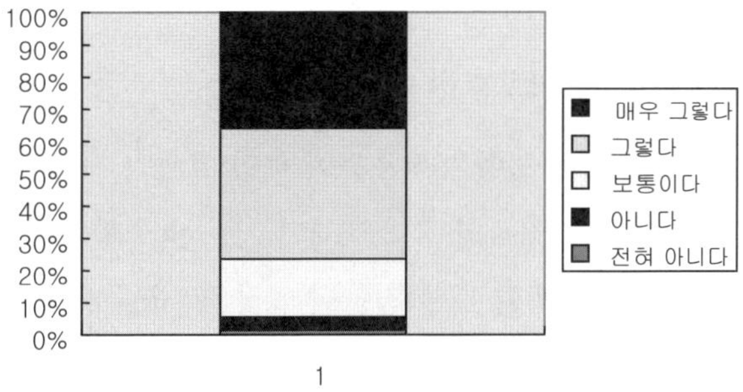

그림 5-23 정보시스템 활용의 필요성 분석 예시

5.8 투자 현황 분석

어플리케이션 분석, 데이터 분석, 기술구조 분석, 관리체계 분석을 기반으로 정보화 프로젝트 추진 배경과 환경을 분석하여 정보화 투자현황을 파악한다. 전산인력 비용, 하드웨어, 소프트웨어, 네트워크 등의 최근 몇 년간의 손익을 비교 분석한다.

1) 접근방법

① 정보화 프로젝트 추진 배경 분석

- 해당 조직의 정보화 수준을 진단한다.
- 정보화 성숙 단계를 파악한다.
- 정보시스템 투자 동기 유형을 파악한다.
- 정보화 추진 배경을 분석한다.

② 정보화 투자현황 분석

- 매출액 대비 정보화 예산 비율을 분석한다.
- 종업원 1인당 정보화 예산액을 분석한다.
- 시스템 생명기간을 분석한다.
- 전산투자 현황을 분석한다.

2) 분석기법

① 정보화 프로젝트 추진 배경 분석

정보화 수준 진단 모형을 적용하여 해당 조직의 정보화 수준을 진단한다. 정보화 수준 진단을 위한 모형은 타 조직과의 상대 비교가 가능한 모형을 선정하는 것이 바람직하다(CMM, SPICE 등). 진단 모형에 의한 수준 진단이 일정 및 자원 제약 등에 의하여 어려운 경우 정보시스템 분석을 통하여 파악된 자료를 기반으로 하여 개괄적인 수준을 진단한다(예. 산업 최저 수준, 산업 평균 수준, 산업 최고 수준 등).

② 정보화 성숙 단계 파악

해당 조직의 정보화 성숙 단계를 파악하고 진단하는 데 있어 정형적인 모형에 의한 진단 혹은 파악된 자료 분석에 기반한 개괄적 수준의 진단을 실시한다(예. 도입 단계, 팽창 단계, 성숙 단계, 통제 단계, 신기술 전환 단계 등).

③ 정보시스템 투자 동기 유형 파악

정보전략 수립을 통하여 구축하고자 하는 정보시스템의 투자 동기 유형을 파악한다. 투자 동기 유형에는 다음과 같은 유형들이 있다.

- 필수형threshold: 기본적 사업을 영위하기 위하여 법적, 기술적, 정책적으로 반드시 필요한 시스템
- 거래 처리형transactional: 해당 조직의 주요 거래 처리를 자동화하거나 지원하는 시스템
- 정보 제공형informational: 의사소통 개선이나 보고/지시/회의/정보수집 프로세스를 변화시키기 위한 시스템
- 전략형Strategic: 조직 목적 달성이나 사업전략 수립과 연계되어 개발되는 시스템 투자. 선도적이고 다소 모험적인 투자임
- R&D형: 사업적 가치보다는 기술적 가치 관점에서 이루어지는 시스템 투자. 벤처형 또는 연구개발형 투자임
- 기타: 자체 상품화 정보기술에 대한 투자 등 위 5가지 유형에 속하지 않음

④ 정보화 추진 배경 분석

"정보화는 누구에 의하여 주도되었는가?"라고 하는 설문과 면담을 통해 정보화가 추진되게 된 배경을 조사하고 평가대상 정보화 프로젝트(정보시스템)를 실질적으로 주도한 주체를 파악한다.

- CEO일 경우 정보화가 안정적으로 추진되는 것으로 간주할 수 있다.
- CIO일 경우 사내 위치 및 역할을 재분석한다.
- 현업 부서일 경우 사내 IS 부서와의 갈등 및 마찰 여부를 분석한다.
- 상위 기관이나 외부 SI업체에 의하여 주도되는 경우에는 기타에 해당한다.

더불어 다음과 같은 정보화 추진에 대한 인식도를 설문 혹은 인터뷰를 통하여 파악한다.

- 정보화에 대한 CEO의 인식
- 정보화에 대한 CIO의 인식

- 정보화에 대한 CFO의 인식
- 정보화에 대한 현업부서 경영층의 인식
- 정보화에 대한 현업부서 실무진의 인식
- 정보화에 대한 정보화 부서(전산실) 실무진의 인식
- 고객, 공급처 등 외부 이용자가 존재하는 경우, 그들의 인식
- 정보화에 대하여 가장 반대하거나 또는 부정적인 주체 파악
- 반대 또는 비판의 근거 분석

⑤ 정보화 투자현황 분석

- 매출액 대비 정보화 예산 비율 분석

  해당 조직의 연간 매출액을 분석한다. 공공부문일 경우 매출액 대신 총예산액으로 대체한다. 산업 특성 및 조직 유형에 따라 차이가 있으나 통상적으로 정보화 예산은 1.5%~8% 수준이다. 만약 해당 조직의 정보화 예산 비율이 산업 평균치보다 지나치게 높거나 낮다면 그 원인과 결과에 대한 2차 분석이 필요하다.
- 종업원 1인당 정보화 예산액 분석

  일용직이나 외주용역은 종업원으로 간주하지 않는다. 산업별로 다소 차이가 나지만 통상적으로 연간 400만~1,000만원 수준으로, 만약 1인당 정보화 예산이 산업 평균치보다 지나치게 높거나 낮다면 이에 대한 2차 분석이 필요하다.
- 시스템 생명기간 분석

  구축하고자 하는 시스템의 생명기간을 파악해야 하는데, 정보시스템 구축 계획이 수립되지 않은 단계이므로 정확한 시스템 개발 완료 시기와 이후의 시스템 생명기간을 추정하기는 어렵다. 따라서 본 단계에서는 구축하고자 하는 시스템의 일반적인 생명기간을 파악한다. 시스템 개발 완료 후 5년간이 통상적인 시스템 생명기간이나 최근에는 개발 완료 후 3년으로 시스템의 생명기간을 보는 경우가 많다.
- 투자현황 분석

  전산인력 비용, 하드웨어, 소프트웨어, 네트워크 등의 최근 몇 년간의 전산 투자현황을 파악한다. 공공기관의 경우 최근 정보화 예산 집행 비용을 분석하고, 향후 정보화 예산액 자료에 기반을 두어 정보화 투자 현황을 분석한다.
- 전산투자 현황 분석 시 고려 사항

  전산화 비용은 일반적으로 하드웨어, 소프트웨어, 네트워크 구입비, 인건비(내부인건비, 외부

용역비), 기타 비용으로 나누어 구분하나, 전산 투자비용을 보다 포괄적으로 분석하기 위하여 TCO Total Cost of Ownership 모델에 의하여 직접비와 간접비로 나누어 분석할 수 있다.

사기업의 경우 정보화 지출 금액이 투자비와 비용으로 나뉘므로 연도별 전산투자 현황 분석 시 투자비와 비용을 포함한 정보화 "총 지출 금액"에 대한 파악이 필요하다. 이를 위하여 전산 부서와 재무 부서로부터의 자료 수집과 담당자 면담이 필요할 수 있다.

- 정보화 비용 분석 시 주의 사항

정보화 투자현황 분석 단계에서 TCO 모델에 근거한 비용 분석과 이를 통한 전산비용 절감 방안이 수립될 수 있다. 전산비용의 절감이라는 관점에서 TCO가 적절한 모델이나, 이 모델은 비용 측면만을 고려한 분석을 실시함으로써 정보화 투자 관련 의사결정 및 효과 분석 시 왜곡된 정보를 제공할 수 있다.

⑥ TCO 모델

- TCO의 정의와 개념

TCO total cost of ownership 는 기업이 시간 경과에 따라 지불해야 하는 컴퓨팅 비용을 직접적인 비용뿐 아니라 이와 관련된 모든 (숨겨진) 비용을 포함하는 통합적인 관점에서 파악하는 것으로 정의된다.

1987년 가트너 그룹의 빌 커윈 Bill Kirwin 이 PC를 5년간 소유하는 데 발생하는 총 비용(숨겨진 비용 포함) 산정 모델로 개발한 것으로, Mac OS, Windows 3, OS/w, DOS의 4가지를 비교하여 다음과 같은 주요 결론을 얻었다.

» 하드웨어와 소프트웨어 구입비용은 TCO의 20%에 불과하다.
» 상당한 IT 지원비용이 데스크탑 시스템의 원활한 운영을 위해 필수적이다.
» 사용자들은 예산에 반영되지 않는 동료로부터의 기술지원에 많이 의존한다.

이와 같은 결론을 통해 커윈은 PC를 활용하는 데 있어서 눈에 보이는 비용만을 고려하는 접근법은 바람직하지 않다는 점을 지적하였다.

TCO는 크게 전산 관련 예산에 포함되는 직접비와 정보시스템 활용 과정에서의 시간적 손실을 비용으로 환산한 간접비로 구성된다. 그림 5-24는 TCO 구성에 있어서의 간접비와 직접비의 비교를 보여주고 있다. TCO 구성 항목은 기업의 특성, TCO 분석을 하는 목적 등에 따라 다양한 형태로 구성될 수 있다.

직접비	간접비
자산 : 새로운 서버, 클라이언트, 네트워크 장비 및 소프트웨어 등의 설치, 업그레이드 등에 들어가는 자본지출이나 임대비 관리 : 네트워크, 시스템 등의 관리를 위한 전산인력 및 전문 서비스 아웃소싱 비용 지원 : 헬프 데스크 운영, 신제품 소개, 데스크탑이나 서버 유지보수하는 기술지원인력 관련 인건비를 포함한 재비용	사용자 운영 : 정보시스템 부문이 아닌 사용자 집단에 의해서 발생하는 인건비로 전산조직의 지원에 의존하지 않고 스스로 또는 사용자간에 이루어지는 지원하는 비용, 자기학습, 사용자의 어플리케이션 직접 개발 (소요된 시간비용 - 임금) 다운타임(Downtime) : 계획된 또는 예측하지 못한 네트워크나 시스템의 서비스정지, 기능장해 등에 의한 생산성 손실 (손실된 임금으로 측정)

그림 5-24 전산관련 직접비와 간접비 비교

TCO의 비용항목은 크게 자본지출, 노동비용, 임대비, 아웃소싱비, 지불비용, 사용자 생산성 손실 비용 등으로 나눠는데, 이것은 기업의 사내 자료(회계자료, 정보시스템실 운영자료), 설문, 인터뷰 등을 통하여 측정된다.

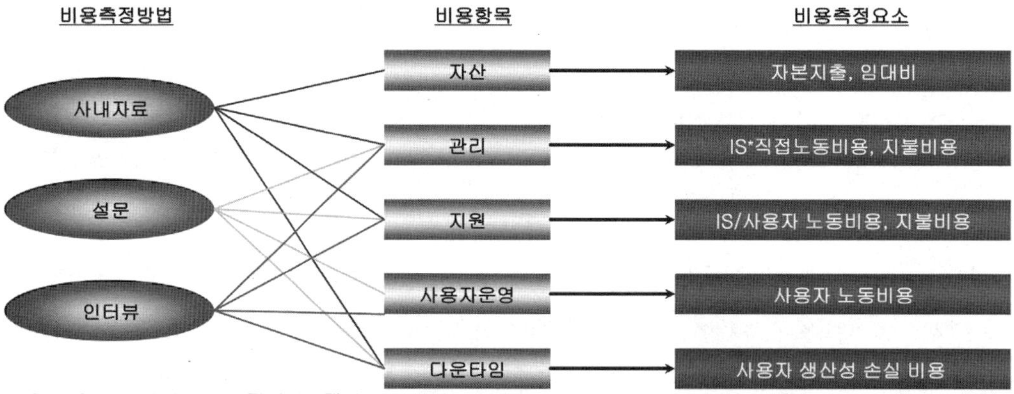

* IS : Information System, 정보시스템실

그림 5-25 TCO 비용 측정 방법

특히 기존의 자료를 통해 조사하기 어려운 간접비는 설문을 활용하여 통계적으로 분석하게 되는데, 결과의 신뢰도와 작업 시간의 절감을 고려하여 본사와 현장 업무를 통해 총 50~100건 정도 실시하는 것이 적절하다.

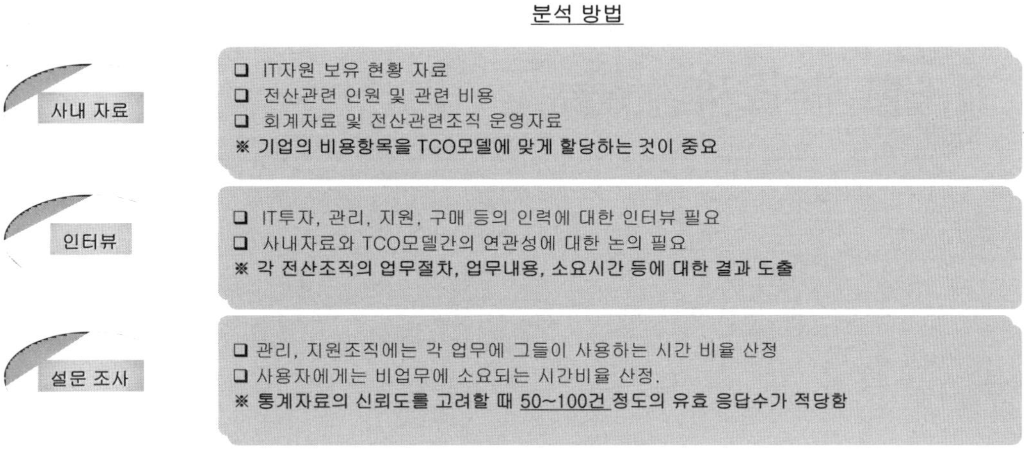

그림 5-26 TCO 분석 방법

- TCO 분석 시 주의 사항

모든 계량적 모델이 가정을 수립한 후 개발되듯이 TCO 모델도 설정된 기본 환경을 가정하여 구축되었음을 이해하여야 한다. 따라서 각각 주어진 환경을 고려하여 TCO를 해석하는 것이 바람직하다.

TCO분석은 정보기술 관리를 위한 주요한 정보로 활용하되 계량적인 TCO 분석을 맹신하는 자세는 바람직하지 않다. 계량분석을 수행하더라도 정성적인 요인을 충분히 감안한 분석이 수행될 필요가 있다. 최저의 TCO를 가진 플랫폼이 반드시 유일한 최선의 선택은 아니라는 점을 기억하여야 한다.

토의문제 및 활동

1. 정보시스템 현황 분석 절차 3단계에 대하여 설명하고, 각 단계별로 분석 기법들을 정리하여 이를 설명하라.

2. 정보시스템 현황 분석의 관점 3가지에 대해서 설명하라.

3. 정보시스템 현황 분석에서의 7가지 업무를 분류하고 각각에 대한 주요 내용을 설명하라.

4. 그림 5-9를 참고하여 각자의 기업이나 조직에서 구축해서 사용하고 있는 업무기능 및 솔루션에 대한 매트릭스 분석을 통해 매트릭스 테이블을 작성하라.

5. 정보화 비용 분석에서 많이 사용하고 있는 TCO 모델의 비용 측정 방법에 대하여 설명하라.

6. 정보시스템 관리의 전략 그리드Grid를 4가지로 분류하고 각각에 대해 설명하라.

CHAPTER

06

INNOVATION BIBLE

요구사항 정의 및 개선 과제

6.1 요구사항 정의 및 개선 과제 개념과 목적

요구사항 정의 및 개선 과제를 도출한 결과는 프로세스와 정보시스템의 핵심 개선방향 도출의 기초자료로 활용된다.

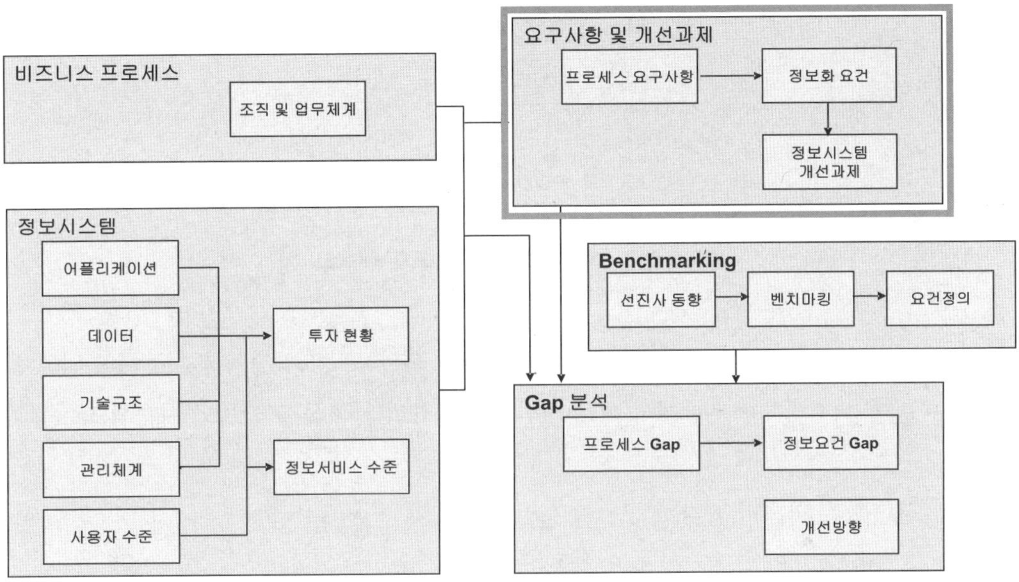

그림 6-1 요구사항 및 과제도출 공정도

여기서 주의할 점은 프로세스나 정보시스템에 대한 개선 요구사항들을 별도로 구분해서 생각할 필요는 없다는 점이다. 프로세스를 개선하려면 정보시스템의 개선이 필요함을 느끼게 되고 이에 대한 새로운 아이디어나 개선 과제가 많아 나올 수 있다. 이와 반대로 정보시스템을 개선하려는 아이디어가 나오면 혁신적인 프로세스 개선 과제가 많이 나올 수 있기 때문이다.

비즈니스 프로세스 요구사항과 정보시스템 요구사항을 정의하고, 요구수준 및 실현 가능성, 업무의 중요도 등을 고려하여 핵심 개선 과제 도출 및 개선방향을 제시한다.

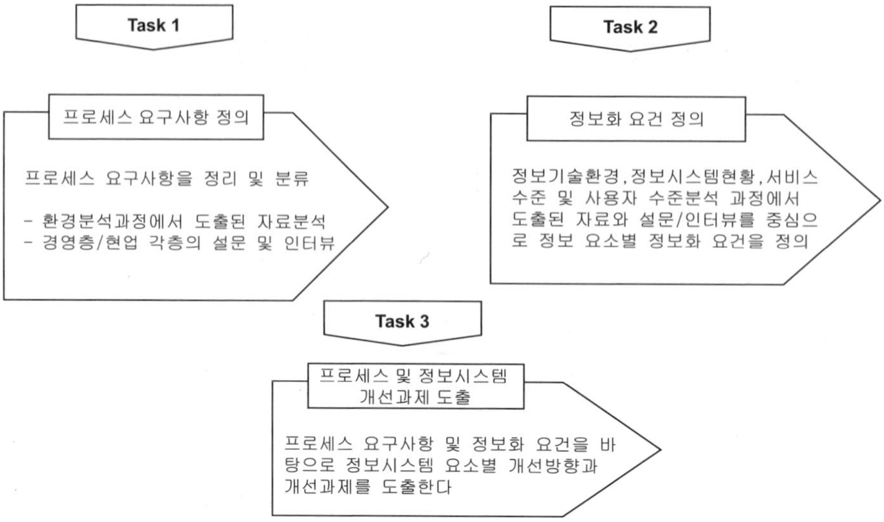

그림 6-2 요구사항 및 과제도출 태스크

그림 6-2와 같이 3가지 태스크 수행을 통하여 기업의 혁신정도가 결정되기 때문에 현업의 모든 요구사항들을 정리하고 분류해서 이를 개선 과제화하여 산출물을 만들고 지속적으로 관리할 필요가 있다.

주요 산출물은 다음과 같다.

- 프로세스 요구사항 정의서
- 정보화 요건 정의서
- 프로세스 및 정보시스템 개선 과제

6.2 프로세스 요구사항 정의

비전 및 전략 분석서, 현행 조직 및 업무체계에 기초하여 비즈니스 프로세스 요구사항과 정보시스템 요구사항을 정의한다.

① 핵심 경쟁요소를 바탕으로 현행 업무 프로세스별 개선 및 혁신요소를 도출한다.

② 현업의 계층별 인력의 설문을 통하여 그 결과를 분석하고 비즈니스 측면의 요구사항을 정의한다.

③ 제도, 절차, 조직, 평가체계, 업무 처리 절차 등을 정의한다.

1) 접근방법

기업이나 조직의 전략적이고 핵심 경쟁요소를 바탕으로 현행 업무 프로세스별로 개선되거나 혁신되어야 할 요소들이 무엇인지를 도출한다. 현업 계층별 인력에 대한 인터뷰나 설문을 통하여 그 결과를 분석하고 비즈니스 측면의 요구사항들을 정의한다.

비즈니스의 전략 지원도/개선 요구도/데이터 연관도를 바탕으로 한 접근을 시도한다.

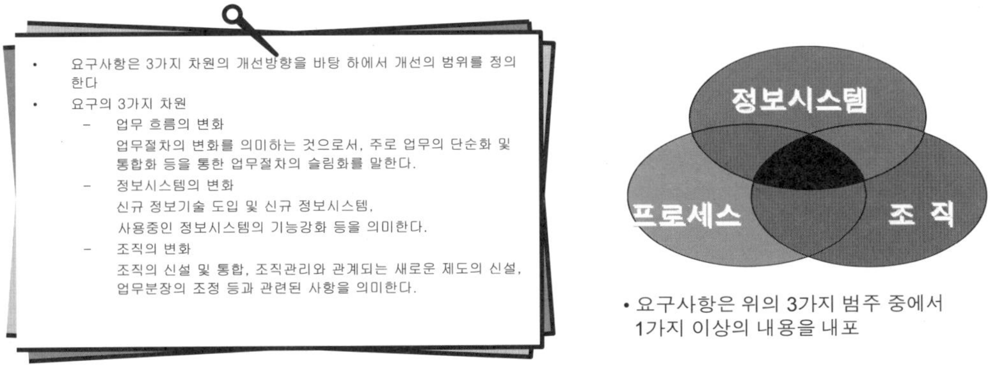

그림 6-3 요구의 3가지 차원

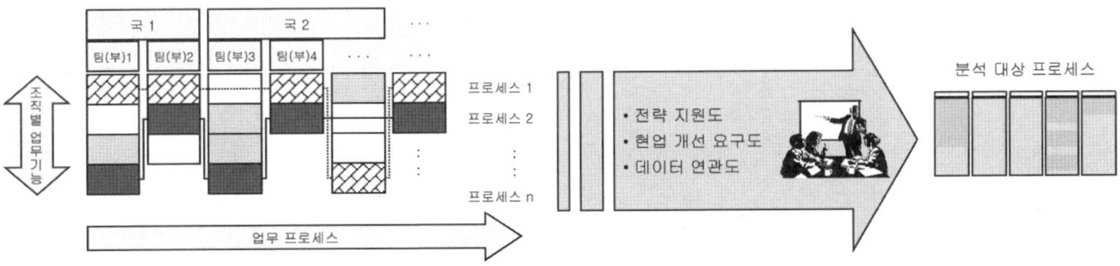

그림 6-4 접근 방법

구현의 용이성	업무전반에 대한 영향	고객서비스에 미치는 영향	낙후성의 개선정도	내부관계자의 만족도
•경험 및 해당 지식의 보유 정도 • 해당업무의 정형성 • 관련 사용자의 수 • 투자의 규모 • 구현에 걸리는 시간 • 구현을 위한 인력의 투입정도 • 유관 조직의 범위 • 상위기관과의 유관성	•설립목적과의 관련성 • 범기능적 업무여부 • 핵심기능과의 관련성 • 경영진과의 관련성 • CIR과의 연관성 • 대량의 정보처리와 관련된 업무인가?	• 고객과의 접점에서 발생하는 업무인가? • 고객측 업무의 편의성 제공여부	•재작업 및 반복 작업의 빈도 • 정보시스템의 활용 정도 • 업무의 비정형화 정도 • 업무의 표준화 정도 • 해당분야의 전문가 보유 현황	•작업의 편의성 제공 정도 • 반복작업의 감소 • 정보시스템의 지원 정도

그림 6-5 정보시스템 개선 요구를 바탕으로 한 접근

2) 산출물 예시: 개요 부문

설문 및 면담을 통해 도출한 문제점과 업무현황 분석을 통해 도출한 문제점을 프로세스 관점에서 재정의하고, 이에 대한 요구사항을 정리하여 개선 항목을 도출하고 항목평가를 통해 프로세스 부문의 개선 과제를 선정한다. 필요한 경우 선정된 개선 과제를 유형별로 그룹화하고 정보시스템 부문과의 중복 과제를 배제하여 개선 과제를 선정하고 프로세스 및 CSF와의 연관성을 분석한다.

- 프로세스 주요 현안 정의
- 정보시스템 부문 개선 과제와의 조율을 통한 개선 과제 선정
- 개선 과제와 주요 성공요소 및 개별 업무 프로세스와의 연관성 분석

① 프로세스 개선 과제 선정

설문/면담 및 업무현황 분석을 통한 프로세스 관점에서의 문제점과 요구사항을 도출하고, 주요 현안 해결을 위한 개선 항목을 정의하고 평가를 통해 도출된 우선순위를 고려하여 개선 과제를 선정한다.

한편, 유형별 개선 과제 그룹화를 통해 개선 과제를 정의하여 개선 과제와 CSF, 프로세스와의 연관도를 작성한다.

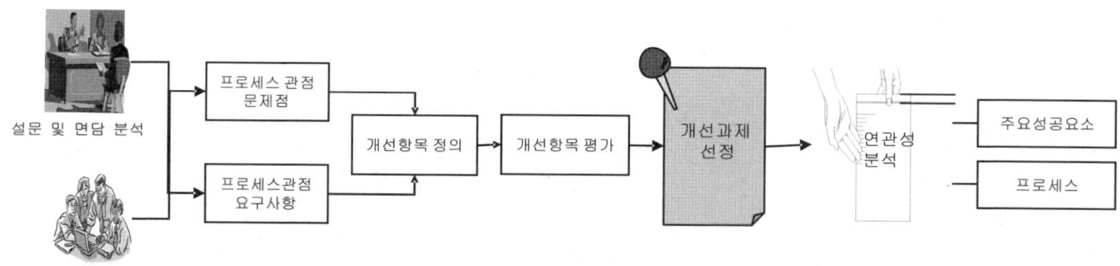

그림 6-6 개선 과제 선정 절차

② 개선 과제 정의 부문

선정된 개선 항목에 대하여 중요도, 시급성, 효과성을 기준으로 개선 우선 순위를 도출한다. 개선 항목 평가대상 인원 및 우선순위는 프로젝트 실무지원단(실무전담팀, 현업지원팀)을 대상으로 델파이기법†에 의해 개별 개선 항목에 대해 중요도, 시급성, 효과성 측면에 대한 평가를 2회 실시하여 도출한다.

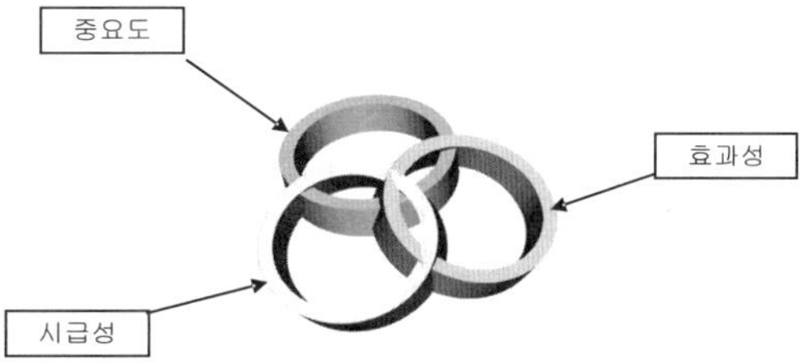

그림 6-7 우선순위 도출 기준

† **델파이기법**delhpi technique(전문가 합의법): 해당분야 전문가들의 의견이나 판단을 효과적으로 종합하기 위한 기법이다. 1단계에서는 주제를 구체화하여 질문지를 통해 관련 전문가들의 의견을 조사하고, 2단계에서는 1차 응답 내용을 정리하여 최초의 응답자들에게 알려주는 후속 질문지를 개발하여 그들의 의견을 다시 조사하고, 3단계에서는 각종 통계 기법들을 활용하여 최종적으로 정리하고 결과를 해석한다.

③ 프로세스 개선 과제와 CSF의 연관성 분석

프로세스 개선 과제는 대부분 프로젝트 정보화를 위한 주요 성공요소를 충족시켜 줄 수 있는 과제들로 구성되었음을 확인할 수 있는데, 대상 업무프로세스 측면에서의 개선 과제는 프로젝트 정보화를 이루기 위한 주요 성공요소(CSF) 중에서 깊은 연관성을 가진 것을 분리하기도 한다.

6.3 정보화 요건

현행 기술구조 분석서, 현행 정보관리 체계, 사용자 및 정보서비스 수준에 대한 평가를 기반으로 장·단기적 관점에서 정보 요소별 정보화 요구를 정의하여 정보시스템 개선사항을 도출한다.

정보기술 환경, 정보시스템 현황, 사용자 및 정보서비스 수준을 분석하여 나온 산출물과 설문 및 인터뷰를 통하여 정보 요소별로 정보화 요구사항을 정리한다. 현재 기업에 구축되어 있는 정보시스템의 현황을 분석하는 단계로 경영 측면의 정보시스템, 정보기술 측면의 정보시스템 양면을 분석하며 시스템 개발 순환주기Software Development Life Cycle: SDLC 측면, 시스템 운영 측면에서의 양면을 분석한다. 분석은 다음 3가지의 관점에서 실행한다.

- 첫째, 기업 경쟁력/경쟁전략 차원에서의 정보시스템
- 둘째, 현업 관리자/실무자 입장에서의 정보시스템
- 셋째, 정보시스템 전문가 입장에서의 정보시스템에 대하여 평가가 가능하도록 분석한다.

상기 3가지 관점에서 정보화를 위한 균형 있는 정보화 요건 정의가 이루어져야 한다. 기업 경쟁력/경쟁전략 관점에서는 기업이 이노베이션을 통하여 경쟁 우위 확보를 위한 절호의 기회이기때문에 필수적인 관점이다. 또한 현업관리자/실무자 관점에서는 긍정적인 면과 부정적인 생각에 대한 만감이 교차하지만 이노베이션의 성공을 위해서는 필수적인 관점사항이다. 그리고 정보시스템 전문가 관점에서는 현재 사용하고 있는 정보시스템의 대대적인 변화가 일어나기 때문에 새로운 정보기술 도입에 대한 두려움과 지식 부족으로 미리 부정적인 생각이 많이 들지만 이또한 이노베이션 성공의 핵심과정이다. 그러므로 이 3가지 균형을 잡아주는 요건 정의를 해야한다.

6.4 정보시스템 개선 과제

정보화 요건을 바탕으로 정보시스템(응용시스템/데이터 등), 정보기술/기반, 운영 및 관리 등의 개선방향 및 중점 개선 과제를 정리한다.

•응용시스템
  -경영효율/정보화 수준/시스템 공유성/사용자 편의성 등의 문제점을 정리하고 이에 대한 개선과제를 파악하고 특히 핵심적인 사항들을 정리한다
•데이터
  -데이터 현황을 도출하고, 정보제공 현황을 파악하며 현행 데이터 구조/활용성/유지보수성 등의 문제점 및 해결 방안을 도출한다
•기술/기반
  -정보 서비스 형태별로 시스템을 분류하며 문제점을 파악하고 정리한다
  -서브시스템별로 시스템 구성요소 및 통신구조 현황을 알고 기술적요소와 기능적요소에 대한 문제점과 개선과제를 정리한다
  -정보기술 표준/네트워크/하드웨어 등의 문제점을 파악하여 개선방향과 과제를 도출한다

그림 6-8 정보시스템 개선 과제 도출 접근방법

1) 산출물 예시 : 제조업체 사례

그림 6-9, 6-10에 정보시스템 및 어플리케이션의 문제점과 개선 과제를 사례로 나타내 보였다.

사례에서도 마찬가지로 프로세스 요구사항과 정보화 요건 정의를 각각의 요소별로 구분하였다. 어플리케이션/데이터 요소에 대한 문제는 결국 경영자, 관리자 및 실무자의 관심 과제이며 전체 시스템 운영 및 체계, 데이터/어플리케이션 구조 요소에 대한 문제는 정보시스템 전문가의 관심 과제로 분류됨을 알 수 있다.

구분	문제점 및 현안과제
전체 시스템 운영 및 체계 관련	❑ 본사 및 단편적인 관리중심의 시스템 체계이지만, 실무담당자의 필요관리 정보를 완전히 지원하지 못하는 시스템 구조를 보유 ❖ 필요 자료를 추출하기 위해 PC Base 및 수작업에 의한 처리 등으로 업무 부하 가중과 정보의 질 저하 ❑ 시스템간 연계성 부족 및 데이터의 공동활용 체계 미흡 ❑ 협력점의 CS/E까지 정보 공유 및 정보전달 채널 부재 ❑ 데이터의 수집과 수집된 정보의 품질에 대한 책임의식 미흡
데이터 구조 관련	▪ 과거 데이터 처리방식(코드체계 등)에 의한 데이터 구조 ▪ 시스템간 동일/유사 DB의 중복이 많고 동일 자료에 대한 불일치 존재 ▪ 시스템간 기준 정보 및 관리 자료의 분류 기준 상이성 ▪ 상황처리 등 현행 업무처리 중심의 데이터 구조 ▪ 환경변화 대비 관리 데이터 관리항목 수준이 미흡하고, 경직된 구조를 보유
어플리케이션 구조 관련	▪ 단편적이고 단위 기능 중심의 시스템 구축으로 확장성, 범용성 부족 ▪ 경영 및 지표관리를 위한 시스템 등이 별도로 존재 ▪ 정보처리 구조의 복잡 및 현업업무처리 절차와의 상이성 ▪ 집계된 자료에 대한 상호검색 및 차이내역을 추적/검증하는 기능이 미흡

그림 6-9 정보시스템 문제점 및 현안과제

시스템 구분	내용
상황시스템	▪ PDA, 자재 및 신재무 시스템과의 연계 미비 - 동일 처리 건에 대한 중복적인 입력에 의한 인력 loss발생 - 입력 실수에 의한 일관성 유지 어려움 ▪ 분리된 호스트간의 데이터 집계시 시간적 불일치에 의한 비정확성 ▪ 데이터의 구조적으로 특정 DISK에만 I/O가 집중됨으로써 전체적인 시스템 성능저하 ▪ 사용자의 일관적이지 않은 요구에 잦은 시스템의 변경으로 인한 불안정성 ▪ 사용자의 증가에 따른 부하의 증가에 대응책 미비 ▪ 미수금 발생에 대한 관리가 이루어지지 않음 ▪ 많은 양의 수작업 필요 - 특정상품품목의 단종결정여부 및 매출추이 현황기능이 없어 장기불용재고에 대한 수작업 - 서비스 물량과 인력이 연계된 생산성 생성시 수작업 ▪ 다 기종, 다수의 server운영 - 장애발생의 가능성이 높고 - 관리의 곤란과 유지보수 인력 및 비용이 과다 소요됨 - server간의 interface가 어려움
자재	▪ Server 분리(3개- 서울경기,전남,경남)되어 동시 집계가 어려움 ▪ 데이터가 일치하지 않아 일일이 확인하는 수작업이 요구됨 ▪ 특정 table에 대한 부하의 집중으로 성능저하 ▪ GPM/GPC와의 자재에 대한 정보교류 미비 ▪ 제품군별 물량에 따른 분석시 수작업진행

그림 6-10 어플리케이션 구조 관련 세부 문제점

토의문제 및 활동

1. 요구사항 정의 및 개선 과제 도출을 위한 절차 3단계에 대하여 설명하고, 각 단계별로 분석 기법들을 정리하여 이를 설명하라.

2. 프로세스 요구사항의 정의 시에 프로세스, 정보시스템, 조직 3가지 차원에서의 요구사항을 현재 여러분의 기업이나 조직차원에서 정리해보자.

3. 프로세스 개선 과제의 선정 절차에 대하여 설명하고, 개선 과제에 대한 우선순위를 도출하는 데 사용하는 델파이기법에 대하여 설명하라.

4. 정보화 요건 정의 수행절차를 설명하라.

5. 정보시스템 개선 과제 도출을 위한 수행절차를 설명하라.

6. 정보시스템 개선 과제 도출을 하기 위한 접근방법에 대하여 논하라.

7. 그림 6-9를 참고하여 각각의 기업이나 조직의 정보시스템 문제점과 현안과제를 작성하라.

CHAPTER

07

INNOVATION
BIBLE

벤치마킹(Benchmarking)

7.1 벤치마킹 개념과 방법

1) 벤치마킹이란

벤치마킹benchmarking이란 "우수한 선진사를 선정하여 비즈니스 및 정보시스템 측면에서 성과 차이를 비교 분석하고, 이를 바탕으로 비즈니스 프로세스 요건 및 정보인프라 요건 정의를 수행하는 것"이라 정의한다. 그림 7-1은 벤치마킹의 프로세스를 보여준다.

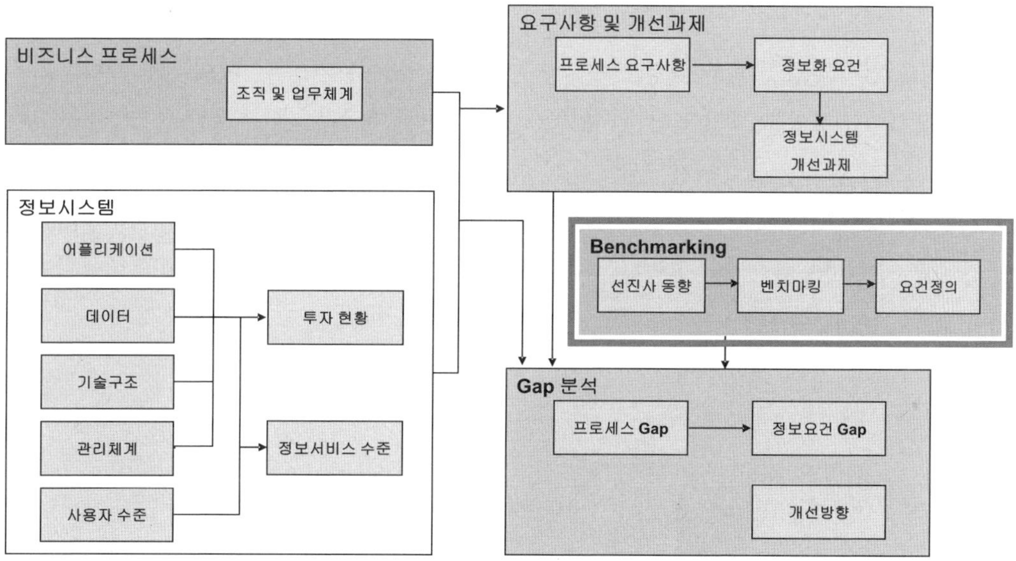

그림 7-1 선진사 벤치마킹 공정도

환경 및 현황분석을 통해 도출되어 정의된 개선 과제에 대한 해결방안을 수립하는 데 있어서 우수한 선진사의 최선의 실무best practice 사례를 직·간접적으로 분석하여 참조함으로써 보다 효과적이고 실용적인 미래모형을 수립하는 것을 목적으로 한다.

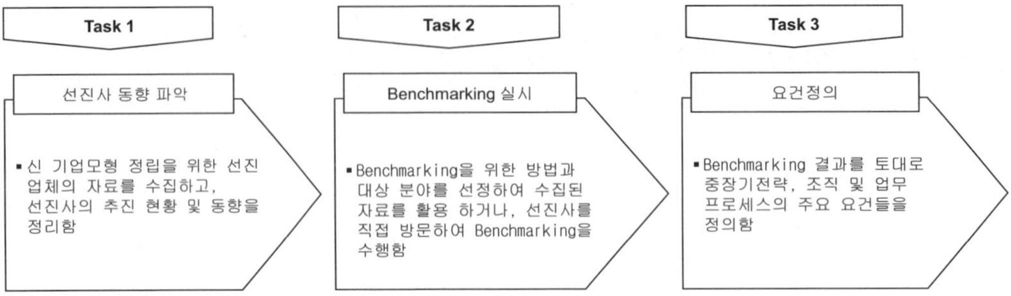

그림 7-2 벤치마킹 태스크

2) 벤치마킹 방법

벤치마킹은 미시적 관점에서 "특정분야에서 우수한 대상을 찾아 성과 차이를 확인하고, 그 차이를 극복하기 위하여 대상의 뛰어난 운영방식을 배우면서 자기혁신을 추구하는 기법"이라고 정의된다. 거시적 관점에서는 "선진사례에 대한 전략, 업무 프로세스, 정보기술, 조직 등에 대한 정보수집 및 사례분석을 실시하고, 선정된 대상의 우수성과 자사 간의 성과 차이에 대한 원인을 분석하여, 이를 극복하기 위한 방안을 중장기적인 경영계획 또는 정보화 계획에 반영하는 업무기법"이라고 정의할 수 있다.

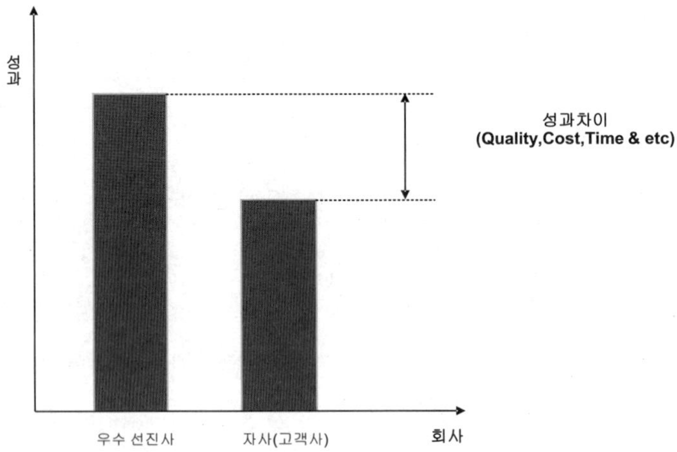

그림 7-3 성과 차이

그러므로 성공적인 벤치마킹을 하기 위해서는 벤치마킹을 통한 성과 차이 분석 및 원인 분석뿐만 아니라, 규명된 원인을 제거하기 위하여 수립된 혁신 전략 및 활동계획에 근거하여 혁신 활동을 전개해야 된다. 또한 혁신활동 중의 변화관리 방안 및 활동 수행 후의 평가 방안(평가 지표 포함)까지를 사전에 수립함으로써 실패한 부분에 대한 원인분석을 가능하게 해야 한다.

① 벤치마킹을 위한 분석

전략적 이슈 사항에 대한 검토 및 분석을 통하여 업무 수행 방식 및 역할, 정의 등을 개선함으로써 중·장기적인 전략목표를 효율적으로 달성한다. 이를 위해 다음과 같은 기본 개념이 전제되어야 한다.

벤치마킹은 자사의 업무 수행 과정과 유사한 프로세스를 보다 훌륭히 수행하고 있는 우량기업을 비교기준으로 삼아 최선의 실무best practice를 파악하고, 이들의 실무 중 자사에 도입할 수 있는 실무를 적절히 수정하여 도입하자는 것이다. 이는 지속적 학습 및 적응이라는 조직학습이론을 바탕으로 한다. 벤치마킹은 단순한 일회성의 개선 기법이 아니라 학습조직을 창출하는 데 필요한 수단으로서 벤치마킹이 조직에 미치는 다양한 영향력을 제대로 파악해야만 본연의 효과를 기대할 수 있다.

벤치마킹의 진정한 의미는 개인, 기업, 기관의 현재 위치에서 미래에 도달하기를 원하는 위치로 가기 위한 반복적인 과정이다. 벤치마킹이 진정한 효과를 발휘하기 위해서는 벤치마킹 대상에 대한 충분한 검토, 그리고 비교분석의 결과를 가급적 정량화하기 위한 측정 항목 및 측정 지표의 도출이 반드시 선행되어야 한다. 측정 항목별 비교분석만으로 종료되는 벤치마킹은 비용낭비이며, 이를 방지하기 위해서 원인분석 및 이에 따른 개선 계획이 수립되어야 된다.

② 분석방법 유형

다음의 [표 7-1]에서 [표 7-3]은 대상, 목적, 방식에 따른 벤치마킹의 유형을 보여주고 있다.

표 7-1 대상에 따른 분류

구분	대상	장점	단점
내부 벤치마킹	• 같은 기업 내의 다른 지역, 타부서, 국가 간의 유사한 활동	• 자료수집이 용이 • 다각화된 우량기업의 경우 효과가 큼	• 관점이 제한됨 • 편중된 내부시각 유려
경쟁적 벤치마킹	• 동일 업종에서 고객을 직접적으로 공유하는 경쟁기업	• 경영 성과와 관련된 정보 입수가 가능 • 비교 가능한 업무/기술	• 자료 입수 • 윤리적 문제의 발생 소지 • 적대적 태도
비 경쟁적 벤치마킹	• 제품, 서비스 및 프로세스의 단위 분야에 있어 가장 우수한 실무를 보이는 비 경쟁적 기업 내의 유사 분야	• 혁신적인 아이디어의 창출가능성이 높음	• 다른 환경의 사례를 가공치 않고 적용할 경우, 효과를 보지 못할 가능성 높음
글로벌 벤치마킹	• 프로세스에 있어 최고로 우수한 성과를 보유한 동일 업종의 비 경쟁적 기업	• 접근 및 자료수집이 용이함 • 비교 가능한 업무/기술의 습득이 상대적으로 용이함	• 문화 및 제도적인 차이로 발생되는 효과에 대한 검토가 없을 경우, 잘못된 분석결과의 발생 가능성 높음

표 7-2 목적에 따른 분류

구분	정의	목적	비고
전략적 벤치마킹	• 장기적인 기업 가치 창출을 주목적으로 경쟁사를 대상으로 수행	• 동종 업계에서 단기적 경쟁우위 확보	
고객 벤치마킹	• 동일 업종에서 경쟁기업과 직접적으로 공유하는 고객을 주 대상으로 수행	• 동종 업계에서의 중단기적 경쟁우위 확보	
코스트 벤치마킹	• 기업의 가치 및 경쟁력 향상을 위하여 동종 또는 이종 업계의 최선의 사례를 대상으로 수행	• 중장기적 경쟁우위 확보	• 운영 항목 – 생산성 및 직접비에 초점 – 가치사슬 상 상이한 시점별로 누적원가 및 생산성 비교 • 조직 항목 – 조직 능력 및 인력 충원 효율성의 원천을 밝혀 종업원 각자를 대상으로 한 간접비 비교 • 프로세스 항목 – 동종 및 이종 산업을 대상으로 특정 프로세스에 대한 최선의 프로세스를 정의함 – 재설계 노력에 대한 목표를 분명히 하고 필요한 변화 과정의 매핑을 지원

표 7-3 방식에 따른 분류

구분	정의	장점	단점
직접적 벤치마킹	• 벤치마킹 대상을 직접적으로 방문하여 수행	• 필요로 하는 정확한 자료의 입수 및 조사가 가능함 • 접점contact point의 확보로 벤치마킹 이후에도 계속적으로 자료의 입수 및 조사가 가능함	• 벤치마킹 수행과 관련된 비용 및 시간이 많이 소요됨 • 적절한 대상 선정에 한계가 있음
간접 벤치마킹	• 인터넷 및 문서 형태의 자료를 통해서 수행	• 벤치마킹 대상의 수에 제한이 없고 다양함 • 비용 또는 시간적 측면에서 상대적으로 많이 절감됨	• 벤치마킹 결과가 피상적임 • 정확한 자료의 확보가 어렵고 특히 핵심자료의 수집이 상대적으로 어려움

③ 편견 및 오해

[표 7-4]는 벤치마킹에 대해 광범위하게 갖고 있는 편견과 오해에 대해 벤치마킹의 실제를 비교하여 설명한 것이다.

표 7-4 오해에 대한 실제

오해	실제
"벤치마킹은 모방이나 복사다"**	• 벤치마킹은 다른 기업/기관을 관찰하고 배우는 것이지 프로세스를 그대로 모방하는 것은 아니다. 그보다는 성공적인 접근 방식을 채택하여 적용하여야 한다.
"벤치마킹은 일류 기업들의 수준까지 눈높이를 높이는 것일 뿐이다."	• 이러한 인식에서는 벤치마킹의 핵심을 놓칠수 있다. 벤치마킹은 단순한 수치를 넘어서서 결과를 산출하는 핵심 요건을 찾는 것이다.
"일단 최고를 벤치마킹하고 나면 더 이상 벤치마킹할 필요가 없다."**	• 벤치마킹은 일회성 행사가 아니다. 학습과 발견을 위한 긴 여정이다. 따라서 많은 것을 찾을수록 더 많이 배우게 된다. 시장, 첨단기술, 기업의 경영 환경은 끊임없이 변화하고 성장하고 있다. 그러므로 벤치마킹은 지속적인 과정으로 간주되고, 고객의 요구조건을 충족시키며 이를 능가하기 위한 지속적 개선의 일환으로 이루어져야 한다.
"벤치마킹과 견학은 동일한 것이다."	• 견학은 관련분야에 대한 안목과 견문을 넓히는 것으로 사명감이 따르지 않지만, 벤치마킹은 앞에서 설명한 대로 그 목적이 분명한 관계로 철저한 사전준비가 필요하고, 또한 결과에 대한 치밀한 분석을 요구한다.
"벤치마킹은 관리자가 수행하여야 한다."	• 효과적인 벤치마킹을 위해서 벤치마킹의 주체는 해당 사안에 대하여 많이 고민하고 이해하고 있는 실무 담당자가 진행하여야 한다.

** Improving through Benchmarking, 21th Century Books

7.2 벤치마킹을 위한 선진사 동향 분석

정보기술 적용성 검토와 업무 프로세스 및 정보시스템 개선 과제를 중심으로 미래모형 정립을 위해 선진업체의 자료를 수집하고, 추진 현황 및 동향을 정리하여 선진사 동향 파악서를 작성한다. 이는 선진사 벤치마킹을 위한 최적의 대상 선정과 더불어 벤치마킹의 방식-직접 또는 간접-을 결정하는 데 의의가 있다.

이를 위해 다음과 같이 선진사 동향을 분석한다.

① 환경 및 현황분석 단계를 통하여 도출된 개선 과제를 해결하기 위하여 유사한 우수 선진사례에 대한 내용을 수집하여 주요 영역별로 정리한다.
② 주요 영역은 크게 전략, 업무 프로세스 및 정보기술로 구분할 수 있으며, 필요에 따라서는 업무 프로세스 및 정보기술과 관련된 조직(일반조직과 정보조직)의 운영방식까지 포함할 수 있다.
③ 우수 선진사례의 범위는 관련 업무와 동일한 업무를 수행하는 그룹과 유사한 업무를 수행하는 그룹으로 분할하여 진행하는데, 각각의 검토 관점은 다를 수 있다.

1) 접근방법

벤치마킹 대상이 되는 선진사의 동향파악은 다음의 단계에 따라 수행한다.

- Step 1. 수행하고자 하는 벤치마킹의 유형을 대상별로 구분한다.
- Step 2. 선택한 유형별로 대상이 되는 선진사의 리스트를 작성하고 자료를 수집한다.
- Step 3. 자료 수집 정도를 표시하고 대상별 벤치마킹 항목을 결정한다.
- Step 4. 대상별 벤치마킹 항목과 개선 과제와의 연관도 분석을 통하여 순위를 결정하고 최종 대상을 결정한다.

원칙적으로 Step 2에서 Step 3의 과정은 더 이상의 적절한 대상이 도출되지 않을 때까지 진행하는데(cyclic process), 가장 효율적인 방법은 환경 및 현황분석을 통해서 도출된 각각의 개선 과제에 대한 벤치마킹의 필요성을 충분히 검토하여 벤치마킹을 필요로 하는 개선 과제를 선별한다.

☺ 여기서 잠깐

1. 벤치마킹과 견학의 차이점은 무엇일까?
2. 전체 개선 과제와 관련된 사항을 모두 벤치마킹한다는 생각은 바람직한 것일까?

선진사례 분석의 주요 영역은 크게 전략, 업무 프로세스, 조직 및 정보시스템으로 구분할 수 있다. 일관성 있는 선진사례 분석을 위하여 그림 7-4에 보이는 것처럼 4개의 항목으로 구분하여 동향을 파악하는 것이 효율적이다.

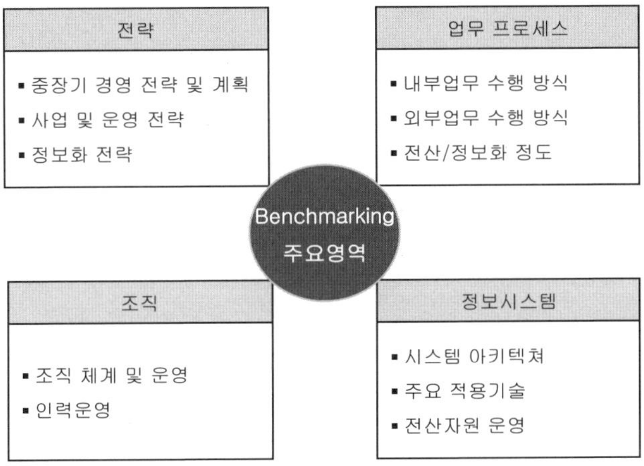

그림 7-4 벤치마킹의 주요영역

7.3 벤치마킹 수행

선진사 분석을 통한 선진사 동향 파악서를 기초로 벤치마킹 대상으로 선정된 기업 및 기관별로 벤치마킹 방식을 결정하여, 다음의 절차와 방법으로 벤치마킹을 수행하고 벤치마킹 요약서를 작성한다.

① 선진사에 대한 동향 분석 자료를 바탕으로 벤치마킹을 실시할 대상과 범위를 선정한다.
② 벤치마킹 계획서(일정계획, 문의 자료, 입수 자료, 입수 방안)를 작성한다.
③ 대상별로 미리 정의해 놓은 방식에 따라 직접 또는 간접적인 방식으로 벤치마킹을 수행한다.

1) 접근방법

① 정보 자료의 유형

벤치마킹에서 주로 사용되는 정보 자료의 유형은 크게 내부 정보, 공식적 정보, 타 기업/기관 정보로 구분될 수 있다. 간접적 벤치마킹에서 정보자료의 획득에 있어서는 Know-Where의 확인이 가장 중요하며, 또한 자료의 입수를 위하여 자료 소지자(다른 기관일 경우)와의 업무 협조도 중요한 요소로 작용한다.

간접적 벤치마킹		직접적 벤치마킹
내부 정보	공식적 정보	타 기업/기관 정보
▪ 조직 내에서 보유하고 있는 정보를 정의하며, 기본 자료로서의 활용될 수 있음 ❖ 지식시스템 또는 문서자료 보관소 에 소장 중인 자료 및 기타 개인이 보관하는 자료	▪ 공개적으로 접근하여 얻을 수 있는 정보를 정의하며, 내부 정보보다는 좀더 구체적일 수 있음 ❖ 백서, 공식 발표문서, 연구기관 발표서 등의 자료	▪ 실질적으로 직접적 벤치마킹의 수행 중에 획득할 수 있는 정보들을 정의하며, 향후 진행될 요건 정의 및 차이분석의 근거자료로서 활용됨 ❖ 벤치마킹 요약서

그림 7-5 벤치마킹의 유형

② 유의 사항

벤치마킹은 수행 그 자체보다는 수행을 위한 사전준비가 철저해야 한다. 그러지 못하면 벤치마킹이 견학성 방문으로 전락할 가능성이 높다.

직접적 벤치마킹의 경우 선정 대상 기업 및 기관의 접점contact point 확보, 벤치마킹 허용 여부, 일정, 구체적인 수행 일정 그리고 제공자료 범위 설정 등을 협의하는 데 많은 시간이 소요되므로, 충분한 시간을 가지고 접근하는 것이 좋다.

③ 직접적 벤치마킹의 정보 입수 방식

정보입수 방식은 크게 설문 방식과 직접 방문 방식으로 구분될 수 있다. 설문 방식은 벤치마킹 대상 기업/기관에 미리 작성한 설문지를 보내 해당 업무의 담당자들이 작성하도록 하는 방식으로 비용적인 면에서는 상당한 절감이 되나, 설문 항목의 답변에 대한 품질은 확신할 수 없다. 설문 방식은 단순히 일반적으로 수행하는 설문지 방식뿐만 아니라 특정 자료의 요청 등과 병행해서 진행되며, 이를 위해서는 설문 내용이 상대적으로 명쾌하며 구체적이어야 한다.

④ 설문 방식에서의 고려 사항

설문지의 형태는 주관식의 형태를 유지하나, 설문 답변자가 자체적인 보안 등의 이유로 답변하기 곤란할 경우 객관식 형태의 질문을 무기명으로 작성하도록 한다.

⑤ 직접 방문 조사 시 고려 사항

방문의 효과를 극대화하기 위하여 방문 시 토의될 내용을 사전에 대상 기업/기관에 알린다. 다시 말해 앞의 설문 방식에서 고려한 주요 항목들에 대한 자료를 사전에 요청하는 것이 바람직하다. 외국 기업/기관 방문 시 벤치마킹 팀의 구성에 있어서 가급적이면 의사소통 능력이 있는 관련업무 담당자들을 위주로 형성해야 한다.

	고려사항	내용
1.	관련 분야에 대하여 자세히 기술하고, 관심사를 명확히 함	▪ 벤치마킹과 관련된 분야에 대하여 상세히 기술하고, 관련된 문제점 또는 관심사항에 대하여 상세히 기술함
2.	관련 분야에 대한 현재 성과측정 항목(또는 지표)에 대한 질문을 함	▪ 품질, 시간 및 비용의 관점에서 대상 기업/기관에서 설정한 측정항목에 대한 질문 ▪ 관련분야와 관련된 대상 기업/기관의 주요 영역별 현황에 대한 질문
3.	대상 기관이 수행한 개선사항과 이와 관련된 전략 및 전개활동에 대한 질문	▪ 관련 분야에 대한 대상 기업/기관의 개선활동의 이력이 있을 경우, 해당 전략 및 활동에 대한 질문 ▪ 개선 후 효과에 대한 질문
4.	관련 분야의 지원 분야에 대한 운영을 질문	▪ 교육훈련, 적용기술, 문서관리 등에 대한 질문

그림 7-6 벤치마킹 시 고려사항

7.4 프로세스의 요건 정의

선진사 동향 파악서를 통해 수행한 벤치마킹 요약서를 기초로 이상적인 프로세스 요건과 이를 지원하기 위한 정보 인프라 요건을 정의한다.

① 향후 기업의 전략을 실현하기 위한 이상적 업무 프로세스 요건을 도출한다.
② 또한 업무 처리 및 조직의 최적 운용을 지원하기 위한 시스템 요소를 도출한다.
③ 시스템 구성 요소별로 정보 인프라 요건을 정리하여 도표 또는 이미지 형태로 작성한다.

1) 접근방법

① 업무 프로세스 요건 정의

벤치마킹을 수행하였던 업무의 개념적 흐름도[work flow]와 수행 조직 및 인력운영 현황, 정보시스템의 업무지원도(프로세스 관점) 및 지원조직의 역할을 특성적인 면에서 요약 또는 도식화한다.

부가적으로 과거 프로세스에서 현행 프로세스로의 변환을 위하여 수립하였던 전략 및 변환 과정상의 특성, 그리고 변환 후의 효과에 대한 내용을 요약하여 기술한다.

② 정보 인프라 요건 정의

정보시스템의 아키텍처, 응용 프로그램 구성 및 적용되는 정보기술 현황에 대하여 정의하고, 정보시스템을 구성하는 하드웨어 및 네트워크 장비의 구성과 사양에 대하여 정의한다. 정보시스템의 운영 원칙과 현황에 대하여 정의한다. 또한 정보화 전략의 개념 및 목표, 그리고 이행과정상의 문제점 및 대처방안에 대하여도 정의한다.

③ 프로세스 요건 정의 시 고려 사항

추후 진행될 차이 분석을 위하여 가급적이면 현 사안 및 문제점과 밀접한 부분에 대한 내용을 중점적으로 다루며, 정보시스템 현황분석 단계에서 분석된 주요 항목에 대하여서는 필수적으로 정의될 수 있도록 벤치마킹 단계에서부터 유의해야 한다. 정보 인프라 요건 정의는 관련 업무 프로세스와 밀접한 관계를 지니고 있는 관계로 업무 프로세스에 대한 요건 정의가 선행된 후 진행해야 하는데, 업무 프로세스에 대한 요건 정의는 해당 국가의 문화 또는 제도적인 요소의 영향에 대한 검토와 병행해야 한다.

3) 산출물 사례

선진사례 분석을 통하여 미래 업무 프로세스가 갖추어야 할 요건을 정의한다.

표 7-5 선진 업무 프로세스 요건

요건	내용
업무의 일관성 유지	• 표준화된 업무 처리 절차서의 형식으로 구체화함 • 기재 등의 업무를 유형별로 분류하여 기재 형태의 일관성을 유지함 • 업무를 유형에 따라 분류하여 수행함
신속한 민원 서비스	• 전국 어디서든 민원을 처리할 수 있는 체계를 보유함
통합적 자료관리	• 자료의 발생처와 수요처를 효과적으로 연계할 수 있도록 통합관리함 • 통합된 자료관리가 가능해짐에 따라 각종 장부를 통폐합하여 정비함
자료의 정확성 유지	• 보유한 자료에 대한 주기적인 일제 정비를 통하여 자료의 정확성을 유지함
자료의 보안성 유지	• 업무의 전산화가 이루어짐에 따라 자료의 보안성을 위해 체계를 수립함
통계정보의 활용	• 효율적인 정책 수립을 위하여 통계정보를 활용함
업무의 자동화	• 자동화 가능한 업무를 자동화하여 비효율적 단순작업을 제거함 • 무인 발급 및 열람 등의 방법을 활용함

표 7-6 선진 정보 인프라 요건

요건	내용
통합 데이터베이스 구조 지향	• 지역별 분산 데이터베이스 구조에서 통합 데이터베이스 구조로 전환 • 데이터의 투명성과 신뢰성 유지 • 데이터베이스 관리 기능의 통합
정보시스템을 통한 고객 지원 및 운영 지원	• UHD(User Help Desk) 운영관리시스템을 통한 효율적인 장애관리 • 구성관리시스템을 통한 변경 요구사항의 체계적인 관리 • 지원관리시스템을 통한 운영 장비의 효과적인 관리
민원 서비스 향상을 위한 기반구조 수립	• 전국적인 전용회선 확보를 통한 On-Line 서비스 실현 • 지역에 무관한 서비스를 제공하기 위한 업무 처리 절차 및 응용시스템 구축 • One-Stop 서비스 구현을 위한 업무 처리 절차 및 응용시스템 구축 • 민원센터, 무인증명발급기 등 다양한 대민서비스 창구의 확보
데이터의 안정성 확보를 위한 중복관리	• 백업체계를 위한 장비 확보 • 원격 백업체계 구축을 통한 다중의 데이터 관리
정보공유를 위한 유관기관과의 연계체계 구축	• 유관기관과의 네트워크 구성 • 실시간 연계를 위한 응용시스템 구축 • 배치작업을 통한 파일의 생성 및 전송 • 정보 공유가 가능한 법적 근거 마련

표 7-7 핵심 정보 인프라 요건 정의

요건	내용
정보기술 변화에 대응이 용이한 정보기술 및 조직 구조	• 정보기술의 변화를 수용하여 지속적으로 정보시스템 개발 • 신기술 습득을 위한 교육체계 운영 • 정보시스템 개발 및 운영의 아웃소싱 • 정보시스템 중심이 아닌 정보전략 중심의 장기적 계획 수립 운영
정보자원의 높은 가용성과 확장성을 보장	• 어플리케이션의 처리 용량은 집중적인 업무 처리 시간대(업무 피크타임)를 기준으로 사용자가 요구하는 수준의 성능이 보장되어야 함 • 사용자의 추가적인 요구사항을 용이하게 수용할 수 있는 시스템 구조 • 중단 없는 서비스가 가능한 고가용성의 하드웨어, 소프트웨어 구조
지식정보의 공유를 지원하는 시스템 운영	• 업무관련 지식의 지속적인 축적과 검색이 가능한 지원시스템 운영
안정성을 보장하는 네트워크 구조	• 네트워크 장애 발생 시에도 중단 없는 서비스를 제공할 수 있는 신뢰성 있는 시설구조 마련 및 전문가에 의한 네트워크 운영 • 네트워크 관리시스템의 운영과 백업 회선 준비 • 외부 침입의 차단 및 탐지 시스템 구축
확고한 보안체계 구성	• 폐쇄적인 독립망 운영을 통한 네트워크 보안체계 수립 • 시설보안 및 조직보안을 위한 다양한 대안 마련 • 데이터에 대한 접근을 제한하는 다차원적인 구조 수립

토의문제 및 활동

1. 벤치마킹을 위한 절차 3단계에 대하여 각 단계별로 수행해야 할 내용을 설명하고, 분석 기법들을 정리하여 설명하라.

2. 벤치마킹 방법 중 대상에 따른 분류 4가지에 대해 내용, 장점과 단점에 대하여 설명하라.

3. 벤치마킹 방법 중 목적에 따른 분류 3가지에 대해 내용과 목적에 대하여 설명하라.

4. 선진사 동향 파악 수행의 4단계를 순서대로 설명하라.

5. 벤치마킹을 실시할 때에 주요한 4가지 고려사항에 대하여 설명하라.

6. 벤치마킹의 요건 정의 단계에서 표 7-5와 표 7-6을 참고하여 각자의 기업이나 조직 대비 선진 업무 프로세스 요건과 선진 정보 인프라 요건을 비교하여 작성해보자.

7. 표 7-7을 참고하여 각각의 기업이나 조직의 핵심 정보 인프라 요건이 무엇인지를 정의하라.

CHAPTER

08

INNOVATION BIBLE

차이 분석

8.1 차이 분석의 개념과 목적

경쟁사나 무수한 선진기업 대비 프로세스나 정보시스템의 차이gap를 분석한 결과는 향후 프로세스 및 정보시스템 핵심 개선 방향의 기초자료로 활용된다.

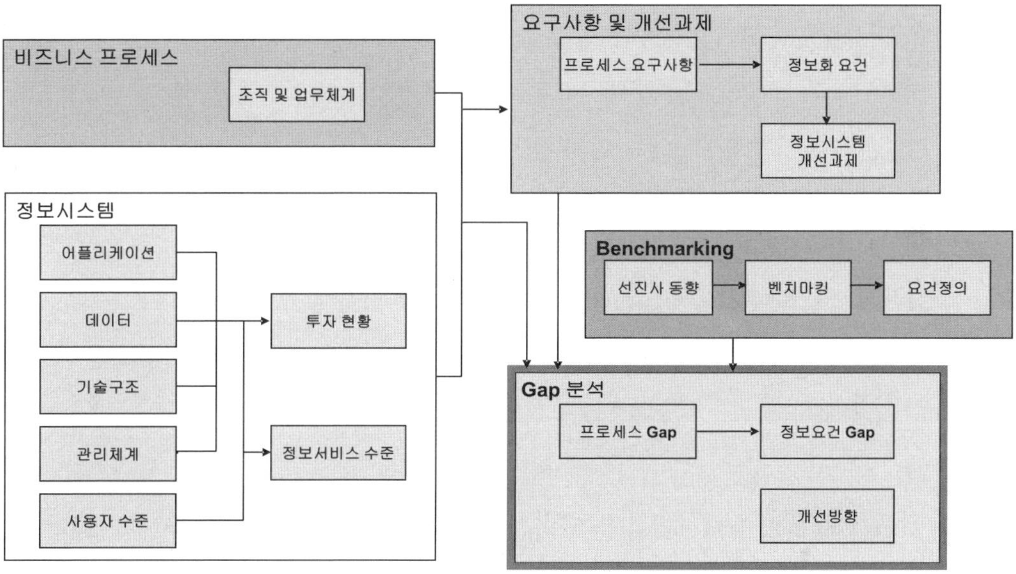

그림 8-1 차이 분석 공정도

선진사에서의 최선의 실무best practice와의 차이를 아래 3가지 분석절차에 따라서 수행함으로써 향후 정보시스템 구축의 방향을 제시한다.

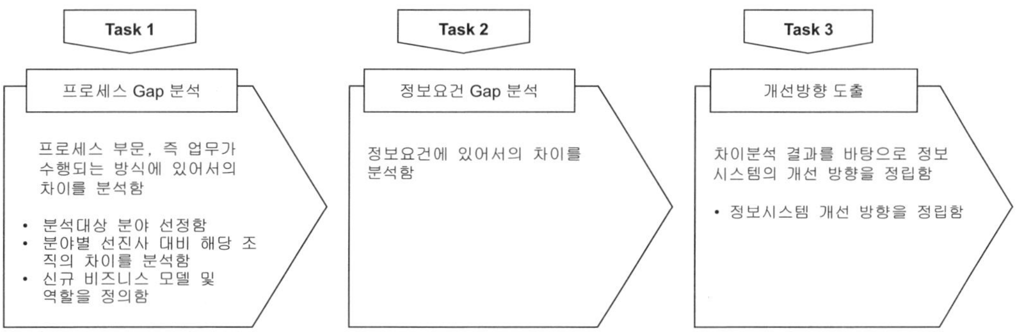

그림 8-2 차이 분석 태스크

8.2 프로세스 차이 분석

정보기술 적용성 검토 내용, 업무 프로세스 및 정보시스템 개선 과제를 기초로 미래모형 정립을 위해 선진업체의 자료를 수집하고, 선진사의 추진 현황 및 동향을 정리한다.

이를 위해 다음과 같이 선진사 동향을 분석한다.

① 환경 및 현황분석 단계를 통하여 도출된 개선 과제를 해결하기 위하여 유사한 우수 선진사례에 대한 내용을 수집하여 주요 영역별로 정리한다.

② 주요 영역은 크게 전략, 업무 프로세스 및 정보기술로 구분할 수 있으며, 필요에 따라서는 업무 프로세스 및 정보기술과 관련된 조직(일반조직과 정보조직)의 운영방식까지 포함할 수 있다.

③ 우수 선진사례의 범위는 관련 업무와 동일한 업무를 수행하는 그룹과 유사한 업무를 수행하는 그룹으로 분할하여 진행하는데, 각각의 검토 관점은 다를 수 있다.

1) 접근방법

- 프로세스 차이 분석 대상 분야 선정
  각기 다른 조직 간의 프로세스 수준을 비교하기 위해서는 자사와 선진사 사이의 상대적 비교 분석이 가능하도록 분석 대상 분야를 선정해야 한다.
- 차이 분석 방법 선정
  차이 분석의 종류에 따라 정성적 분석 혹은 정량적 분석을 실시할지를 결정한다.
- 분석 분야별 선진사 대비 현 프로세스 차이 분석
  분석 대상 분야별 핵심적 특성별로 차이를 분석하여 제시한다.
- 신규 비즈니스 모델 및 역할 정의
  차이 분석 결과를 토대로 하여 개선하고자 하는 비즈니스 모델의 모습을 정립하고 각 프로세스별 수행 규칙과 역할을 정의한다.

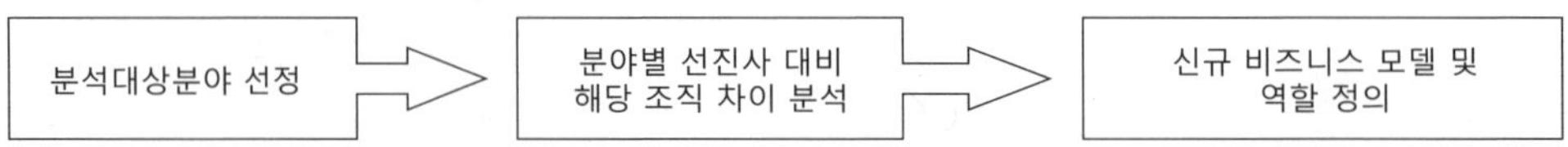

2) 차이 분석기법

차이 분석은 종류에 따라 정량적 분석과 정성적 분석으로 나눌 수 있다.

① 정량적 분석

수준 차이 정도를 규명하는 분석 방법으로 그 측정 대상은 다음과 같다.

- 선진 수준과의 절차
- 성과 측정치 선정
- 목표 수준의 설정

② 정성적 분석

수준차가 생긴 원인을 해석하는 분석 방법으로 측정 대상을 열거하면 다음과 같다.

- 실행 동인(실무)
- 사용기법
- 조직/체계
- 시스템
- 기업문화
- 기업환경 및 정부규제

③ 비교 분석 시 유의사항

차이 분석을 위한 선진사와의 비교 분석 시 다음 사항에 유의해야 한다.

- 비교 가능한 상태로 환원시킨 후 비교할 것
- 절대비교에 집착하지 말 것
- 계산의 정확성보다는 방향성 있고 실행할 수 있는 수준의 정확도를 추구할 것
- 필요한 추정에 대한 강한 의지를 가질 것

3) 산출물 예시

선진사와의 격차를 줄여 선도적인 위치를 유지하기 위한 각 부문별 사례들을 그림 8-3, 그림 8-4에 보여준다.

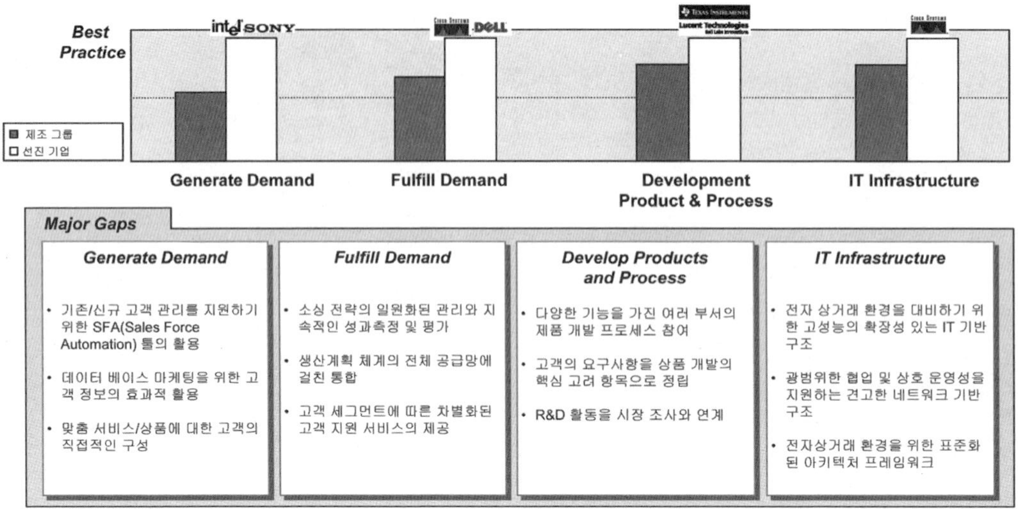

그림 8-3 제조 부문 사례

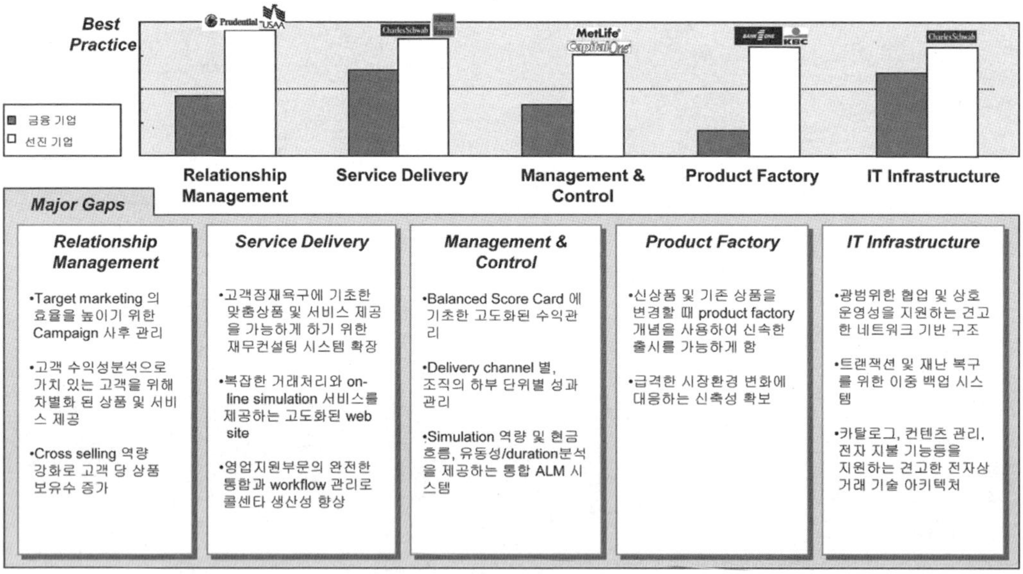

그림 8-4 금융 및 서비스 부문 사례

성공적으로 경쟁하기 위해서는 신기술에 의해 가능해진 비즈니스 환경을 통하여 창출된 새로운 형태의 규칙에 신속하게 적응할 수 있어야만 한다. 그림 8-5는 기존에 비해 새로워진 비즈니스 환경의 변화를 비교하여 보여주고 있다.

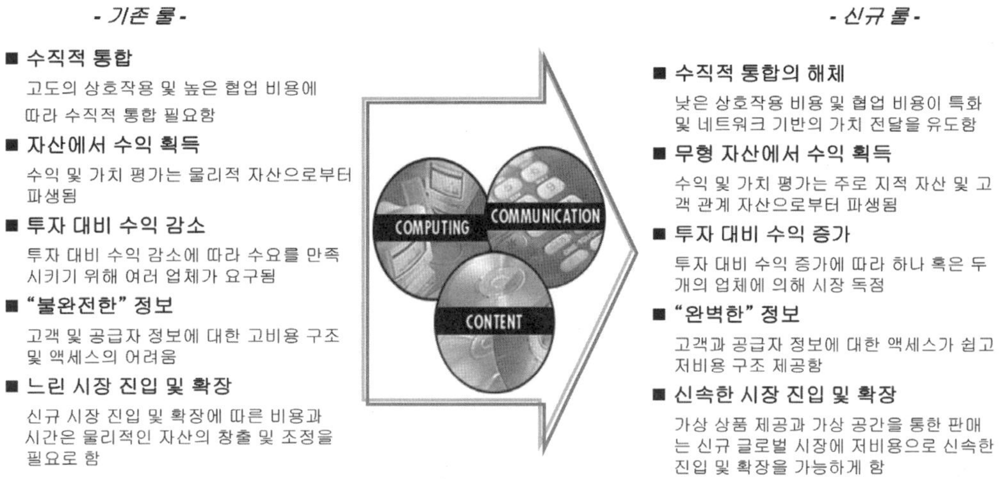

그림 8-5 비즈니스 환경 변화 비교

그림 8-6의 월마트와 아마존닷컴의 사례가 보여주는 것처럼 혁신적인 선진 기업들은 새로운 비즈니스 모델을 기반으로 한 기회로부터 수익을 실현하고 있다.

- 기존 비즈니스 모델 -

기존 룰	지표	Wal-Mart
수직적 통합	공급망의 소유 정도	• 유통, 마케팅, 물류 등을 포함하는 대부분의 가치 사슬 상의 역량을 소유하고 있음
자산에서 수익획득	혁신에 대한 유동성	• 유형 자산의 제약조건으로 인해 유동성 낮음
	주요 경제적 특징	• 유형자산에 대한 높은 투자 (점포, ...) • 재고비용이 높음
느린 시장 진입 및 확장	개발 기간	• 20 년
	미주 지역 roll-out 기간	• 20 년
	전 세계 roll-out 기간	• 40 년

- 신규 비즈니스 모델 -

신규 룰	지표	Amazon
수직적 통합의 해체	공급망의 소유 정도	• 제휴 업체와의 견고한 협업을 통해 고객 접점 부문에 집중함
무형자산에서 수익획득	혁신에 대한 유동성	• 프로세스와 상품의 virtualization으로 인해 유동성이 높음
	주요 경제적 특징	• 유형자산에 대한 매우 낮은 투자 • 재고비용이 매우 낮음
신속한 시장 진입 및 확장	개발 기간	• 2 년
	미주 지역 roll-out 기간	• 2~3 일
	전 세계 roll-out 기간	• 2~3 주

그림 8-6 비즈니스 모델 변화 비교

8.3 정보요건 차이

이상적인 정보요건과 현행 정보시스템을 비교하여 차이점을 도출하기 위해 현행 어플리케이션, 현행 기술구조 분석서, 현행 정보관리 체계, 정보서비스 수준, 현행 투자 현황 등을 분석하여 정보요건 차이 분석서를 정리한다.

① 분석대상 분야를 선정한다.

② 분야별 선진사 대비 해당 조직의 차이를 분석한다.

③ 신규 정보시스템 요건을 정의한다.

1) 접근방법

- 정보요건 차이 분석 대상 분야 선정

  어플리케이션, 데이터, 기술구조, 정보관리 체계, 정보서비스 수준, 그리고 투자 현황에 대한 현황 파악 자료를 기준으로 벤치마킹한 선진사의 해당 분야별 자료를 취합하여 비교 분석이 가능한 분야를 선정한다.

- 차이 분석 방법 선정

  종류에 따라 정성적 분석을 실시할지 또는 정량적 분석을 실시할지 결정한다.

- 분석 분야별 선진사 대비 현 정보요건 차이 분석

  분석 대상 분야별 핵심적, 특성별로 차이를 분석하여 제시한다.

- 신규 정보시스템 요건 정의

  차이 분석 결과를 토대로 하여 개선하고자 하는 비즈니스 모델의 모습을 정립하고 각 프로세스별 수행 규칙과 역할을 정의한다.

8.4 개선 방향

프로세스 및 정보요건별 차이 분석 사항을 바탕으로 개선 요소 및 과제들을 도출하기 위해 현행 어플리케이션 및 데이터 분석서, 현행 기술구조 분석서, 현행 정보관리 체계, 정보서비스 수준, 현행 투자 현황에 기초하여 다음과 같이 수행한다.

① 차이 분석 결과를 바탕으로 정보시스템 구조상의 개선 요소 및 중점 개선 항목을 도출한다.
② 중점 개선 요건별로 정보화 비전요소 및 전략적 요소를 도출한다.
③ 정보 비전 및 전략 요소를 바탕으로 정보시스템의 개선 후 효과를 도출한다.

1) 접근방법

- 정보시스템 구조상의 개선 요소 및 중점 개선 항목 도출
  프로세스, 어플리케이션 등의 정보시스템 구조상의 핵심적인 개선 요소들이 무엇인지를 정리하고 분석하며 중심적으로 개선해야 할 구조와 항목들을 도출한다.
- 정보와 비전 요소 및 전략적 요소 도출
  정보시스템을 개선함으로써 기업의 새로운 비즈니스 모델과 비즈니스 프로세스상에도 많은 변화를 주는 비전 및 전략적 요소들이 무엇인지를 도출한다.
- 정보시스템의 개선 후 효과 도출
  경영 및 정보화 비전의 요소를 기반으로 전사적, 부문별 정보시스템을 개선함으로써 얻어지는 효과를 정량적·정성적으로 체계적인 분석을 통하여 효과를 도출한다.

토의문제 및 활동

1. 차이gap 분석을 위한 절차 3단계에 대하여 각 단계별로 수행해야 할 내용을 설명하고, 분석 기법들을 정리하여 설명해보자.

2. 정량적 및 정성적 차이gap 분석에 대한 방법과 측정대상에 대해서 설명하라.

3. 그림 8-3과 그림 8-4를 참고하여 선진사(기업, 기관, 조직 등) 대비 각자의 기업이나 조직과의 격차를 비교해보자.

4. 그림 8-5를 참고하여 신기술에 의하여 가능해진 5가지 비즈니스 환경 변화에 따른 각자의 기업이나 조직을 대비하여 비교해보자.

5. 그림 8-6을 참고하여 새로운 비즈니스 모델을 기반으로 비즈니스 모델 변화를 각자의 기업이나 조직과 대비하여 비교해보자.

6. 정보요건 차이 분석의 수행 절차 3가지를 순서대로 설명하라.

7. 개선 방향 도출의 수행 절차 3가지를 순서대로 설명하라.

CHAPTER

09

INNOVATION BIBLE

신 비즈니스 프로세스

9.1 신 비즈니스 프로세스의 개념

1) 신 비즈니스 프로세스의 목적

프로세스 개선 방향을 반영하여 정의된 신 비즈니스 프로세스의 정보화 관련 구현 요건은 정보화 전략 수립 시 반영한다.

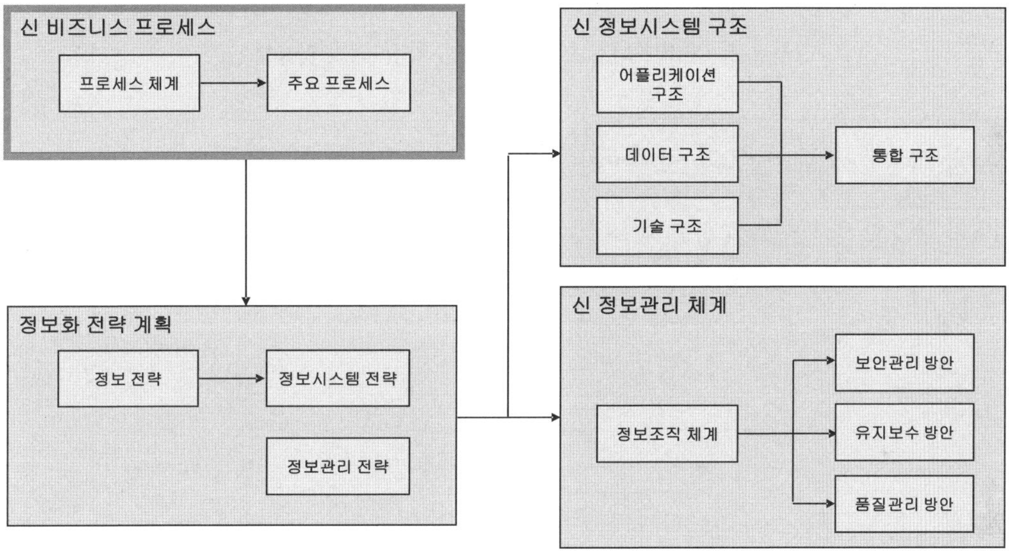

그림 9-1 신 비즈니스 프로세스 정의 액티비티

현행 비즈니스 프로세스 체계와 흐름도를 차이분석 결과인 프로세스 개선 방향에 반영하여 새로운 프로세스 체계와 흐름도를 작성하고, 정보화 전략 수립 시 고려해야 할 프로세스 구현 요건을 도출한다.

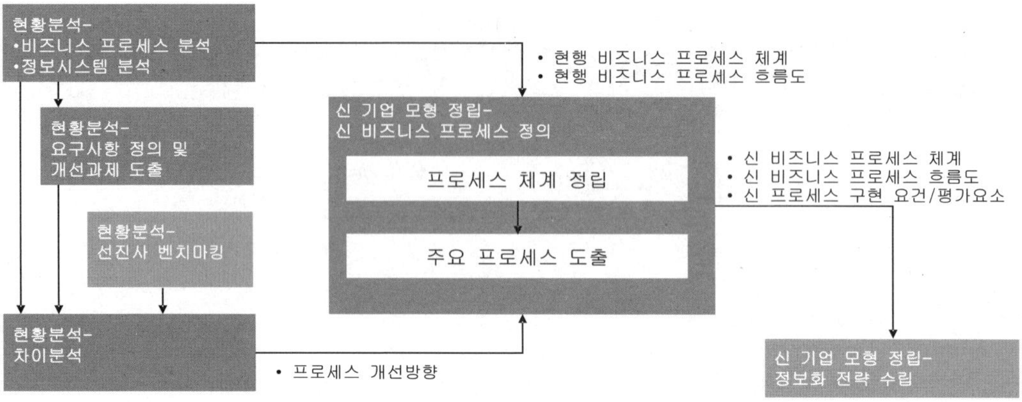

그림 9-2 신 비즈니스 프로세스 정의 액티비티의 입출력 관계

2) 배경: 신 프로세스의 도출(신 프로세스 목적/목표 정립)

기업의 경영전략으로부터 도출된 핵심성공요소CSF 및 현행 프로세스 개선 방향을 고려한 신 프로세스 목적/목표를 명확히 한다. 신 프로세스 목적/목표를 기준으로 경쟁우위를 달성할 수 있는 미래의 바람직한 신 프로세스를 정의한다.

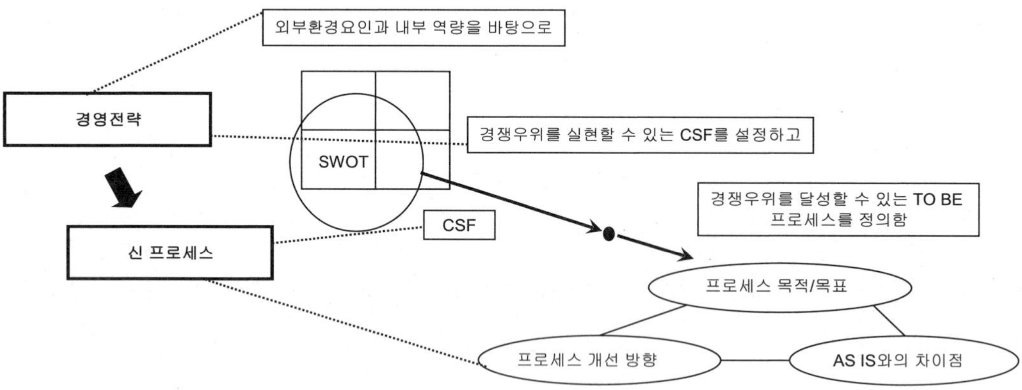

그림 9-3 신 프로세스 도출 연계도

신 비즈니스 프로세스 정의는 현행 프로세스의 개선을 포함하는 것은 물론, 경영 목표 달성을 위한 전략을 구현함에 있어서 필요한 업무 수행의 구체적 절차를 포함하며, 운영 효율성만을 추구하는 것으로는 지속적 경쟁우위를 가져올 수 없으므로 그 자체를 전략으로 볼 수 없다.

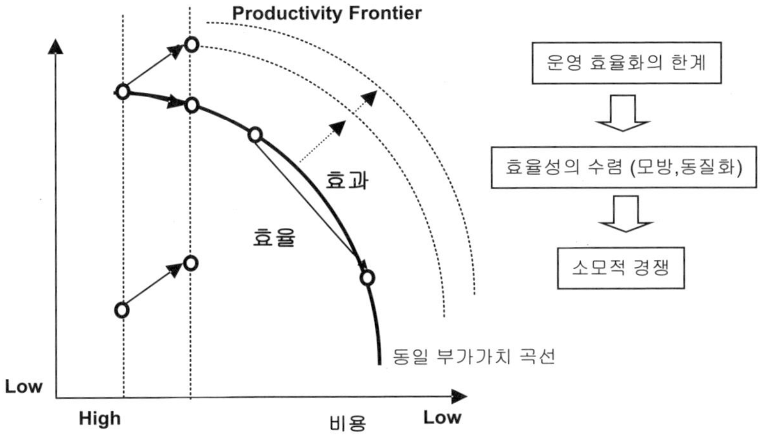

그림 9-4 전략의 개념

① 프로세스 혁신 사상

- 고객 지향적 사상

  기업의 입장에서만 프로세스를 설계하는 것은 구시대적인 발상으로 외부 고객 및 시장지향적인 프로세스를 설계하여야 한다. 고객 접점이 없는 내부 프로세스도 기업 내부 고객이 존재하므로 고객 입장에서 설계하여야 한다.

- 원점 지향적 사상

  현재의 업무 처리 방식에 연연하지 않고 프로세스의 존재의의와 목적에 입각하여 원점에서 프로세스를 재설계한다.

- 프로세스 중시 사상

  부서 단위의 조직/기능 중심에서 부서 간에 횡적으로 연결된 전체의 일관된 프로세스 차원에서 프로세스를 설계한다.

- 기업 모델의 기본 프레임워크 중시 사상

  프로세스와 밀접한 관련이 있는 조직구조, 권한/책임, 업무분장/규칙뿐만 아니라 정보시스템 기본구조도 전면적으로 재검토하여 프로세스를 설계한다.

- top down 사상

  기업 목적 달성을 위한 방편으로 top down 방식인 경영층 관점 중심, 목적 중심의 프로세스를 설계한다.

- 변화관리 중시 사상

  프로세스 정립은 기존의 낡은 규칙/관행을 허무는 과정으로 이해할 수 있으며 프로세스의 변화는 모든 부문이 영향을 받게 된다. 변화부문은 조직구조, 기업문화/가치관, 평가/관리 시스템, 정보시스템 부문이 프로세스 변화 시 상호 영향을 끼친다. 이러한 변화부문에 대한 장애 예측 및 대책이 프로세스 실천 시 반드시 필요하다.

② 가치사슬 관점

프로세스 목적/목표, 개선 방향 설정은 해당 기업의 가치사슬value chain을 구성하는 기능별 전략을 고려하여 선정한다. 그림 9-5는 기업의 가치사슬을 보여주고 있다.

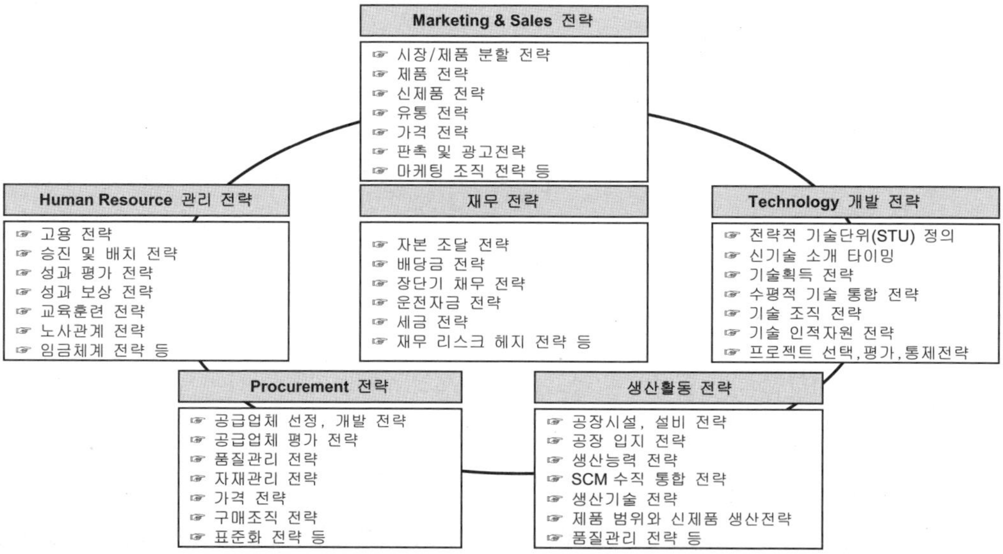

그림 9-5 기업의 가치사슬

3) 접근방법

개선 방향을 반영하여 정의된 신 프로세스 체계로부터 구체적인 프로세스 설계를 수행할 경우 우선순위를 선정하여 단계적으로 접근하도록 한다.

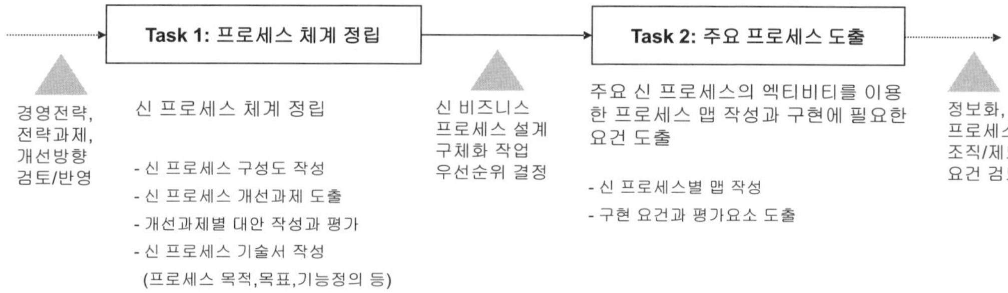

그림 9-6 신 비즈니스 프로세스 정의 절차

9.2 프로세스 체계 분석

매트릭스 분석기법을 이용하여 프로세스 개선 방향을 기초로 신 프로세스 체계를 정립하기 위해 다음과 같은 절차와 방법으로 수행한다.

① 기능 범위function area와 수준에서 미래 모형 프로세스 구성도를 정의한다.

② 경영전략, 전략적 과제, 프로세스 차이 분석 내역을 검토하여 핵심 개선 대상 프로세스를 파악하고 변경할 과제를 도출한다.

③ 각 과제별 대안 작성 및 기술적/경제적/운영적/시간적 타당성과 영향을 평가한다.

1) 접근방법

신규 프로세스를 파악한 후 차이 분석 결과인 개선 방향을 반영하여 현행 및 신규 프로세스의 체계를 재구성하고, 전략 지원과 프로세스 개선 관점을 반영하여 신 프로세스를 정의한다.

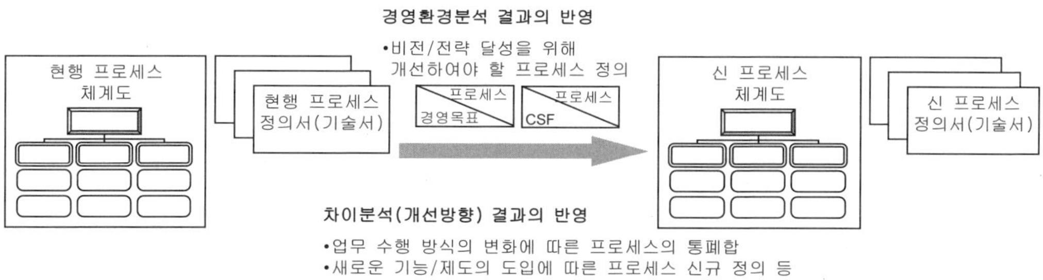

그림 9-7 프로세스 체계 정립 시 고려요소

현행 프로세스 분석 시 모든 프로세스가 분석 대상이 아닐 수 있으며, 이 경우 선정 기준은 일반적으로 전략 지원도, 개선 요구도, 데이터 연관도 등이 있을 수 있다. 전략 지원도와 개선 요구도를 1차 기준으로 하여 분석 대상 우선 프로세스를 선정한 후, 이들 프로세스와 데이터 연관도가 높은 프로세스를 분석 대상에 포함시킨다.

2) 분석기법

① CSF와 핵심 개선대상 프로세스의 선정

경영전략 분석으로부터 도출된 핵심성공요소[CSF]로부터 필요한 업무 기능을 신규로 정의하고, 기능 수행 절차를 프로세스 관점으로 정리한다.

핵심 개선대상 프로세스 ▼ (R&D) 신규 프로세스 ▼ (고정자산)

CSF \ 프로세스	R&D	개발	영업	생산	물류	구매자재	재무회계	자금회계	고정자산	관리회계	인사급여	기획홍보	정보 Sys
안정적 생산라인 운영		x	x	x		x							x
신기술 확보 및 주력품종의 집중	x	x	x	x								x	
품질안정	x	x		x		x							
브랜드 이미지 제고												x	

주) 신규 프로세스의 경우 우수사례를 참조하여 그 흐름을 파악함

그림 9-8 CSF vs. 프로세스 매트릭스

② 프로세스의 개선

신 프로세스 체계를 구성할 프로세스들을 파악한 후 프로세스 개선을 통해 프로세스별 흐름을 재정리한다.

③ 신 프로세스 체계 구성 시 고려사항

- 전략을 지원하는 프로세스 신규 정의
- 업무 수행 방식의 변화에 따른 프로세스의 통폐합
- 새로운 제도의 도입에 따른 프로세스 신규 정의

④ 프로세스 개선 목적 정의

- 매출 증대
- 이익 증대/비용 절감/업무 효율화
- 고객 서비스
- 프로세스 리드타임 단축 등 경쟁우위 달성 요소를 프로세스 목적, 개선 목표로 정립

⑤ 프로세스 개선 방향 관점

다음과 같은 관점을 기준으로 프로세스 개선 방향을 분석한다.

- 정보화
- 권한 이양
- 조직 간 업무 조정
- 규정 변경 등

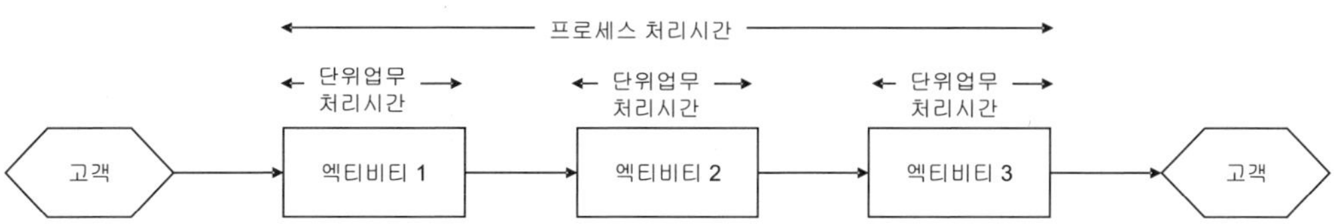

그림 9-9 프로세스의 구성

프로세스의 유기적 연계성 증대와 고객 지향적 서비스 제공을 목표로 업무 흐름 관점에서 여러 형태별 개선 가능성을 고려한다.

표 9-1 프로세스 분석 툴

형태	개념	설명
비동기화 (asynchronize)		• 업무 처리 과정에 있어 순차적 처리로 인한 지연(시간 및 인적요소)을 제거 • 예: 전자결재의 도입을 통한 결재 과정 대기시간의 효율적 활용
제거(eliminate)	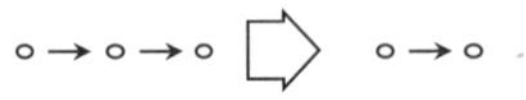	• 여러 단계를 거치며 처리되는 프로세스에서 불필요한 중간 과정을 제거 • 예: 통합정보시스템을 활용하여 부서 간의 다단계 업무 처리의 중간 단계를 제거하고 (필요 시 권한 이양)
단일화(unity)		• 프로세스 처리 과정에 있어 복수의 업무 처리를 단일한 형태의 업무 처리로 변경 • 예: 통합정보시스템을 활용하여 여러 부서에서 개별적으로 수행되는 공통적 업무를 통합 지원
선택(select)		• 유사 업무를 단지 목적의 차이로 인하여 중복 관리되고 있는 경우 하나의 업무만을 선택 • 예: 각 부서에서 내부 관리용으로 중복적으로 수행되는 작업 중 하나를 폐지하고 통합정보시스템을 활용하여 공동 조회
연결(connect)		• 업무 간 연계처리가 미흡한 과정을 원활한 흐름을 가질 수 있도록 연계 • 예: 그룹웨어를 통한 업무 연락 및 자료 전달의 효율화 통합정보시스템이 프로세스상의 업무의 연계를 지원함으로써 부서의 작업 결과가 타 부서의 업무에 자동으로 연계됨
추가		• 한 곳에서만 이루어지는 서비스가 수요자 근접지에서 이루어지도록 서비스 중복처리 • 예: 특정 부서에서만 제공되는 서비스를 각 부서에서 서비스할 수 있도록 하고 통합정보시스템으로 이를 지원함

한편, 정보화는 기존의 전산화에 통신기술의 발달과 개방화가 더해져 정보시스템이 일상업무와 생활의 일부가 된 것을 의미한다. 기존에 종이에 기록하던 데이터를 컴퓨터를 이용하여 기록하고 저장하거나 컴퓨터가 수작업을 대체하는 것을 전산화라고 한다면, 정보화는 전통적인 업무과정에서 해야 하던 일이 없어지거나 쉬워지고, 나아가 기존에는 할 수 없었던 일이 가능하게 된 현대의 환경을 말한다.

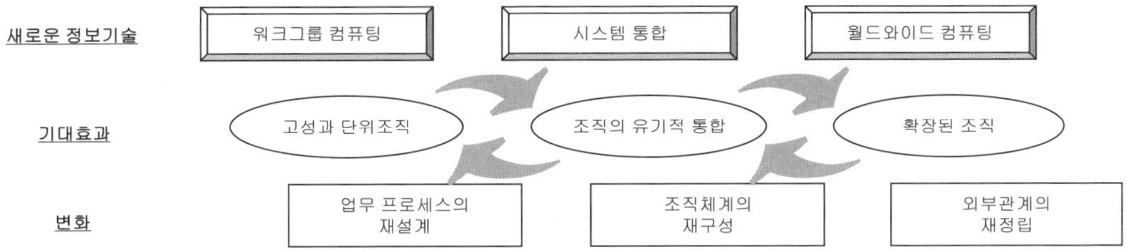

그림 9-10 정보기술의 기대효과

정보시스템 활용에 기반을 둔 원활한 정보 전달/공유 및 업무 처리는 다음과 같이 업무 프로세스 개선에 적용될 수 있다.

- 그룹웨어를 활용하여 정보 전달 및 결재의 효율을 높임
  전자결재, 전자게시, 전자우편을 사용하여 공문의 전달, 업무 협조, 간단한 업무의 결재 처리 등을 수행함으로써 서류 작성, 복사 및 배포, 대기 등에 소요되는 시간 및 경비를 절약할 수 있다. 또한 반복적인 업무 협조 요청 및 공고가 손쉽고, 적시에 개인에게 직접적으로 고지를 함으로써 업무 협조를 효과적으로 수행할 수 있게 한다.
- 통합정보시스템을 활용하여 업무 처리 시간을 줄이고 정확도를 높임
  일회 입력된 정보를 향후 업무에 지속적으로 활용할 수 있게 하고, 통합데이터베이스를 통해 모든 조직이 자신이 원하는 정보를 즉시 획득할 수 있다. 더불어 규정 또는 반복 절차에 의해 수행되는 업무 처리를 자동화하여 업무 처리 시간을 줄이고 정확도를 높일 수 있다.

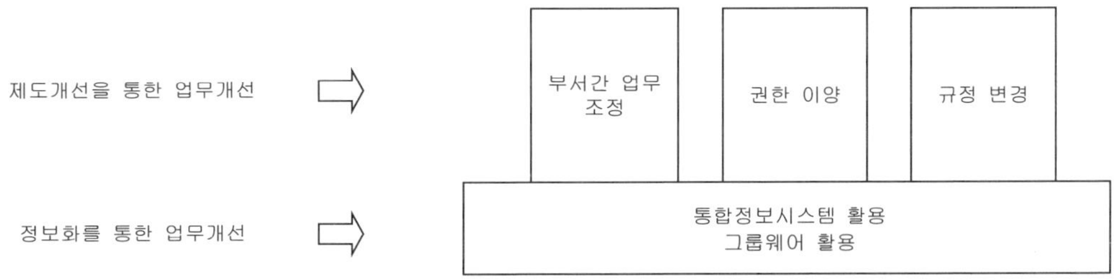

그림 9-11 정보화의 제도 변경을 통한 업무개선

현행 프로세스를 다음과 같이 A군과 B군으로 나누어 정의하고, B군 프로세스에 대한 공동 작업과 A군 프로세스에 대한 검토 및 보완을 통하여 미래 프로세스를 설계한다.

- A군: 정보화를 통해 업무 개선이 가능한 프로세스 집합
- B군: 개선을 위해 정보화와 함께 권한 이양/조직 간 업무 조정/규정 변경 등이 고려되어야 하는 프로세스 집합

현행의 비프로세스성 업무 중 정보화가 가능한 업무를 정의하고 통합정보시스템 설계에 반영한다. 그림 9-12는 업무 개선 후의 신 프로세스를 정리하여 나타낸 그림이다.

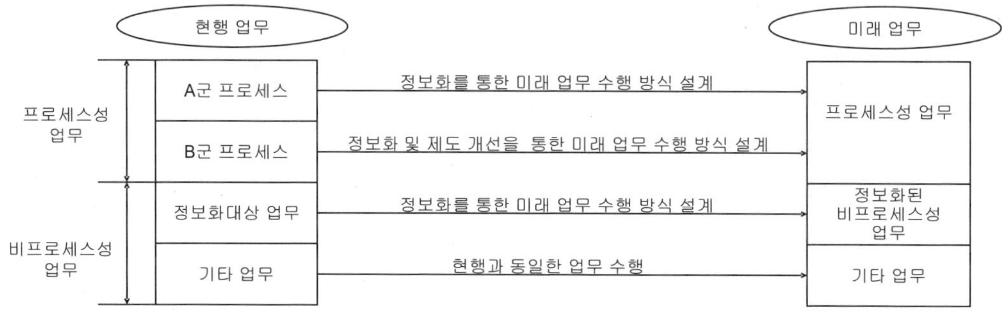

주) 전업무>정보화 대상업무>프로세스성 업무

그림 9-12 업무 개선 후의 신 프로세스 정리

그림 9-13은 프로세스별 주요 개선 방향을 반영한 프로세스 개선 작업 완료 후 예상되는 기대효과를 급여관리 프로세스를 사례로 추정하여 보여주고 있다.

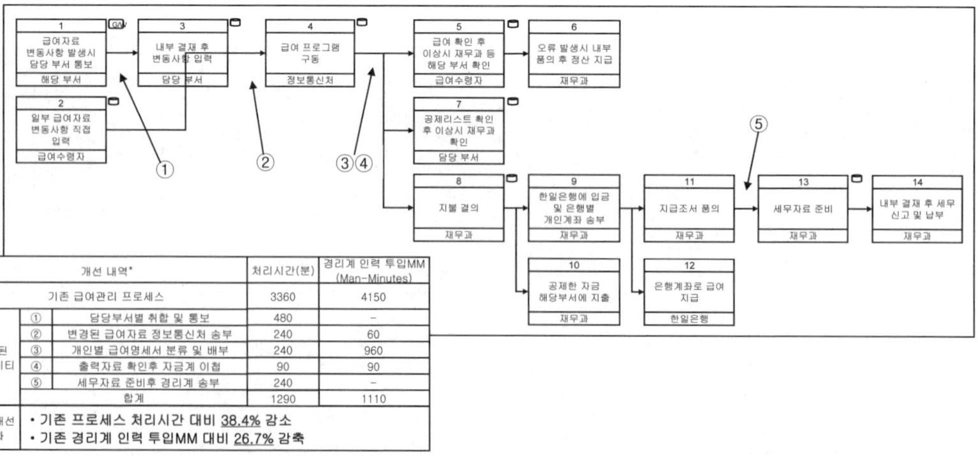

개선 내역*			처리시간(분)	경리계 인력 투입MM (Man-Minutes)
기존 급여관리 프로세스			3360	4150
제거된 엑티비티	①	담당부서별 취합 및 통보	480	–
	②	변경된 급여자료 정보통신처 송부	240	60
	③	개인별 급여명세서 분류 및 배부	240	960
	④	출력자료 확인후 자금계 이첩	90	90
	⑤	세무자료 준비후 경리계 송부	240	–
	합계		1290	1110
업무개선 효과	• 기존 프로세스 처리시간 대비 38.4% 감소 • 기존 경리계 인력 투입MM 대비 26.7% 감축			

그림 9-13 업무 개선과 기대효과(예) : 급여관리 프로세스

⑥ 신 프로세스 체계도 작성

현행 프로세스와 미래 프로세스의 관계도와 체계도를 작성한다. 그림 9-14의 사례는 신프로세스의 체계도를 비교하여 나타내고 있다.

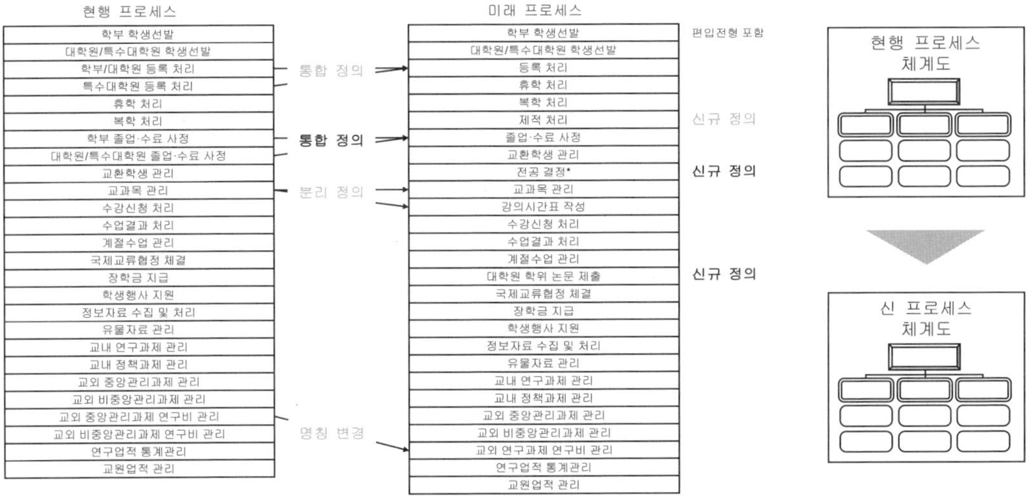

그림 9-14 현행/미래 프로세스 관계도와 체계도(예)

- 신 프로세스 정의서(기술서) 작성과 엑티비티 도출

  신 프로세스에 대하여 프로세스의 목적과 개요, 개시 및 종료 요건, 주요 업무 흐름, 관련 부서 등을 정의하고, 신 프로세스별 엑티비티를 도출한다.

- 신 비즈니스 프로세스 설계 우선순위 결정

  신 비즈니스 프로세스의 구체화 작업 대상 선정 시 지원도와 프로세스 개선 효과 혹은 응용 시스템 개발 과정의 편의성 등을 근거로 한다.

- 설계 우선순위 평가 방식(예)

  프로세스의 전략 지원도 평가는 환경 분석에서 도출된 핵심성공요소(CSF)를 지원하는 정도를 평가하여 다음과 같이 상/중/하로 평가한다.

  » 상: 3개 이상의 CSF 지원

  » 중: 1~2개의 CSF 지원

  » 하: 지원하는 CSF 없음

프로세스 개선 효과 평가는 프로세스별로 추정된 개선 효과에 기초하여 상/중/하로 평가한다. 프로세스의 전략 지원도와 프로세스 개선 효과의 종합 평가 값이 '상'인 프로세스를 설계 우선 대상 프로세스로 선정한다. 표 9-2는 프로세스 전략 지원도와 개선 효과에 대한 우선순위 평가표를 예시한 것이다.

표 9-2 우선순위 평가표

전략 지원도	개선 효과	종합평가 값
상	상	상
상	중	
중	상	
상	하	중
하	상	
중	중	
중	하	하
하	중	
하	하	

주의할 점은 응용시스템 개발 시 개발 과정의 편의성을 고려하여 프로세스 간의 데이터 연관도(생성/수정/참조/삭제하는 데이터 관점)를 반영하는 (메이저) 프로세스 단위로 설계 대상을 선정하는 것이 바람직하다.

3) 호적관서의 사례로 본 산출물 예시: 프로세스 개선 목표

현황분석 과정에서 도출된 프로세스 개선 과제에 대한 개선 방향은 효율적 프로세스를 위한 조직구조의 개선과 정보화를 통한 업무 프로세스의 공통적 개선이라는 2가지 방향성으로 대별될 수 있으며 이들은 프로세스 개선에 있어서 다음과 같은 구체적 주요 변화 요인으로 작용한다.

- 효율적 프로세스를 위한 조직구조의 개선 → 호적관서 체계 조정
- 정보화를 통한 업무 프로세스의 공통적 개선 → 정보시스템의 활용

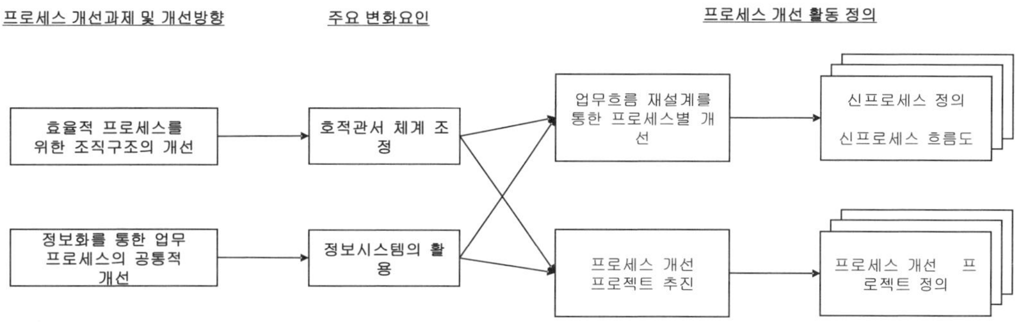

그림 9-15 프로세스 개선 활동 정의

따라서 호적업무 프로세스 개선의 목표는 호적관서 체계 조정에 따른 조직별 2가지 주요 변화요인을 고려하여 호적업무의 효율성 향상 및 대민 서비스 수준의 제고가 가능하도록 업무 절차를 조정하는 것이다.

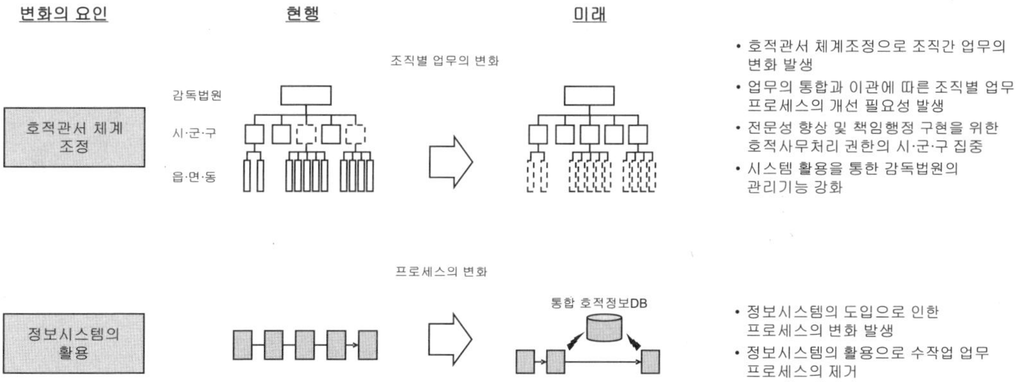

그림 9-16 프로세스 및 조직의 변화(호적관서의 사례)

9.3 주요 신 프로세스 구현

다음과 같이 FID[function information diagram] 기법을 사용하여 신 프로세스 기술서에 기초하여 주요 신 프로세스의 엑티비티 맵을 작성하고 구현에 필요한 요건을 도출한다.

① FID 기법을 이용하여 신 프로세스 맵을 작성한다.

② 신 프로세스 맵 구현에 필요한 정보화 요건, 프로세스 요건, 조직 요건과 평가 요소를 도출한다.

우선순위의 설계 대상 프로세스에 대하여 현행 프로세스 맵과 엑티비티 기술서를 참조하여 신 프로세스 맵을 작성하고, 정보전략 수립을 위해 정보화/프로세스/조직 측면의 구현 요건을 도출한다.

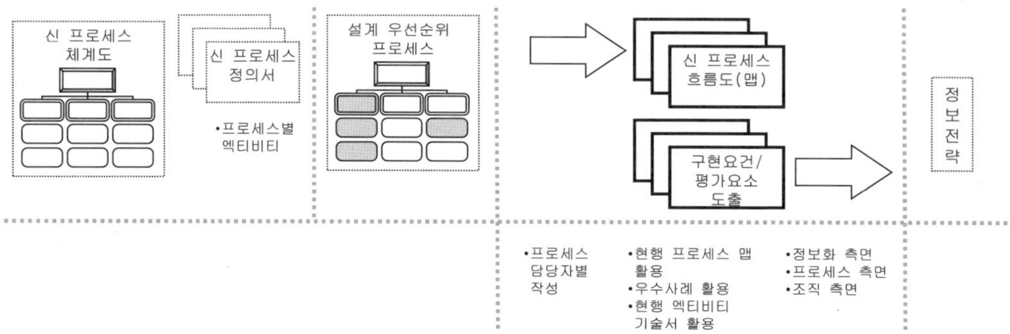

그림 9-17 주요 프로세스 도출 과정의 내역

1) 분석기법 : 신 프로세스 흐름도(맵) 작성

신 프로세스의 흐름도는 현행 프로세스 흐름도를 최대한 활용하여 작성한다. 현행 프로세스 흐름도를 통합/삭제/조정하여 신규 프로세스의 흐름도를 작성한다.

① 프로세스 흐름도(맵)

프로세스는 논리적인 흐름이 있는 액티비티들로 구성되므로 업무 수행 절차를 상세하게 파악하기 위하여 프로세스 흐름도를 작성한다. 프로세스 흐름도는 현행 프로세스를 이해하기 쉬운 형태로 도식화하여 보여줌으로써 업무의 흐름과 문제점 파악 및 개선 아이디어 도출에 효과적이다.

- 액티비티 구분 기준
  - 프로세스를 구성하는 세부 단위 활동
  - 대체로 액티비티 간에는 대기시간이 존재함
  - 액티비티에서 처리되는 대상의 상태에 있어서 의미 있는 변화가 발생하면 액티비티가 종료된 것으로 볼 수 있음
  - 액티비티별로 고객, input, output이 정의될 수 있어야 함
  - 시스템을 이용하여 수행되는 업무 처리는 하나의 액티비티로 표현될 수 있음
  - 의사결정 및 결재는 액티비티로 표현함
- 프로세스 흐름도 작성 시 유의 사항
  - 업무 흐름 란에는 흐름을 고려하여 액티비티와 담당부서를 나타낸다.
  - 프로세스를 구성하는 액티비티를 논리적 순서에 의해 가능한 한 좌에서 우로 작성해 나가며 선후 관계를 화살표로 명기하고, 액티비티에는 아라비아 숫자로 일련번호를 부여하여 액티비티 좌측 상단에 표기한다.
  - 특정 기준에 의해 분지되는 경우 마름모꼴에 분지기준을 명시하고 각각에 대해 다른 경로로 액티비티를 도시한다.
  - 한 장에 모두 나타내기 어려운 경우에는 프로세스 흐름도 작성 양식에 일련번호를 기재하고 각 장에 연결점을 명시하되, 연결점은 알파벳 대문자 'C' 에 일련번호를 붙여서 구분한다.
  - 연결되는 항목이 다른 프로세스인 경우 해당 프로세스 명을 프로세스 기호와 함께 명시한다.
  - 입력 정보 란에는 액티비티 수행과 관련해서 전단계의 액티비티에서 전달된 정보 외에 참조하는 정보를 기재하되 정보의 형태 및 출처를 함께 명시한다.
  - 출력 정보 란에는 액티비티의 수행 결과로 발생하는 정보 중에서 다음 단계로 전달되지 않고 보관/저장되는 정보를 기재하되 보관/저장방법 및 저장소를 함께 명시한다.
  - 각 액티비티의 수행 방법을 범례의 기호를 통해 구별하여 나타내며 기호는 액티비티의 우측 상단에 기재한다.
  - 범례기호 중 '결재'의 경우에는 몇 단계의 결재를 거치는지를 결재기호 앞에 숫자로 표기한다.
  - 범례에 없는 경우에는 업무 개요 란에 간략하게 명시한다.
  - 업무 개요 란에는 액티비티에 대한 추가적인 설명이 필요한 경우 글상자에 해당 액티비티 일련번호와 함께 간략한 설명을 기재한다.

» 프로세스 흐름도 작성 시 항상 객관적인 자세를 견지해야 한다.

프로세스 흐름도 작성 시 액티비티를 구분하는 기준에 유의하여 가능한 한 상세하게 작성한다. 그림 9-18은 프로세스 흐름도의 양식을 그림 9-19는 액티비티 기술서 양식을 보여주고 있다.

메가 프로세스 명		메이저 프로세스 명				
프로세스 명	(/)	작성자	과		계	

		<범례>
입력정보		회의 결재 서류 전달 우편 디스켓 전달 전화 FAX E-mail 수작업 전산작업 펌 뱅킹 공문 시행
업무 흐름		
출력정보		
업무 개요		

그림 9-18 프로세스 흐름도 작성 양식

대분류 프로세스 명:	중분류 프로세스 명:	프로세스 명:

액티비티 명	입수정보	업무 처리 절차	산출물명	담당부서
	입수 정보명 입수시기 입수 방법 제공부서		산출물명 시기 작성형태 활용부서	

그림 9-19 액티비티 기술서(사양서) 양식

② 신 프로세스 구현 요건과 평가요소 도출

신 프로세스 구현 요건과 평가요소는 업무 기능의 효과적인 실현을 위해 정보화, 프로세스, 조직의 측면에서 이미 정리된 문제점, 현안, 개선 방향 및 개선과제 등을 참조하여 도출한다.

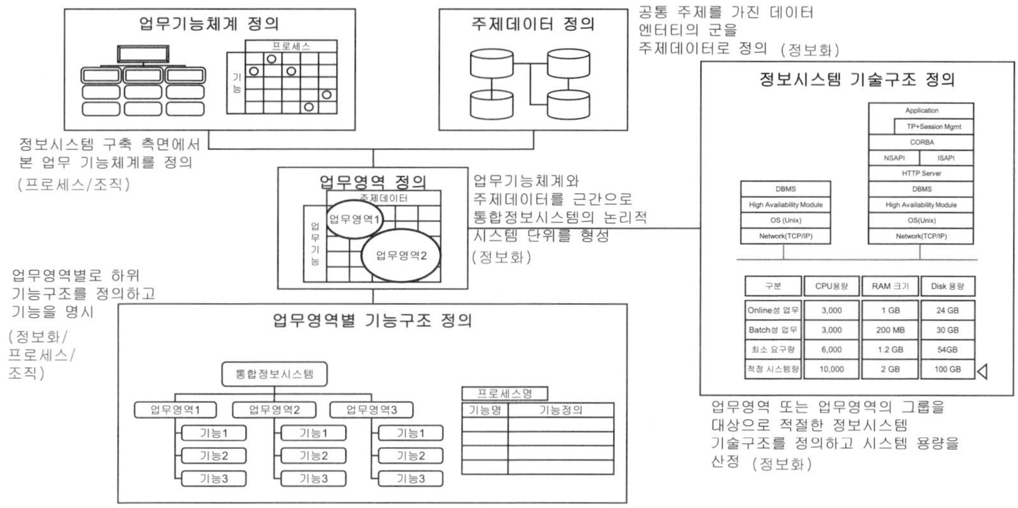

그림 9-20 신 프로세스 구현 요건

토의문제 및 활동

1. 신 비즈니스 프로세스 분석을 위한 절차 2단계에 대하여 각 단계별로 수행해야 할 내용을 설명하고, 분석 기법들을 정리하여 설명하라.

2. 신 비즈니스 프로세스 체계를 정립 단계에서 주요 프로세스를 도출할 때에 고려해야 하는 프로세스 혁신 사상 6가지를 나열하고 이를 설명하라.

3. 프로세스 체계 정립 단계의 수행절차 3가지를 순서대로 설명하라.

4. 그림 9-8을 참고하여 각자의 기업이나 조직을 대상으로 CSF와 프로세스 매트릭스를 작성해보자.

5. 그림 9-14를 참고하여 각자의 기업이나 조직을 대상으로 현행 및 미래 프로세스 관계도와 체계도를 작성해보자.

6. 주요 프로세스 도출 단계의 수행절차 2가지를 순서대로 설명하라.

7. 신 프로세스 흐름도를 작성할 때 주의해야 할 중요한 사항을 아는 대로 설명하라.

CHAPTER

10

INNOVATION BIBLE

정보화 전략 계획

10.1 정보화 전략 계획의 개념과 수립 절차

정보화 전략 계획을 수립함으로서 정보시스템의 구조 정의 및 정보 관리 체계 수립의 구체적인 방향을 제시한다.

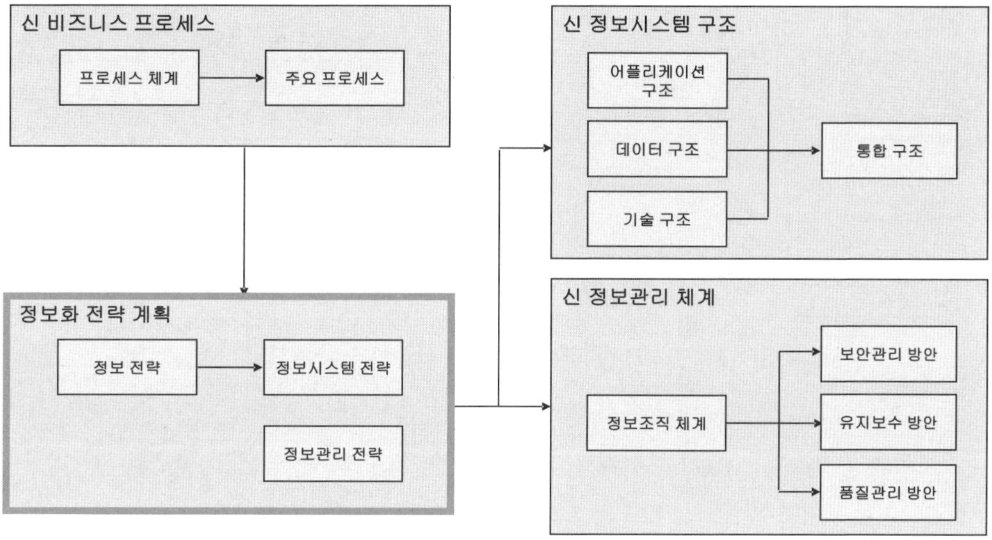

그림 10-1 정보화 전략 수립 공정도

정보화 전략 계획의 수립을 위한 입력 요소는 경영 및 정보환경을 분석한 내용과 업무프로세스 및 정보시스템 현황을 분석함으로써 나타난 주요 현안 및 과제에 바탕을 두어야 한다.

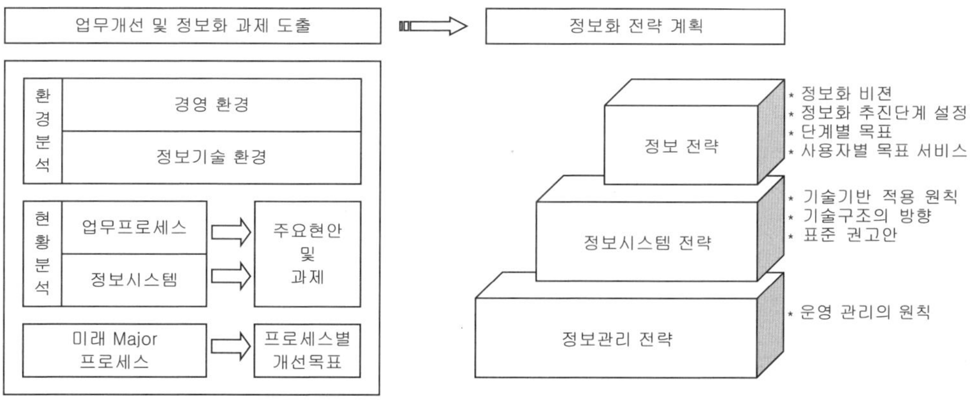

그림 10-2 정보화 전략 계획 구조

정보화 전략 계획의 단계적 수립 절차와 산출물들은 그림 10-3과 같다.

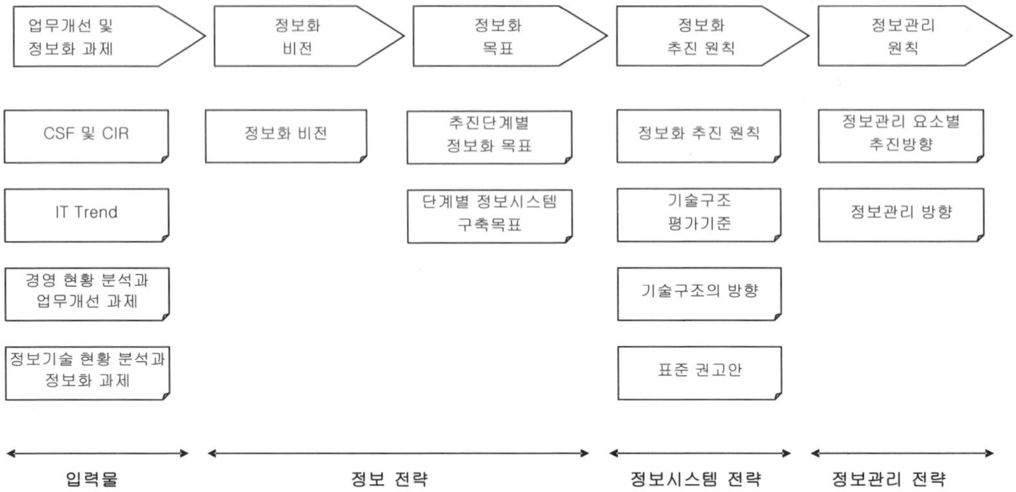

그림 10-3 정보화 전략 계획 단계적 수립 절차

정보화 전략 계획을 수립하는 단계로 정보시스템의 목표, 목적, 역할 및 임무를 설정하고 정보시스템 구축 원칙과 정보시스템에 적용할 기술 요건 및 정보관리 전략을 수립한다.

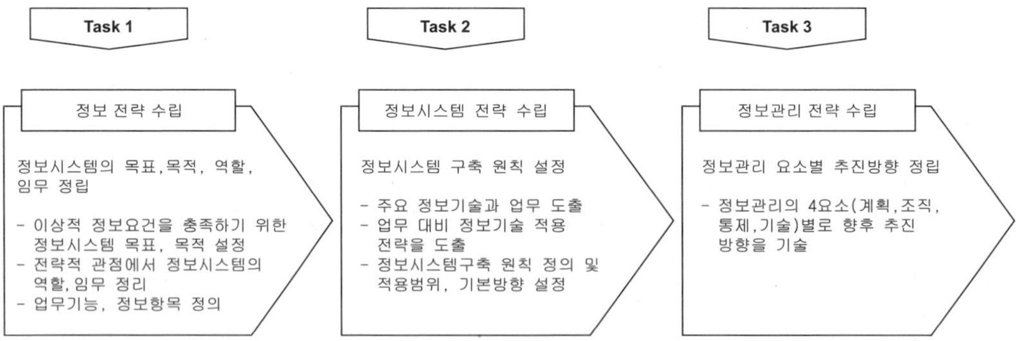

그림 10-4 정보화 전략 계획 수립 태스크

10.2 정보화 전략 분석

CIR/CSF 매트릭스, 정보화 요건, 정보 인프라 요건, 프로세스 요건, 프로세스 개선 방향, 정보시스템 개선 방향에 기초하여 이상적 기업 요건을 기반으로 정보 요구를 충족시키기 위한 정보시스템의 목표와 목적을 설정하고, 정보시스템의 역할과 임무를 정리한다.

① CSF/CIR 매트릭스 및 이상적 프로세스 요건을 참조하여 정보시스템 구축의 목적과 목표를 선정한다.
② 정보화 요구사항 및 개선 과제를 전략적 관점에서 검토하고 조정하여 정보시스템 및 정보기술의 역할과 임무를 종합하여 정리한다.
③ 업무기능, 제공할 정보 항목(데이터) 및 정보 인프라 측면에서 조직계층별, 사용 단위별로 구분하여 각각 정의한다.

1) 접근방법

- 비전의 필요성
  모든 업무는 현상과 목표를 결부시킨 장기적인 구상으로서의 비전을 필요로 한다. 계획하고 수행하는 크고 작은 사업들은 비전과의 부합성을 고려하여 사업의 목표와 범위를 명확하게 설정함으로써 성공적으로 목적을 달성할 수 있다.
- 정보화 비전 분석
  정보화 추진계획상의 정보화 비전vision은 현상과 목표를 결부시킨 장기적 구상으로 업무 혹은 사업의 범위scope, 미래상image, 목적focus의 3요소를 포함해야 한다.

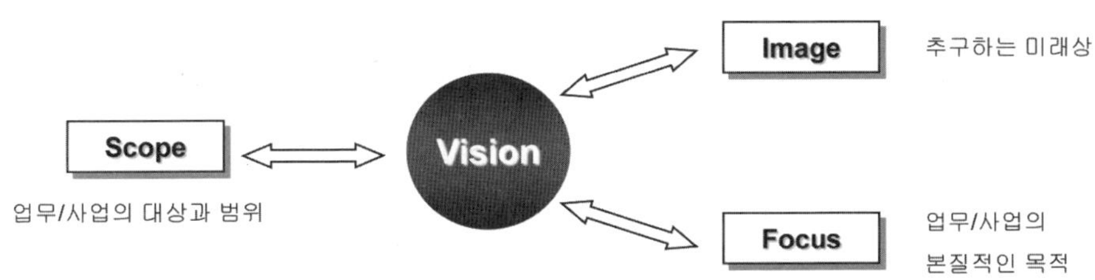

그림 10-5 정보화 비전

- 정보화 기본방향의 구성 및 설정방법

  정보화 추진계획상의 정보화 비전에 대한 적절성을 분석하여 선택적으로 수용하고, 정보화 목표와 과제를 본 프로젝트의 체계에 따라 재구성하여 정보화 미래모형 수립 시 해결방안을 제시한다. 정보화 추진계획상의 정보화 목표와 과제의 달성을 위한 접근방법으로 단계별 정보시스템 구축목표를 설정한다.

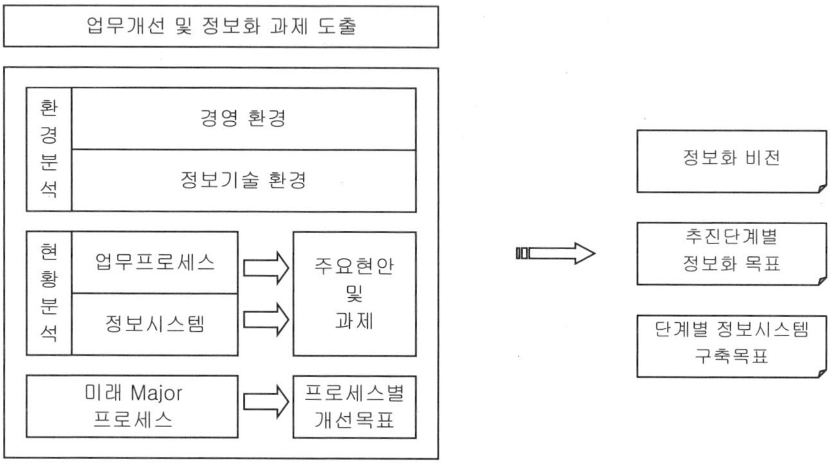

그림 10-6 정보화 기본방향의 구성

- 추진단계별 정보화 목표 설정

  정보화 목표는 장기적으로는 정보화 비전을 지향하여야 하며, 단기적으로는 환경 및 현황 분석에서 도출된 업무 및 정보시스템 개선 과제의 많은 부분을 해결하도록 수립되어야 한다. 따라서 무엇보다도 먼저 환경과 현황 분석에 따른 정보화 추진 단계의 설정이 필요하며 각 단계에서의 정보화 목표 설정이 있어야 하는데, 각 단계의 정보화 목표가 사용자에게는 정보서비스의 형태로 나타나도록 해야 한다.

정보화의 목표를 달성하기 위해서는 적합한 정보기술과 그에 따른 기반이 필요하며, 정보의 획득과 가공 및 분배의 관점에서 필요성이 나타나야 한다.

그림 10-7은 정보화의 목표를 설정하고 목표의 타당성을 검토하기 위해 전개되는 방향을 나타낸 것이다.

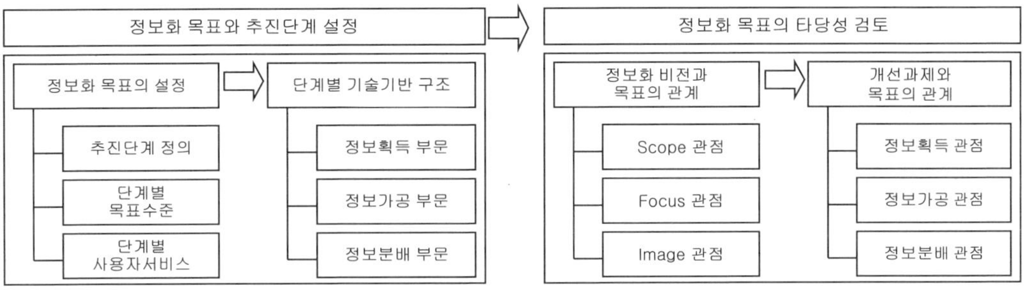

그림 10-7 정보화 전개 방향

10.3 정보시스템 전략 분석

정보 전략, 정보시스템 개선 과제, 정보기술 적용성을 바탕으로 업무에 적용할 정보기술을 정의하고, 정보시스템을 구축하기 위한 원칙을 설정한다.

① 정보기술 기반 구조를 구성하는 주요 정보기술과 업무를 도출한다.

② 매트릭스 분석기법을 이용하여 사용자 및 적용 위치별로 업무 대비 정보기술 적용 전략을 도출한다.

③ 정보시스템을 구축하기 위한 원칙을 기술, 데이터, 어플리케이션으로 분류하여 정의하고 적용범위와 기본방향을 도출한다.

1) 접근방법

① 정보시스템 전략 수립 단계

업무 수행을 효율적으로 지원하고 구성원의 정보화 요구를 만족시키며, 미래의 경영 환경 및 정보기술 환경 변화에 유연하게 대처할 수 있는 정보시스템에 대한 정보기술 구조의 방향성을 권고해야 한다.

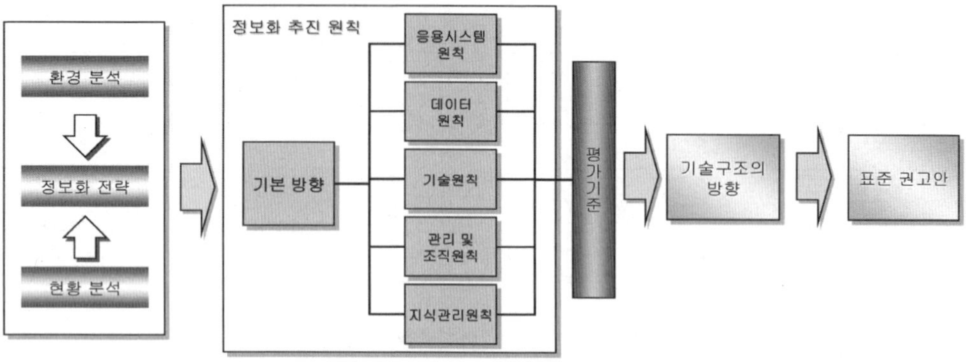

그림 10-8 정보시스템 추진 원칙

② 정보시스템 환경의 요건

정보시스템 전략은 그림 10-9에서 보인 것과 같은 환경 요건들을 고려하여 수립해야 한다.

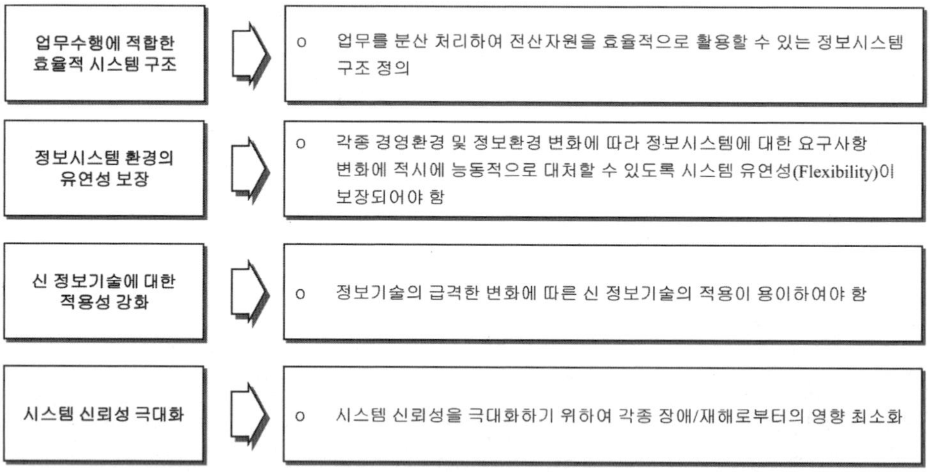

그림 10-9 정보시스템 환경 요인

③ 기술구조 평가기준

기술구조 평가기준은 응용시스템 원칙, 데이터 원칙, 기술구조 원칙을 준수하는 구체적인 내용으로서, 주요 기술적 요건 및 기술기반 구조에 직접 혹은 간접적으로 고려되어야 할 사항을 종합적으로 분석하여 기술적 구성요소를 설정하기에 적합한 항목으로 정리한 것이다. 이 기준은 각 기술 구조의 기술 요소별 또는 표준 권고안의 제품 선정 시 기준항목으로 적용된다.

표 10-1 평가 기준 및 내용 1

평가 기준	평가 내용
상호 운용성	다른 구성 요소와 연결되어 상호 실시간 처리되는 기능의 제공 여부
기능 적합성	요구되는 사항, 만족시킬 수 있는 기능 보유 여부
신뢰성	사용된 기술에 대한 구현상의 무결성이 입증된 정보나 공급자의 평판 또는 시장 점유율
성능, 생산성	요구되는 처리속도를 만족시키는 정도
표준 준수 및 이식성	개방을 지향하는 국제 표준 및 업계 표준 부합 여부
확장성	향후 예측 가능항 용량, 접속, 기능 확장 시 적절히 대처할 수 있는 계열 제품 혹은 기술의 보유 여부
신기술 채택 여부	미래 지향적이며 입증된 신기술을 채택함으로써 응용시스템의 기능과 성능을 제고할 수 있는 수준의 정도
전환 용이성/투자 보호	응용시스템, 테이타, 하드웨어 등의 전환 시 전환 용이성(기술, 작업량, 재투자규모 등) 정도와 관련 하드웨어, 소프트웨어에 대한 영향 수준

표 10-2 평가 기준 및 내용 2

평가 기준	평가 내용
보안 기준	데이터 접근, 사용자 정의 및 관리, 법적/제도적 대응 방안 등 다각도의 보안 수준 지원 및 일관성 유지 여부
사용자 인터페이스	사용자 인터페이스를 만족시키는 정도, 사용 편리성 수준
학습의 용이성	정보기술의 효과 및 효율성을 향상하기 위해서는 이를 사용하는 사용자(개발자 포함)에게 친숙성과 편리성이 제공되어야 함. 이러한 관점에서 선정된 도구 및 기술을 얼마나 쉽게 습득할 수 있는가 하는 정도
서비스 수준 관리	가용성, 응답의 신속성, 성능, 보안관리 등에 대한 서비스 수준 및 측정 가능한 관리 기능의 탑재 여부(사용자 입장에서의 서비스 수준 관리)
시스템 관리	문제 분석, 변화관리, 성능관리, 자산관리 등의 시스템 분야를 지원 관리하는 기능 (시스템 운영 측면에서의 관리 기능)
A/S 용이성	변경요인에 대한 제품 및 서비스의 신속한 대응 및 관리 용이성 공급자의 유지/보수 능력 및 지원체계, 교육 등 고려
구매선 다양성	동일 기능을 가진 하드웨어, 소프트웨어 제품에 대한 구매선의 다양한 정도 (단일 구매선을 가진 제품일 경우 위험 부담이 큼)
전략적 제휴 관계	대법원 및 호적 정보화의 정보기술 수준에 적합하도록 전략적 제휴 관계를 맺어 구매 리드 타임을 줄이고 유리한 가격 및 유지보수 조건을 제시하고 있는지의 여부
구매 소요시간	하드웨어 및 소프트웨어 제품에 대한 발주 후 도착, 설치 완료까지의 소요시간
비용 효과	단위 비용당 결과
한글지원 여부	한글 데이터 처리 가능 여부

그림 10-10, 그림 10-11은 기술구조가 나아가야 할 방향과 구축되어야 할 전사적 정보기술 구조를 요약하여 보여주고 있다.

기 술 구 조

시스템 구조의 클라이언트/서버 컴퓨팅 모델로의 전환	개방형 표준에 근거한 기술 구조 구축	데이터 구조의 유연성 및 접근 투명성 강화
l 각종 경영환경 및 정보환경 변화에 따른 정보시스템에 대한 요구사항 변화에 적시에 능동적으로 대처할 수 있도록 시스템 유연성 확보 l 시스템 가용성 보장을 위한 분산처리 환경 지원 l 네트워크 컴퓨팅 환경의 도래에 의한 정보활용의 분산화 추세 및 멀티미디어 컴퓨팅 시대에 대비	l 정보시스템 환경의 IBM 메인 프레임 의존 탈피 l 정보시스템 기술 구조의 일관성 유지 l 기술 구조를 구성하는 계층별 독립성 확보 l 구조화된 네트워크의 구현	l 전사 데이타의 관계형 데이터 구조로의 전환 l 전사 데이터에 대한 접근성 확보를 위한 Enterprise Networking 환경 마련 l 업무 수행과 정보공유 및 의사결정을 지원할 수 있는 데이터 웨어하우스 구축

그림 10-10 전사적 기술구조의 방향

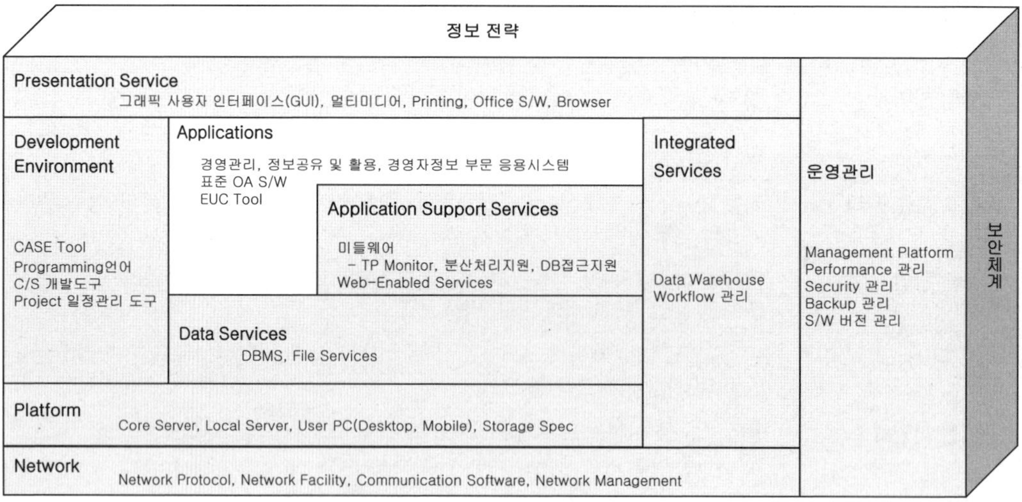

그림 10-11 전사적 정보기술 구조

10.4 정보관리 전략 분석

정보시스템 개선 방향을 기반으로 정보관리 요소별 향후 추진 방향을 델파이 기법으로 정리하여 정보관리 전략을 도출한다.

① 정보관리의 4요소(계획, 조직, 통제, 기술)별로 현황을 설명한다.

② 정보관리의 4요소별로 기술된 현황을 바탕으로 향후 추진 방향을 정립한다.

2) 접근방법

① 정보관리 전략의 목적

- 보유 정보자원의 효율적 활용을 통한 성능의 최대 발휘
- 무장애 시스템 실현(시스템 장애율 제로화)을 통한 업무의 연속성 유지
- 예상치 못한 장애(천재지변, 의도적/비의도적 실수)로부터 자원 손실의 최소화
- 보유하고 있는 유형자원의 자산으로서의 체계적 관리
- 정보관리의 4요소(계획, 조직, 통제, 기술)의 유기적 연계

② 정보관리 전략 수립의 방향

- 통합적 계획 수립(정보시스템 구축 계획, 단기과제 개선 계획, 업무 추진 계획)
- 전사적으로 공감대가 형성되고 변화의 방향 및 정도를 예측할 수 있는 조직으로 구성하여 새로운 조직문화 창조의 원동력 역할 수행
- 하부조직(현장중심, 고객중심)의 업무 처리를 위한 하부조직으로의 권한 및 책임 위양
- 보유기술 및 신기술(IT)의 효율적/효과적 적용으로 핵심적인 역할 수행(비지니스와 IT의 밀접한 관계)

③ 정보관리(information management) 의 4요소

정보관리의 4요소는 다음과 같다.

- 계획[planning]: 정보시스템 구축 전략과 정보기술 응용 전략에 대한 의사결정 및 통합
- 조직[organization]: IT 비전 수립에 의한 정보시스템 관련부서의 역할 및 조직구조 정립

- 기술technology: 정보기술의 원칙과 요건에 대한 표준 정립 및 관리
- 통제control: 정보시스템 및 관련 조직의 정보에 대한 운영 및 유지보수

그림 10-12는 정보관리 4요소의 상호 작용을 보여준다.

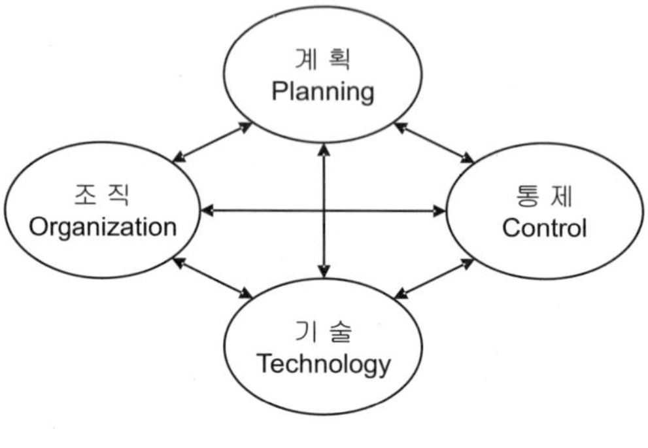

그림 10-12 정보관리 4요소

⑤ 정보관리 요소별 추진 목표

정보관리의 각 요소별 추진목표를 정의하여 복잡한 정보시스템 환경을 체계적으로 관리/운영하고 시스템 자원 활용의 효율성을 극대화해야 한다.

조직	계획	통제	기술
• 정보계획, 개발, 유지보수, 운영에 관한 조직 정의 • 새로운 정보기술에 대한 조직원의 교육체계 수립 • 필요한 부분의 인력에 대해서는 아웃소싱을 통하여 비용절감 • 각 분야 전문 인력 양성	• 정보계획과 정보관리와의 유기적인 연계하에 역할 및 책임의 명확화 • 전사차원의 단계적 개발 계획수립 • 프로젝트 수행방법론 정립 • 정보시스템 표준 정립 및 조정기능 수행 • 프로젝트 관리 방법론 정립	• 시스템 관리, 네트워크 관리, 어플리케이션 관리, 형상관리, 보안관리 기능이 통합되는 관제 시스템 구축 • 장애발생 후 조치를 취하는 방식보다 사전에 장애요인을 제거하는 관제방식 채택 • 관제 시 발생되는 데이터를 수집/축척하여 정보시스템 계획에 활용될 수 있게 함	• 분산처리 환경, 인트라넷 환경, WEB 기반 기술 등에 대한 기술동향 분석 • 각종 정보를 저장하는 DBMS에 대해서 기술동향 파악 • 신속한 의사결정 및 마케팅 기능 등 전략적 업무를 지원할 수 있는 기술 도입

그림 10-13 정보관리 요소별 추진 목표

⑤ 정보기술 활용 목적

- **정보획득 채널 및 고품질 정보화에 의한 경쟁력 확보**

  CS/E 및 협력사 등의 정보획득 채널을 활용하여 고품질의 정보력 확보와 선진 정보네트워크화로 공급사에서 협력사까지의 사업가치 체계value system에서의 선도적 역할을 수행할 수 있도록 하는 등 사업의 경쟁력을 강화할 수 있는 정보서비스를 제공해 준다.

- **기술정보 등의 통합화 및 공동 활용에 의한 핵심역량 강화**

  질적으로 고도화된 비즈니스 기능business function들이 유기적이고 종합적으로 결합하여 상호 유용한 기능을 발휘하여 기술기반 서비스 기업으로서의 시너지synergy 효과를 창출하는 정보서비스를 제공해 준다.

- **서비스 기술과 정보 집약화에 의한 기존 사업의 고부가가치화 및 신규 사업의 전개**

  서비스와 정보를 결합한 신개념의 서비스 상품 개발 등으로 대 고객서비스 차별화 등 기존 서비스 사업의 고부가가치화 및 신규 사업의 기회 창출을 위한 정보서비스를 제공해 준다.

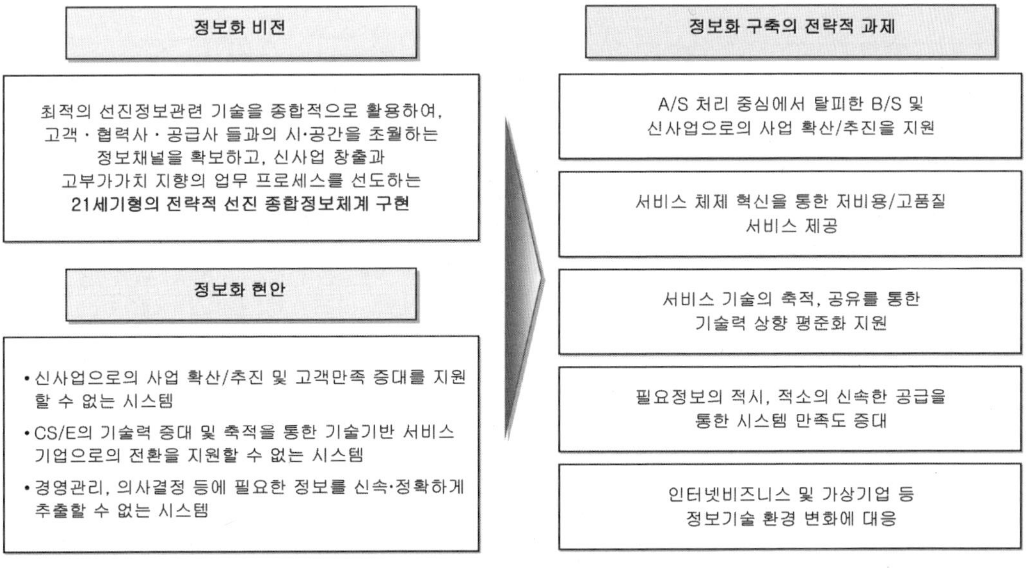

그림 10-14 정보화 비전과 전략적 과제

정보화 과제	정보시스템 구축과제	구축방향
A/S 처리 중심에서 탈피한 B/S 및 신사업으로의 사업 확산과 사업 추진을 지원	DB Marketing 지원 및 고객별 차별화된 서비스를 제공할 수 있는 시스템 구축	▪ Household 또는 Site별 보유제품 단위관리가 가능한 시스템 ▪ Household를 구성하는 가족구성원을 파악할 수 있고 구성원별 구매성향 파악과 이벤트(입학, 결혼 등) 추출이 가능한 시스템
	Before Service 체제를 지원하는 시스템 구축	▪ 고객보유제품의 서비스 이력관리가 가능한 시스템 ▪ 제품의 서비스 주기를 예측하고 시점별 처리내역이 제공되는 시스템 ▪ A/S 접수시 고객에게 부가 서비스를 받아야 할 제품을 사전에 제시할 수 있는 시스템
	수익상품 판매사업을 지원하는 시스템 구축	▪ 자재관리와 분리된 수익상품관리 시스템 ▪ 수익상품 기획, 판매계획 수립, 구매 관리, 재고 관리, 판매실적 관리 및 분석, 내외부 상품자원 관리 등 수익상품 판매사업 관련 기능을 자동화 또는 효율적으로 지원하는 시스템 ▪ 온라인 Shopping Mall 시스템

그림 10-15 정보시스템 구축 과제 및 구축 방향

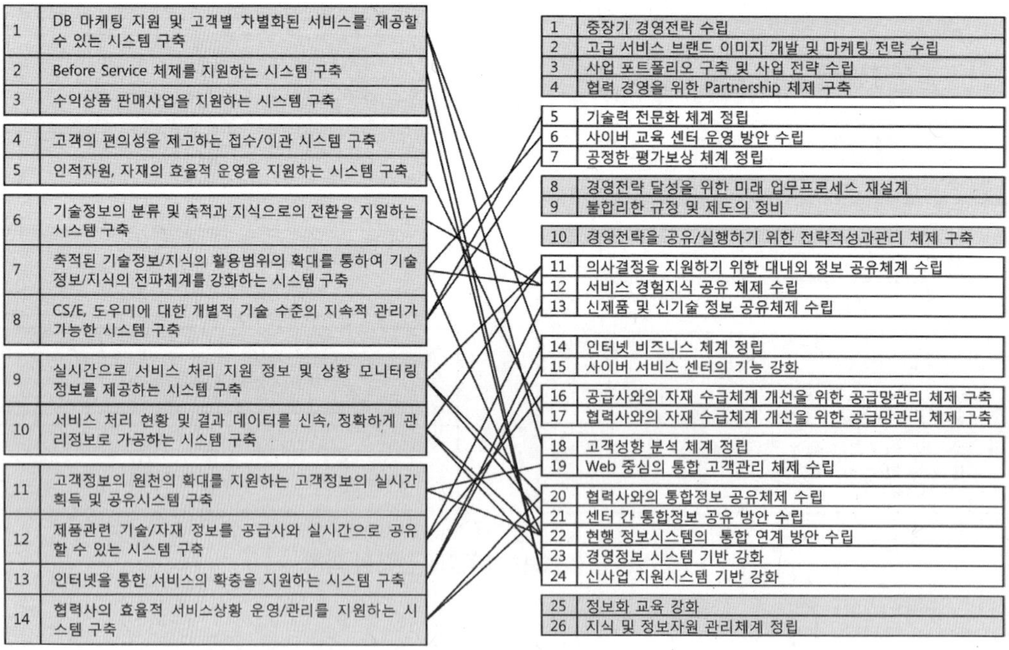

그림 10-16 정보시스템 구축 과제와 개선 과제의 관계

토의문제 및 활동

1. 정보화 전략 계획을 수립하는 절차 3단계에 대하여 각 단계별로 수행해야 할 내용을 설명하고 분석 기법들을 정리하여 설명해보자.

2. 정보 전략 수립 단계의 수행 절차 3가지를 순서대로 설명해보자.

3. 정보시스템 전략 수립 단계의 수행절차 3가지를 순서대로 설명해보자.

4. 정보시스템의 5가지 추진 원칙을 나열하고 각각에 대해 간단히 설명하라.

5. 정보관리 전략 수립 단계의 수행절차 2가지를 순서대로 설명해보자.

6. 정보관리의 중요한 4가지 요소에 대해서 나누고 이것에 대하여 간단히 설명해보자.

7. 그림 10-14, 그림 10-15와 그림 10-16을 참고하여 각자의 기업이나 조직을 대상으로 하여 정보화 비전과 전략 과제, 정보시스템의 구축 과제와 구축 방향, 정보 시스템 구축 과제와 개선 과제의 관계를 그림으로 작성해보자.

CHAPTER

11

INNOVATION BIBLE

신 정보시스템 구조

11.1 신 정보시스템 구조 개념과 절차

정보화 전략의 구체적인 실현을 위한 어플리케이션, 데이터, 기술 측면의 구조를 정의하고 이를 기반으로 향후 통합 정보시스템 구축을 위한 구조를 도출하는 과정이다. 그림 11-1은 이 과정에서 고려해야 할 사항을 요약하여 보여주고 있다.

그림 11-1 정보화 고려사항

그림 11-2, 11-3, 11-4는 신 정보시스템 구조를 정의하고 그 수행 절차와 방법 등에 대해 요약하여 보여준다.

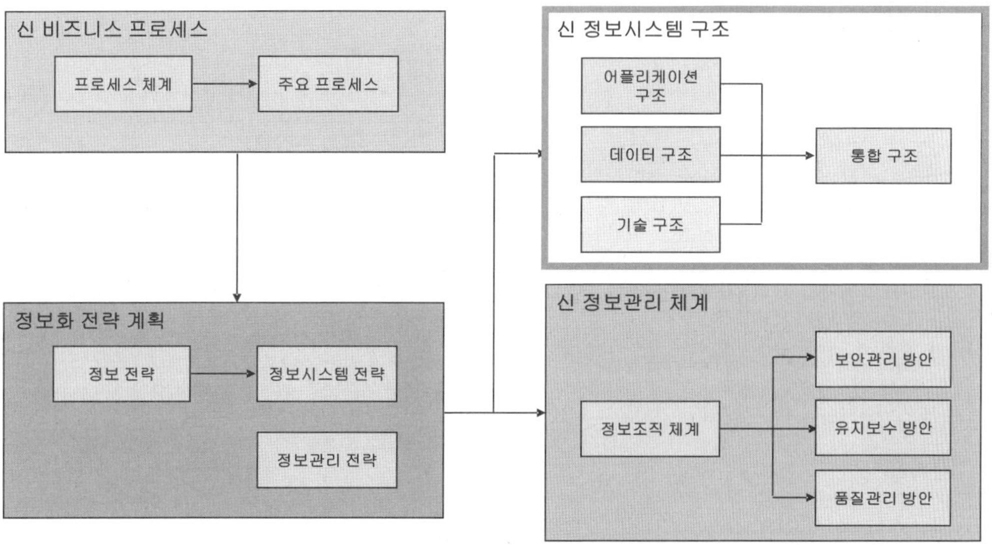

그림 11-2 정보시스템 구조 정의 수행 공정

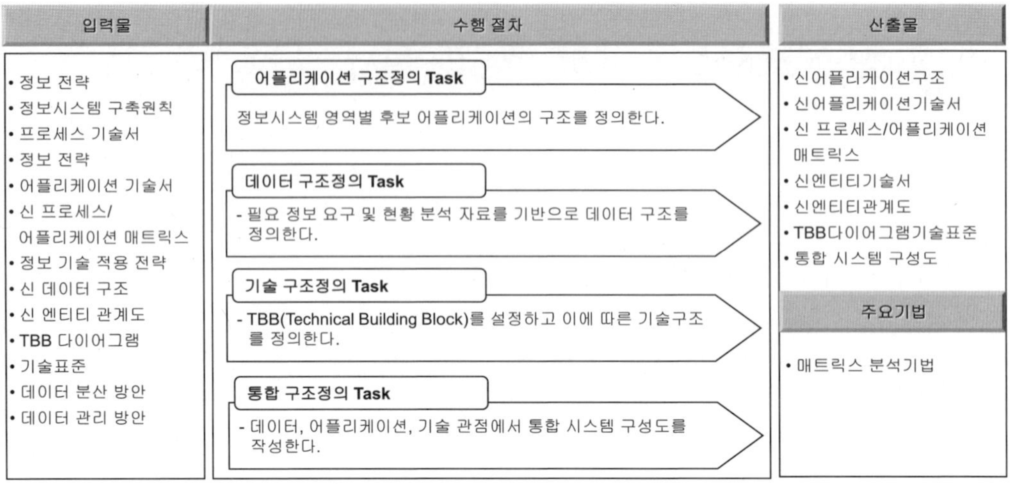

그림 11-3 정보시스템 구조 정의 수행 방법

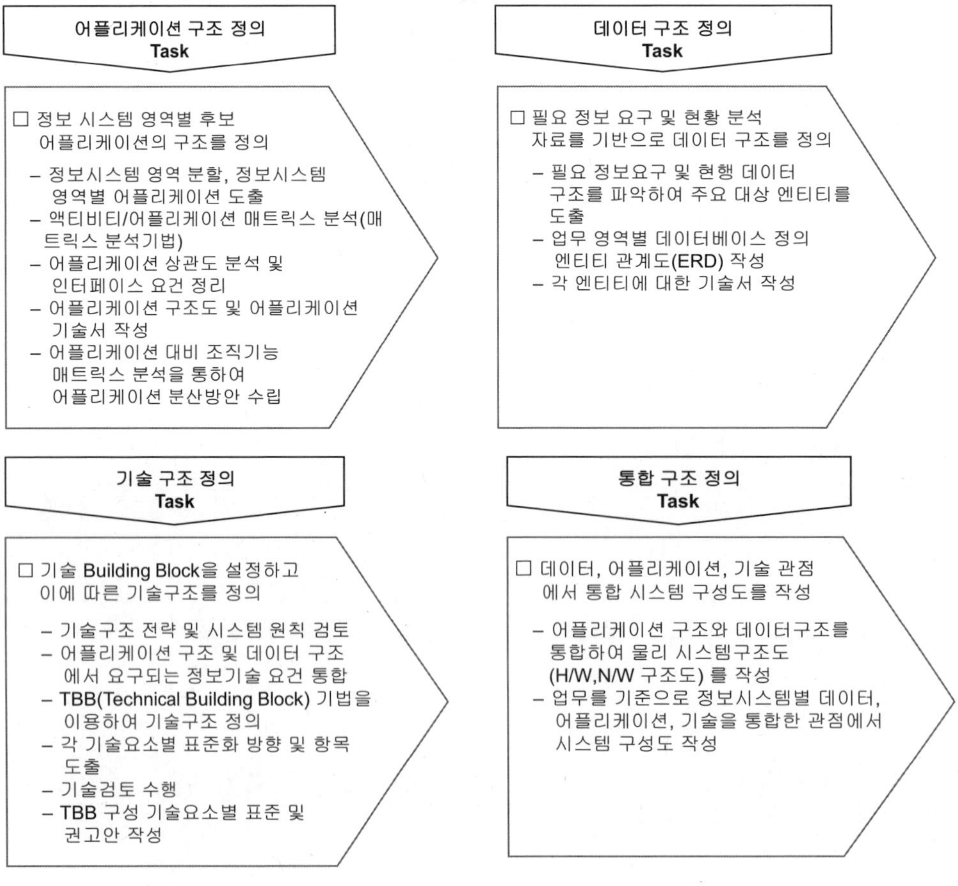

그림 11-4 신 정보시스템 구조 정의 태스크

11.2 어플리케이션 구조 분석

새로운 비즈니스 프로세스를 적용한 영역별 후보 어플리케이션의 구조를 정의한다.

어플리케이션 구조 정의는 프로세스 모델링을 수행한 후 이에 대한 정보처리를 지원하기 위한 관점에서 재정립된 산출물로서 조직 내에서 수행되는 주요 기능과 이들 간의 연관관계에 대한 설명으로 이루어진다. 어플리케이션 구조 정의는 주요 어플리케이션 시스템에 대한 명세와 이들이 조직 내 주요 기능과 어떻게 연결되어 있는가에 대한 설명을 담고 있다.

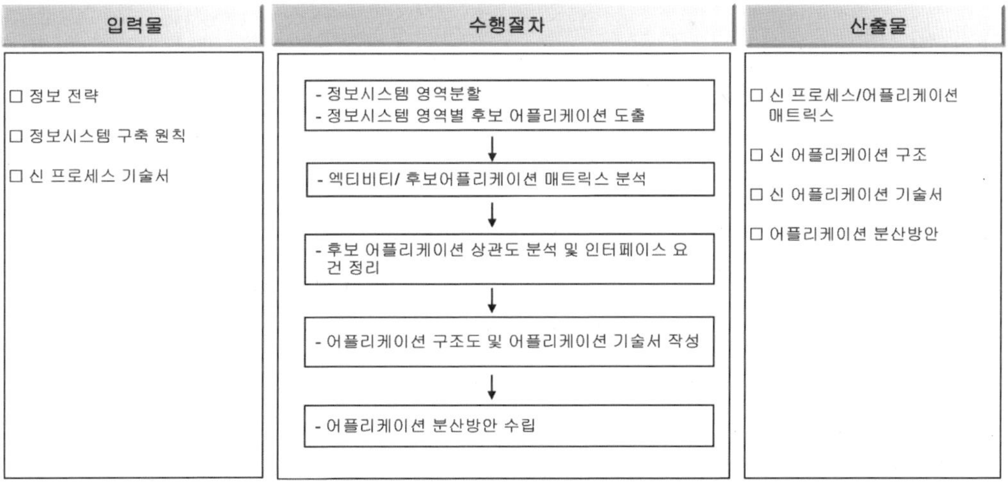

그림 11-5 어플리케이션 구조 정의 수행 방법

1) 접근방법

정보시스템을 영역별로 모아서 메가 프로세스-메이저 프로세스-단위 프로세스의 구조로 그룹핑grouping하여 신 어플리케이션을 정의한다. 일반적으로 단위 프로세스가 단위 어플리케이션으로 구현되는데, 업무 프로세스의 액티비티가 모두 어플리케이션으로 구현되었는지 매트릭스 기법을 활용하여 검증한다. 어플리케이션의 상관관계 분석을 통하여 분산방안을 수립한다.

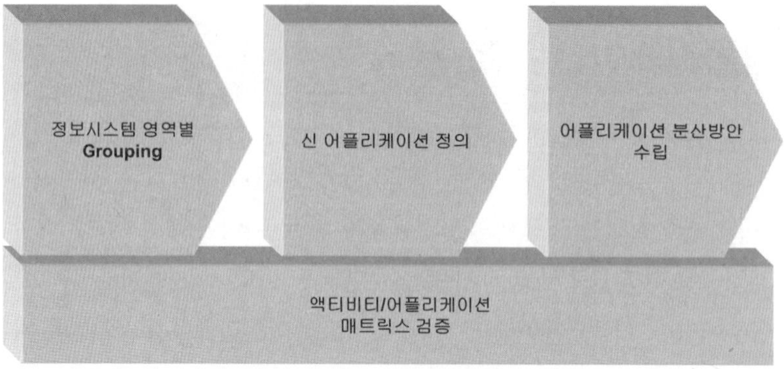

그림 11-6 신 정보시스템 접근방법

2) 분석기법

- 정보시스템의 기본 구조 정의

정보시스템 구조는 기본적으로 정보시스템 처리 구조 및 개발 방법에 의해 동일 기업 내 또는 업무 영역 내에서도 다양한 형태를 가질 수 있다. 따라서 각 단위 정보시스템은 개발 대상 조직 및 업무특성 등에 따라 최적의 정보시스템 처리 기본 모형과 개발 방법이 선정되어야 한다. 정보시스템 기본 모형 및 개발 방법 선정 시 주요 고려 항목을 살펴보면 다음과 같다.

1. 조직의 경영체계
   - 조직 규모/분산 정도, 단위사업의 구성business unit 형태/전략 및 업무 특성
   - 업무 간의 종속성, 업무형태/처리형태, 데이터의 형태, 네트워크 트래픽 량/빈도, 응답성, 보안성
2. 사용자 환경 및 수준
   - 동일 시스템 사용자 수, 정보처리 능력 및 기술 보유 정도, 사용자 정보 기술 환경, 유지보수 능력, 개발자 능력
3. 현 정보시스템 재활용성

- 정보시스템 개념 구조 설계 시 고려사항

경영전략과 정보기술의 연계에 중점을 둬야 한다. 정보기술은 경영전략을 효과적으로 지원할 때 그 가치가 존재한다. 따라서 최신의 정보기술의 도입보다는 경영전략을 효과적으로 지원할 수 있는 정보기술은 어떠한 것이 있는지를 정의하는 것이 더욱 더 바람직하다고 할 수 있다.

또한 전사적 관점에서 접근해야 한다. 전사적인 관점에서의 정보 구조 없이 정보시스템이 구축되는 것은 불완전한 설계도를 가지고 집을 짓는 것과 같다. 따라서 정보시스템 구조는 기업 전체의 요구사항을 모두 만족시킬 수 있는 방향에서 개발되어야 한다.

To-Be 프로세스 설계 내용 및 정보기술 전략 등 전 공정에서 작성된 산출물들이 적극적으로 활용되어져야 한다.

- 어플리케이션 아키텍처application architecture

어플리케이션 아키텍처는 프로세스 모델링을 수행한 후 이에 대한 정보처리를 지원하기 위한 관점에서 재정립된 산출물로서 조직 내에서 수행되는 주요 기능과 이들 간의 연결 관계에 대한 설명으로 이루어진다. 어플리케이션 아키텍처는 또한 주요 어플리케이션 시스템에 대한 명세와 이들이 조직 내 주요 기능과 어떻게 연결되어 있는가에 대한 설명을 담고 있다. 어플리케이션 아키텍처의 정의와 설계 절차와 조직 내 어플리케이션 관계도를 그림 11-7과 11-8에 나타내었다.

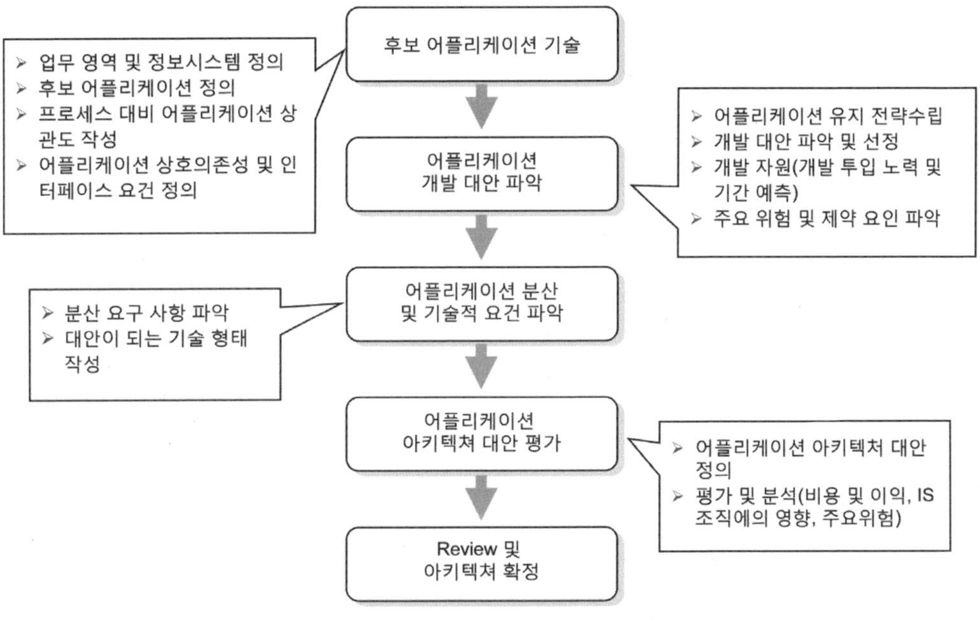

그림 11-7 어플리케이션 아키텍쳐 정의 절차

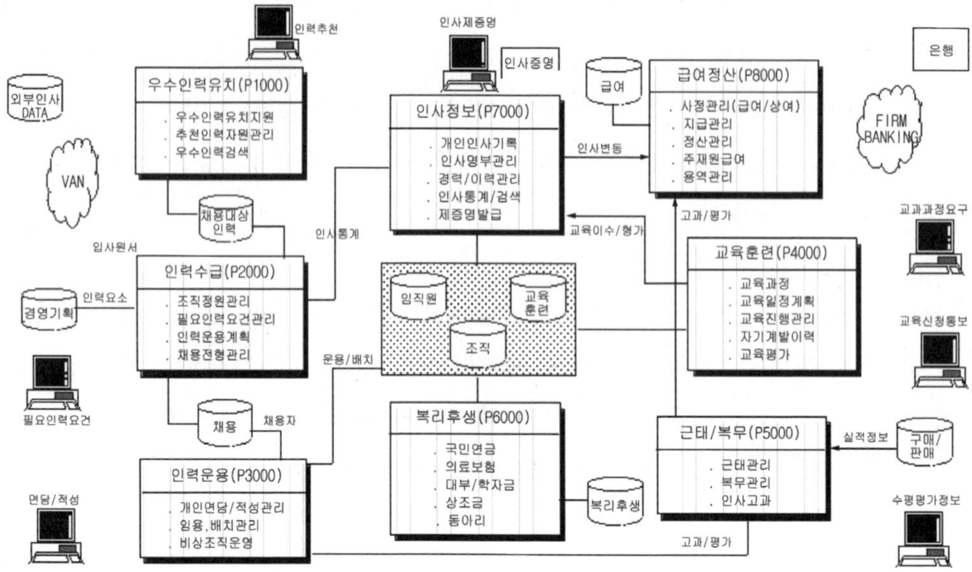

그림 11-8 어플리케이션 관계도

어플리케이션 기술서에 기술될 주요 항목(기술 요건 및 운용 특성)은 다음과 같다.

- **성능 관련 요건:** 설계/개발/운영 시에 적용되는 기술에 영향을 미치거나 본 시스템에 대한 성능 요구 사항(응답시간 및 가용시간 등)
- **분산처리상의 요건:** 본 시스템의 분산에 관련하여 발생되거나 영향을 미칠 수 있는 요건
- **하드웨어 요건:** 업무영역에서 정보처리 및 공유 등을 위해 요구되는 하드웨어 특별요건(예, Fault Tolerance 등)
- **시스템 소프트웨어:** 운영체계, 개발툴, 사용자툴, 보안툴 등에 관련된 요건
- **DBMS 요건:** DBMS에 관련된 요건(OLTP, OLAP, 영상 처리 등)
- **네트워크 요건:** 네트워크에 관련된 요건(EDI 등)
- **보안 요건:** 보안, 사용자 등에 관련되어 사전에 갖추어야 할 사항 및 전제사항
- **환경적 제약사항:** 실행되는 환경에 관한 제약사항 및 사전에 갖추어야 할 요건

11.3 데이터 구조

필요 정보 요구 및 현황 분석 자료를 기반으로 데이터 구조를 정의한다. 향후 정보시스템의 환경, 특히 어플리케이션 아키텍처를 지원하는 데 필요한 데이터에 관한 이상적인 논리적 구조를 정의한다. 데이터 구조는 비즈니스 프로세스를 지원하고 경영 의사결정에 필요하다고 파악된 데이터(주요 정보 요구)를 고려하여 주제 데이터베이스별로 구분한 것으로 데이터 모델링의 산출물이며 조직 내 데이터 자원에 대한 조감도를 제공한다. 차후 시스템 기본설계 시 어플리케이션 구조 정의와 연계되어 각 응용 시스템별 엔티티에 대한 데이터 분산을 위한 기본지침을 제공한다.

각 데이터 유형별로 정보 요구에 대한 현재의 만족도와 유형별 각 데이터의 소유자와 활용 형태, 각 데이터가 조직 내에서 차지하는 중요도 등을 상세하게 기술하여야 한다.

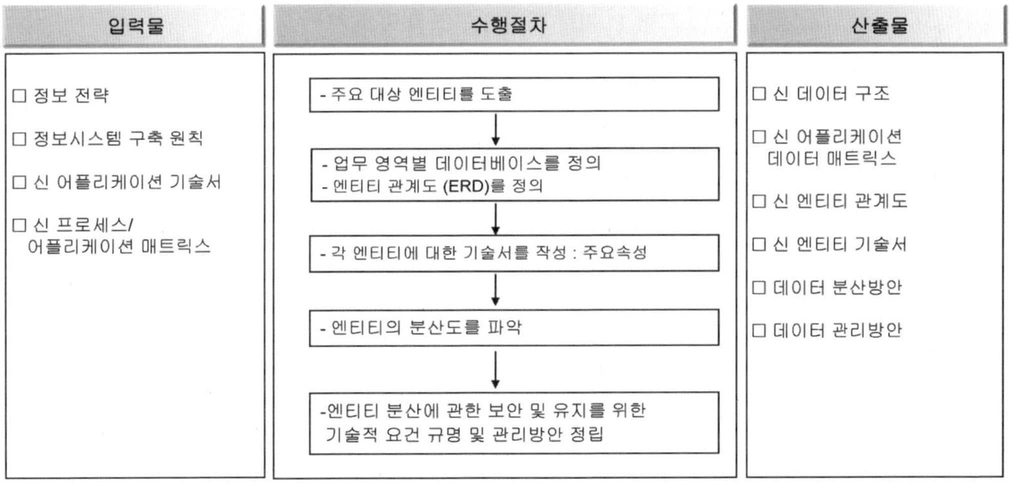

그림 11-9 데이터 구조 정의 수행 방법

1) 접근방법

현행 데이터 구조와 신 업무 프로세스에서 엔티티를 도출하여 메이저 프로세스별로 엔티티 관계도ERD를 작성한 후 각 엔티티에 대한 기술서를 정의한다.

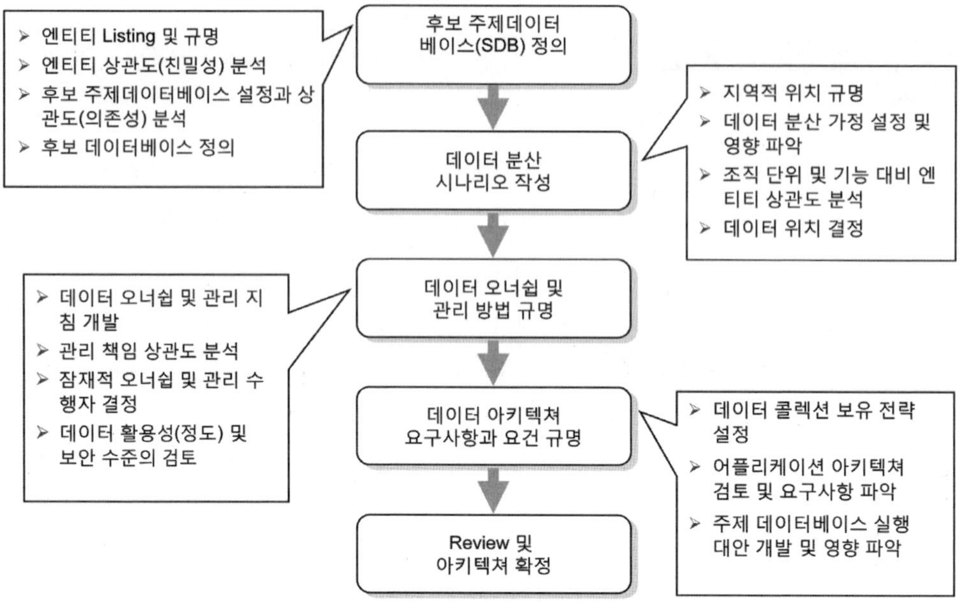

그림 11-10　데이터 구조 정의 절차

3) 분석기법

- 주제 데이터베이스subject database

주제 데이터베이스는 업무 기능(또는 비즈니스 프로세스)의 사용 측면에서 높은 유사성을 가진 엔티티entity들의 집합으로 설명되는 논리적 데이터베이스이다. 주제 데이터베이스는 하나의 어플리케이션이 아닌 여러 어플리케이션의 요구를 지원하는 것으로 데이터를 보다 쉽게 공유할 수 있다.

분산 환경하에서는 주제 데이터베이스가 여러 지역에서 물리적 데이터베이스 아키텍처의 집합으로 구현되므로, 주제 데이터베이스의 분류는 엔티티 간의 밀접도(관련도, 친밀성)를 파악하고, 어플리케이션의 경계를 기초로 엔티티를 그룹화하여 분류한다.

- 엔티티entity

데이터베이스가 표현하고자 하는 유형, 무형의 객체로서 서로 연관된 몇 개의 애트리뷰트attribute로 구성된다. 인간이 생각하는 개념 또는 정보의 세계에서 의미 있는 하나의 정보 단위를 의미하며 컴퓨터가 취급하는 데이터의 구성면에서 보면 레코드에 해당된다.

- ERDentity relationship diagram

ERD는 엔티티 관계 도표로서 'E-R도'라고 한다. 첸P.Chen이 제안한 데이터베이스 도식화 기법으로 엔티티 세트와 그들 사이에 존재하는 관계를 그림으로 나타낸 것이다.

엔티티 세트는 사각형으로 나타내고 그것을 구성하는 애트리뷰트는 원, 그들 사이의 관계는 마름모꼴로 나타낸다. 이 관계는 엔티티 세트에 따라 1:1 관계가 될 수도 있고 n:m 관계가 될 수도 있다. 그림 11-11은 호적업무 사례에서의 ERD를 예시한 것이다.

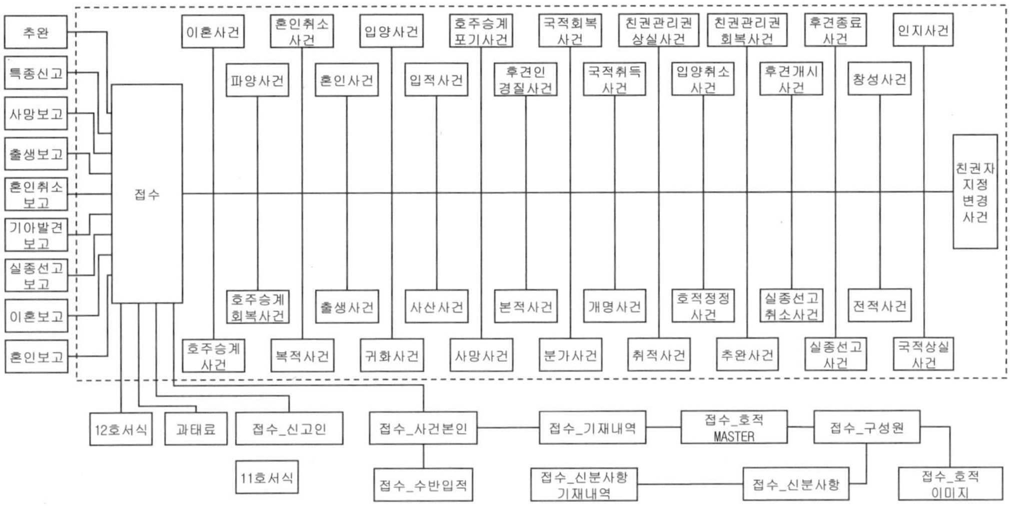

그림 11-11 호적업무에서의 ERD(Entity Relationship Diagram, 객체관계도)

11.4 기술 구조

신 정보시스템에 적용할 기술 빌딩 블럭building block을 설정하고 이에 따른 기술 구조를 정의한다.

기술 구조는 플랫폼 모델링platform modeling의 산출물로서 미래 기업 모형을 지원하기 위한 시스템 플랫폼, 소프트웨어, 시스템 개발환경, 데이터 관리, 정보통신 네트워크 기반의 구조를 정의하는 것으로 정보시스템을 실제로 운용하는 데 필요한 설비 및 시스템 소프트웨어 자원에 대한 조감도를 제공해준다. 플랫폼이란 사용자에게 컴퓨팅 서비스와 정보자원을 제공하기 위해 사용되는 각종 컴퓨터 하드웨어와 통신용 네트워크 설비를 말한다. 잘 정의된 기술 구조는 현행 기술 요소들의 성능을 측정하고 미래에 필요한 기술자원을 파악할 수 있도록 해줌으로써 조직이 기술적으로 낙후되지 않도록 해준다. 기술구조를 정의하는 방법과 절차를 그림으로 나타내면 그림 11-12와 같다.

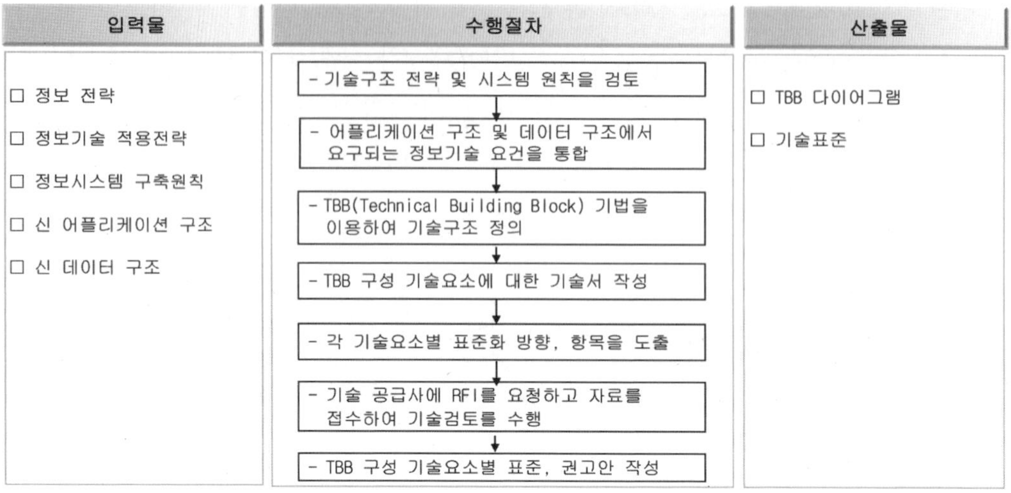

그림 11-12 기술 구조 정의 수행방법

1) 접근방법

신 업무 프로세스를 정보시스템으로 구현하기 위한 기술구조 전략과 기준을 정립하고, 어플리케이션 구조 정의와 데이터 구조 정의를 뒷받침할 수 있는 정보기술 요건을 파악하여 TBB[technical building block]를 통해 구조적으로 기술요건을 통합한다. 각 기술요소별 항목을 도출하고 표준화 방향을 제정하여 기술요소별 표준 및 권고안을 도출한다.

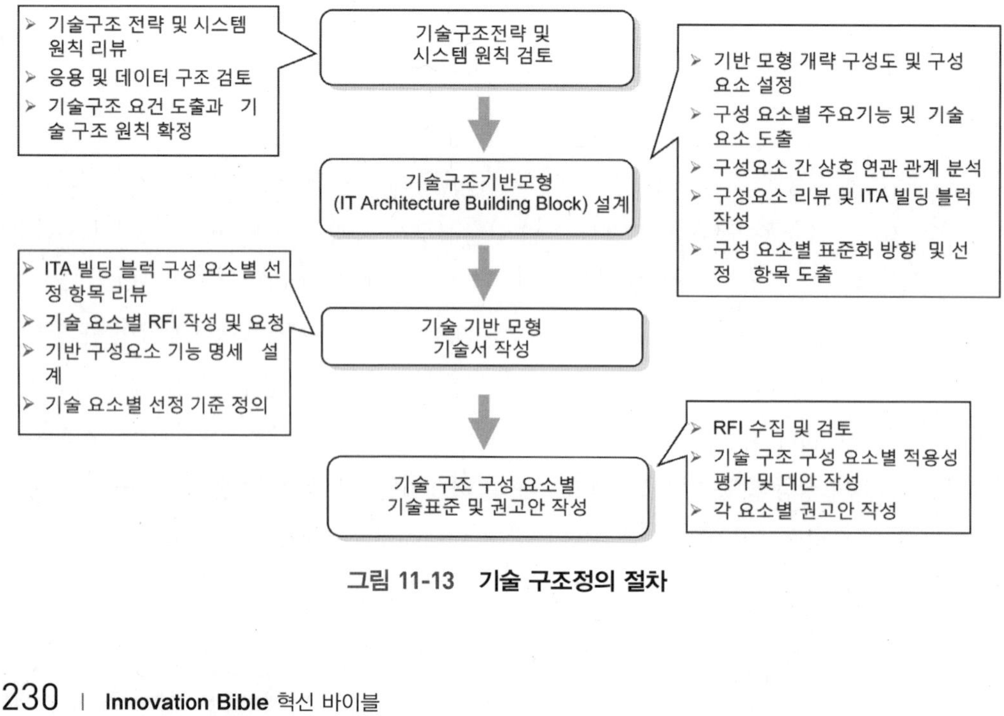

그림 11-13 기술 구조정의 절차

2) TBB

TBB^technical building block^ 정보기술 전략을 근간으로 하여 어플리케이션과 데이터를 구체화할 수 있도록 정보기술 기반구조를 논리적으로 빌딩 블록화/모델링화하는 것을 말한다. 정보기술 환경 및 플랫폼에 관련된 하드웨어 및 소프트웨어(enterprise, corporate, workgroup, personnel), 네트워크(통신 프로토콜, 통신장비, 네트워크 관리 등), 어플리케이션 개발 지원, 각종 시스템 관리 및 서비스, 사무자동화 지원, 기술 규격 및 체계 등을 범위로 하여 블록화/모델링화한다.

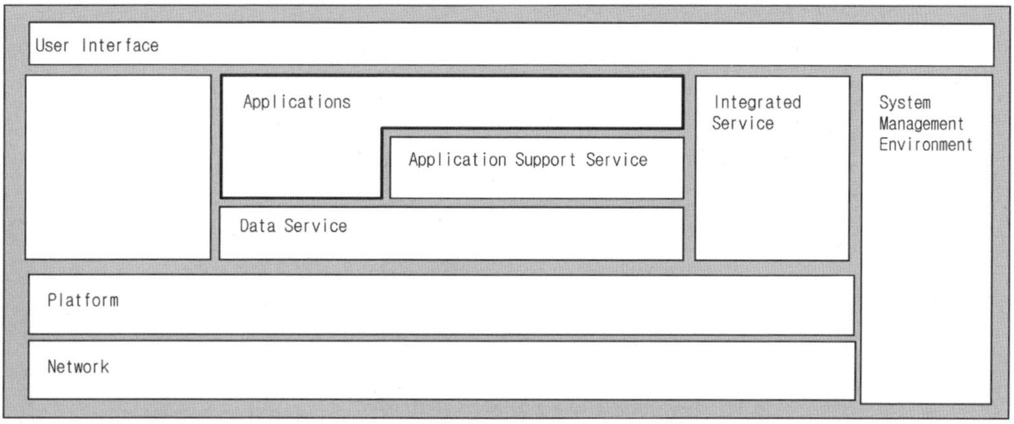

그림 11-14 TBB 구조도

3)산출물 예시

호적 업무에서의 정보기술 구조를 중심으로 전개하여 설명하면 다음과 같다.

호적 업무 처리 기반에서의 어플리케이션은 원활한 호적 업무처리 및 업무지원, 민원서비스, 관련기관 정보공유, 시스템 전환을 위해 사용되는 모든 소프트웨어 프로그램을 의미한다. 데이터 서비스, 어플리케이션 지원 서비스 등을 기본요소로 모든 정보자원을 통합 이용하는 기술요소의 집합으로 다음과 같은 원칙과 방향을 가지고 구현한다.

- 프로그램의 수정이나 추가 개발 시 서버와 클라이언트에 대한 동시 변경이 필요 없는 웹 기반 어플리케이션 구현을 원칙으로 한다.
- 호적업무 환경의 변화 및 사용자 요구사항의 변경이 발생할 수 있으므로 확장성이 보장되는 어플리케이션을 구현해야 한다.
- 시스템 플랫폼에 독립적인 어플리케이션을 도입해야 한다.

- 사용하기 쉽고 일관성 있는 인터페이스를 제공하는 Single User Interface, Single Window Service 및 Single Sign On을 제공해야 한다.
- 종이, 파일, 화면 등 다양한 매체로 호적정보가 출력될 수 있어야 한다.
- 지식관리의 경우 호적 단독으로 지식관리시스템 인프라를 구축하기보다 중복투자 절감 및 체계적인 지식관리 측면에서 사법부 전체적인 관점에서 지식포탈knowledge portal을 구축해야 한다. 이에 따라 호적 지식관리시스템 구축 시 사법부 차원의 지식포탈로의 전이를 고려해야 한다.
- 어플리케이션을 사용하는 End User가 필요한 정보를 추출하고 검색하는 방법이 용이해야 한다.

이상의 사례에서 살펴본 기술구조를 도식화하여 나타내면 그림 11-15와 같다.

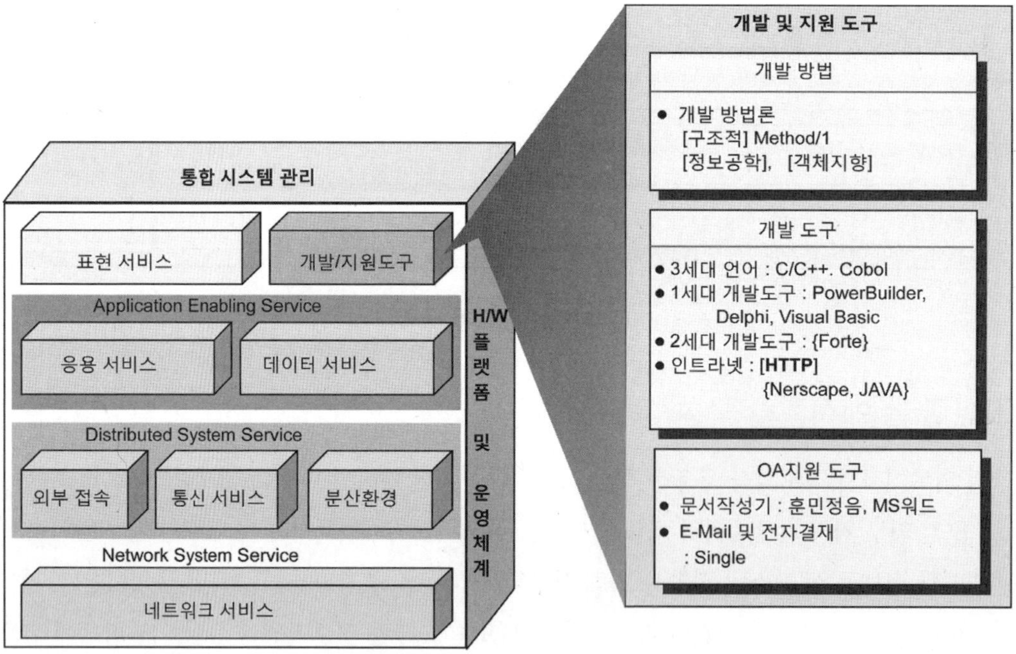

그림 11-15 기술 아키텍처의 예

11.5 통합 구조

데이터, 어플리케이션, 기술 관점에서 통합 시스템 구성도를 작성한다.

통합시스템 구성은 정보시스템화 대상이 되는 업무 프로세스를 지원하는 어플리케이션, 데이터, 정보기술 구조를 통합하여 하나의 응용 시스템으로서의 기능을 제공하는 정보시스템의 모습을 구현하고자 하는 것이다. 즉, 단위 시스템 분류 기준(비즈니스 프로세스, 업무기능 영역 등)에 의거하여 앞서 설계된 어플리케이션, 데이터, 정보기술 구조를 융합시키고 이를 바탕으로 전사 차원의 물리적, 논리적 관점에서 시스템 구조를 제시하는 것으로 "정보시스템 청사진blue print"이라고 부를 수 있다.

입력물	수행절차	산출물
□ 정보 전략 □ 신 엔티티 관계도 □ TBB 다이어그램 □ 기술표준 □ 데이터 분산방안 □ 데이터 관리방안	□ 어플리케이션 구조와 데이터구조를 통합하여 물리 시스템구조도 (H/W,N/W 구조도)를 작성 □ 업무를 기준으로 정보시스템별 데이터, 어플리케이션, 기술을 통합한 관점에서 시스템 구성도를 작성	□ 통합 시스템 구성도

그림 11-16 통합 시스템 구조 정의 수행방법

2) 접근방법

그림 11-17에서 보듯이 작성된 하드웨어 구성도와 시스템 소프트웨어 구성도, 네트워크 구성도에 기초하여 어플리케이션 및 데이터, 기술 구조 정의의 통합적 관점에서 통합 시스템 구성도를 작성한다.

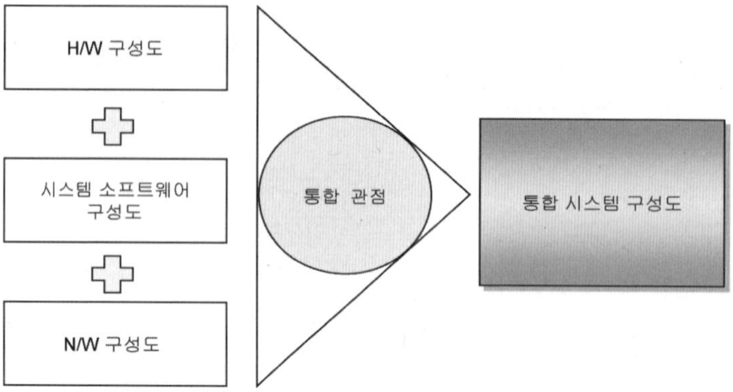

그림 11-17 통합 구조정의 접근방법

그림 11-18에서 11-19까지는 앞서 설명한 접근방법을 토대로 통합 구조의 정의 절차로부터 구체적 통합 시스템 구조까지의 사례를 top-down 방식으로 단계별로 보여준다.

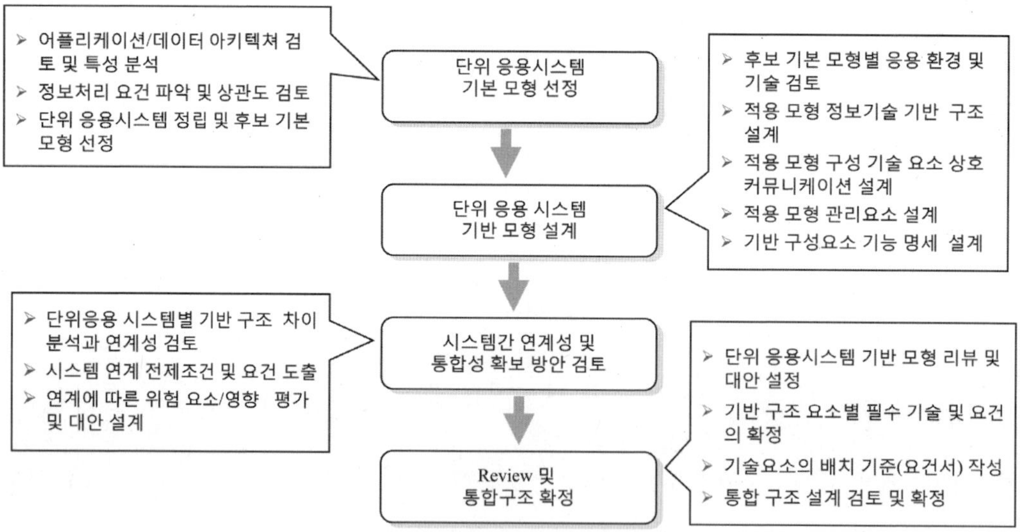

그림 11-18 통합 구조 정의 절차

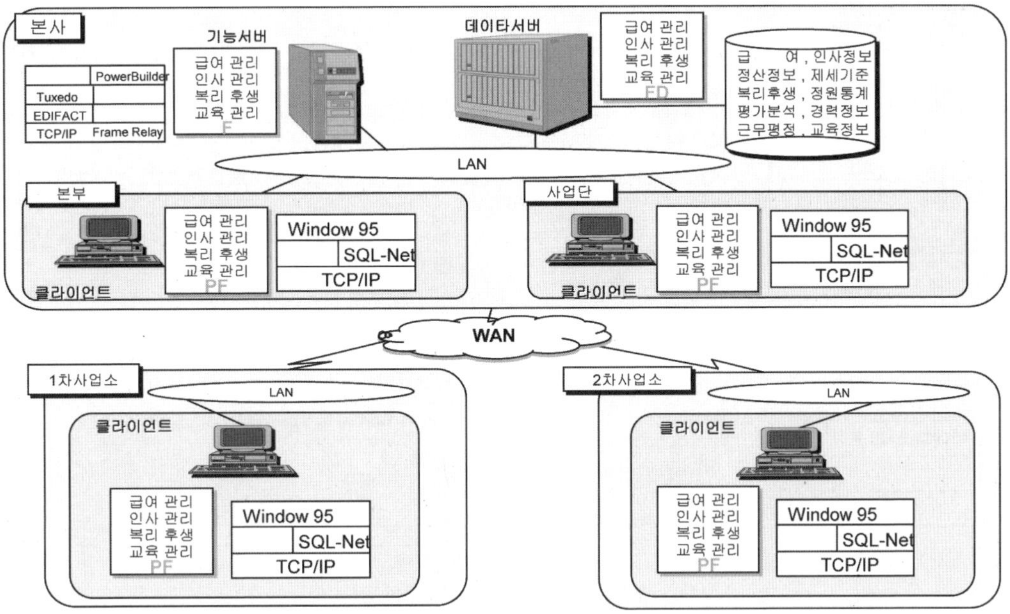

그림 11-19 통합 아키텍처의 예

그림 11-20, 그림 11-21은 앞서 살펴본 호적 업무를 기반으로 하는 소프트웨어 구성과 네트워크 구성을 그림으로 나타내었다.

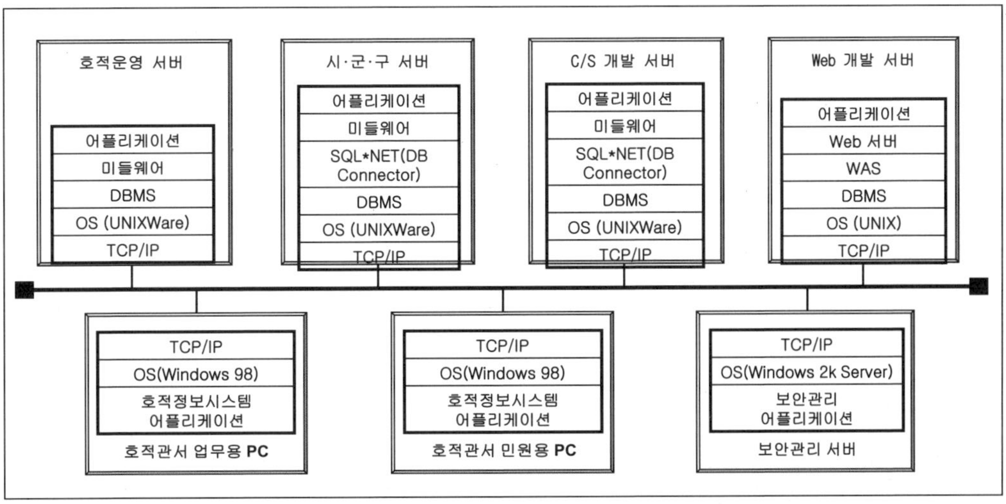

그림 11-20 소프트웨어 구성도

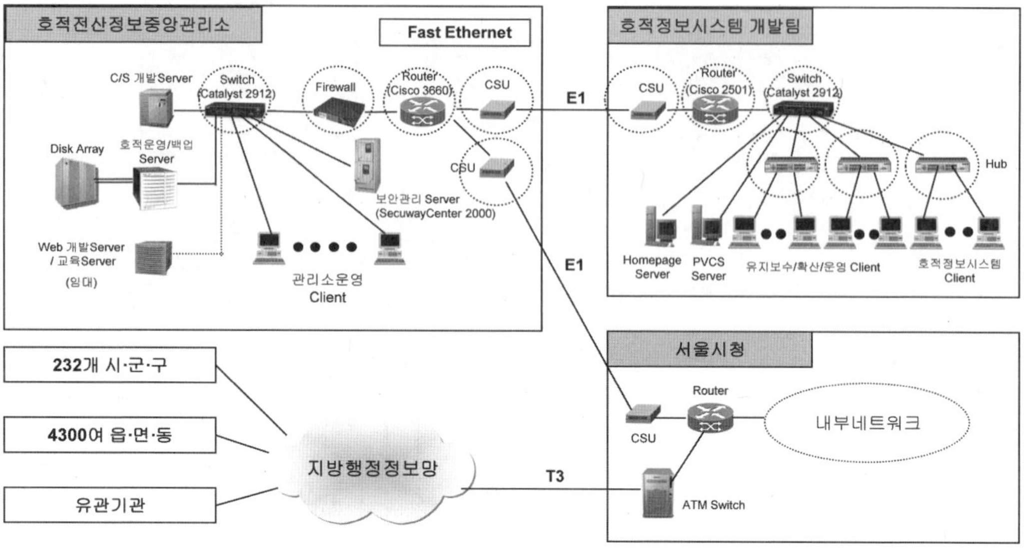

그림 11-21 **네트워크 구성도**

토의문제 및 활동

1. 신 정보시스템 구조 정의를 위한 절차 4단계에 대하여 각 단계별로 수행해야 할 내용을 설명하고, 분석 기법들을 정리하여 설명해보자.

2. 어플리케이션 구조 정의 단계의 수행절차 5가지를 순서대로 설명하라.

3. 그림 11-8을 참고하여 각자의 기업이나 조직을 대상으로 어플리케이션 관계도를 작성해보자.

4. 데이터 구조 정의 단계의 수행절차 5가지를 순서대로 설명하라.

5. 기술 구조 정의 단계의 수행절차 7가지를 순서대로 설명하라.

6. 통합 구조 정의 단계의 수행절차 2가지를 순서대로 설명하라.

7. 그림 11-19를 참고하여 각자의 기업이나 조직을 대상으로 통합 시스템 구조도를 작성해보자.

CHAPTER

12

INNOVATION BIBLE

신 정보관리 체계

12.1 신 정보관리 체계 개념

신 정보관리 체계를 분석하고 수립한 결과는 정보시스템 구축 계획에 반영하여 전체적인 통합 실행 계획의 기초자료로 활용된다.

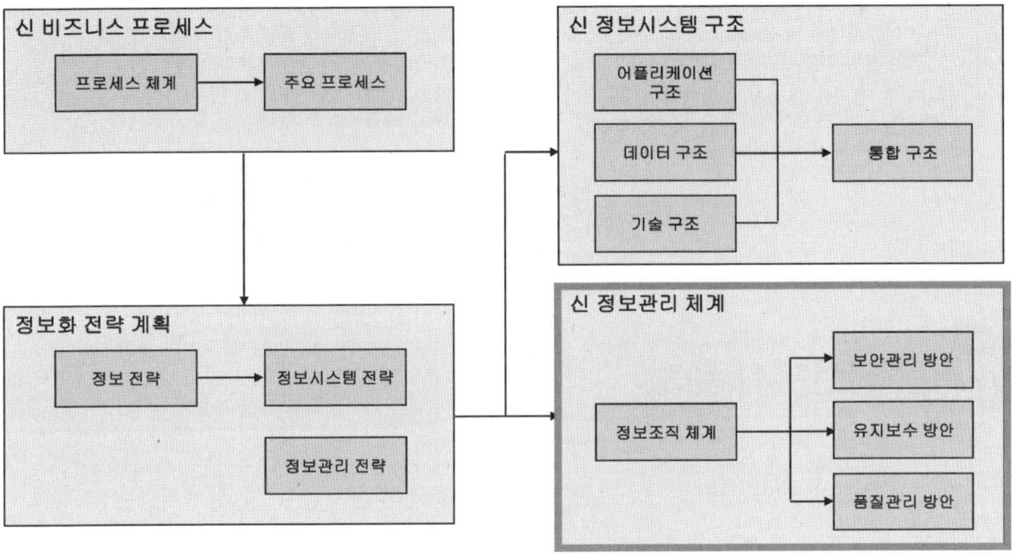

그림 12-1 신 정보관리 체계 공정도

정보관리 체계 수립은 정보자원의 효율적 운영을 위해 정보시스템 조직에 대한 새로운 비전과 임무를 도출하고 이를 수행할 수 있는 관리 프레임워크과 더불어 정보자원관리 방안, 시스템 보안, 유지보수, 품질에 관한 관리 방안 및 체계 수립을 목적으로 한다.

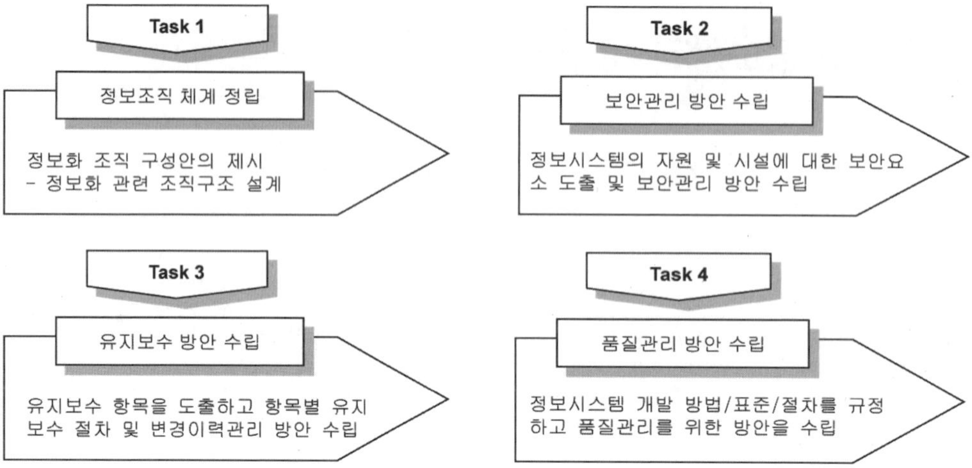

그림 12-2 정보관리체계 태스크

12.2 정보조직 체계

경영전략, 정보전략, 미래모형을 기초로 정보자원의 효율적 운영을 위한 정보시스템 조직의 비전과 임무, 조직구성 및 인력 운영안을 도출한다.

① 정보화 조직관련 현황을 파악하고 조직구조, 조직운영, 인력 운영상의 문제점을 분석한다.
② 조직구조 설계를 위한 추진 전략을 수립한다.
③ 조직구성 및 인력 운영안을 도출한다.

1) 접근방법

정보조직은 조직 구조상의 문제로 환경변화에 둔감하거나 현업과의 괴리를 보일 수 있으며, 조직 운영상의 문제에 있어서 불합리한 인력구성으로 인해 업무개선을 통해서도 효과를 거두지 못하는 문제점을 노출할 수 있다. 인력 운영상 낮은 보상수준, 미흡한 교육훈련, 정기 인사제도의 불비 등 다양한 문제점을 가지고 있을 수도 있다. 이러한 문제점을 각각의 측면에서 파악한 후, 정보화 조직 설계를 위한 추진 전략을 수립하여 전산조직을 활성화해야 할 필요성이 있다. 이러한 문제를 해결하기 위해서는 조직구조를 혁신하거나 경력경로 설계의 두 가지 방안을 제시할 수 있다. 그림 12-3은 효율적인 조직구조와 경력경로 설계를 바탕으로 하는 정보조직 설계를 나타내고 있다.

효율적인 조직구조의 설계	바람직한 경력경로의 설계
l 업무의 효율성 향상 l 정보화조직이 처한 환경, 사용하는 기술, 조직의 규모에 가장 적합한 조직구조의 형태를 모색함 l 정보화조직 전체 차원에서의 통합을 위한 조정 메커니즘을 도입함 l 정보화조직 구성원간의 행동과 업무의 표준화를 꾀할수 있는 조직구조를 설계함	l 승진체계의 설계를 통하여 전산직에게 미래에 대한 비전을 심어줌 l 전환배치를 통하여 새로운 도전적인 직무경험을 하게 함으로써 전산직의 삶의 질(Quality of Work Life)을 향상시킴 l 교육훈련을 통하여 전산직에게 자기개발 기회를 제공하고 자신이 지니고 있는 기술과 능력의 노후화를 방지함으로써 인적자원의 질을 극대화하여 경쟁력 강화를 꾀함

* 경력경로설계(CDP : Career Development Plan)

그림 12-3 정보조직 설계

조직구조 설계를 위한 접근 방안으로 설문지 및 인터뷰를 통한 현행 정보조직의 문제점을 각각의 측면에 대하여 파악하고 정보화 조직 설계를 위한 추진전략을 수립하여, 이를 통한 정보화 조직 체계 수립안을 제시한다. 그림 12-4는 조직구조 설계에 대한 접근 방안을 보여주고 있다.

현황 및 문제점 분석

- 전산조직의 운영체제 파악
- 인원, 배치, 근무현황 파악
- 문제점 파악
  - 조직구조상 문제점
    - 환경변화에 둔감한 구조
    - 현업과의 괴리
    - 중복기능 및 업무 비효율화
    - 업무연계 미흡 등
  - 조직운영상 문제점
    - 불합리한 인력구성
    - 업무 및 산출물 표준화 미흡
    - 업무개선 효과 미흡 등
  - 인력운영상 문제점
    - 낮은 보상수준
    - 직무순환의 부재 등

조직설계 추진전략 수립

- 선진사례 분석을 통한 전산조직 벤치마킹
- 정보화조직이 처한 환경, 사용하는 기술, 조직의 규모에 가장 적합한 조직구조 형태 모색
- 정보화조직 전체 차원에서의 통합을 위한 조정 메커니즘 도입
- 정보화조직 구성원간의 행동과 업무 표준화를 꾀할 수 있는 조직구조설계
- 고객의 니즈에 대한 응답성을 높일 수 있는 조직구조 설계

조직설계 안 제시

- 정보화 조직 구성체계 제시

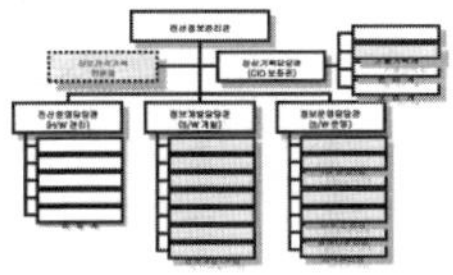

- 신규조직에 대한 운영방안 제시

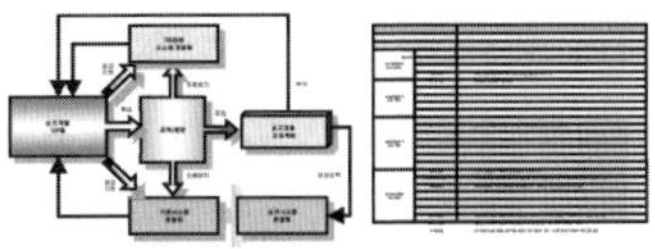

그림 12-4 조직구조 설계를 위한 접근 방안

2) 경력경로 설계 추진 방안

경력경로 설계career development plan : CDP는 다음의 4단계의 과정으로 추진한다.

- 계획 단계

  전산직의 경력욕구와 기업에서 전산직원들에게 제공해 줄 수 있는 경력기회를 파악한다.

- 설계 단계

  전산직의 경력욕구와 기업 내의 경력기회를 통합한 후 이들이 가장 잘 부합되도록 경력경로를 설계한다.

- 실천 단계

  설계된 경력경로대로 교육훈련, 전환배치, 승진을 실시한다.

- 통제 단계

  교육훈련, 전환배치, 승진에 대한 평가활동을 실시한다.

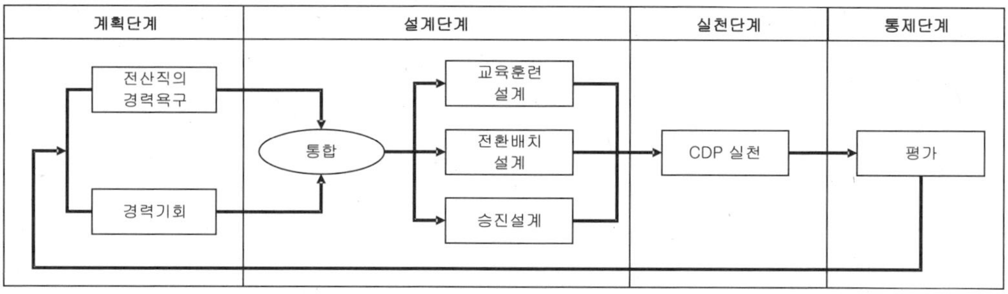

그림 12-5 경력경로설계 단계

12.3 보안관리 방안

현행 정보관리 체계, 통합시스템 구성도를 기반으로 정보시스템의 자원 및 시설에 대하여 파손/도난을 미연에 방지하고, 일상적 보안관리 절차와 보안관리 적용 대상에 대한 조사와 분석을 통하여 향후 정보시스템의 지속적/안정적 운영을 위한 관리 지침 및 절차를 수립한다.

① 정보시스템의 자원 및 시설에 대한 보안요소를 도출한다(시스템 보안현황 자료 참조).

② 보안관리 대상별 관리지침과 절차를 수립한다.

③ 정보관리 표준 및 절차를 수립한다.

1) 접근방법

① 정보기술 보안정책(IT Security Policy)

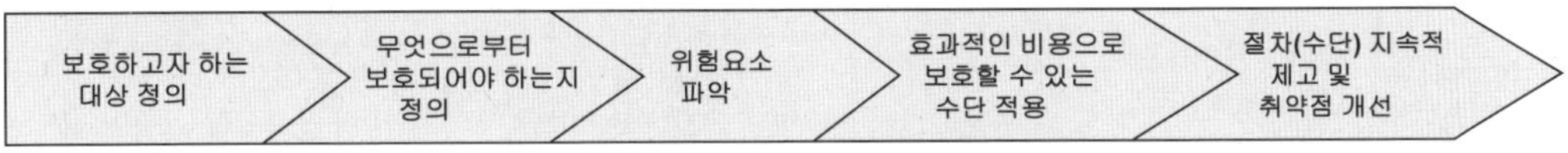

그림 12-6 보안정책 수립 접근방법

정보기술 보안[IT security]은 비밀성[confidentiality], 무결성[integrity], 가용성[availability]을 원칙으로 한다. 정보기술 보안정책[IT security policy]은 정보 및 관련 자산들이 조직과 정보시스템 내에서 어떻게 관리, 보호, 분배되는지에 관해 다루는 규칙, 지침 또는 규약을 의미한다(표준 ISO/IEC TR-13335에서 사용되는 용어 정의 참조)

② 플랫폼별 /핵심시스템 보안

- 보안시스템의 기능 요소
  기밀성[confidentiality], 인증[authentication], 무결성[integrity], 부인봉쇄[non-repudiation]의 네 가지 요소가 보안대상에 따라 형상화
- 보안의 대상
  네트워크, 방화벽[firewall], 클라이언트/서버, 인트라넷시스템, UNIX 서버, NT서버, PC, Virus 등

플랫폼 중 핵심이 되는 시스템을 규정하고 이에 대한 보안 규정은 특히 강화하여 적용한다.

LAN/WAN

- LAN/WAN은 외부 인터넷과 분리
- IP Address 는 최소한 독립된 조직단위 부여
- 발신 Login 시스템 적용
- 외부 발신 프로토콜은 승인된 사용자 한정
- 통신망의 방화벽 및 라우터의 접근통제 내용은 변경관리절차를 통하여 관리
- 고객창구 등 외부인이 사용하는 통신설비는 업무용 통신망과는 분리되어야 함

방화벽(Firewall)

- 내부 및 외부 네트워크는 방화벽으로 분리
- 각 조직의 네트워크 외부 접점은 단일화
- 네트워크의 바이패스(Bypass) 경로 차단
- 인바운드(Inbound) 네트워크 Deny all 지침적용
- 아웃바운드(Outbound) 네트워크 Deny all 지침 적용

Client/Server

- 클라이언트/서버 응용프로그램은 사내네트워크에서만 운영
- 클라이언트 프로그램의 배포는 통제
- 응용프로그램 사용전 인증과정을 거치도록 함
- 모든 프로그램은 사용자 권한에 따라 통제
- 인증수단 : 패스워드, Hand-Held password Generators(일회용 패스워드 발생기), 스마트카드 중 하나 이상의 인증 수단이 적용

Intranet/Internet

- 웹 서버는 지속적으로 보안취약점을 개선할 수 있는 패치 프로그램이 제공되는 제품
- 웹 서버는 관리자 이외의 권한으로 실행
- 웹 서버의 로그파일, 구성파일 등은 웹 관리자에게만 접근권한을 부여함
- 웹 서버는 시스템 정보가 노출되지 않도록 설정해야 함

Unix Server

- 신규로 설치하는 유닉스장비는 보안취약점 제거 후 통신망에 연결
- 불필요한 계정은 사용을 불가능하게 하거나 삭제
- root 계정의 패스워드는 반드시 1인만이 소유
- root를 제외한 사용자 계정은 root권한이 부여되어서는 안됨
- 모든 패스워드는 프로그램에 기록되어서는 안됨

NT Server

- 모든 디스크는 NTFS방식으로 포맷되어야 함
- 최신 버전의 서비스 팩을 설치하여야 함
- ERD(Emergency Repair Disk)를 생성하고, 변경이 발생시 갱신하여야 함

PC

- 모든 PC에는 정품 소프트웨어만 설치
- 모든 PC는 부팅시 패스워드를 설정하여 운용
- 모든 PC는 IC카드 등을 이용한 사용자 인증 체계를 갖추어야 함
- 모든 PC는 화면보호기를 운영하고, 작동시간은 3분

Virus

- 모든 PC는 회사에서 제공한 정품 바이러스 백신프로그램을 설치하여야 함
- 백신프로그램은 항상 최신 패턴을 Update 해서 사용할 수 있어야 함
- PC 부팅시 항상 백신프로그램이 가동되어 바이러스 감염 여부를 검사해야 함
- 새로운 디스켓이나 프로그램은 실행 전에 반드시 바이러스 감염 여부를 검사한 후 사용함

그림 12-7 보안 대상

③ 정보 보안 체계 적용 방안

정보시스템의 개념적 구조 정의의 보안체계를 기업에 적용하기 위해서는 그림 12-8과 같이 네

트워크 보안, 시스템 보안, 응용시스템 보안으로 나누어 접근해야 한다. 이 중 응용시스템 부분은 정보 인프라의 접근이 아니라 사용자 인증authentication, 사용자 권한authority의 관점에서 접근하여야 한다. 이를 위해 응용시스템 설계 및 개발 시에 사용자 인증, 권한 기능을 프로그램과 독립적인 모듈 라이브러리로 구성하여 보안정책의 변화에 신축적인 대응이 가능하게 하여야 한다.

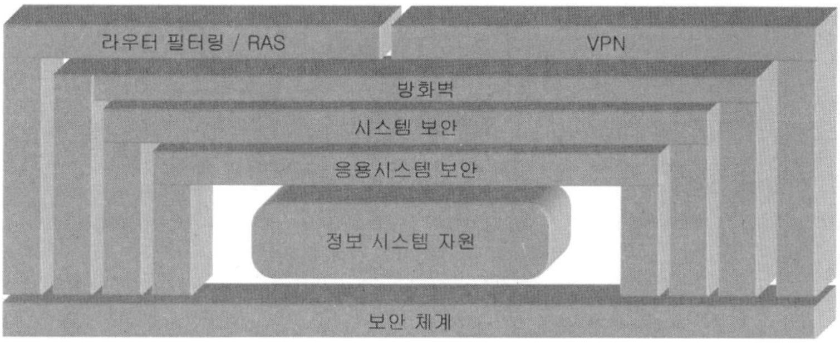

그림 12-8 정보 보안 체계

④ 정보 보안 체계 구축계획

정책 개발, 책임 및 업무 정의, 프레임워크 설계, 보안시스템 구성, 평가 인증, 정보망 구축 운영, 교육훈련, 보안 감사(감리)의 총 8단계를 통한 보안체계를 구축한다. 보안 운영체계는 기업의 정보자산을 보호하면서 이용하기 위하여 수립되고 운영되어야 한다.

실질적인 정보흐름을 보호하기 위하여 운영되는 각 엑티비티 순환구조의 체계를 정확히 유지해야 한다.

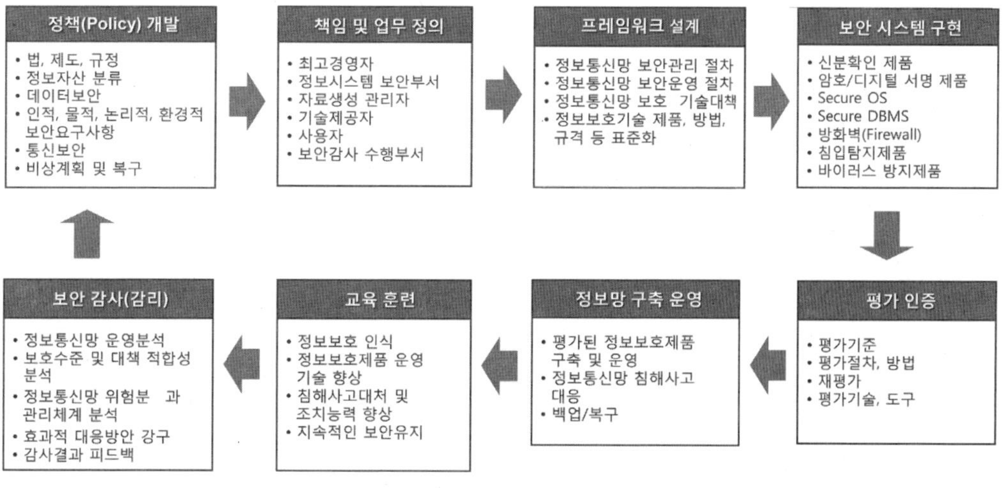

그림 12-9 정보 보안 체계 구축 절차

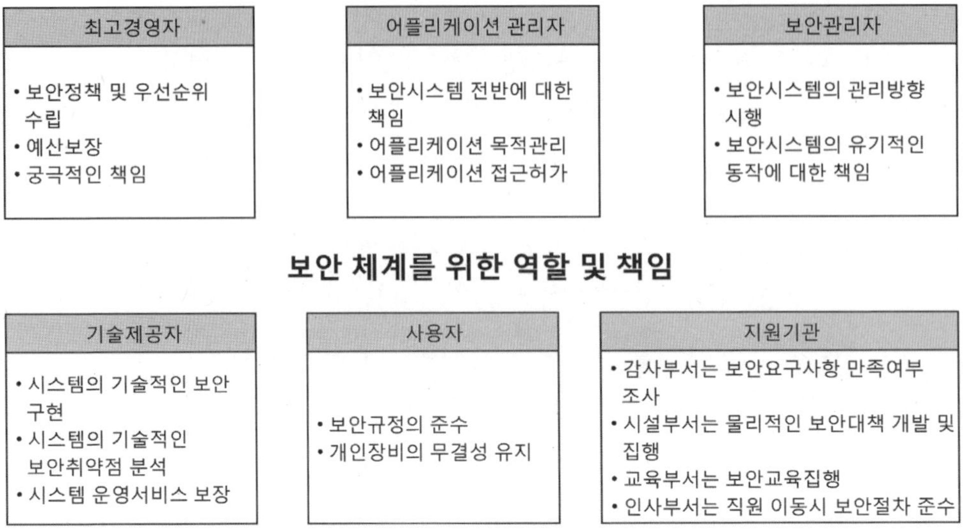

그림 12-10 정보 보안 체계 역할 및 책임

12.4 유지보수 방안

신 정보조직체계, 보안관리 기준 및 절차, 장애 및 재해 대책, 통합시스템 구성도에 기초하여 유지보수 항목을 도출하고 항목별 유지보수 절차 및 변경이력관리 방안을 다음의 절차에 의해 수립한다.

1. 정보시스템을 유지보수하기 위한 방법, 표준, 절차를 규정한다.
2. 정보시스템의 장애 및 재해의 종류를 도출하고 각 항목에 대한 예방 및 복구

① 정보시스템 유지보수 원칙

효율적인 정보시스템의 운영을 위해 규칙적인 예방 정비 활동을 통하여 예측할 수 있는 장애요인을 미리 제거하고, 예기치 못한 장애요인도 접수 즉시 유지보수 담당자로 하여금 장애를 처리하도록 한다.

시스템효율의 극대화, 안전성 및 신뢰성 확보, 운영비용 최소화와 장애 시의 즉각적 대처를 위해서는 그림 12-11과 같은 인적자원, 부품 및 장비, 유지보수체계, 관련기술 등 4가지 요건을 토대로 효율적이고 안정적인 유지보수가 이루어질 수 있도록 해야 한다.

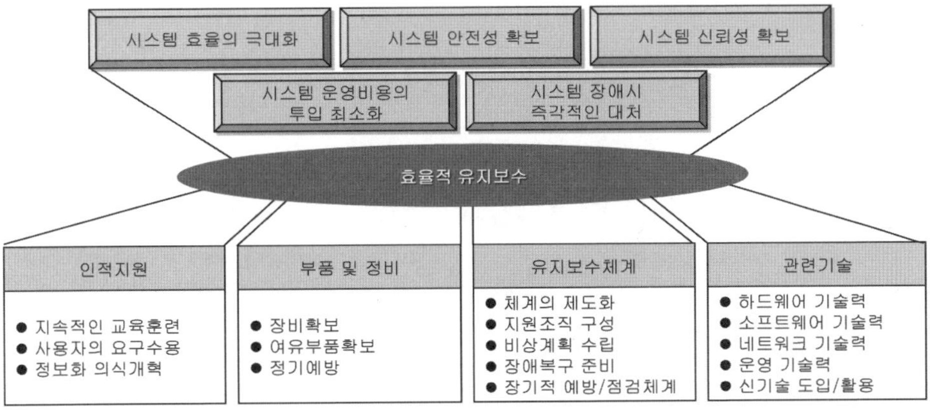

그림 12-11 효율적인 유지보수 체계

정보시스템을 안정적으로 운영할 수 있도록 발생 가능한 장애 및 재해 종류를 파악하고 대처 가능한 장애 및 재해에 대한 대책을 수립한다. 장애발생 요인을 분석하여 장애를 원천적으로 차단할 수 있는 전산시스템구조 도입을 제시해야 한다. 또한 장애를 예방할 수 있는 각종 활동 및 장애 발생 시 대처 절차를 정립한다(그림 12-12). 재해 발생 시 시스템 운영을 지속하고 서비스의 지속적인 유지를 위해서는 중요 데이터의 백업본 및 백업센터를 활용하여 정상화 방안을 제시해야 한다.

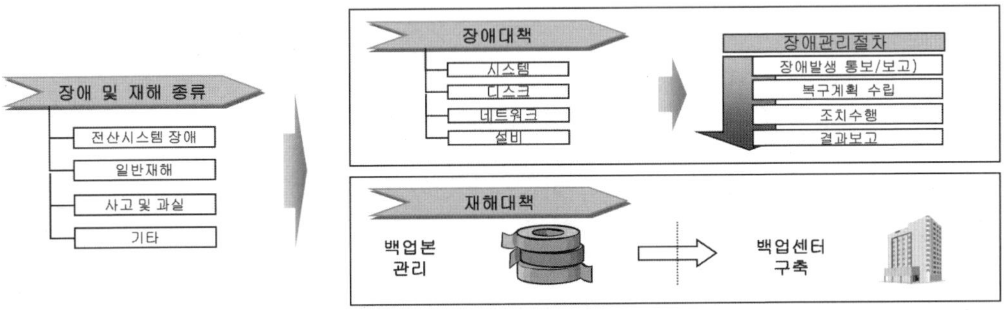

그림 12-12 장애 및 재해대책 수립 절차

그림 12-13에서 보듯이 전산 장애 및 재해는 운영자의 실수, 자연재해 등 환경변화, 기계적 오류 등 다양한 원인에 의해 발생한다.

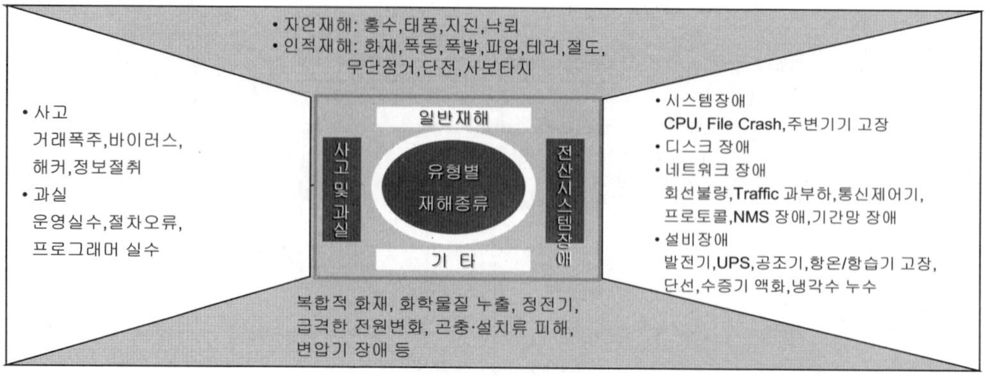

그림 12-13 장애 원인

- **전산시스템 장애** : 전산시스템 장애 발생을 대비한 시스템구조 구성 및 예방대책에 대해 기술함
- **일반재해**: 재해 발생 시 대처할 수 있는 백업센터 등을 통한 정상화 방안을 기술함
- **사고 및 과실**: 지속적인 운영자 교육을 통해 사고 및 과실 발생을 방지해야 함
- **기타**: 정보시스템을 관리하는 주변 환경을 분석하여 위험요소에 대한 대책을 수립해야 함

② 아웃소싱의 활용에 대한 검토

- 아웃소싱에 의한 유지보수

조직이 정보처리 기능의 일부 또는 전부에 대한 통제를 외부 전문가 집단(사업자)에게 넘기는 계약 협정을 말한다. 발주처는 주기적으로 수수료를 지불하고, 사업자는 서비스 수준을 계약서에 정한 대로 일정한 수준의 서비스를 제공한다. 사업자는 상호 합의된 서비스를 수행하는 데 필요한 자원과 전문지식을 제공해야 한다.

업무환경 변화에 대한 신속한 대응과 고정비용 감소에 의한 유지·보수 비용의 절감을 목적으로 최근 들어 아웃소싱이 활성화되는 추세이다.

표 12-1 아웃소싱에 의한 유지보수의 장단점

장점	단점
• 장비와 조직의 운영비용 절감 • 정보시스템의 운영 및 유지보수에 대한 전문성 확보 • 새로운 정보기술의 신속한 검토와 적용이 용이함	• 발주처의 예상을 초과하는 비용의 발생 가능성 • 내부의 정보시스템 운영 경험 축적 불가 • 정보시스템에 대한 통제의 상실 • 아웃소싱 업체의 부도 등 사업 실패 가능성 • 관련시스템에 대한 보안문제의 발생 가능성

③ 소프트웨어 유지보수

인위적인 에러의 감소를 위해 시스템 개발 단계에서 테스트를 완벽하게 실시하고, 충분한 주석을 달아 유지보수가 용이하도록 해서 문제점이 발생하였을 때 신속한 데이터 복구 및 응용 프로그램 변경관리를 수행할 수 있도록 한다. 업무 프로세스 변경 및 시스템에 새로운 기능을 추가하고자 할 때에는 반드시 별도의 협의를 거쳐야 하며, 다음과 같이 체계적인 유지보수 작업 지침을 수립하여 시행한다.

- 장애 이력사항 유지 및 분석
- 장애 유형 분류를 통한 유지보수 업무의 표준화 지원 및 교육
- 상용 소프트웨어 규모 증가 및 처리응답시간 지연으로 문제 발생 시 재규정

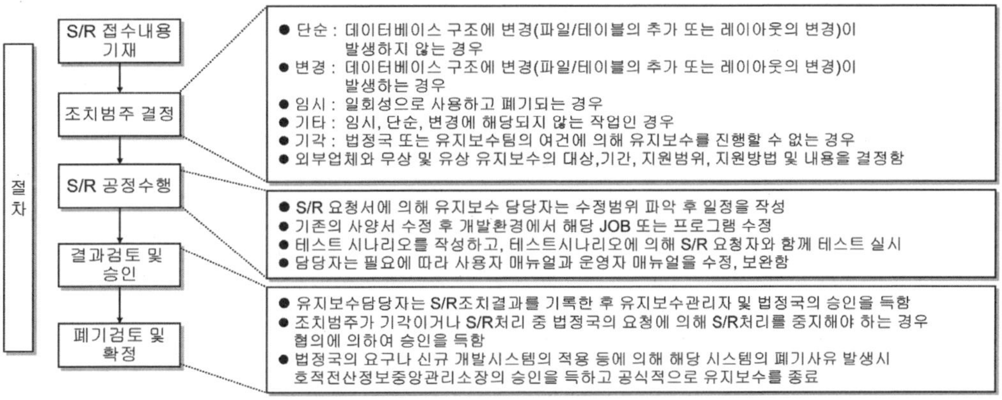

그림 12-14 소프트웨어 유지보수 절차

④ 하드웨어 유지보수

하드웨어의 유지보수는 다음의 원칙에 기초하여 수행한다.

- 장애 이력사항 유지 및 분석
- 장애 유형 분류를 통한 유지보수 업무의 표준화 지원 및 교육
- 유지보수 요원은 개발관련자로 하는 것을 원칙으로 함
- 서버 및 기타 장비의 유지보수는 해당 공급업체의 요원을 활용
- 하드웨어 공급업체 측 장애접수처의 상시운영

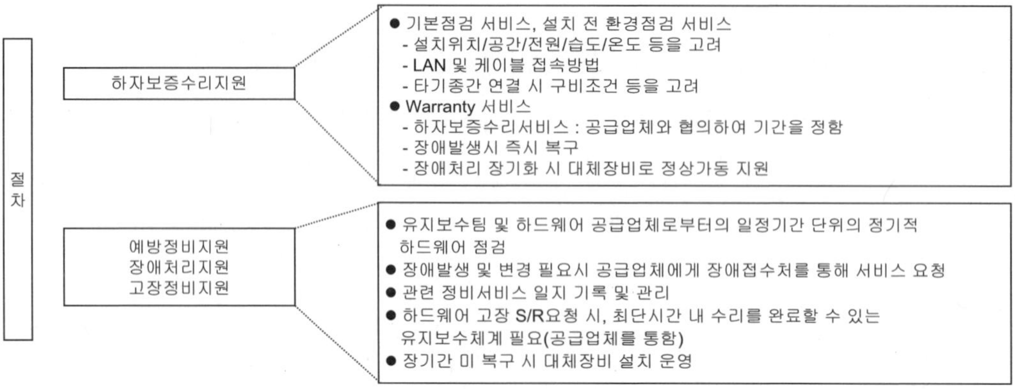

그림 12-15 하드웨어 유지보수 절차

⑤ 네트워크 유지보수

네트워크의 유지보수는 다음의 원칙에 기초하여 수행한다.

- 장애 이력사항 유지 및 분석
- 장애 유형 분류를 통한 유지보수 업무의 표준화 지원 및 교육
- 공급 시스템의 원활한 운영을 위한 기술 지원
- 네트워크 장비 공급업체 외 타 협력업체의 요원을 활용
- 네트워크 협력업체 측 장애접수처의 상시운영

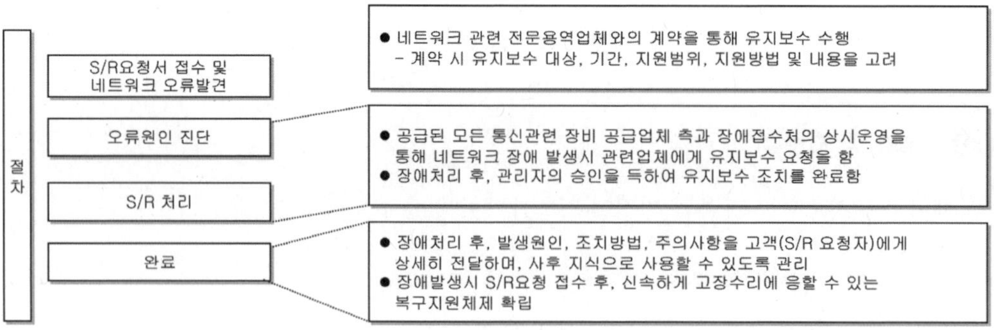

그림 12-16 네트워크 유지보수 절차

⑥ 시스템 유형별 장애 대책

- 중앙처리장치CPU

  각각의 모듈은 멀티프로세스 장비를 사용하므로 하나의 CPU에 장애가 발생하더라도 시스템 운용에는 지장이 없으나, 업무에 대한 부하가 정상적으로 작동하는 CPU에 집중되므로 신속한 조치가 요구된다.

- 메모리memory

  메모리 모듈은 크기의 확장성을 우선 고려하고 업무를 수행할 수 있을 만큼 메모리 뱅크를 확보하여 여유를 두며, 장착되는 모듈을 탐지하여 장애에 대비해야 한다.

- 클러스트링clustering 구조 구성

  클러스트링은 가변적인 업무부하를 처리하거나, 또는 그중 한 대가 고장이 났을 경우에도 운영이 계속되도록 여러 대의 컴퓨터 시스템을 서로 연결하는 것을 지칭한다. 두 개 이상의 컴퓨터를 마치 하나의 컴퓨터처럼 행동하도록 서로 연결함으로써 병렬 처리 또는 부하 배분 및 고장 대비 등의 목적에 사용할 수 있다.

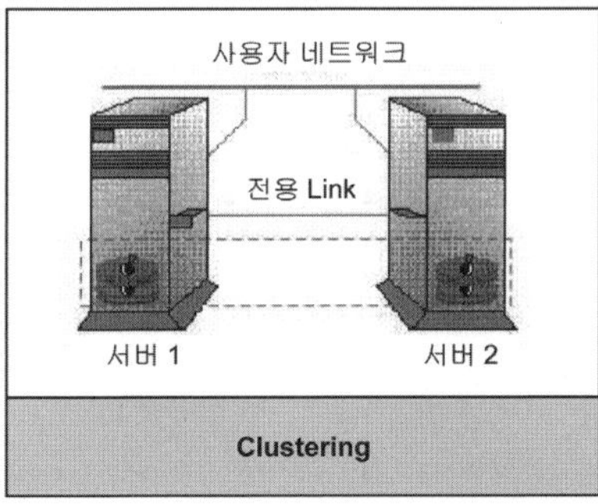

- 서버 Clustering을 사용하면 한 대의 서버에 몰리던 사용자들을 여러 대로 분산시켜 네트워크와 시스템의 Over-load를 분산시킬 수 있음
- 한 대의 고성능 서버보다 저렴한 가격으로 동일한 성능을 가지도록 할 수 있음
- 시스템에 문제가 생겨도 다른 시스템으로 바로 교체가 가능하므로 오류 극복 기능이 뛰어남
- 서버 1을 주서버로 사용하고 서버2를 서버 1의 장애를 대비한 스탠바이 서버로 사용하는 방법과 서버 1과 2를 모두 Active 상태로 운영하다 하나의 서버 장애 시 나머지 서버가 장애가 처리될 때까지 운영하는 방법이 있음

그림 12-17 클러스트링 절차

12.5 품질관리 방안

정보조직체계, 보안관리 기준 및 절차, 장애 및 재해 대책, 통합시스템 구성도, 유지보수 절차에 기초하여 정보시스템 개발 방법/표준/절차를 규정하고 품질관리를 위한 방안을 수립하여 표준 및 절차 매뉴얼standard & procedure manual: SPM을 도출한다(CMM, SPICE 기법 등 참조).

① 정보시스템 개발 산출물을 작성하기 위한 방법, 표준, 절차를 규정한다.

② 품질보증 절차 및 방안을 수립한다.

1) 접근방법

품질보증 활동이란 "제품 또는 서비스가 주어진 품질조건을 만족시킬 것이라는 적절한 신뢰감을 주는 데 필요한 모든 계획적이고 체계적인 활동"을 의미한다.

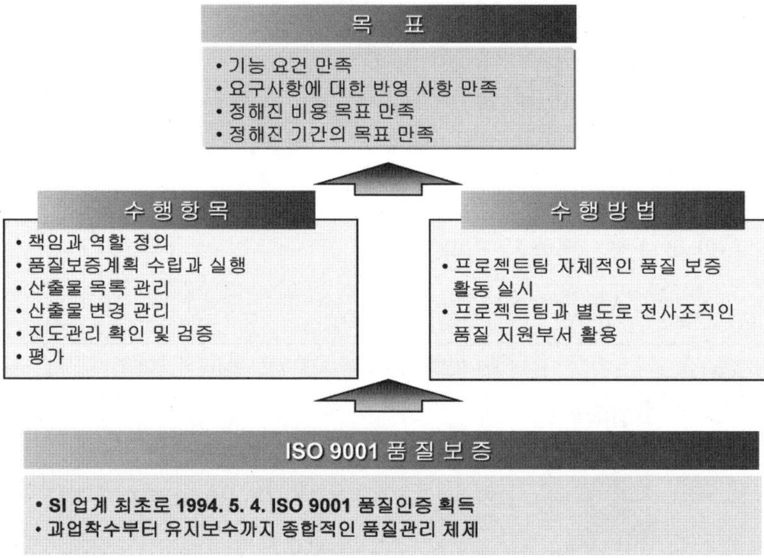

그림 12-18 품질보증 목표

- 표준 및 절차 매뉴얼(standard & procedure manual: SPM) 작성

  표준 및 절차 매뉴얼은 정보시스템 개발 프로젝트를 수행함에 있어 품질목표를 달성하기 위하여 적용하여야 할 각종 절차, 표준 및 척도 등을 정의한 것으로 프로젝트 문서의 품질을 보증하기 위한 것이다.

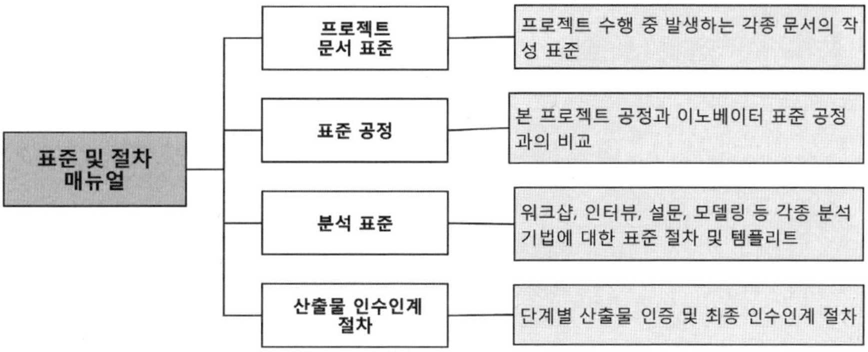

그림 12-19 표준 및 절차 매뉴얼

프로젝트 문서표준은 프로젝트 수행 중 발생하는 각종 문서의 표준을 말한다. 그림 12-20은 프로젝트 문서표준을 작성할 때의 원칙을 요약하여 설명하고 있다.

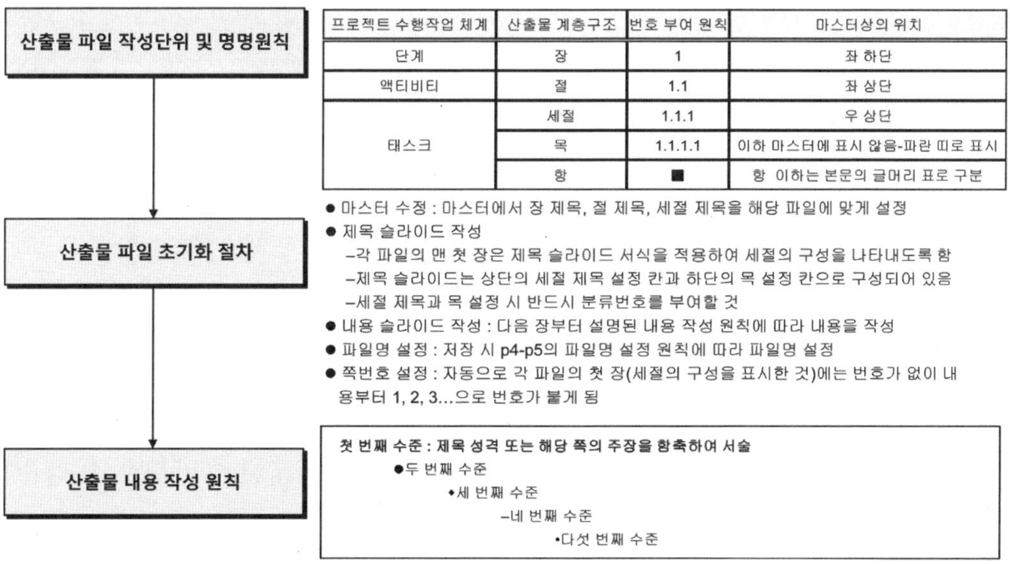

프로젝트 수행작업 체계	산출물 계층구조	번호 부여 원칙	마스터상의 위치
단계	장	1	좌 하단
액티비티	절	1.1	좌 상단
태스크	세절	1.1.1	우 상단
	목	1.1.1.1	이하 마스터에 표시 않음-파란 띠로 표시
	항	■	항 이하는 본문의 글머리 표로 구분

- 마스터 수정 : 마스터에서 장 제목, 절 제목, 세절 제목을 해당 파일에 맞게 설정
- 제목 슬라이드 작성
  - –각 파일의 맨 첫 장은 제목 슬라이드 서식을 적용하여 세절의 구성을 나타내도록 함
  - –제목 슬라이드는 상단의 세절 제목 설정 칸과 하단의 목 설정 칸으로 구성되어 있음
  - –세절 제목과 목 설정 시 반드시 분류번호를 부여할 것
- 내용 슬라이드 작성 : 다음 장부터 설명된 내용 작성 원칙에 따라 내용을 작성
- 파일명 설정 : 저장 시 p4-p5의 파일명 설정 원칙에 따라 파일명 설정
- 쪽번호 설정 : 자동으로 각 파일의 첫 장(세절의 구성을 표시한 것)에는 번호가 없이 내용부터 1, 2, 3...으로 번호가 붙게 됨

첫 번째 수준 : 제목 성격 또는 해당 쪽의 주장을 함축하여 서술
●두 번째 수준
◆세 번째 수준
–네 번째 수준
•다섯 번째 수준

그림 12-20 프로젝트 문서표준 작성원칙

분석표준은 워크샵, 인터뷰, 설문, 모델링 등 각종 분석을 위한 표준 절차 및 템플리트에서 실제로 어떤 것들이 필요한가를 파악하여 작성한다.

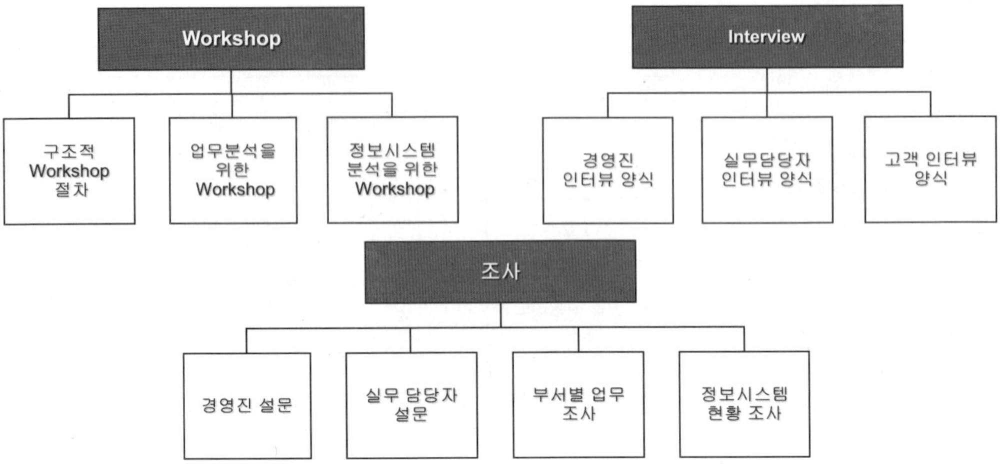

그림 12-21 분석표준 구조

① 품질보증 활동

성공적인 개발 프로젝트 및 유지보수의 수행을 위해서는 프로젝트의 각 단계마다 사업 수행자에 의한 철저한 품질보증 활동이 이루어져야 한다. 사업 수행자가 제공하는 품질보증 활동은 기본적으로 다음의 요소를 갖추어야 한다.

- 확인verification

  프로세스를 근거로 소프트웨어 개발 특정 단계의 제품이 해당 단계에서 설정한 요구, 표준을 충족하였는지를 평가한다.

- 검증validation

  제품 자체를 근거로 소프트웨어가 규정한 사양에 부합하는지를 평가한다.

품질활동으로 분류한 활동은 품질보증 계획에 명시하여 수행하여야 하며, 일반적으로 다음과 같은 품질활동으로 구성된다.

- 품질보증 계획 수립(품질활동 정의)

  프로젝트에서의 품질기준을 정하는 활동이다.

- 품질검토

  프로젝트 수행과정에서 만들어지는 산출물에 대한 품질검토 활동이다. 개발팀 자체적으로 수행하는 워크스루와 실무담당자가 함께 수행하는 리뷰review로 크게 나누어진다.

- 테스트

  시스템 구성요소에 대한 테스트의 계획을 수립하고 테스트를 실시하는 활동이다. 결함보고는 테스트 시 발생한 결함을 파악하고 기록하여 처리결과를 분명히 하기 위한 활동이다.

- 소프트웨어 형상관리

  소프트웨어의 형상요소를 정하고 변경을 관리하는 활동이다.

표 12-2 품질활동별 세부내용

<table>
<tr><th colspan="2">품질 활동</th><th>활동 내용</th><th>책임자</th><th>시기</th></tr>
<tr><td colspan="2">품질보증 계획 수립
(품질활동정의)</td><td>프로젝트에서의 품질기준을 정함</td><td>PM</td><td>프로젝트 착수 단계</td></tr>
<tr><td colspan="2">품질검토</td><td>프로젝트 수행과정에서 만들어지는 산출물에 대한 품질검토 활동
개발팀 자체적으로 수행하는 워크스루와 실무담당자가 함께 수행하는 리뷰로 크게 나누어짐</td><td>PM</td><td>매 단계 완료 시</td></tr>
<tr><td rowspan="5">테스트</td><td>단위 테스트</td><td rowspan="5">시스템 구성요소에 대한 테스트의 계획을 수립하고 테스트를 설치하는 활동
결함 보고는 테스트 시 발생한 결함을 파악하고 기록하여 처리결과를 분명히 하기 위한 활동</td><td>개발자</td><td>개발단계</td></tr>
<tr><td>통합 테스트</td><td>분석/설계자</td><td>개발단계</td></tr>
<tr><td>시스템 테스트</td><td>분석/설계자</td><td>개발 단계</td></tr>
<tr><td>연수 테스트</td><td>인수책임자</td><td>구현 단계</td></tr>
<tr><td>결함 보고</td><td>테스트 담당자</td><td>단위 테스트를 제외한 각 테스트 시</td></tr>
<tr><td colspan="2">소프트웨어 형상관리</td><td>소프트웨어의 형상요소를 정하고 변경을 관리하는 활동</td><td>품질담당자</td><td>전 단계</td></tr>
</table>

토의문제 및 활동

1. 신 정보관리 체계 수립을 위한 절차 4단계에 대하여 각 단계별로 수행해야 할 내용을 설명하고, 분석 기법들을 정리하여 설명하라.

2. 정보조직 체계 정립 단계의 수행절차 3가지를 순서대로 설명하라.

3. 정보화 조직 설계를 위한 두 가지 방안에 대해서 설명하라.

4. 보안관리 방안 수립 단계의 수행절차 3가지를 순서대로 설명하라.

5. 정보기술 보안정책 수립을 위한 접근방법을 설명하고, 정보보안 체계 구축을 위한 8가지 절차를 차례대로 설명하라.

6. 유지보수 방안 수립 단계의 수행절차 2가지를 순서대로 설명하라.

7. 품질관리 방안 수립 단계의 수행절차 2가지를 순서대로 설명하라.

CHAPTER

13

INNOVATION BIBLE

프로세스 개선 계획

13.1 프로세스 개선 계획 개념

신 비즈니스 프로세스에 대한 개선 전략을 수립하여 프로젝트를 정의하고 일정과 자원 계획을 수립하여 통합 실행 계획의 기초자료로 활용된다.

- 프로세스 개선 계획 수립 체크리스트
  - 개선을 위한 프로젝트가 정의되어 있는가?
  - 프로젝트별, 투입인력, 투자금액이 표현되어 있으며 구현상 타당성이 있는가?
  - 프로젝트 추진에 관한 전체적인 모습이 표현되어 있는가?
  - 프로젝트 완료에 따른 기대효과가 기술되어 있는가?
  - 개선 계획에 대하여 고객과의 검토가 있었는가?

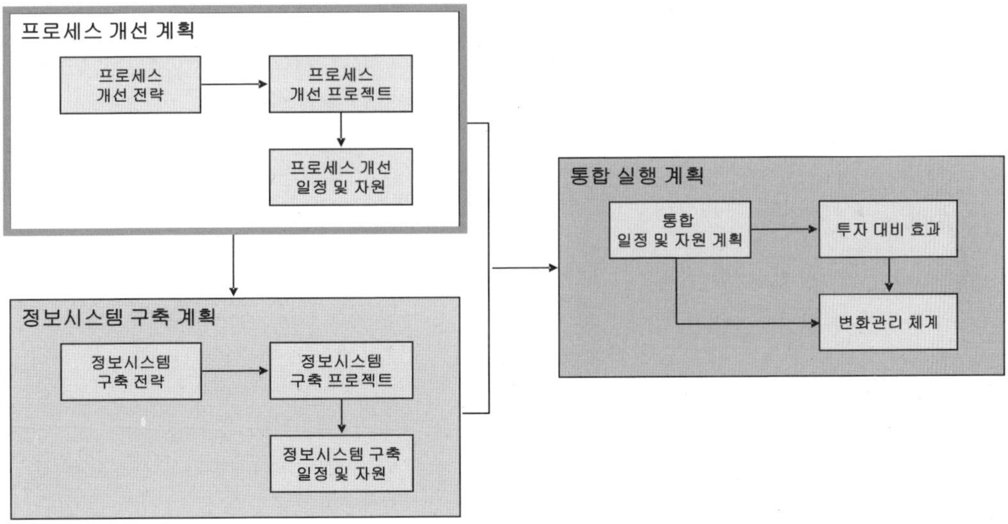

그림 13-1 프로세스 개선 계획 공정도

프로세스 개선 계획은 신 기업모형 정립 단계에서 도출된 미래 모습의 완성을 위하여 프로세스 측면의 개선 전략과 개선 프로젝트를 정의하고, 해당 프로젝트의 수행 일정과 투입 자원에 대한 계획을 수립하기 위해서 수행한다.

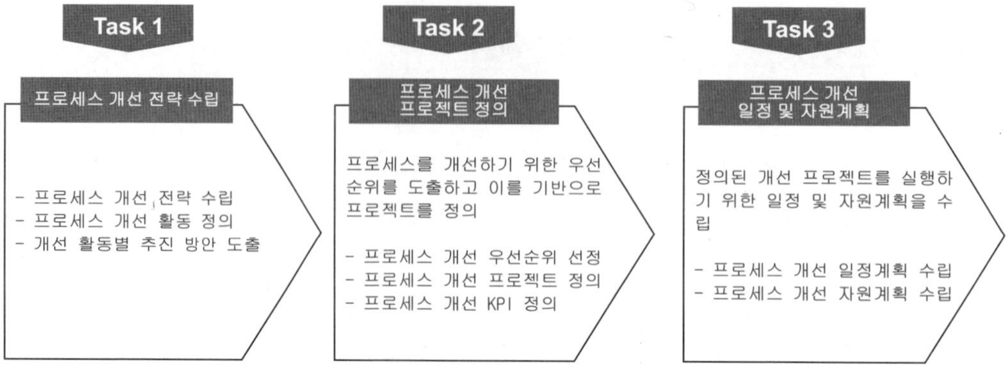

그림 13-2 프로세스 개선 태스크

13.2 프로세스 개선 전략

미래 프로세스 맵 및 기술서, 미래 프로세스 체계도를 기초로 다음과 같은 절차를 거쳐 프로세스 개선 전략과 개선 활동을 정의하고, 개선 활동별 추진 방안을 도출한다.

① 신기업모형 정립 단계의 산출물들을 입력물로 하여, 신기업모형의 달성을 위한 개선 전략을 수립한다.

② 프로세스 개선 과제, 개선 방향 및 개선 목표에 근거한 프로세스 개선 활동을 정의한다.

④ 개선 활동별 현황 및 필요성, 고려사항 및 기대효과 등 추진방안을 수립한다.

1) 접근방법

다음과 같은 절차에 따라 프로세스 개선 활동을 정의하고 개선 활동별 추진 방안을 수립한다.

- 프로세스 개선 활동 정의

  이미 도출된 프로세스 개선 과제, 개선 방향 및 프로세스 개선 목표에 근거하여 프로세스 개선을 위한 주요 활동을 정의한다.

- 개선 활동별 추진 방안

  프로세스 개선을 위해 정의된 개선 활동별 현황 및 필요성, 실행 방안, 고려사항 및 기대효과 등 향후 개선 활동을 추진하기 위한 방안을 수립한다.

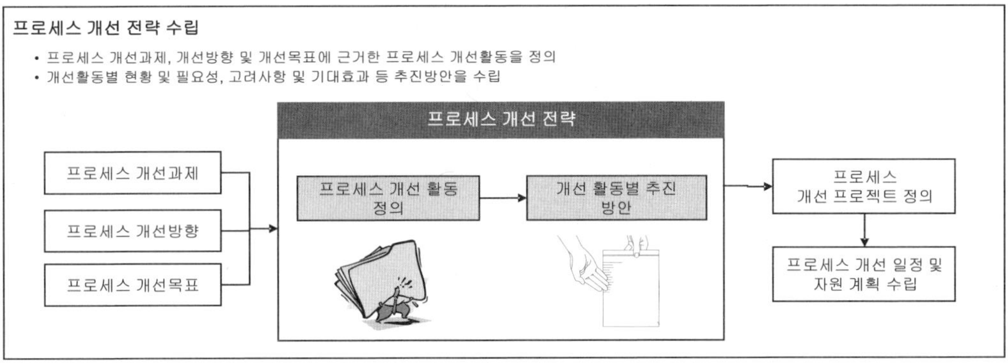

그림 13-3 프로세스 개선 전략 수립 절차

① 프로세스 개선 활동 정의 과정

이미 도출된 프로세스 개선 과제 및 프로세스 개선 방향에 기반을 두어 프로세스 개선 전략의 목표를 달성하기 위한 개선활동의 정의 과정을 보자. 그림 13-4의 호적업무 관서의 사례에서와 같이 프로세스 개선 활동으로 시·군·구 호적관서 체계 조정, 호적부 일제 정비, 원격 교육체계 수립, 업무 처리 절차서 제작/배포 및 법원 내 호적담당부서 인원 조정과 같은 개선활동의 추진에 필요한 관련 법과 제도를 제정하거나 개정하는 과정이라고 볼 수 있다.

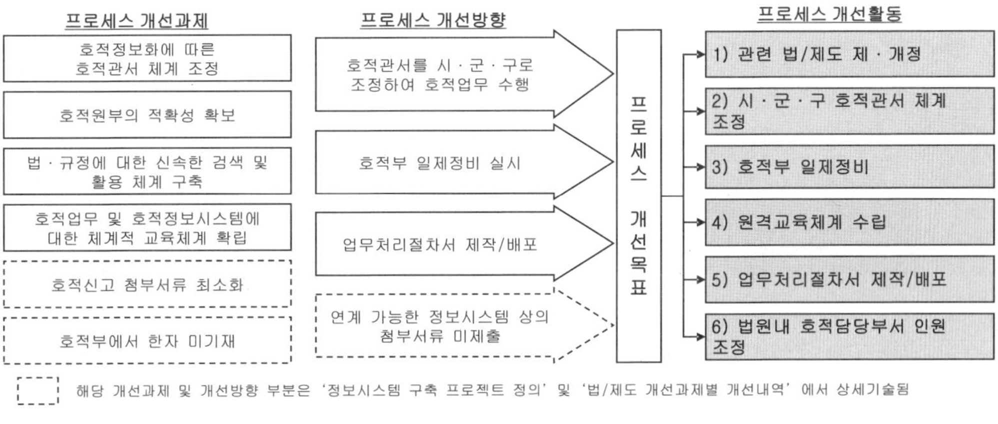

그림 13-4 프로세스 개선 활동 정의 과정

② 개선 활동별 추진방안

그림 13-4에서 정의된 호적업무 6가지의 프로세스 개선 활동 각각에 대해서 내용이 무엇이며,

개선이 왜 필요한지, 개선 활동을 위한 실행 방안이 무엇인지 그리고 중심적으로 고려해야 할 사항 및 기대효과 등의 추진 방안을 수립한다.

13.3 프로세스 개선 프로젝트

프로세스 개선 전략의 달성을 위해 다음의 절차와 방법으로 개선 프로젝트를 정의하여 프로젝트 정의서, KPI 정의서, KPI 목표치 설정서를 도출한다.

① 개선 전략과 개선 활동의 완수를 위한 개선 프로젝트를 도출하여 정의한다.
② 정의 프로젝트의 실행 정도를 모니터링monitoring할 수 있는 핵심성과지표KPI를 정의한다.
③ KPI의 연도별/분기별 목표치를 설정한다.

1) 접근방법

① 프로세스 개선 우선순위 선정

미래 프로세스에 대한 개선 실행계획을 세우기 위해서 적절한 평가요소를 설정하여 개선 우선순위를 세워야 하며, 우선순위에 따라 프로세스들을 그룹핑한다. 미래 프로세스 체계에서 중점 '혁신' 대상 프로세스가 무엇인지를 파악하기 위하여 우선순위 평가 방법에 의하여 다음과 같이 평가한다.

그림 13-5 프로세스 개선 우선순위 설정 절차

② 개선 프로젝트 정의 및 KPI 정의

개선 전략, 개선 활동의 완수를 위한 개선 프로젝트를 도출하여 아래와 같은 체계도를 완성하여 봄으로써 전사적으로 중복성 없이 포괄적으로 도출되었는지 검토한다. 개선 프로젝트에 대해서는 핵심성과지표[KPI]와 KPI 목표치를 설정한다.

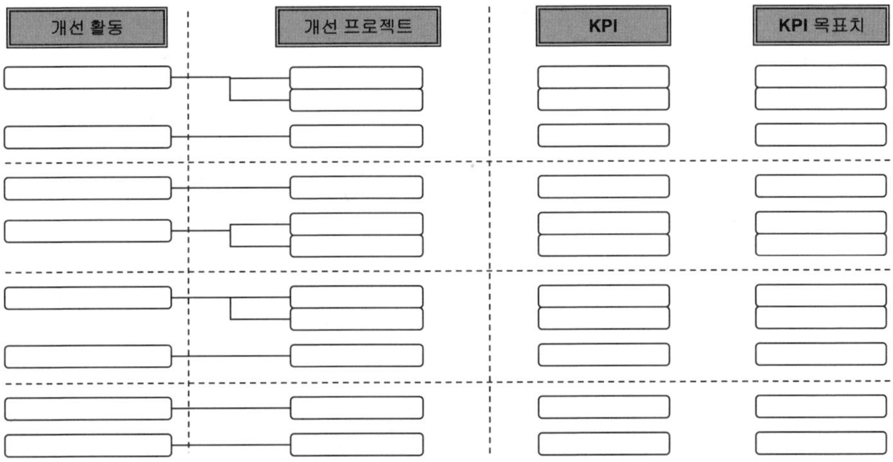

그림 13-6 프로세스 개선 KPI 정의 템플리트

2) 분석기법

① 프로세스 개선 우선순위 선정

첫째, 프로세스 개선 우선순위를 결정하기 위한 다음과 같이 평가요소를 설정하고 평가한다.

- 평가요소의 설정

  프로세스 개선 우선순위를 평가하기 위해서 다음 세 가지 요소를 고려한다.

  » 프로세스 개선 효과성

  프로세스 개선 후의 효과가 높은 프로세스를 우선적으로 고려한다.

  » 프로세스 개선 난이도

  프로세스 개선이 어려운 프로세스를 나중에 고려한다.

  » 프로세스 개선 시급도

  향후 통합 신 정보시스템 구축 일정에 맞추어 빨리 개선되어야 할 프로세스를 우선적으로 고려한다.

- 평가요소별 정량적 평가 방법

  앞에서 설정한 평가요소들을 정량화하기 위해서 각각의 평가 요소들에 대해 동일한 가중치를 두고 1~3점의 점수를 부여한다. 다음의 세 가지 측면에 대해 1~3점을 부여하고, 프로세스별로 산술평균을 구하여 개선 효과성으로 평가한다.

  » CSF 지원도

  미래 프로세스들에 대해 앞에서 도출한 9가지의 핵심 성공요소[CSF] 중 몇 개를 지원하는가에 따라, 3개 이상이면 3점, 1개 또는 2개이면 2점, 0개이면 1점을 부여한다.

  » 고객서비스 향상도

  프로세스 개선 후 고객서비스가 어느 정도 향상될 수 있는지를 프로세스별로 판단하여 1~3점을 부여한다. 향상도가 높은 것을 3점으로 한다.

  » 비용절감 효과성

  프로세스 개선 후 비용절감 효과가 낮은 것부터 높은 순으로 프로세스 별로 판단하여 1~3점을 부여한다.

  다음의 두 가지 측면에 대해 1~3점을 부여하고, 프로세스 별로 산술평균을 구하여 개선 난이도[hardness]를 평가한다.

  » 부서 관련도

  프로세스가 많은 부서에 관련이 있을수록 프로세스를 개선하기 어려우므로, 부서 관련도가 낮은 것부터 높은 순으로 1~3점을 부여한다.

  » 제도 변경 난이도

  프로세스 개선과 관련된 제도를 고쳐야 할 경우, 제도 변경이 어려울수록 프로세스를 개선하기 어려우므로 제도 변경이 쉬운 것부터 어려운 순으로 1~3점을 부여한다.

이와 같은 평가 방식에 따라 첫째, 통합 신정보시스템 구축 일정에 맞추어 빨리 개선되어야 할 순서에 따라 시급한 것을 3점으로 프로세스별로 1~3점을 부여하여 개선 시급도를 평가한다. 둘째, 프로세스 개선 우선순위를 종합적으로 평가한다. 프로세스 개선 효과성과 개선 난이도, 개선 시급도의 세 가지 평가요소를 종합하여 다음과 같이 종합 평가치를 산출한다.

종합 평가치 = 개선 효과성 − 개선 난이도 + 개선 시급도

산출된 종합 평가치를 기준으로 프로세스 그룹핑을 하기 위해서 소수점 이하는 반올림하

여 정수값을 취한다. 개선 효과성과 개선 난이도는 산술평균값이므로 소수점 이하 값을 포함한다. 최종적으로 얻어진 종합 평가치가 높을수록 프로세스 개선효과가 높고, 프로세스를 상대적으로 개선하기 쉬우며, 빨리 개선해야 할 프로세스임을 나타낸다.

셋째, 개선 우선순위에 따라 프로세스를 그룹핑한다. 종합 평가치를 가지고 프로세스들을 다음과 같이 세 개의 그룹으로 나눈다.

A 그룹: 종합 평가치가 3 이상인 프로세스들

B 그룹: 종합 평가치가 2인 프로세스들

C 그룹: 종합 평가치가 1 이하인 프로세스들

프로세스 개선 계획 수립 시 A 그룹을 가장 먼저 고려하고 C 그룹을 가장 마지막으로 개선 일정에 포함시킨다.

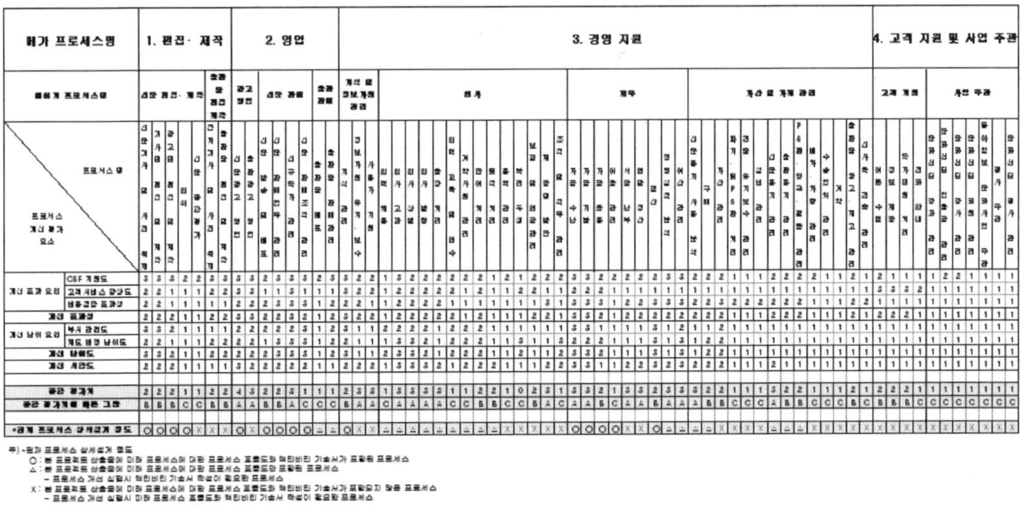

그림 13-7 프로세스별 종합 평가 결과(예시)

A 그룹 (18개)

- 신문광고 영업
- 출판광고 영업
- 신규독자 관리
- 정보자원 유지·보수
- 사용자 지원
- 인사 고과
- 인사 상벌
- 인사 발령
- 출장 처리
- 제 증명 발급
- 자금 수납
- 자금 지불
- 세금 납부
- 연말 정산
- 경영실적 분석
- 예산 관리
- 신문용지 사용 분석
- 신문용지 관리

B 그룹 (21개)

- 신문기사 및 사진 취재
- 기사면 편집 및 제작
- 광고면 편집 및 제작
- 잡지기사 및 사진 취재
- 출판물 편집 및 제작
- 신문 발송 및 배포
- 신문 판매업무 관리
- 지식 관리
- 급여 처리
- 퇴직 처리
- 보험 및 연금 관리
- 자금 운용
- 결산
- 구매
- 자산 관리
- 출판용지 관리
- PS판·잉크·필름 관리
- 출판물 창고·재고 관리
- 여론 수렴
- 정보 제공
- 독자민원 처리

C 그룹 (27개)

- 인쇄
- 신문 종합평가
- 신문 판매조직 관리
- 출판물 배포
- 출판물 판매관리
- 인력 채용
- 인력 교육 및 연수
- 계약사원 관리
- 용역 관리
- 복리 후생
- 조직 및 직무 관리
- 어음 관리
- 파지·폐PS판 처리
- 건물 유지보수 관리
- 설비 관리
- 배차·차량 관리
- 수송업체 관리
- 계약
- 신사옥 건축 관리
- 전화 안내
- 문화센터 강좌 관리
- 문화센터 입출금 관리
- 문화센터 강사 관리
- 문화센터 회원 관리
- 동아일보 문화사업 주관
- 행사 주관
- 문화센터 행사 관리

그림 13-8 프로세스 그룹핑 결과 요약(예시)

② 개선 프로젝트 정의 및 KPI 정의

프로세스 개선 프로젝트에서 KPI 목표치 설정 양식을 그림 13-9에서 13-11까지 예시하였다.

<table>
<tr><td>프로젝트명</td><td>미래 프로세스 완성을 위한 프로젝트 명 기입</td><td colspan="2">프로세스 개선 활동</td><td>비고</td></tr>
<tr><td>프로젝트 개요</td><td>해당 프로젝트의 개요 기술</td><td colspan="2">관련 개선활동 기술</td><td></td></tr>
<tr><td>성과지표 KPI</td><td>•추진 수준을 관리할 수 있는 지표 리스트 도출</td><td>성과지표 KPI Milestone</td><td colspan="2">• 성과지표에 대한 단계별 목표 기술</td></tr>
<tr><td>주관부서/ 관련부서</td><td>• 주관조직 및 관련 조직</td><td>관련 현안</td><td colspan="2">• 해당 프로젝트를 통해 극복하고자 하는 현안 (현황분석 단계에서 도출된 현안)</td></tr>
<tr><td>추진 시 고려 사항</td><td></td><td>기대 효과</td><td colspan="2"></td></tr>
<tr><td>실행 기간</td><td>______________ 월</td><td>소요 예산</td><td colspan="2">______________ 만원</td></tr>
</table>

그림 13-9 프로세스 개선 프로젝트 정의

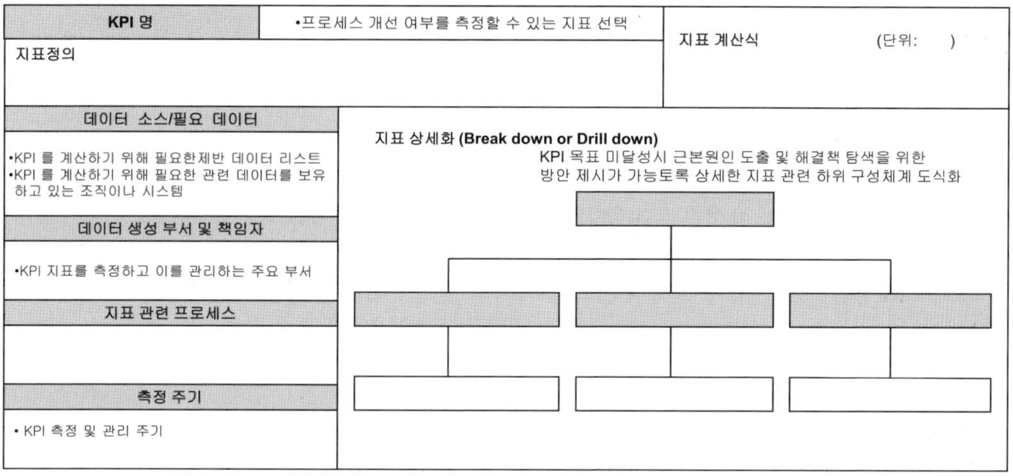

그림 13-10 **KPI 정의 템플리트**

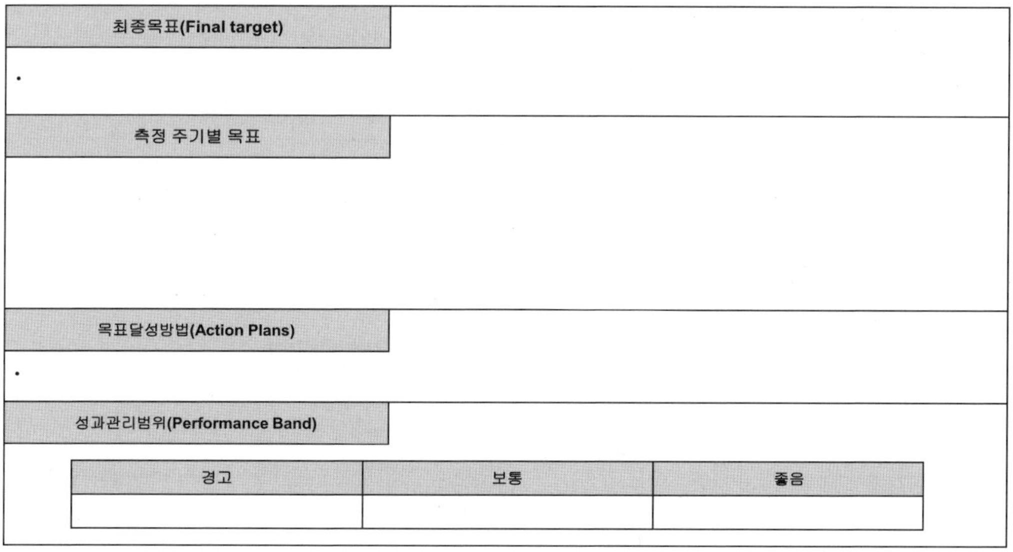

그림 13-11 **KPI 목표치 설정 템플리트**

13.4 프로세스 개선 일정 및 자원

프로세스 개선 프로젝트 정의서에 기초하여 프로세스 개선을 위한 일정과 이를 위한 소요 자원계획을 다음과 같은 절차와 방법으로 프로세스 개선 일정계획, 프로세스 개선 자원계획을 수립한다.

① 프로젝트 정의서를 검토하여 각각의 프로젝트의 일정을 Bar Chart의 형태로 표현한다. 프로젝트 간의 선후 관계를 고려하여 프로젝트 일정이 조정될 수 있도록 한다.

② 추진 일정을 중심으로 연도별/반기별 소요 자원계획을 수립한다. 향후 정보시스템 구축 계획 수립 후 인건비, 경비, 하드웨어 및 개발 도구 투자비, 컨설팅 비용 등의 항목으로 나누어 종합적으로 도출할 예정이므로, 프로세스 개선 측면의 소요 자원계획 중심으로 도출한다.

- 프로젝트 개선 일정 및 자원 계획 수립

  개선 프로젝트 정의서를 바탕으로 상호 연관관계, 선후 관계를 고려하여 개선 프로젝트별, 개선 활동별 추진 일정을 단계별로 수립한다. 일정별로 소요 자원계획과 관련 테스크별 정보시스템 구축 일정 및 자원계획, 제도 개선 계획 등의 상호 연관관계를 고려하여 통합 실행계획을 수립한다.

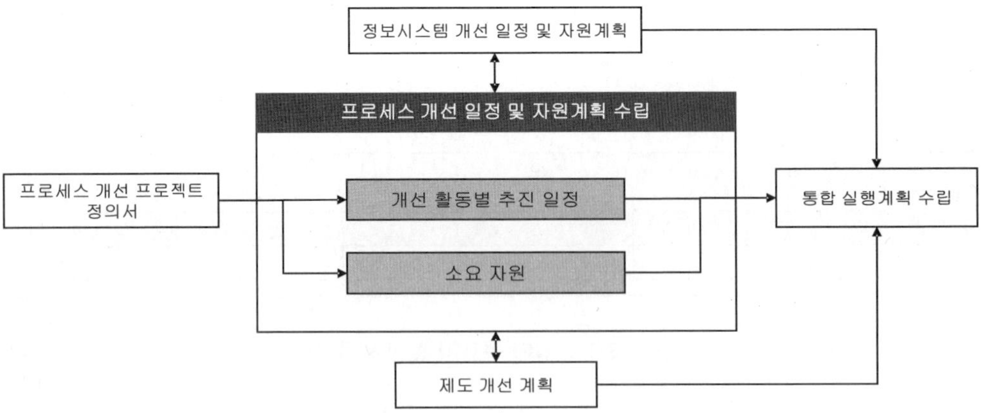

그림 13-12 프로세스 개선 일정 및 자원계획 수립 연계도

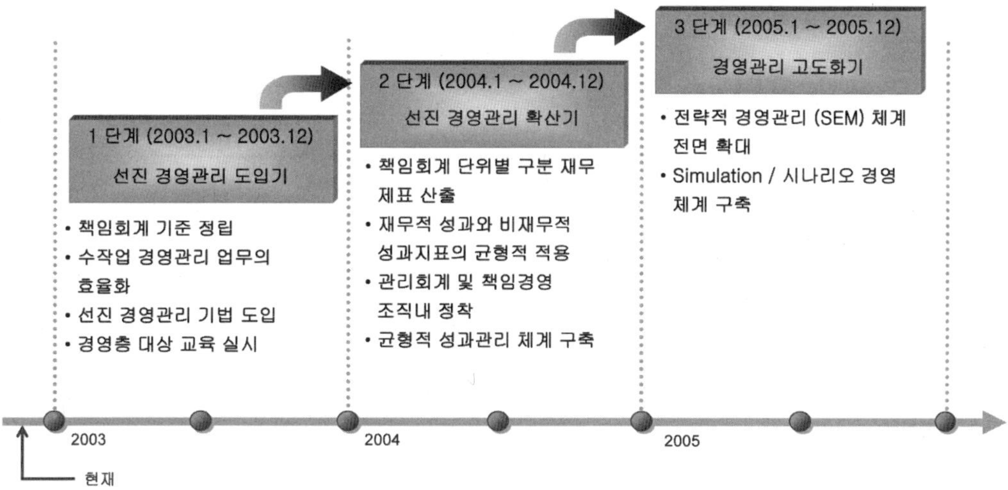

그림 13-13 단계별 일정계획 수립

토의문제 및 활동

1. 프로세스 개선 계획을 수립할 때에 사용하는 5가지 주요 체크리스트를 설명하라.

2. 프로세스 개선 계획 수립을 위한 절차 3단계에 대하여 각 단계별로 수행해야 할 내용을 설명하고, 분석 기법들을 정리하여 설명하라.

3. 프로세스 개선 전략 수립 단계의 수행절차 3가지를 순서대로 설명하라.

4. 프로세스 개선 프로젝트 정의 단계의 수행절차 3가지를 순서대로 설명하라.

5. 프로세스 개선 우선순위를 설정하는 방법에 대하여 설명하라.

6. 그림 13-6을 참고하여 각자의 기업이나 조직의 개선 프로젝트들에 대한 KPI를 정의해보자.

7. 프로세스 개선 일정 및 자원 계획 수립 단계의 수행절차 2가지를 순서대로 설명하라.

CHAPTER

14

INNOVATION
BIBLE

정보시스템 구축 계획

14.1 정보시스템 구축 계획 개념과 접근방법

정보시스템 구축에 대한 전략을 수립하는 데 있어서 프로젝트를 정의하고 일정과 자원 계획을 수립하여 통합 실행 계획의 기초자료로 활용할 수 있도록 한다.

- 정보시스템 구축 계획 수립 체크리스트
  - » 구축을 위한 프로젝트가 정의되어 있는가?
  - » 프로젝트별, 투입인력, 투자금액이 표현되어 있으며 구현상 타당성이 있는가?
  - » 프로젝트 추진에 관한 전체적인 모습이 표현되어 있는가?
  - » 프로젝트 완료에 따른 기대효과가 기술되어 있는가?
  - » 구축 계획에 대하여 고객과의 검토가 있었는가?

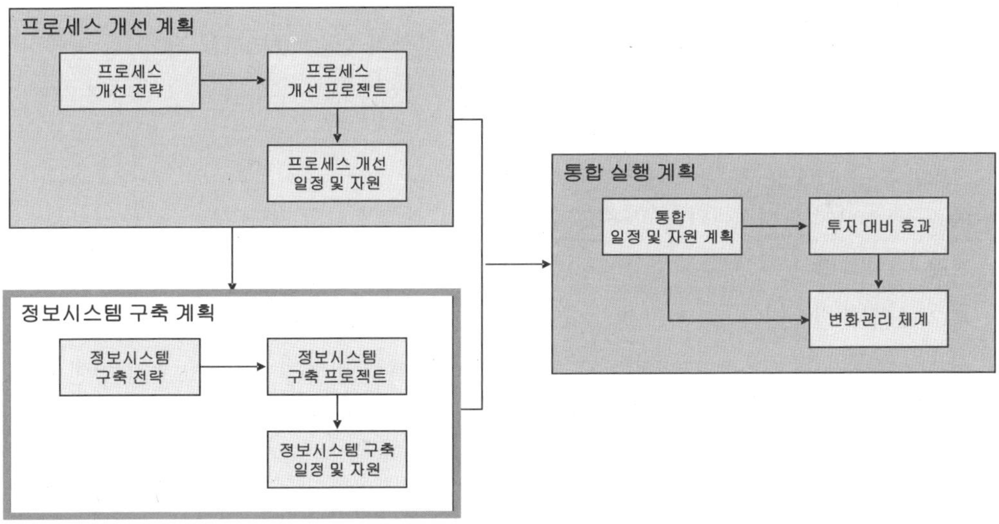

그림 14-1 정보시스템 구축 계획 공정도

새로운 시스템의 목표와 목적을 정의하고, 이의 달성을 위한 부문별·단계별 전략과 기존 시스템 전환 전략을 수립한다. 구체적이고 세부적인 단위 시스템들을 우선순위 및 연관성 등을 고려하여 실현 가능한 구축 프로젝트로 정의하여 단계별(지역별, 부문별 등) 일정 계획과 자원 계획을 수립한다.

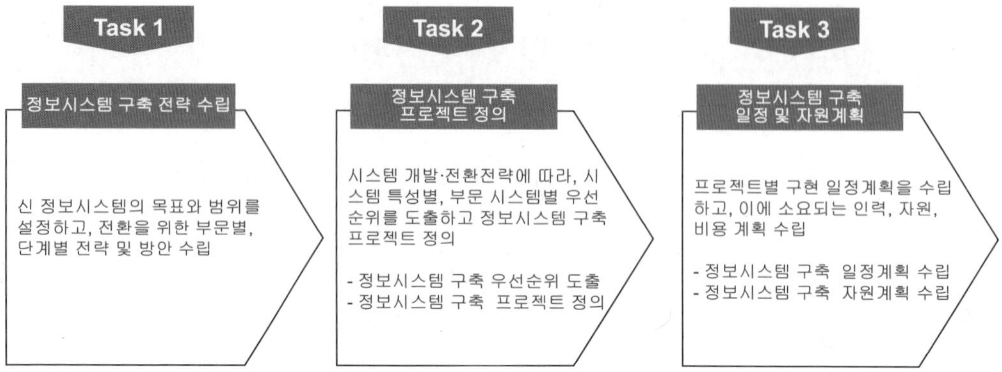

그림 14-2 정보시스템 구축 계획 태스크

14.2 정보시스템 구축 전략

현행 기술구조분석서, 정보전략, 정보시스템 전략, 정보관리 전략, 정보기술 전략, 신 어플리케이션/데이터 매트릭스app/data matrix에 기초하여 미래 정보시스템 모형 구축을 위한 개발 전략과 전환 전략을 수립한다.

① 목표(To-Be) 정보시스템의 통합구조 및 기능별 특성, 고객사의 전략(정보 전략·정보시스템 전략·정보관리 전략·정보기술 전략) 및 시스템 개발환경을 고려하여 개발할 신 정보시스템을 시스템 특성별로 분류하여 개발 전략을 수립한다.

② 현 시스템에서 신 시스템으로 전환 시 전환 대상별 목표와 범위를 설정하고 전환 방안(전체/부문/단계별 등)을 기반으로 전환 전략을 수립한다.

1) 접근방법

① 개발전략 수립

신 기업모형 정립 단계에서 제시하는 미래To-Be 모델 구현을 위해 신규 정보시스템을 개발해야 할 경우, 고객사에 적합한 시스템 개발 전략을 제시하여야 한다.

신규 정보체계의 특성 및 기존 또는 신규의 고객사 전략, 고객사 시스템 개발 환경 등을 고려하여 고객사 실행 프로젝트 추진의 방향을 확립할 수 있도록 한다.

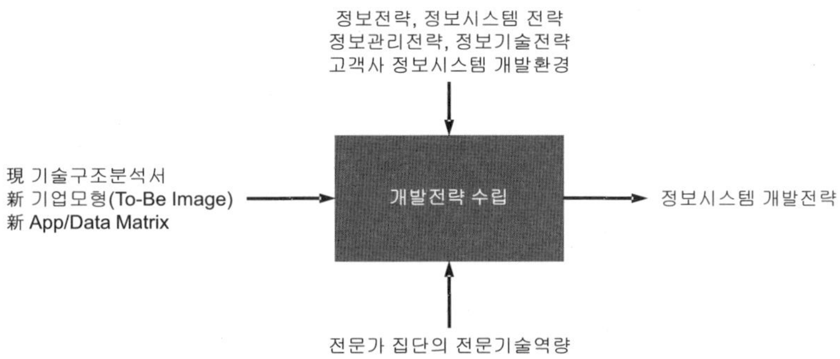

그림 14-3 개발 전략 수립 환경

② 전환 전략 수립

기존 시스템legacy system의 많은 변경을 수반하여 미래To-Be 모형을 구현해야 하는 경우이다. 전환이란 현재의 균형 또는 불균형 상태에서 새로운 균형 상태로 이동하는 것으로서, 미래모형To-Be에서 제시한 신 시스템으로 전환하는 과정에서 발생할 수 있는 불균형/불안정 상태를 효과적으로 관리하기 위한 전략 및 세부방안 수립이 필요하다.

- 현재 보유하고 있는 전산자원 및 향후 도입해야 할 전산자원을 설정
- 중복 투자를 최소화하기 위한 전환전략 수립
- 전환을 수행하기 위한 실제적인 전환 실행 방안 수립

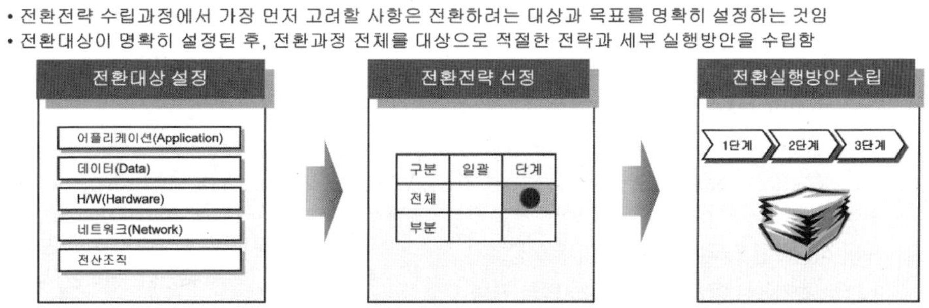

그림 14-4 전환 전략 수립 절차

2) 분석기법

고객사에 적합한 개발전략을 선정(권고)하고, 개발할 시스템을 특성별로 분류하여 개발전략을 수립(제시)한다. 표 14-1과 14-2에서 개발 유형과 방식에 따른 개발전략을 정리하였다.

표 14-1 개발 유형의 선정

구분	일괄 개발	점증적 개발	전환적 개발
적합한 경우	• 시점상으로 단계를 규정지을 수 없으며 단기간에 결과를 도출해야 하는 프로젝트에 유용	• 대규모 프로젝트이면서 앞 단계의 결과를 확인하면서 개선사항을 도출하여 실행하는 프로젝트에 유용	• 대상 범위와 요구사항이 확정되지 않은 상태에서 체계를 부분적으로 정의하고 반복적으로 일괄 개발
특징	• 정보시스템 전체 기능이 서비스 되는 시점을 기준으로 일괄적으로 구축	• 정보시스템을 기능별로 각각 분류하여 단계적으로 개발	• 정보시스템을 기능별로 구분하여 1차 개발 완료 후 다음 단계 진행
장점	• 최단 시간 내에 목표 달성 가능 • 전 부분 동시 개발로 시스템 통합을 위한 재작업 불필요	• 단계적 추진으로 인한 위험성 분산 • 점진적으로 사업의 효과를 확인하면서 개선 가능	• 체계의 요구사항이 정확히 정의되지 않은 경우 확정할 수 있는 기능부터 개발 시 유리
단점	• 전부분 동시 추진으로 인한 위험성 높음 • 관련 시스템 간의 업무협조가 이루어지지 않을 경우 개발 일정에 영향을 줌	• 단계적 추진으로 장기간 소요 • 부분별 시스템 개발로 향후 시스템 통합을 위한 재작업 가능성 존재	• 요구사항이 명확하지 않은 상태에서 개발로 인한 오류의 가능성이 높음

표 14-2 개발 방식의 선정

구분	순수 개발 방식	패키지 도입·개발 방식
장점	• 내부업무 프로세스 변경 없이 시스템 개발 가능 • 비 정형화된 업무를 적용하기가 용이함 • 개발 초기에 사용자 요구 충실히 반영 가능	• 업무기능 모듈의 확실한 안정성 확보(정형업무, 다수 성공사례) 표준화된 기능 모듈 보유로, 기능변경·보완 유연함. 신속한 시스템 개발 용이함
단점	• 시스템 개발 및 유지보수 시 전문 기술인력 필요 • 전체 개발기간의 산정이 어렵고 대부분 장기간 소요 • 정보기술 변화 대처에 많은 노력 필요 • 전문적인 구축방법 없을 경우 품질 저하와 위험 증가	• 패키지를 내부 업무 프로세스에 맞게 변경해야 함 • 사내 정보 및 업무 프로세스가 외부로 노출될 우려가 있음. 패키지 공급업체의 지속적인 운영 유지·보수 지원이 요구됨

① 전환 대상 설정

현 시스템legacy system을 신 정보시스템으로 전환하기 위해 필요한 전산자원을 다음과 같이 어플리케이션, 데이터, 하드웨어, 네트워크, 전산조직으로 분류한다.

- 어플리케이션: 정보시스템 운영을 위한 각종 응용 프로그램
- 데이터: 현 정보시스템 운영 데이터 등 각종 전산정보
- 하드웨어: 시스템 플랫폼이 되는 장비
- 네트워크: 각 시스템 연결 및 온라인 서비스를 위해 필요한 네트워크 장비
- 전산조직: 시스템 개발조직 및 시스템 운영조직

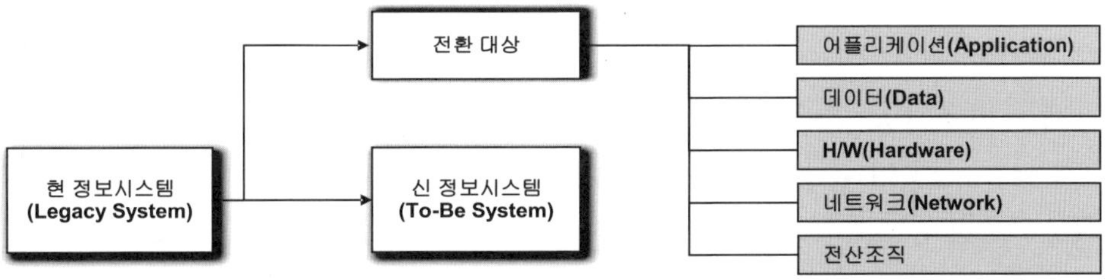

그림 14-5 현 정보시스템 분류

② 전환 전략 구분

- 전환의 범위(유형)에 따른 구분
  - 전체 전환: 어플리케이션 및 이와 연관된 데이터, 하드웨어, 네트워크, 전산조직 등 모든 시스템 구성요소를 전환 범위로 설정하고 계획을 추진하는 전략
  - 부분 전환: 전환이 필요한 부분만을 전환의 범위로 설정하고 전환 계획을 추진하는 전략
- 어플리케이션의 대체 형태에 따른 구분
  - 일괄 전환: 일정기간 내에 현행 정보시스템의 기반구조를 새로운 구조로 일시에 바꾸는 전략
  - 단계 전환: 일정기간별로 사이를 두고 단계적으로 기반구조를 전환하는 전략
- 4가지 형태의 전환전략

  어플리케이션의 대체형태와 전환 범위로 구분된 전략을 바탕으로 도출 가능한 전환 전략은 그림 14-6과 같이 4가지 형태로 도출된다.

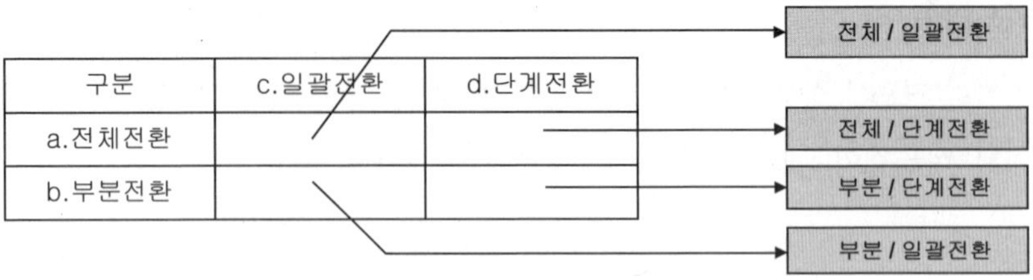

그림 14-6 전환전략 종류

③ 전환 범위(유형)의 구분: 전체 전환과 부분 전환

기업의 규모와 현행 정보시스템에 대한 투자의 정도에 따라 범위는 탄력적으로 변동이 가능하다. 전환 시 전환 대상 업무를 지원하는 시스템의 범위, 현행 정보시스템에서 전환될 정보자원(시스템 설비, 하드웨어, 소프트웨어, 데이터, 어플리케이션, 네트워크, 사용자 환경) 등에 대한 변화의 정도, 변화의 크기, 전환 기간 및 자원 투자능력(인력/비용)을 고려하여 결정한다.

앞서 살펴보았듯이 전환의 유형은 부분(한정) 전환과 전체(완전) 전환으로 구분되는데 그 내용을 요약하면 다음과 같다.

- 전체 전환

  정보시스템 기반구조를 이루는 주요 기술요소 전체를 대상으로 전환한다.

- 부분 전환

  기술 기반구조를 이루는 주요 기술요소의 일부만을 대상으로 전환한다.

  전환의 범위(유형)는 신 시스템 개발전략과 마찬가지로 신 정보시스템의 통합구조 및 기능별 특성, 고객사의 전략 및 기존 시스템legacy system의 환경 등을 고려하여 정보시스템 기반구조 전체를 대상으로 할지 일부 부문만을 대상으로 할지를 선정(권고)한다.

  기존 시스템 전환 시 기존 데이터의 전환conversion이 필요할 경우, 전환 방안 및 일정 등과 함께 특히, 데이터 전환conversion 비용 등 구체적인 사항을 심도 있게 고려해야 한다.

④ 어플리케이션 대체 형태의 구분

어플리케이션 대체 형태에 따라 일괄 전환 또는 단계별 전환 전략으로 분류한다.

일괄 전환 전략은 부분 전환 및 소규모의 전체 전환에 적합한 방법으로 일정한 기간 내에 현 정보시스템의 기반 구조를 새로운 구조로 일시에 바꾸는 전략으로서 다음의 요소가 준비되어야 성공 가능하다.

- 모든 시스템 환경이 새로운 플랫폼 구조에 맞추어 설치 가능
- LAN 및 WAN 등의 모든 네트워크망의 설치 가능
- 모든 시스템 어플리케이션 및 사용되는 데이터가 새로운 기반구조에서 구동 가능

표 14-3은 일괄 전환 전략에 있어서의 장·단점을 요약 정리하였다.

표 14-3 일괄 전환 전략의 장 · 단점

구분	장점	단점
일괄 전환	• 새로운 시스템 환경으로 바로 전환 가능하여 기존 시스템과의 구조 및 프로그램 인터페이스 문제 발생 가능 없음 • 전환 즉시 새로운 시스템 환경에서 운용가능하므로 새로운 시스템 활용도가 높음 • 전환에 따른 여러가지 효과가 전환 즉시 발생	• 일괄 전환이 시행되는 동안 시스템 가동이 일시 중단이 예상되어 업무의 중지 기간 발생 • 초기 전환에 따른 투자비용 부담이 크고 살패의 경우 경영상의 위험도가 높음 • 대량의 데이타가 전환되는 시스템의 부족함 • 전환 준비를 위한 기간 및 시험에 대한 과다 부담 • 시급한 전환이 요구되는 시스템(기존 시스템의 용량 한계 등의 문제)은 즉각 대응이 어려움

한편 단계별 전환 전략은 대규모의 전체(완전) 전환에 적합한 방법 중 하나로 일정 기간별로 사이를 두어 단계적으로 기반 구조를 전환하는 전략이다. 단계를 나누는 기준에 따라 ① 업무별 전환 전략, ② 지역별 전환 전략, ③ 기술 구성요소별 전환 전략의 3가지 형태로 구분된다.

신 시스템의 특성과 고객사의 전략 및 기존 시스템 환경 등을 고려하여 적합한 형태를 구성하여 선정(권고)한다.

다음은 단계별 전환 전략의 3가지 전환 전략에 대해 살펴보자.

- 업무별 전환 전략

  업무 기능business function 또는 프로세스business process 단위로 해당 기능 및 프로세스/엑티비티를 지원하기 위한 정보기술 기반구조의 전환을 단계별로 수립하는 전략이다. 업무별 전환 전략에 있어서 주요하게 고려해야 할 사항은 다음과 같다.

  우선 비지니스 프로세스 관점에서 업무를 분석하여 비중이 가장 높고 시급히 전환해야 할 업무를 조사하여 공감대를 형성해야 하는데, 이러한 기준으로 선정된 업무기능 및 프로

세스/액티비티는 모든 지역에 공통으로 적용되어야 한다. 기술요소들이 정상적으로 동작하며, 선정된 업무기능이나 프로세스와 밀접한 관계가 있는 타 부문과 원활하게 연동되어 동작해야 한다.

표 14-4 업무별 전환 전략의 장 · 단점

장점	단점
• 일괄 전환보다 전환 기간에 대한 제약이 적음 • 전환시 Pilot 또는 프로토타이핑 실시가 가능하여 새로운 환경의 시스템 기반 구조에 대한 검증 가능 • 1회 전환 데이터 양의 상대적으로 적으며 전환이 진행되면서 데이터의 양도 줄어듬	• 기존 시스템과 연계성이 높은 경우 전환에 따른 개발 부담이 큼 • 연계성이 높은 경우 서비스의 질이 일시적으로 저하될 가능성 발생 • 전환 시 사용되는 장비나 설비가 활용도가 낮음 • 전환을 위하여 교육이 필수적이며 교육에 대한 부담이 큼

- 지역별 전환 전략

정보시스템 기반구조 전환의 단위를 지역으로 구분하여 전환(전환할 지역이 N개 있으면 각 지역별로 N번 전환하여 시스템 설치작업이 필요)되므로 업무가 지역적으로 독립되어 있으며 본사와 지역의 업무가 서로 영향을 주지 않는 경우에 적합하다.

지역 전환 시 중간 단계에서 전환된 지역과 전환되지 않은 지역 간의 연계 조치 필요하며, 전환 시작 전에 지역에 대하여 시스템 설치 및 교육이 선행되어야 전환이 효과적으로 이루어질 수 있다.

표 14-5 지역별 전환 전략의 장 · 단점

장점	단점
• 일괄 전환보다 전환 기간에 대한 제약이 작음 • 장비의 활용도가 높고 시간적 여유를 갖고 단계별로 교육을 수행할 수 있	• 기존 시스템과 연계성이 높은 경우 전환에 따른 개발 부담이 큼 • 지역 간 연계성이 높은 경우 전환 대상 업무별 시스템의 그룹핑이 어려움 • 지역 간의 네트워크 등의 문제 발생 시 서비스의 질이 저하될 가능성이 있음

- 기술 구성요소별 전환 전략

정보시스템 기반구조를 이루는 기술요소를 기준으로 전환 단계를 설정하여 전환하는데, 기술요소별로 전환하기 때문에 어느 한 가지 구성요소의 전환으로 전체 성능을 만족시키는 데는 어려움이 따를 수 있다. 단계적 전환 시 정보시스템의 성능 향상에 큰 효과를 주면서 전환에 따른 충격이 적은 부문부터 전환하는 것이 바람직하다. 비용, 전문 인력의 활용도, 사용자를 위한 교육 여건에 유리하고 기존에 투자한 자원을 보호할 수 있는 장점이 있다.

표 14-6 기술 구성요소별 전환 전략의 장 · 단점

장점	단점
• 사용자들의 적응 기간을 고려할 수 있음 • 각 구성요소별로 충분한 검토 후 실행 가능 • 비용, 전문인력의 가용성 측면에서 이점이 있음 • 기존 투자한 자원에 대한 보호 가능 • 구성 요소별로 최선의 기술 선택 가능	• 각 구성요소별 연계성을 고려하기 어려움 • 전환에 따른 성능의 향상이 상대적으로 낮음 • 정보기술 발전 속도가 급격한 환경에서는 특정 시점마다 지속적으로 전환이 필요함

14.3 정보시스템 구축 프로젝트

개발전략 및 전환전략에 기초하여 전문가 집단의 전문기술^Delphi^과 매트릭스 분석기법 등을 활용해서 시스템별 구축 프로젝트를 정의한다.

① 개발 전략·전환 전략에 따라 목표^To-Be^ 시스템 구현을 위한 단위 과제를 분류한다.

② 단위 과제들을 업무/지역/기술구성 요소에 대하여 매트릭스 분석기법을 활용하거나, 또는 개발 전략·전환 전략에 따른 전문가적인 관점에서 단위 과제들 간에 상호 선·후행관계 및 연관관계 등을 파악한다.

③ 단위 과제들 간의 상호 선·후행관계 및 연관관계 등에 따라 실행 과제(구축 프로젝트)들을 정의하고, 실행 과제들의 개별 특성과 투자예산 등을 고려하여 단계별 및 동일 단계 내의 우선순위를 정의한다.

1) 접근방법

① 실행과제 정의 절차

개발전략 및 전환전략에 따른 신^To-Be^ 정보시스템 구현을 위한 실행과제(구현 프로젝트)를 정의하고 실행우선 순위를 결정한다. 미래[To-Be] 정보시스템 구현을 위한 단위 과제를 분류하고, 단위 과제들 간에 개발 및 구축 선·후행관계 및 상호 연관관계를 식별(분석)한다. 식별한 연관관계를 고려하여 실행과제(구현 프로젝트)를 선정하며, 개발 및 전환단계를 구분하여 단계별 실행과제를 설정한다. 또한, 실행과제들의 개별 특성과 투자예산 등을 고려하여 단계별 또는 동일 단계 내에서의 우선순위를 정의한다.

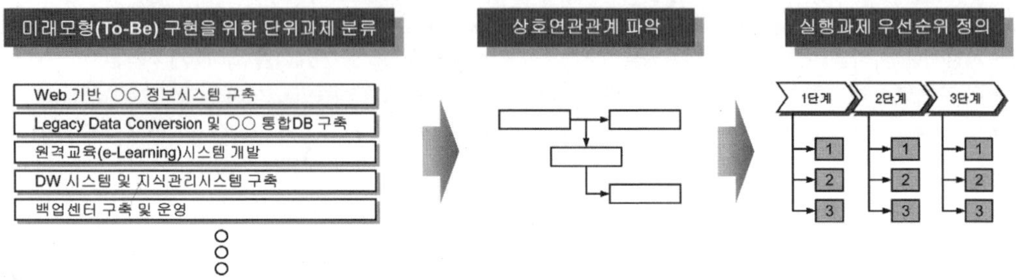

그림 14-7 정보시스템 구축 프로젝트 정의 절차

② 실행과제 우선순위 선정 시 고려할 수 있는 검토항목의 예시

수행하는 프로젝트의 성격과 고객사의 전략에 따라 실행과제의 우선순위 선정방법은 달라질 수 있다. 예를 들어, 실행과제의 개별 특성과 투자예산 등을 고려하여 우선순위 및 추진단계를 설정하는 경우와, 업무부문별 지역구분별 기술 구성요소를 복합적으로 고려하는 경우 등 수행 프로젝트에 적합한 방법을 적용한다.

아래에 업무·지역·기술 구성요소를 복합적으로 고려하는 경우 중 업무부문의 검토항목을 예시하면 다음과 같다.

- 요구사항 분석의 상세 정도

  해당 업무의 정보시스템을 구현하기 위하여 필요한 기반 구조가 무엇인가를 상세하게 분석하는 기준으로 분석정도를 반영한다.

- 조직과의 연관성이 높은 정도

  해당 업무의 기능 및 프로세스/엑티비티가 얼마나 많은 조직과 연계성을 갖고 영향을 주는가에 대한 기준으로 관련부서의 많고 적음을 반영한다(부분 시스템의 기능 및 사용되는 어플리케이션과 조직과의 매트릭스 분석 기법 사용).

- 업무의 분산처리 정도

  해당 부문의 업무처리 형태가 Open, DCE 환경에서 운용하기에 얼마나 적합한가를 분석하는 기준으로 해당업무의 처리 절차가 분권화되어 있는가를 판단하는 기준이다.

- 투자대비 효과의 정도

  적은 투자로 높은 효과를 볼 수 있는 것이 우선순위가 높다. 일반적으로 ROI^return on investment^(투자수익률)의 관점에서 이익창출에 직접적으로 기여하는 업무처리 시스템 부문이 투자대비 효과가 높다.

- 전환에 따른 위험요소의 크기 정도

  위험요소의 크기란 전환을 실행할 때 부담해야 하는 위험이 얼마나 큰가를 비교하는 기준으로 전환의 독자성이 얼마나 높은가를 판단하는 기준이다. 전환 대상 부문과 연관성이 있는 지역들 간의 연계성이 높아서 모든 지역의 시스템을 전환하여야 실질적인 효과를 얻을 수 있는 경우면 위험부담이 커져서 우선순위가 낮다. 단계적으로 접근하여 전환이 가능한 경우는 각 단계별로 효과를 기대할 수 있으며 첫 번째 경우에 실패를 하여도 후속 단계별로 전환을 할 수 있으므로 위험부담이 적어 우선순위가 높다.

14.4 정보시스템 구축 일정 및 자원 접근 방법

정보시스템 구축 프로젝트 정의에 기초하여 프로젝트별 구현 일정계획을 수립하고, 한국 소프트웨어 산업협회 사업대가 기준, 기술등급별 인력단가, 하드웨어·소프트웨어·네트워크 등의 공급사 견적 등을 참조하여 이에 소요되는 인력, 자원, 비용 계획 등 정보시스템 구축 일정 및 자원계획을 수립한다.

① 자원계획(인건비/투자비 등) 수립을 위한 비용 산정 기준을 정립한다.
② 각 실행과제(프로젝트)별 해당 부문 시스템별 일정 및 인력 투입 계획과 필요 기술을 도출한다.
③ 각 프로젝트별로 취합하여 일정 및 자원 투입계획을 수립한다. 투자비 부문은 공통 투자부문과 각 프로젝트별 차별화 된 부문으로 구분하여 자원계획을 수립할 수도 있다.

이를 위한 구체적 접근 방법과 절차를 요약하면 다음과 같다(그림 14-8).

- 자원계획 수립을 위한 비용 산정기준을 정립한다.

- 각 프로젝트별 일정 및 인력 투입계획과 필요 기술을 도출한다.
- 각 프로젝트별 일정 및 자원 투입계획을 수립한다.
- 각 프로젝트별 실행예산을 작성한다.

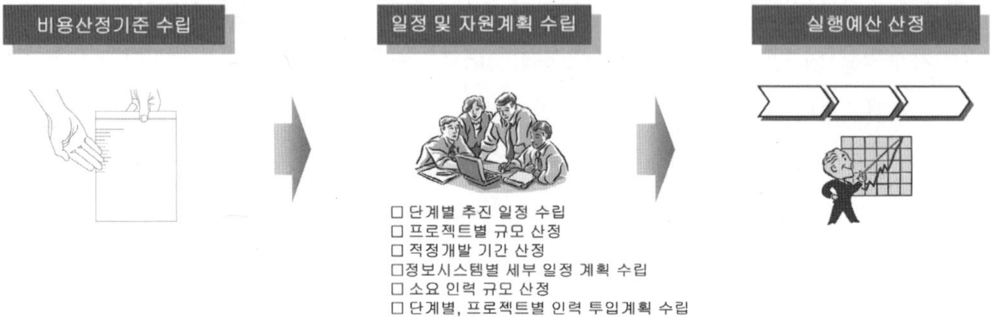

그림 14-8 구축 일정 및 자원계획 수립 절차

1) 분석기법

① 프로젝트 규모 산정

'본'은 입력, 조회, 수정, 출력 등 유형별 기능을 독립적으로 실행할 수 있는 프로그램의 최소 단위로서 본들 간의 결합도coupling는 낮고, 본 내부 스텝들 간의 응집도coherence는 높게 설계된 스텝step들의 집합 단위를 말한다. 본은 업무의 세부 기능을 수행하기 위한 소프트웨어 구조의 기본 구성 단위인 프로그램을 말하며, 다음과 같은 특성을 갖는다.

- 프로그램들 간의 결합도는 낮고 프로그램 내부 스텝들 간의 응집도는 높게 구성
- 독립적인 컴파일을 실행할 수 있는 단위
- 업무의 세부 기능을 수행하기 위한 입력, 조회, 출력 각각의 프로그램 유형을 별도의 본으로 계산
- 프로그램은 1개 이상의 모듈module로 구성
- 클라이언트-서버 프로그램의 경우 결합match되는 양쪽 프로그램을 1본으로 계산

'스텝step'은 본을 구성하는 최소 명령단위로서 프로그램 수행을 위한 실행문, 환경선언, 데이터 선언 등을 말한다. 단, 스텝 수를 계산함에 있어 프로그램 환경 선언, 데이터 선언 및 주석 등의 라이브러리를 복사하여 사용할 경우에는 라이브러리 시행 스텝만을 인정한다. 스텝은 프로

그램 언어인 COBOL, FORTRAN, C, ASSEMBLER, PL/1, PASCAL, RPG, 4GL 등의 규약에 따라 각종 지시 명령을 기술한 최소 단위로서 단문 문장sentence과 유사한 개념으로 각 프로그램 언어별 특수성이 있다.

스텝은 프로그램 실행문은 물론이고 프로그램 환경 선언, 데이터 선언 등을 포함한다. 즉, 본 기준에서는 스텝 수를 프로그램 중 주석comments문을 제외한 프로그램 코드 라인 수line of code의 의미로 사용한다.

'기능점수function point'란 소프트웨어의 크기를 결정하는 소프트웨어 기능 유형별 수량과 성능 및 품질 요인들의 영향도를 고려하여 계산되는 수치를 말한다.

기능 점수 모형은 본 수 스텝 수 모형에 비하여 다음과 같은 장점을 가지고 있다.

» 사용자가 쉽게 이해할 수 있고 의미 있는 측정의 수단을 제공한다.
» 사용하는 언어나 도구에 의해 영향을 받지 않는다. 3세대 언어라든가 4세대 언어를 사용하게 되면 스텝 수는 줄어들지라도 기능점수는 영향을 받지 않는다.
» 개발수명 주기의 앞 단계에서 이용될 수 있다. 스텝 수는 프로젝트가 끝난 뒤에야 측정이 가능하지만 기능점수 모형은 요구 분석 단계가 끝나면 적용이 가능하다.

기능점수법은 1979년 IBM의 Allan J. Albrecht에 의해 제창된 생산성 측정 기법으로 사용 언어, 작성자의 기술, 개발환경, 4GL과 어플리케이션 패키지를 이용한 경우 등과 같이 시스템 작성 방법과 직접적인 관계가 없으며, 일관된 척도로 시스템의 가치를 평가한다는 특징을 들 수 있다. 이렇게 함으로써 종래의 프로그램 수나 소스코드(스텝수)에 의한 접근 방식의 한계를 타파할 수 있다.

프로젝트 규모 산정에 있어서의 기본적인 산정 수순은 다음과 같다.

» 시스템이 제공하는 기능(입출력, 마스터 파일, 인터페이스 등)의 수를 파악
» 개개의 기능을 분류(단순, 평균, 복잡)하여 가중치 계수를 곱한 후 전체 합계
» 대상 시스템의 특성에 따라 조정용 시스템 특성계수를 구함
» 초기 기능점수에 시스템 특성계수를 곱하여 최종치를 구함

대상 시스템의 성격(Batch/온라인, 신규/개정, 패키지 적용 등)에 의해 기능점수당 작업 공수에 차이가 생기므로, 견적에 적용하는 경우 실적 데이터 수집과 분석 및 기준치 설정 등의 면에서 고려가 필요하다.

② 개발비 규모 산정

개발규모는 스텝 수로 표시하며 스텝 수 산정은 본 수에 의한 산정방식이나, 직접산정 방식, 혹은 기능점수에 의한 방식을 사용할 수 있다. 본 수에 의한 스텝 수 산정방식은 개발할 소프트웨어 본 수를 산정한 후 정보처리 형태별 평균 스텝 수를 곱하여 계산한다. 통신, 제어통제, 장비 내재형 시스템 등과 같이 본 수를 산출하지 않고 스텝 수를 계산하는 것이 적정한 경우에는 직접 스텝 수 산정 방식을 권장한다.

기능점수에 의한 스텝 수 산정은 일반 사무용이나 소규모 시스템 개발 시에 권장된다. 기능증대 요인의 수 및 요인별 난이도 가중치를 정하고 다음 식에 의거하여 기본 기능점수를 계산한다.

기본 기능점수(BFP) = (난이도별 기능 증대 요인 수 × 기능 증대 요인별 난이도 가중치)

각 성능특성 요소 및 품질특성 요소별 영향도를 합산하고 기술적 복잡도[TCF]를 계산하여 다음 식과 같이 총 기능점수를 계산한다.

총 기능점수(TFP) = 기본 기능점수(BFP) × 기술적 복잡도(TCF)

산출된 총 기능점수에 80을 곱하여 스텝 수로 환산한다.

표 14-7 기능점수 산출표

기능증대요인		기능 증대요인별 난이도 가중치		
		단순	보통	복잡
화면	입력	3	6	13
	출력	3	5	8
	입출력	6	11	19
	메뉴	2	2	9
출력보고서		3	5	10
사용자 명령어		3	4	6
외부 루틴과의 인터페이스		5	7	11
파일	입력	3	5	8
	출력	3	5	8
	입출력	3	6	13

참조: 조정 전 기능점수 (BFP) 는 각 기능증대 요인에 대하여 난이도에 따른 가중치를 곱한 값을 합산한 값

표 14-8 기능 증대요인별 난이도 판정기준 1

분류		단순	보통	복잡
화면	입력	외부 입력자료 유형의 종류가 매우 적음(1~2개)	외부 입력자료 유형의 종류가 3~5개	외부 입력자료 유형의 종류가 많음(6개 이상)
	출력	출력이 1~3행, 화면출력 양상이 단순함	행이 4개 이상, 출력 양식이 복잡하지 않음	출력 행이 여러 개, 화면 출력 양식이 복잡함
	입출력	입출력 자료 유형의 수가 적음(1~2개)	입출력 자료 유형의 수가 3~5개	입출력 자료 유형의 수가 여러 개임
	메뉴	메뉴가 1~3개, 하위 레벨의 메뉴 없음	메뉴가 4개 이상, 하위 레벨의 메뉴가 없음	메뉴가 10개 이상, 하위 레벨의 메뉴 있음

표 4-9 기능 증대요인별 난이도 판정기준 2

분류	단순	보통	복잡
출력 보고서	출력 보고서 양식이 단순함	출력 보고서 양식이 보통임 (출력 파일 상호간의 관계가 복잡하지 않음)	출력보고서 양식이 복잡함 (출력 파일 상호간의 관계가 복잡함)
사용자 명령어	단순한 명령어	단순한 명령어와 적은 수의 사용자 입력 변수	복잡한 명령어와 많은 수의 사용자 입력변수
외부 루틴과의 인터페이스	외부 루틴과의 인터페이스가 매우적음	외부 루틴과의 인터페이스가 어느 정도 있음	외부 루틴과의 인터페이스가 매우 빈번함
파일	테이터와 테이터 혹은 테이터와 파일 간의 논리적인 구조가 단순함	파일 간의 논리적인 구조가 단순하지도 복잡하지도 않음	파일 간의 논리적인 구조가 복잡함

표 14-10 기술적 복잡도 계산표

성능특성	영향도	품질특성	영향도
테이터 통신		시험 용이성	
분산처리 여부		이식성	
처리속도		재사용성	
이용률		설치 용이성	
단위 시간당 처리량		작동 편의성	
온라인 데이터 입력		다중 설치성	
온라인 데이터 갱신		효율성	
처리의 복잡성		신뢰성	
반응 시간		융통성	

<계속>

성능특성	영향도	품질특성	영향도
회수 시간		무결성	
응답 시간		상호 운영성	
		유지보수 용이성	
		총 영향도	
기술적 복잡도 TCF (= 065 + (총영향도 × 0.006)			

참조: 기능점수[TFP]는 조정전 기능 점수[BFP]에 기술적 복잡도[TCF]를 곱한 값으로 계산(TFP = BCF × TCF).

표 14-11 영향도 판정 기준표

영향도	판정기준
0	존재하지 않거나 영향이 없음
1	사소한 영향을 미치는 경우
2	알맞은 영향을 미치는 경우
3	평균 영향을 미치는 경우
4	중요한 영향을 미치는 경우
5	강력한 영향을 미치는 경우

그림 14-9는 하드웨어 간의 인터페이스[INTERFACE] 처리 시 프로그램의 본 수 산정방식을 나타낸 것이다.

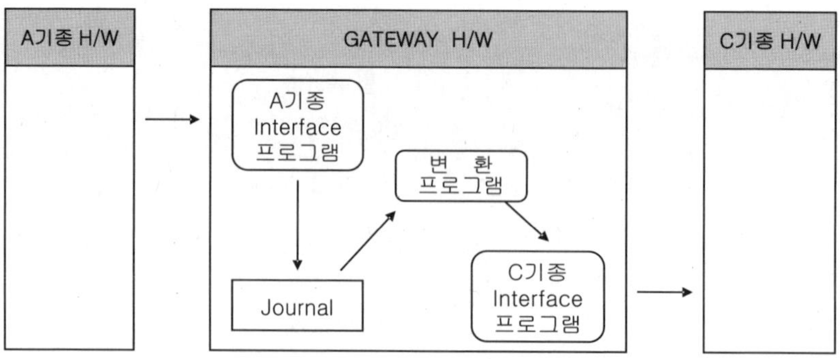

그림 14-9 인터페이스 처리 시 본 수 산정

A기종 하드웨어의 데이터를 C기종 하드웨어에 전달하기 위한 게이트웨이GATEWAY 하드웨어에서 그림 14-9와 같은 방식을 택했을 경우는 3본 프로그램이 필요하다.

그림 14-10은 급여계산 프로그램 본 수 산정을 표현한 것이다.

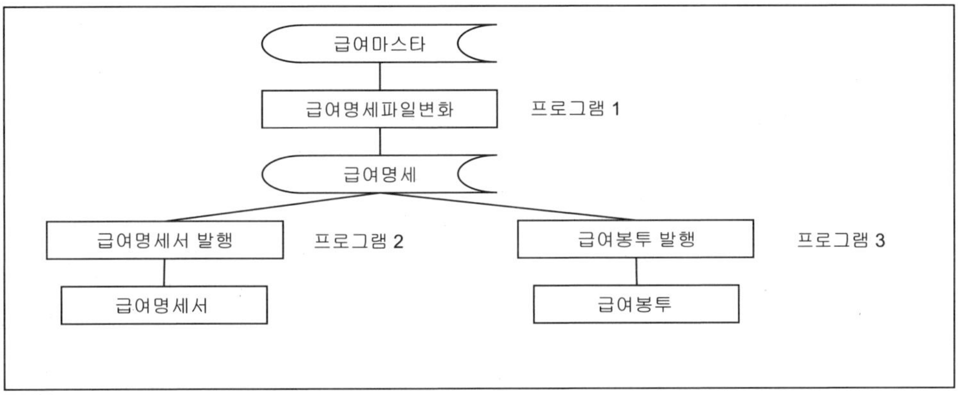

그림 14-10 급여 산정 시 본수 산정

급여 계산 시 통상 전체 인원에 대한 급여계산을 하여 급여 명세 파일을 만든 후 이 파일을 이용하여 급여 명세서를 발행하고 또 급여 봉투를 인쇄할 경우 그림 14-10과 같은 처리 흐름이 되어 3본의 프로그램이 필요한 것으로 처리한다.

다음은 C언어 프로그램에서의 스템 수 산정의 예를 보인 것이다.

```
C언어의 경우
#INCLUDE <STDIO.H>  ......................  ①
#INCLUDE <DOS.H>  ........................  ②
MAIN()
{INT A. B. D. E. X. Y. PAY. BILL:  .......  ③
          :
          :
IF ( A==B ) Y = X:  ......................  ④
BLSE Z = X:  .............................  ⑤
BILL = BILL + D:  ........................  ⑥
PAY = PAY + E:  ..........................  ⑦
```

이 경우 7 스탭으로 계산한다.

표 14-12는 본 수 산정에 의한 스텝 수 계산의 예를 보여주고 있다.

표 14-12　본당 본 수 산정표

정보처리 형태	본 수	본당 평균 스탭 수*	본당 평균 스탭 수
뱃지 처리형	50	470	23,500
온라인처리형	200	410	82,000
실시간처리형		460	
합계	250	–	105,500

* 한국소프트웨어 산업협회 사업대가 기준에 의한 정보처리 형태별 본당 평균 스텝 수

- 적정 개발기간 산정표

  표 14-13은 소프트웨어 크기와 적정 개발 기간과의 관계를 예시한 표이다.

표 14-13　소프트웨어 크기와 적정 개발 기간의 관계

소프트웨어 규모(Step)	적정 개발 기간(월)	비고
1만 까지	6	
3만 까지	7	
7만 까지	10	
10만 까지	12	
15만 까지	14	
30만 까지	18	
50만 까지	23	
70만 까지	26	
100만 까지	30	
100만 이상	30 이상	발주자와 수주자가 협의·조정

※ 적정 개발기간은 상세요구 분석 공정에서 통합시험 및 설치공정까지 수행 시의 기준이며, 특정 공정만 수행 시는 공정 비율을 적용하여 적정 개발 기간을 산출한다.

※ 10,000 스텝 미만의 경우 적정 개발 기간은 6개월을 적용한다.

- 소요 인력규모 산정표

  표 14-14는 소요 인력규모를 예시하여 보여주고 있다.

표 14-14 개발 공정별 소요 공수 및 업무 범위

(10만 step 기준)

공정단계		기초요구 분석	상세요구 분석	설계	프로그램 작성	통합시험 및 설치	하자보수	계	유지보수
전체소요인력 (M/M)계		10.16	30.39	36.82	64.66	48.68		190.71	
수주자	업무 범위	• 시스템화 필요성 분석 • 시스템화 목표범위 기능 개요의 설정 • 기초 시스템 정의를 위한 문서 작성 • 개략 프로그램 본수 또는 기능수 산출	• 시스템화 요구분석 • 시스템화 기능·성능 품질·결정 • 정보처리 형태 별 예상 프로그램 본수 또는 기능수 산출	• 시스템 환경 설계 • 시스템 구조 설계 • 시스템 세부 설계	• 프로그램 사양 작성 • 코딩, 컴파일 • 개별시험	• 시스템 환경 조성 • 시스템 설치 초기 작업 • 시스템 시험 운영 • 사용자 지침서 작성 • 교육시스템 검수 및 인계	• 하자보수 기간 중에 발견된 소프트웨어의 결함 수정		연간 유지보수 필요인력은 개발의 10%~15% 적용
	기초 인건비	8.64(M/M)	※ 공정별 스탭당 인건비 단가 적용하여 인건비 산정						
발주자	업무 범위	1. 진척관리 • 필요 공수의 견적 • 스케줄의 결정 및 관리 • 진척 데이터의 수집 • 계획대 실적관리(계획 조정)	2. 품질관리 • 품질기준 및 품질척도 설정 • 작업 단계별 품질 검사 • 품질 데이터의 수집 • 품질개선	3. 비용관리 • 개발비용 견적(견적모델의 설정) • 비용 견적의 기준치 (공수단가, Step 단가 등) • 작업실시 단계의 비용관리		4. 요원관 • 프로젝트팀 편성 • 팀 내의 정보 전달과 회의 운영 • 요원의 실적 데이터 수집 • 실적관리	5. 기타 • 개발지원 Tool 관리 • 납기관리 • 원가관리		연간 유지보수 필요인력은 개발 인력의 10~15% 적용
	인력 (M/M)	1.52	4.56	5.52	9.70	7.030		28.60	

※ 수주자의 업무 범위 중 기초요구 분석 단계의 업무는 안전지원 방식으로 수행하는 것을 원칙으로 한다. 따라서 기초 요구 분석 단계의 직접 인건비는 투입(소요)인력 기준으로 산정하는 것을 권장한다.

토의문제 및 활동

1. 정보시스템 구축 계획을 수립할 때에 사용하는 5가지 주요 체크리스트를 설명하라.

2. 정보시스템 구축 계획 수립을 위한 절차 3단계에 대하여 각 단계별로 수행해야 할 내용을 설명하고, 분석 기법들을 정리하여 설명하라.

3. 정보시스템 구축 전략 수립 단계의 수행절차 2가지를 순서대로 설명하라.

4. 정보시스템 구축 전략에서 전환 전략 방법에 대하여 설명하라.

5. 단계별 전환 전략을 3가지로 나누고 각각 전략의 장단점을 설명하라.

6. 정보시스템 구축 프로젝트 정의 단계의 수행절차 3가지를 순서대로 설명하라.

7. 정보시스템 구축 일정 및 자원 계획 수립 단계의 수행절차 3가지를 순서대로 설명하라.

CHAPTER

15

INNOVATION BIBLE

통합 실행 계획

15.1 통합 실행 계획 개념과 접근 전략

프로세스 개선 프로젝트 및 정보시스템 구축 프로젝트를 통합하여 전체적인 일정과 자원계획을 수립하고 투자대비 효과 분석과 변화관리 전략을 수립하여 다음 단계의 기초자료로 활용한다.

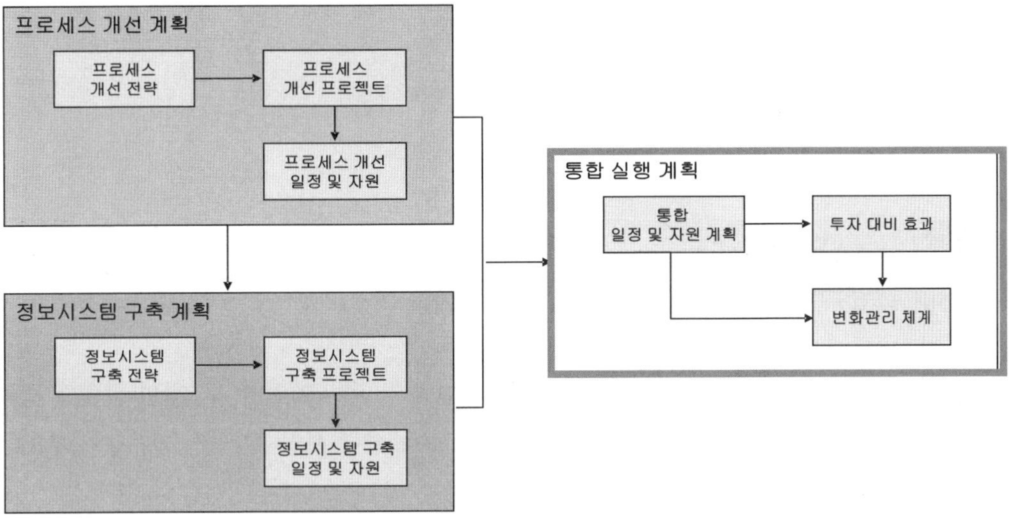

그림 15-1 통합 실행 계획 공정도

비즈니스 프로세스 개선 계획과 정보시스템 구축 계획을 토대로 한 통합 일정 및 자원 계획을 수립하고, 이로부터 기대되는 정성적, 정량적 효과를 분석하여 제시하며, 신 프로세스 및 정보시스템을 효율적으로 적용하기 위한 전략을 제시한다. 이는 고객이 사업을 원활히 추진할 수 있도록 하기 위해 신규 프로젝트의 현실적인 실행방안과 함께 고객사의 조직·문화 등의 변화에 대한 관리를 지원하는 것이다.

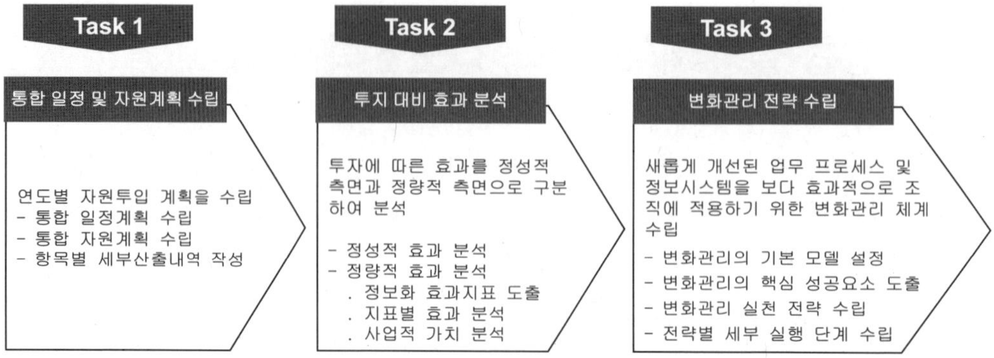

그림 15-2 통합 실행 계획 테스크

15.2 통합 일정 및 자원

프로세스 개선 일정 및 자원 계획, 정보시스템 구축 일정 및 자원 계획에 기초하여 고객사(프로젝트 추진조직) 시각에서 전체를 조망할 수 있도록 소프트웨어 사업대가 산정기준을 참조하여 통합 일정 및 자원계획을 수립하여 제시한다.

① 프로세스 개선과 정보시스템 부문을 통합하여 일정 및 자원계획을 수립한다(프로젝트가 별도의 경우 해당사항 없음).
② 추진 일정을 중심으로 연도별 자원 투입계획을 수립한다. 일정에 따라 인건비, 경비, 하드웨어 및 개발 도구 투자비의 항목으로 나누어 도표 및 그래프로 표현한다.
③ 항목별 세부산출내역을 작성한다.

1) 접근방법

프로세스 개선과 정보시스템 구축을 위한 일정 및 자원계획을 통합하여 제시한다. 고객사의 실행 프로젝트 추진조직 입장에서 사업 추진에 관리가 용이하도록, 업무 프로세스와 정보시스템 측면 그리고 법·제도 측면, 조직·문화 측면에서 관리하여야 할 사항들을 고객사 경영환경에 적합한 분기별/반기별/연도별/단계별 일정과 자원계획 및 소요예산에 대해 일목요연하게 제시한다.

분기별/반기별/연도별/단계별 일정 및 계획의 주기는 사업의 성격과 고객사의 경영환경을 고려하여 필요한 수준에서 설정한다. 제시하는 프로젝트가 다수일 경우, 특별한 양식이 규정되어 있는 것은 아니므로 고객사 경영층 입장에서 보기 쉽도록 작성하면 된다.

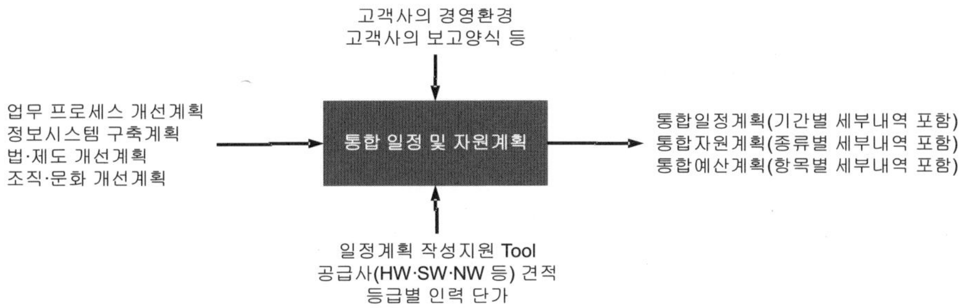

그림 15-3 통합일정 및 자원계획 수립절차

15.3 투자 대비 효과

1) 투자 대비 효과분석

신[To-Be]정보시스템 구현을 위해 제시한 프로젝트의 실행에 투입되는 비용에 따른 기대효과를 정성적·정량적 측면으로 분석·제시하여 고객으로 하여금 제시한 프로젝트의 성공에 대한 확신을 갖도록 다음의 입력물과 분석기법에 기초하여 투자 대비 효과분석서를 도출한다.

» 경영환경 분석서(비전/전략 분석), 정보환경 분석서(CSF/CIR 분석)
» 비즈니스 프로세스 분석서(조직 및 업무체계 분석, 비즈니스 영역 분석, 프로세스 분석)
» 정보시스템 분석서(투자현황 분석),
» 비즈니스 프로세스 정의서(프로세스 체계, 주요 프로세스)
» 통합 실행계획서(통합 자원계획)

다음의 절차에 의해 투자 대비 효과분석을 수행한다.

① 접근방법과 산출물 예시를 통해 정성적인 정보화 효과 분석방법을 기술한다.
② 정량적 효과 분석을 기술한다.

정보화 투자현황 분석 방법론과 정보화 투자평가 방법론 중에서 사용 기법 중심으로 설명한다. ① 투자현황 분석 ② 분석팀 ③ 이용자 분석 ④ Vision 분석 ⑤ CSF도출·확인 ⑥ KPI도출(BSC기법 사용) ⑦ 업무영역 분석(Value Chain기법 사용)에 따르는 정보화 투자 배경을 분석하여, ⑧ 업무별 상세 성과지표와 ⑨정보화 지표 등 정보화 효과지표를 정의한다. 정의된 각각의 정보화 지표별로 ⑩ 지표별 효과를 산출하여, 화폐가치에 대한 환산과 더불어 실무자와 내외부 전문가들로부터 결과의 신뢰성을 검증받아 ⑪ 사업적 가치분석을 수행한 후 ⑫사업성 평가(순현재 가치, 연 등가가치, 투자수익률, 내부수익률)를 도출해 낸다.

2) 정성적 효과 분석

① 정성적 효과 분석의 개요

프로세스 개선을 포함한 정보시스템 구축을 통하여 사기업 혹은 공공 기관에서 얻을 수 있는 다양한 효과를 도출하고 이를 기술한다. 정성적 효과 분석은 프로세스 개선과 정보시스템 구축이 지향하는 목표를 근거로 한 장기적이고 무형적인 효과를 중심으로 기술한다. 즉, 규범론적normative 관점에서 정보화 프로젝트가 추구해야만 하는 세부 목표를 정성적 효과로 전환하여 도출한다. 본 작업에서 파악된 효과는 정량적 효과 분석 시 주요 효과 지표 도출의 근거로 사용될 수 있다.

② 분석 시 고려사항

- 프로세스 측면: 시간 단축, 고객 지향
- 조직문화 측면: 조직원 사기, 자율업무 수행도
- 조직구조 측면: 조직의 탄력성, 업무의 투명성
- 평가체계 측면: 공정성, 신속성

3) 정량적 효과분석

① 정량적 효과 분석의 개요

정보화 프로젝트의 효과를 정량적으로 분석하여 그 결과를 제시한다. 정성적 효과 분석이 규범론적normative 관점에서 정보화 프로젝트가 추구해야만 하는 효과를 도출하는 데 반해, 정량적 효과 분석은 기업의 근본적인 미션, 사업 목표, 필수 성공요인을 중심으로 한 성과 체계를 분석하고 정보화 프로젝트가 이에 어떤 영향을 미치는지를 서술적descriptive 관점에서 예측하는 접근 방식을 취한다.

정량적 효과분석에서는 정보화 프로젝트의 다양한 효과를 계량적으로 분석함과 더불어 계량적 효과를 사업적 가치, 즉 재무적 수치로 환산하여 보여줌으로써 고객으로 하여금 정보화 투자비용과 투자를 통해 기대할 수 있는 효과를 동일한 측정 단위로 비교 분석하는 것이 가능하게 한다.

이 책에서 제시하는 정량적 효과분석은 정보화 투자 평가 방법론에 기반하고 있으며, 단위 시스템(project)을 대상으로 한 사전평가를 위한 기법과 가이드라인을 제시하고 있다.

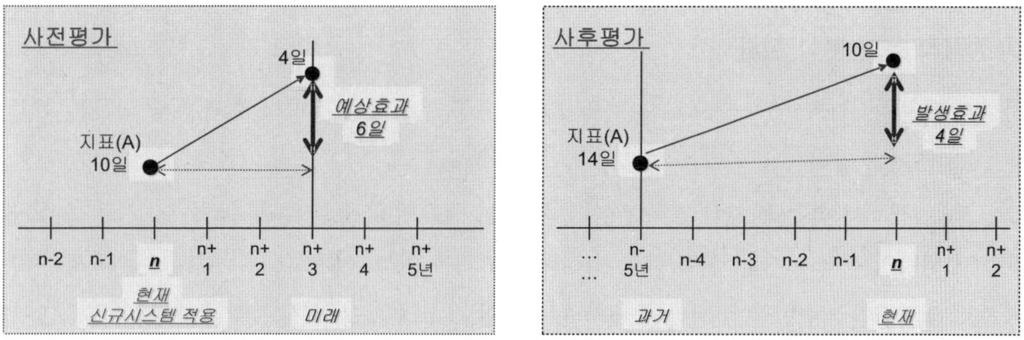

그림 15-4 정보화 투자성과 평가분석

② 정보화 효과지표를 사용한 효과분석

미래 업무 프로세스의 비전vision, 핵심성공요소CSF, 개선과제에 대한 각각의 업무 프로세스별 성과를 측정할 수 있는 주요업무성과지표key performance index: KPI를 도출한다. KPI의 측정을 가능하게 하는 구체적인 상세 업무성과지표를 추출하고, 정보화와 관련된 항목으로 정보화 효과지표를 도출한다. 정보화 효과지표에서 정량적인 측정이 가능한 지표에 대한 효과분석을 실시하고 경제적 효과를 산출한다.

- 하향식 접근방식top down approach 적용

  해당 조직이 미래모형정립 단계에서 제시하는 To-Be Image의 구현으로 인하여 실현할 수 있는 사업적 가치를 현실적으로 측정할 수 있는 정보화 효과지표measures를 하향식top down Approach으로 도출하게 된다.

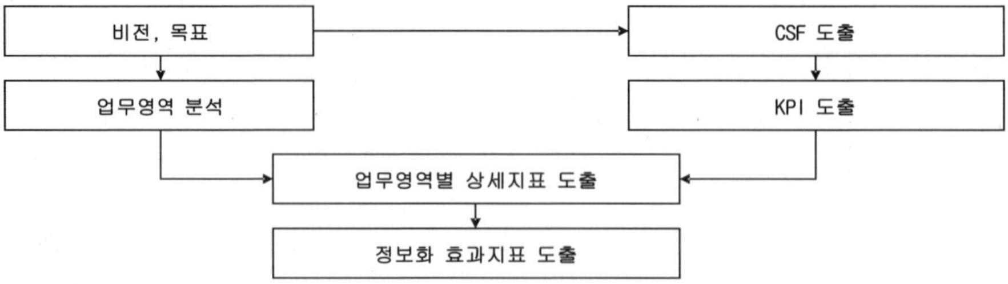

그림 15-5 하향식 접근방법

③ 정량적 효과 분석 절차

하향식 접근방식Top Down Approach으로 정보화 효과지표를 도출하여 정량적 효과를 분석하는 절차는 그림 15-6과 같다.

그림에서 제시하는 정량적 효과분석 절차는 이 책에서 표준으로 제시하는 것으로, 수행하는 프로젝트의 성격과 기간, 인력 등을 고려하여 고객을 이해·설득시킬 수 있는 수준에서 전략적으로 핵심적인 기법만을 선택하여 제시하는 방안도 고려 가능하다.

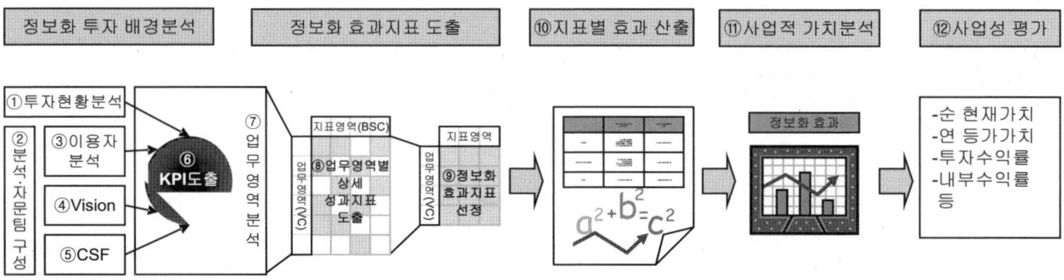

그림 15-6 정량적 효과분석 절차

분석절차 중 '① 투자현황 분석'은 현황분석 단계의 정보시스템 분석단계에서 수행한 내용을 참조한다.

④ 분석팀 및 자문위원회 구성

분석일정과 계획을 구체적으로 수립하고 분석을 성공적으로 수행할 수 있는 분석팀 및 자문위원회를 구성한다. 정성적 효과 분석만을 수행하는 경우와 달리 정량적 효과 분석의 경우 분석의 체계성·객관성 확보를 위하여 분석팀과 자문위원회 구성이 바람직하다.

분석에 소요되는 시간과 현실적으로 주어지는 프로젝트 종료시점을 고려하여 분석팀을 구성하고, 팀원의 역할, 책임, 권한, 보고체계를 구축한다. 작업별 수행일정을 수립하여 이를 간트 차트 양식으로 명료하게 정리하고 필요하다면 진척도를 파악할 수 있는 중간 산출물을 명시한다. 분석상황에 따라 CIO, 현업부서 경영층 또는 중견관리자, 외부전문가 등으로 이루어지는 자문위원회를 구성하고, 자문위원회를 통하여 효과 분석의 목적, 계획, 내용 등을 조직 내 여러 관련자와 이해당사자에게 전파하여 전사적 지원과 협조를 구할 수 있는 분위기를 조성한다.

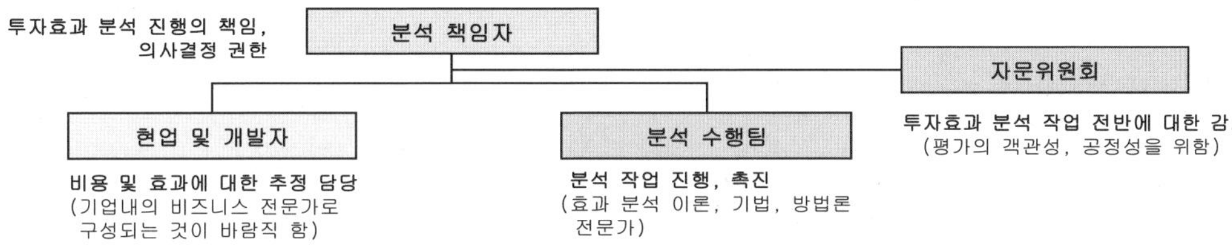

그림 15-7 분석절차 구성도

분석팀은 1~3인으로 구성하는 것이 일반적이며 그림 15-7과 같은 분석 체계를 구성하여 투자효과 분석의 체계성, 신뢰성, 객관성을 확보하는 것이 필요하다.

자문위원회는 현업부서 경영층, CIO, 외부 전문가 등으로 구성하며 그 역할은 다음과 같다.

- 분석과정 전반에 걸친 총괄적 자문
- 작업 단계별 산출물 검토 및 승인
- 분석에 필요한 현업부서 데이터 수집
- 전사적 협력 및 지원 확보

정보화 투자효과 분석의 성공은 어떠한 방법, 절차, 기술을 채택하는가보다 현업부서와 이용자들의 진지한 관심과 협력을 어떻게 확보할 것인지에 달려 있다. 즉, 정보시스템이 창출할 다양하고 복잡한 변화를 비즈니스 성과 관점에서 정확하고 완전하게 파악하기 위해서는 해당 조직의 전사적 관심과 협력이 필수적이며, 이것을 가능하게 하는 한 가지 방안이 바로 자문위원회이다.

자문위원회를 통하여 여러 이질적 그룹 사이의 이견을 조정할 수 있고, 현업부서의 도움을 공식적으로 요청할 수 있으며, 최고경영층의 관심도 촉진할 수 있다. 뿐만 아니라 혹시 발생할지 모르는 부서 간 갈등 또는 개발자와 이용자의 이견을 조정하기 위하여 자문위원회에 외부 경험과 객관적 시각을 가진 외부 컨설턴트를 포함하는 것도 바람직하다. 정보화 투자효과 분석의 성공 여부는 자문위원회의 구성과 역할에 달려 있다고도 볼 수 있다.

⑤ 이용자 분석

분석대상 정보시스템을 이용하는 이용자를 파악하고, 그들의 정보시스템 이용도와 업무변화 정도를 개략적으로 분석해야 한다.

해당 조직의 업무영역별로 이용자 그룹을 파악한다. 필요에 따라 특정 업무영역의 이용자를 2~3개 그룹으로 세분화하거나 혹은 여러 업무영역의 이용자들을 하나의 그룹으로 통합할 수도 있다. 가능하다면 이용자그룹별 업무를 전문 업무와 단순 업무로 구분하여 분석한다. 사무직 근로자의 경우에 전문 업무와 단순 업무는 시간적으로 5:5, 경영 또는 관리자의 경우는 2:8로 구성되는 것이 일반적이다.

이용자 그룹별로 정보시스템 이용도를 조사하고, 정보화로 인한 변화를 업무처리 시간, 업무처리 절차, 업무성과, 업무 정확도 등의 관점에서 분석한다. 정보시스템 담당자 및 현업부서 실무자와 함께 분석결과의 적합성과 타당성을 검토한다.

정보시스템 이용자는 비단 조직 내부의 현업부서 이용자뿐만 아니라 조직 외부의 고객, 공급처, 협력기관 이용자를 포함하는 경우가 있다. 특히 인터넷, 전자상거래 시스템 등 외부지향형 시스템의 효과 분석에서는 내부보다 외부 이용자에 대한 비중이 높을 수 있다.

정보화 투자효과 분석의 속성상 정보시스템을 직접 이용하는 1차 이용자[primary users] 뿐만 아니라 간접적으로 이용하는 2차 이용자[secondary users]도 주요한 분석대상이 된다.

▪ 이용자 그룹 분류 양식

이용자 / 업무영역	이용자 분류			비고
	1 차 이용자 그룹명(인원수)	2 차 이용자 그룹명(인원수)	외부 이용자 그룹명(인원수)	

▪ 이용자 그룹 상세 분석 양식

업무구분 / 구분		전문업무		단순업무	
업무 정의 (work definition)					
정보 시스템 이용도	이용횟수	1 일 평균	월 평균	1 일 평균	월 평균
		(　　)회	(　　)회	(　　)회	(　　)회
	이용시간	(　　)시간	(　　)시간	(　　)시간	(　　)시간
업무처리시간 변화 (process time)		정보화 이전	정보화 이후	정보화 이전	정보화 이후
		(　　)시간	(　　)시간	(　　)시간	(　　)시간
업무처리절차 변화 (procedure)					
업무성과 변화 (output)					
업무정확도/적중률 변화 (%)					

그림 15-8 분석양식 사례

⑥ 비전 분석 및 CSF 도출·확인

- 비전vision 분석

해당 조직의 전사적 비전, 미션, 목표를 기존 자료 분석 또는 관련자와의 협의를 통해 체계적으로 분석하고 정리한다. 자료 분석에는 경영환경 분석 단계에서 산출된 비전/전략 분석서, 제안요청서, 조직 내 내부 자료가 포함되며 필요 시 해당 조직의 내부 자료를 검토하여 분석한다. 비전 분석 시 다음의 내용을 고려해야 한다.

정보화 추진 목표를 포함한 해당 조직의 사업 목표를 파악하여야 한다. 정보화 투자효과 분석 시 정보화 목표만을 대상으로 하여 지표 도출과 효과 분석이 수행될 수 있으나, 이 책에서는 해당 조직의 근원적 사업 목표를 파악하고 이 중 정보화와 관련된 목표, 핵심 성공요인, 지표를 도출하는 하향식 방식을 채택한다. 이러한 접근 방식을 통하여 정보시스템 구축에 국한된 기술적 측면에서의 효과뿐 아니라 프로세스 개선으로 인한 효과를 포괄적으로 분석할 수 있다. 파악된 목표를 비용 절감 및 생산성 증진, 업무 효율화, 고객 서비스, 그리고 혁신 및 발전의 네 영역으로 나누어 정리한다.

- 핵심성공요인CSF 확인

해당 조직의 비전, 미션, 목표를 성공적으로 달성하기 위하여 반드시 제대로 수행되어야 할 핵심성공요인CSF을 분석한다. 정보환경 분석 단계에서 산출된 CSF/CIR 연관 분석서를 참조하고, 필요시 기타 자료 분석 및 인터뷰를 통하여 핵심성공요인을 도출한다. 핵심성공요인 분석 시 다음의 내용이 고려되어야 한다.

핵심성공요인은 목표 달성을 위하여 반드시 필요한 요인으로서 의미를 가질 뿐 아니라 이를 바탕으로 전사적으로 관리할 필요가 있는 주요성과지표 (KPI)를 도출하는 근거를 제시한다는 점에서 중요하다. 파악된 CSF를 비용 절감 및 생산성 증진, 업무 효율화, 고객 서비스, 그리고 혁신 및 발전의 네 영역으로 나누어 정리한다.

- KPI 도출

이전 작업에서 파악된 CSF로부터 전사적으로 관리될 필요가 있는 주요성과지표KPI를 도출한다. 이 책에서는 KPI 도출을 위하여 Balanced ScorecardBSC 모형을 활용한다. 이전 작업에서 해당 조직의 목표와 CSF를 파악한 후 이들을 네 가지 영역으로 나누어 분류하는 이유는 본 작업에서 BSC 모형에 의거한 KPI 도출을 위한 것이다.

⑦ 업무영역 분석

비즈니스 프로세스 분석 단계에서 산출된 조직 및 업무체계 분석서, 비즈니스 영역 분석서, 프로세스 분석서를 검토하여 주요 업무영역을 분석한다.

전사적으로 성과 관리를 위하여 필요한 KPI를 기반으로 하여 보다 구체적인 정보화 효과를 도출하기 위하여 업무영역 분석을 실시한다. 전사를 대상으로 하는 정보화 프로젝트의 경우 업무영역은 메가 프로세스 레벨에서 정의될 수 있으며 단위 업무를 대상으로 하는 시스템 구축 프로젝트의 경우 업무영역은 이보다 세부적인 프로세스 레벨에서 정의될 수 있다. 업무영역의 레벨 조정은 분석가가 정보화 프로젝트 성격에 따라 조정하여 정의하여야 한다.

> **BSC**(Balanced Scorecard)**란?**
>
> BSC는 기업의 성과를 재무적 관점뿐 아니라 고객, 기업 내부 프로세스, 학습과 성장의 관점에서 파악한다. 재무적 관점에서는 수익성, 효율성, 안정성, 성장성을 측정하고, 기업 내부 프로세스 관점으로는 사이클 타임, Quality, Employee skill, Productivity 등을 측정한다. 고객 관점에서 고객과 관련된 성과를 측정하고, 기업의 성장과 혁신 관점에서 기업의 혁신innovation, 개선improvement, 학습learning, 성장growth과 연관된 성과 또는 능력을 측정한다.
>
> BSC는 정보화 효과를 분석하기 위해 개발된 기법은 아니나 정보화 프로젝트의 효과를 포괄적 관점에서 분석할 수 있다는 점에서 활용한다.

⑧ 업무영역별 상세 성과지표 도출

BSC 모형에 의거하여 도출된 KPI를 업무영역별로 구체화하여 업무영역별로 상세 성과지표를 도출한다.

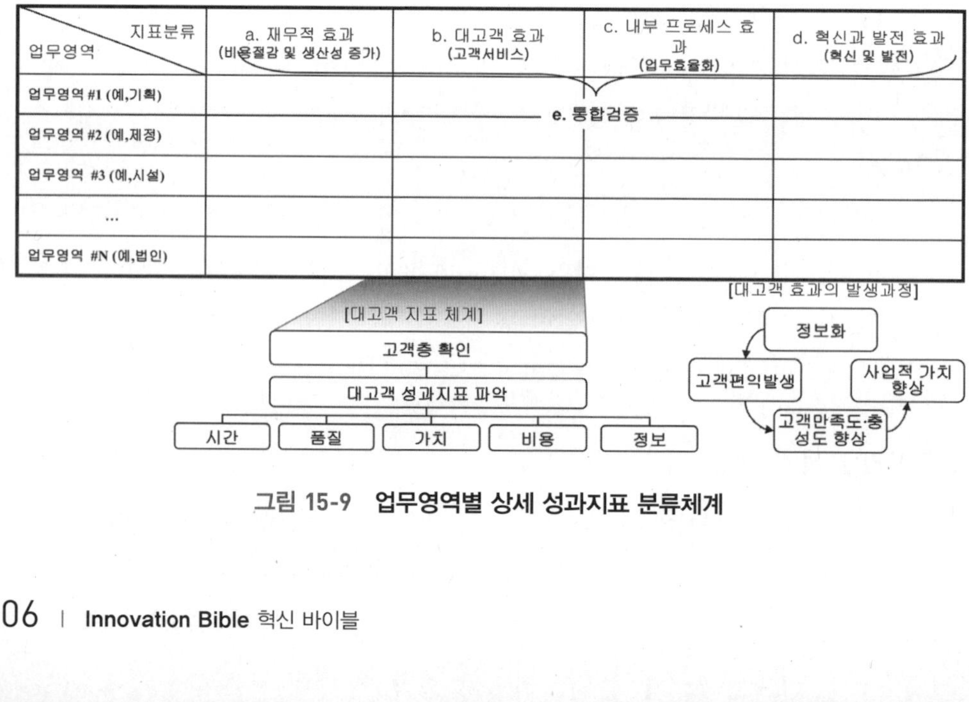

그림 15-9 업무영역별 상세 성과지표 분류체계

- 재무적 지표 도출을 위한 체크리스트

표 15-1 재무적 지표 도출을 위한 체크리스트

구분	정의	체크리스트
능률성 지표 (Efficiency)	정보화로 인하여 기존 업무 처리비용이나 자원이 직접적, 단기적으로 감소하는 경우	1. 일반 경비항목 중 정보화로 인하여 줄어들 수 있는 것은 무엇인가? 2. 정보화로 인하여 업무처리 시간이 단축되고, 그러한 시간 단축이 인건비, 외주 용역비, 아르바이트 인건비 감소의 직접적, 단기적 요인으로 작용하는가? 3. 정보화로 인하여 제품이나 서비스 불량률이 줄어들고, 그러한 불량률 감소가 애프터서비스 예산 절감의 직접적, 단기적 요인으로 작용하는가? 4. 정보화로 인하여 자재 및 부품의 긴급 조달비용이 1년 내에 감소될 수 있가? 5. 정보화로 인하여 총재고량이나 재고금액이 1년 이내에 줄어드는가?
효과성 지표 (Effectiveness)	정보화로 인하여 직접적으로 이익이 늘어나거나 새로운 부가가치가 창출되는 경우	6. 정보화로 인하여 거래량이 늘어나는가? 7. 정보화로 인하여 매출액이 증가하는가? 8. 정보화로 인하여 마진율이 높아지는가? 9. 정보기술의 외부판매로 인하여 새로운 수익이 창출되는가?

- 대고객 지표 도출을 위한 체크리스트

정보화 투자효과의 가장 중요한 부분은 대고객 차원에서 발생하고 있으므로 대고객 효과지표의 측정이 중요하다. 대고객 효과 중 정보화로 인한 고객의 직접편익 부문은 고객만족도, 지지도, 충성도, 고객 수 증가, 시장점유율 향상 등으로 연결된다.

표 15-2 대고객 지표 도출을 위한 체크리스트

구분	대고객 지표 도출을 위한 체크 리스트
시간	1. 정보화로 인하여 고객의 거래처리 시간이 줄어드는가? (예, 주문서 작성) 2. 고객이 통상적 거리에서 대기하는 시간이 줄어드는가? (예, 고객이 주문을 한 후 상품이 도착할때까지 걸리는 시간) 3. 정보화로 인하여 고객이 요구하는 신제품의 개발시간이 줄어드는가? 4. 정보화로 인하여 고객이 불만이 신속하게 접수·처리되는가?
품질	5. 정보화로 인하여 제품/서비스의 불량률을 줄일 수 있는가? 6. 정보화로 인하여 고객이 기대하는 품질과 실제 품질상의 차이를 줄일 수 있는가? 7. 정보화로 인하여 고객의 요구사항이나 불만이 제품이나 서비스 개선에 보다 충분히 반영될 수 있는가?

<계속>

구분	대고객 지표 도출을 위한 체크 리스트
가치	8. 정보화로 인하여 고객이 (제품/서비스 이용 과정에서) 얻는 가치, 효율, 기쁨, 만족도가 향상될 수 있는가? 9. 정보화로 인하여 고객의 만족도/지지도/ 충성도가 향상될 수 있는가? 10. 정보화로 인하여 다른 유사제품이나 서비스와 차별성이 보다 두드러질 수 있는가?
비용	11. 정보화로 인하여 고객이 제품/ 서비스를 주문하는 비용이 줄어드는가? 12. 정보화로 인하여 고객이 제품/서비스를 이용하는 과정에서 발생하는 비용이 줄어드는가? (고객비용은 제품/서비스의 가격뿐만 아니라 주문비용, 상품 입고비용, 검수비용, 불량품 반품비용, 배달지체로 인하여 발생하는 비용, 대금지급에 소요되는 비용 등을 모두 포함함)
정보	13. 정보화로 인하여 고객이 필요한 제반 정보가 보다 충분히 제공될 수 있는가? 14. 정보화가 고객이 자신의 문제를 스스로 해결하도록 지원할 수 있는가? (예, 은행잔고 확인, 외상가능여부 확인)

- 내부 프로세스 지표 도출을 위한 체크리스트

표 15-3 내부 프로세스 지표 도출을 위한 체크리스트

구분	지표 도출을 위한 체크리스트
작업시간의 변화	1. 정보화로 인하여 핵심프로세스 수행시간이 어떻게 변화하는가? 2. 핵심프로세스의 단순작업 수행시간이 단축될 수 있는가? 3. 핵심프로세스의 고부가가치작업 수행시간이 증가할 수 있는가?
핵심프로세스 처리 건수	4. 정보화로 인하여 핵심프로세스 처리 건수가 늘어나는가? (1인당, 일정 기간별, 부서별)
정보량 및 품질 지표	5. 정보화로 인하여 핵심프로세스 수행에 필요한 정보가 보다 충분히 제공될 수 있는가? 6. 정보화로 인하여 핵심프로세스 수행에 필요한 정보품질이 개선되는가? (예: 정확성, 완전성, 신회성, 현행성)
화이트컬러 생산성 지표	7. 정보화로 인하여 핵심프로세스의 오류가 감소할 수 있는가? 8. 정보화로 인하여 핵심프로세스의 생산성이 개선되는가? 9. 정보화로 인하여 핵심프로세스가 창출하는 부가가치가 보다 향상될 수 있는가?

- 혁신 및 발전 지표 도출을 위한 체크리스트

표 15-4 혁신 및 발전 지표 도출을 위한 체크리스트

구분	지표 도출을 위한 체크리스트
인적자원개발	1. 정보화로 인하여 우수 인력의 신규충원이 보다 향상되는가? 2. 정보화로 인하여 기준 인력의 경력개발이 보다 향상되는가? 3. 정보화로 인하여 교육훈련 프로그램이 보다 개선될 수 있는가?
신기술, 신제품, 시장 개발	4. 정보화로 인하여 신기술 연구개발 노력이 보다 나은 결과를 낳을 수 있는가? 5. 정보화로 인하여 새로운 제품/서비스 개발이 나은 결과를 낳을 수 있는가? 6. 정보화로 인하여 새로운 시장이 개척될 수 있는가? 7. 정보화가 새로운 사업적 아이디어 창출에 도움을 줄 수 있는가?
구조 혁신	8. 정보화가 조직 구조의 혁신이나 유연화에 미치는 영향이 있는가? 9. 정보화로 인하여 문서 양식의 수가 감소하는가? 10. 정보화로 인하여 문서 양식이 표준화될 수 있는가? 11. 정보화로 인하여 수직적 업무보고체계와 수평적 의사소통체계가 변화할 수 있는가? 12. 정보화로 인하여 지사 간, 본사와 지점 간 커뮤니케이션 체계가 개선될 수 있는가?

- 통합검증 체크리스트

표 15-5 통합검증 체크리스트

구분	체크리스트
업무영역 간 검증	1. 업무영역 균형이 확보되었는가? (예: 특정 업무영역에만 정보화 효과지표가 지나치게 집중되거나 또는 소홀한 경우) 2. 업무영역 간 지표의 중복은 없는가? (예: 특정 지표가 둘 이상의 업무영역에서 불필요하게 도출되는 경우) 3. 지표의 누락은 없는가? (예: A 업무영역에서 도출된 "출장비 감소"가 B 업무영역에서 누락되어 있는 경우)
BSC 4개 영역 간 검증	4. 4개 평가영역 간 균형이 잡혀 있는가? (예: 특정 영역에만 정보화 효과지표가 집중되거나 또는 소홀한 경우) 5. 지표 분류의 일관성이 있는가? (예: 특정 지표가 A 업무영역에서는 혁신과 발전 지표로, B 업무영역에서는 내부 핵심프로세스 지표로 정의된 경우) 6. BSC 4개 평가영역 간 중복은 없는가? (예: 특정 지표가 둘 이상 영역에서 중복적으로 나타나는 경우) 7. 누락은 없는가? (예: 반드시 있어야 할 지표가 빠지는 경우)
지표 자체의 타당성/신뢰성 검증	8. 정보화 효과지표가 전사적 조직성과와 연계되어 있는가? 9. 쉬운 용어로 명확하게 정의되어 있는가? 10. 지표 상태와 수준을 측정할 수 있는가? 측정이 용이하도록 세분화되어 있는가?

⑨ 정보화 효과지표 선정

업무영역별 상세성과지표 중 정보화를 통하여 영향을 받는 지표를 선정하여 이를 정보화 효과지표로 선정한다.

현업부서 실무자 및 경영층과 함께 정보화 효과지표의 중복, 누락, 타당성을 통합적으로 검토한다.

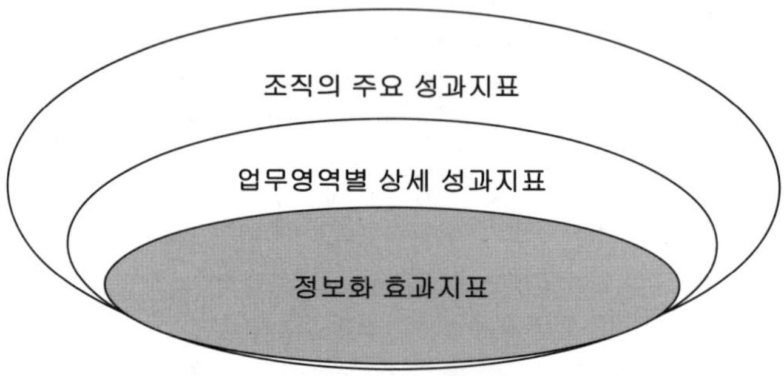

그림 15-10 정보화 효과지표의 위치

⑩ 지표별 효과분석

정보화 효과 지표 각각에 대해 현재의 수준을 파악하고 정보화를 통하여 개선할 수 있는 기대수준을 추정한다.

수행절차는 다음과 같다.

- 정보화 지표 척도 설정 및 지표 정의

  프로세스 개선과 정보시스템 구축을 통하여 변화하게 될 지표의 변화를 정량적으로 파악하기 위한 척도를 설정하고 분석하고자 하는 지표의 정의를 명확하게 설정한다.

- 정보화 지표의 현행 값 측정

  지표별 측정 방법을 설계하고 현행 값을 측정한다.

- 개선 목표 수준 도출

  프로세스 개선과 정보시스템 구축을 통하여 개선시키고자 하는 정보화 지표의 목표 값을 설정하고 목표 달성이 가능한 연도를 추정한다.

- 지표값 변화 영향 요인 파악

  지표값의 개선은 프로세스 개선과 정보시스템 구축 외에도 제도의 변경, 정책적 의사결정, 경영 환경의 변화 등을 통하여 이루어질 수 있다. 따라서 지표의 개선 목표 값 변화에 영향을 미치는 요인을 파악하고 그 영향도를 추정한다.

- 효과분석을 위한 기초자료 수집

  정보화 효과 분석은 현행 자료를 기반으로 한 객관적 데이터 분석, 업무 전문가의 경험에 입각한 예측, 분석가의 판단 등이 종합적으로 필요하다. 따라서 분석에 필요한 데이터 확보, 설문 혹은 면담해야 하는 업무 전문가 리스트 파악을 위한 제반 자료를 수집한다.

표 15-6 정보화 지표 척도 설정

구분	개요	적용지표 예
화폐 척도	워, 달러 등 화폐 단위	• 비용 감소액
표준화 척도	• 시간, 이용 회수, 거래 건수, 길이, 넓이, 무게 등 표준화된 척도 • 척도의 한 단위가 얼마인지 객관적으로 알 수 있음 • 한 단위 분량의 화폐가치를 비교적 쉽게 산출할 수 있으므로 비재무적 지표에 적용되는 것이 바람직함.	• 업무처리 시간
백분율(%)	• 표준화 척도를 적용하는 절대적인 수치를 구하는 것보다 전체에 대한 비율을 구하는 것이 불가피하거나 현실적 의미가 있을 경우에 사용함. 한 단위인 1%가 얼마나 큰 것인지 객관적으로 알 수 없다는 한계가 있음. 즉, 1%의 화폐가치를 산출하기가 용이하지 않음	• 제품불량률 • 신제품 판매 비율
점수 척도 (scoring)	• 주관적 인식도를 측정하기 위하여 1점부터 5점 혹은 7점까지 점수를 배열하고 응답자가 특정 점수를 선택하도록 함. • 각 점수마다 고유의 의미가 부여됨 • 점수 간격을 등 간격으로 배열할 수 있음 • 화폐가치 산출이 매우 어려우므로 꼭 필요한 경우에만 사용하는 것이 바람직함	• 이용자 만족도 • 고객 만족도
순위/등급 (ranking or ordering)	• 조사대상의 순위 또는 등급을 특정 기준에 의하여 배열함 • 화폐가치 산출이 거의 불가능하므로 가능한 한 피하도록 함	• 투자 우선순위

표 15-7 측정 방법 설계

구분	개요
관련자료 분석	정보화 효과지표에 관한 관련자료를 분석하여 정보화 효과를 수정함 (예: 불량률 또는 거래건수에 관한 과거 자료와 현재 자료를 비교함) 정보화와 효과지표 사이의 인과관계에 관한 근거가 미리 확보되어야 함
현장관찰	업무 현장의 변화를 관찰함 (예: 정보화로 인한 업무처리 속도의 변화를 관찰함) 객관적 분석이 가능하나 비구조적, 비정형적 의사결정에는 적합하지 않고, 관찰 자체가 정상적 업무에 영향을 미칠 수 있음
직접경험	이용자 또는 고객의 입장에서 정보시스템을 직접 경험하고 그 변화를 파악함 (예: 서류작성, 시스템 검색, 제품 구매, 제품 사용 평가자의 지식, 기술, 편견, 능력에 따라 편차가 발생할 수 있음
실험	정보화와 유사한 실험 환경에서 고객이나 이용자의 행동변화를 분석함 작위적인 실험 환경이 부자연스러운 행동과 결과를 초래할 수 있으며, 비용이 많이 듦
설문조사	이용자, 고객, 현업실무자 등을 대상으로 설문조사를 실시함 낮은 응답률, 무성의한 응답, 부정확한 응답 문제가 발생할 수 있음 정보화와 효과지표 사이의 인과관계가 명백하고, 응답자가 완전히 이해할 수 있어야 함.
인터뷰	이용자, 고객, 실무자, 경영층을 대상으로 인터뷰를 실시함 (예: 정보화가 조직 혁신과 발전에 미치는 영향 분석) 비용 부담이 큼 핵심집단 심층 인터뷰
벤치마킹	유사한 조직 또는 정보시스템 사례와의 비교를 통하여 정보화 효과를 추정함 사전평가에서의 유력한 측정방법임 (예: 고객의 대기시간 추정)
델파이 분석	복잡하고 미묘한 효과에 대하여 일치된 의견이 필요할 경우 델파이 분석을 실시함 비용이 많이 드나 전자메일 등을 이용하여 줄일 수 있음

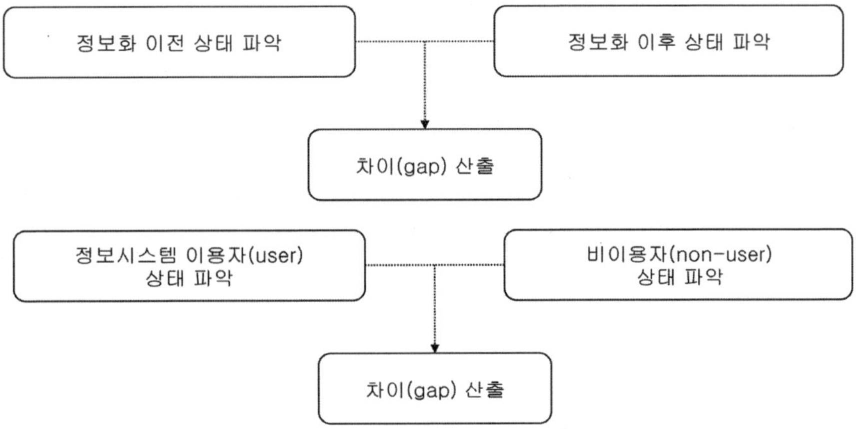

그림 15-11 정보화 효과 측정

⑪ 가치 실현도 분석

정보시스템의 사업적 가치가 100% 수준으로 실현되기 위해서는 상당한 기간이 요구된다. 이 기간은 정보시스템의 기능성 및 품질, 해당 조직구조의 유연성, 업무체계의 변화, 이용자의 정보화 활용능력 및 자세 등에 달려 있다.

정보시스템 구축 후 1~2년 동안은 시스템 안정화, 현업부서의 체질화, 변화에 따르는 시행착오 등으로 인하여 제대로 효과를 얻지 못하는 경우가 일반적이다. 즉, 정보화 효과가 충분히 실현되기 위하여 정비되어야 할 기술적, 문화적, 제도적, 정책적 조건들과 미래의 불확실성을 가치실현도 개념으로 분석함으로써 정보화 투자효과의 본질을 파악할 수 있다.

지표별 효과 분석에서 가치실현도 분석은 프로세스 개선과 정보시스템 구축을 통한 지표 개선의 목표값 달성이 가능한 연도를 추정(가치실현도 100%)하고 목표 달성년도 이전의 연도별 가치실현 비율(%)을 설정한다.

⑫ 사업적 가치분석

정보화 효과의 연간 사업적 가치를 화폐단위로 산출하여 분석한다.

화폐 단위의 가치산정은 다음의 절차에 따라 수행한다. 정보화 효과지표별로 화폐가치 산출기법을 선정한다. 화폐가치 산출작업을 효율적으로 수행하기 위하여 정보화 효과지표를 동일 산출기법을 적용하는 지표, 동일 업무영역에 속하는 지표, BSC 4개 영역별로 그룹화한다. 선정된 산출기법에 의하여 정보화 효과의 화폐가치를 산출하는데, 특히 지표 간 인과관계를 토대로 사업적 가치의 중복과 누락을 통제해야 한다. 화폐가치 산출근거와 결과의 신뢰성 및 타당성을 현업부서 실무자, 경영층, 또는 외부 전문가와 함께 검증한다.

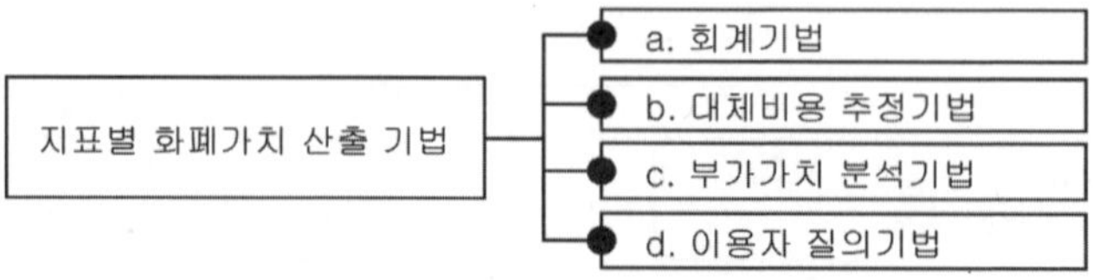

그림 15-12 화폐가치 산출 기법의 종류

화폐가치 산정기법은 회계기법, 대체비용 추정기법, 부가가치 분석기법, 이용자 질의 기법 등으로 구분할 수 있다. 다음은 각각의 기법에 대한 적용 예를 들었다.

회계기법의 일반적인 적용 사례를 들면 다음과 같다.

- 항공예약시스템 구축으로 인하여 공좌석률이 30%에서 20%로 감소할 경우 매출액이 그만큼 증가할 것으로 간주하고 사업적 가치를 산출한다.
- 슈퍼마켓 정보화로 인하여 상품 재고량이 30% 이상 줄어들 경우 총재고 금액 10억 원의 연간 금융비용 1억 원의 30%인 3천만 원을 정보화 효과로 계상한다.
- 정보화로 인하여 제품 불량률이 2%에서 1%로 줄어들 경우 불량제품과 관련된 기존 애프터서비스 비용, 반품 처리비용 등의 50%를 사업적 가치로 추정한다.

대체비용 추정 기법의 예를 그림 15-13으로 나타내었다.

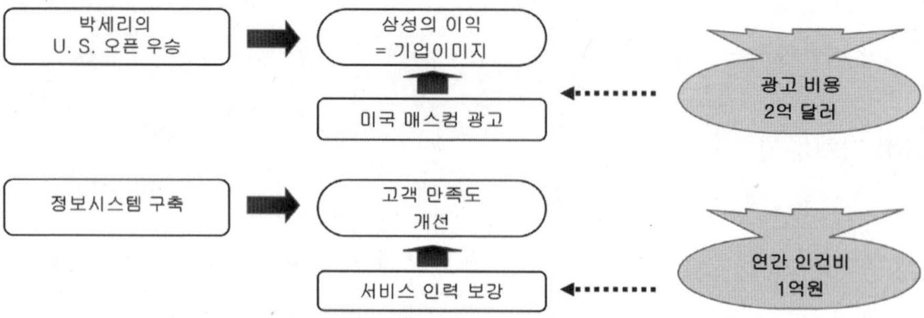

그림 15-13 대체비용 추정기법

부가가치 분석기법의 사례를 표 15-8에 들었다.

표 15-8 부가가치 분석 사례

작업(Work)구조	시간당 부가가치	정보화 이전	정보화 이후
전문업무 (예: 연구개발, Pgm.작성)	1 만원	**4** 시간×1 만원 =4 만원 **+**	**5** 시간×1 만원 =5 만원 **+**
부수업무 (서류작성, 보고, 지시 회의)	5 천원	**4** 시간×5 천원 =2 만원 **=**	**3** 시간×5 천원 =1 만 5 천원 **=**
합계		**8**, 6 만원	**8**, 6 만 5 천원

※ 같은 시간 업무 ➔ 부가가치 5천원 증가

그림 15-14는 이용자 질의 기법의 사례를 삽화로 보여주고 있다.

그림 15-14 이용자 질의 기법

⑬ 사업성 평가

정보화 투자비용과 정보화를 통하여 발생하는 효과를 비교하고 그 결과를 요약하여 제시함으로써 정보화 투자의 타당성과 사업성을 평가한다.

연도별 비용과 효과를 요약하여 그래프로 제시하고 할인율을 설정한 후, 다음을 기준으로 연도별 비용과 효과를 현재시점의 화폐가치로 환산하여 사업성 평가 지표를 계산한다.

- 순현재가치^NPV
- 할인된 투자회수 기간
- 연 등가 가치
- 투자 수익률
- 내부 수익률

누적 순현재가치 그래프^investment project balance graph를 작성하고 민감도 분석을 실시한다. 사업성 평가 지표의 기준과 계산 방식을 살펴보면 다음과 같다.

- 현재가치^present value: PV

현재가치란 미래의 가치를 이자율 또는 할인율에 의하여 현재 시점의 가치로 환산한 금액이다. 예컨대 연간 할인율이 10%라면 1년 후에 발생할 100만원의 현재가치는 100만원/1.10 ≒ 91만원이 된다. 2년 후에 발생할 100만원의 현재가치는 100만원/(1.10)2 ≒ 83만원. 할인율이 i일 경우, n년 후에 발생하는 V원의 현재가치는 다음 식에 의해 구할 수 있다.

$$현재가치(PV) = V/(1 + i)^n$$

미래에 발생할 정보화 효과는 현재가치로 산출되어야 현재 시점에서 이미 투자된 비용과 제대로 비교될 수 있다.

- 순현재가치^net present value: NPV

순현재가치란 연도별로 발생하는 현금 흐름의 값 (비용과 효과)을 할인율을 적용하여 현재 시점의 가치로 환산하여 합산한 금액을 의미한다. 즉, 투자효과 분석 기간 동안의 총투자효과(현재가치)에서 총투자비용(현재가치)을 뺀 값이 순현재가치이다.

$$순현재가치(NPV) = (CF_i/(1 + i)^t)$$

$$i = 할인율,\ CF_t = t년도의\ 현금흐름,\ t = 연도$$

순현재가치가 클수록 사업성이 양호하고, 순현재가치가 마이너스라면 적자 또는 손해를 보는 사업이므로 적합한 투자로 간주될 수 없다.

- **연 등가가치**

연 등가가치는 산출된 순현재가치를 시스템 생명기간 동안 연간 등가로 환산한 금액을 의미한다. 예를 들어 현 시점에서 1000만원을 은행에서 대출받아 이를 3년간 연 이율 10%로 매년 말 상환하는 경우 1000만원이라는 순현재가치의 3년간 연 등가가치는 402만원이 된다. 순현재가치가 NPV, 할인율이 i일 경우 n년간의 연 등가가치는 다음 산식에 의해 구해진다.

$$\text{연 등가가치} = \frac{NPV \cdot i \cdot (1 + i)^n}{(1 + \mathrm{i})^n - 1}$$

순현재가치가 플러스 값이면 연 등가가치도 플러스 값을 가지며, 반대로 순현재가치가 마이너스 값이면 연 등가가치도 마이너스 값을 가지게 된다.

- **투자수익률**return on investment: ROI

총투자 효과(현재 가치)에서 총투자 비용(현재 가치)을 뺀 순이익(순현재가치)이 총투자비용에 비해서 어느 정도 비율이 되는지를 계산하여 준다. 즉, 투자비용 총액 대비 투자 순이익 총액의 비율을 나타낸다.

$$ROI = \frac{(\text{총투자효과} - \text{총투자비용})}{\text{총투자비용}} \times 100\%$$

사기업 정보화 투자의 경우 정보화 투자는 위험이 큰 투자안이므로 100~200% 정도의 투자수익률이 예상된다면 정보화에 따르는 위험을 감안하더라도 적정한 투자안으로 해석할 수 있다.

- **내부수익률**internal rate of return: IRR

내부수익률은 효과 분석 기간 동안의 순현재가치 값을 "0"으로 만드는 할인율 값을 나타내며 개별 프로젝트의 자체적인 평균수익률을 의미하는데, 투자로 인하여 발생한 이익을 재투자한다는 가정을 전제로 한다.

내부수익률을 기업의 투자 기준인 최소수익률minimum attractive rate of return: MARR과 비교하여 IRR 값이 MARR보다 크면 양호한 투자 대안으로 간주된다.

투자 대안의 양호도를 판단할 수 있는 가장 좋은 기준이나 여러 투자 대안들 사이의 상대적 비교를 할 수 없다는 이유로 기업에서는 ROI를 수익률 비교를 위한 기준으로 사용하는 경향이 있다.

- 민감도 분석

  정보화 효과 분석 결과를 도출하기 위하여 사용된 많은 입력 변수 값들 중 분석 결과에 주요한 영향을 미치는 변수를 3~5개 선정한다. 이들 변수들의 입력 값을 변화시키고 입력 값의 변동에 따른 효과분석의 최종 결과 값을 계산하여 요약한다.

  정보화 투자평가 작업은 서비스 제공자와 서비스 수혜자 간의 상호 협력적인 활동을 포함하고 있으므로 평가 결과를 고객에게 단지 제시하는 것만으로는 평가 결과의 신뢰성을 확보할 수 없다.

  민감도 분석을 실시하는 이유는 민감도 분석을 통하여 어떤 변수가 분석 결과에 큰 영향을 미치는가를 파악하고 시간과 자원이 허락하는 범위 내에서 평가 작업을 보다 정련refine 시키는 과정을 통하여 고객의 평가 결과에 대한 만족도를 높이는 데 있다.

15.4 변화관리 체계

프로세스 개선 방안, 신 정보시스템 구축 방안, 자원 계획 및 일정 계획에 기초하여 변화관리 모델로써 새롭게 개선된 업무 프로세스 및 정보시스템을 보다 효과적으로 조직에 적용하기 위한 변화관리 체계를 수립하여 변화관리 핵심성공요인 분석서와 변화관리 실천 전략을 도출한다.

① 변화관리의 기본 모델 설정
② 변화관리의 핵심 성공 요소 도출
③ 변화관리 실천 전략 수립
④ 전략별 세부 실행 단계 수립

1) 접근방법

① 변화관리의 개념

변화관리란 "조직의 현재 상태에서 변화하고자 하는 바람직한 미래 상태로 신속하고 효과적으로 변화할 수 있도록 변화 과정을 체계적으로 관리하여 조직과 개인으로 하여금 변화의 수용능력을 향상시켜 궁극적인 변화를 성취하도록 하는 활동"을 의미한다.

② 변화관리의 필요성

아무리 좋은 정보시스템이라고 하더라도 그것을 사용하는 조직 구성원들의 행동이나 의식의 변화 없이는 큰 기대 효과를 거두기는 불가능하다. 정보시스템은 의복에 비유될 수 있다. 즉, 아무리 외관이 화려하고 질 좋은 옷감으로 만들어졌다 하더라도 몸에 맞지 않으면 오히려 행동을 불편하게 하는 거추장스러운 존재가 될 수 있다.

정보화는 변화를 의미하며 변화에 대해서 조직 구성원들은 저항을 표출할 수 있다. 한 조직이 정보화를 도입한다는 것은 단순히 전산시스템을 도입하는 수준을 넘어서는 의미를 지닌다. 정보화는 해당 조직의 의사결정 방식, 업무 업무수행 방식을 총체적으로 변화시키게 된다.

일반적으로 조직 구성원들은 변화에 대해서 두려움과 부정적인 시각을 가지고 있으며, 현재의 상황을 고수하려는 경향을 보인다. 변화에 대한 공감대를 이끌어 내지 못하면 우수한 정보시스템이 구축되더라도 그 효과가 반감될 수 있다. 그러므로 조직 구조적인 측면과 인력 운영적인 측면에서 변화관리의 시각에서 접근할 필요성이 있다.

③ 변화관리 체제 구축의 어려움

변화에 직면한 기업들 중에서 불과 25%만이 문화적인 변화 과제를 효과적으로 수행하였으며, 정보 기술 도입을 성공적으로 이끈 기업 역시 30~40%에 불과하다. 일반적으로 변화에 소요되는 시간과 변화 정도 간의 역학적인 관계는 그림 15-15와 같이 그래프로 표시될 수 있다.

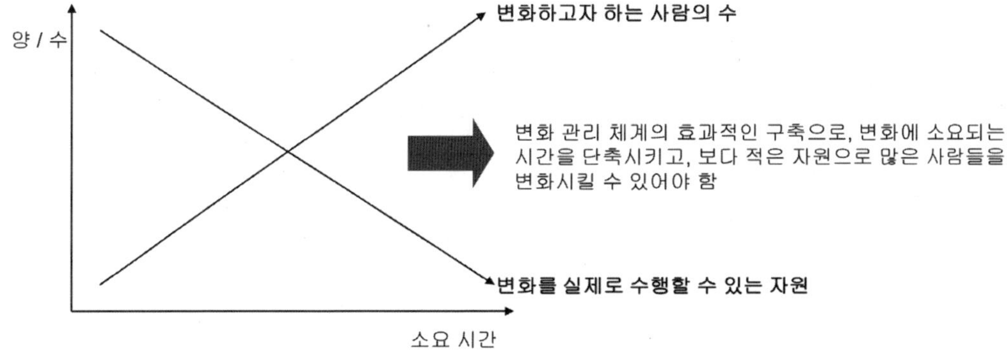

그림 15-15 변화 시간과 정도의 역학관계

제 1 단계	긴박감 조성 (위기, 잠재적 위기, 주요 기회 등을 인식하고 토론함)
제 2 단계	강력한 변화 추진 구심체 구축 (변화 노력을 이끌기에 충분한 힘을 가진 집단 구성)
제 3 단계	비전 창조 (변화 노력을 이끄는데 도움이 되는 비전을 창조함)
제 4 단계	비전 전달 (새로운 비전 및 전략을 전달하기 위해 가능한 모든 수단 사용)
제 5 단계	구성원이 비전에 따라 행동하도록 임파워먼트 추진
제 6 단계	단기적 성과를 위한 계획 수립 및 실현
제 7 단계	달성된 성과 향상의 통합과 후속 변화의 창출
제 8 단계	새로운 접근 방법의 제도화

그림 15-16 변화 추진 시 고려해야 될 8가지 단계(변화 관리, Harvard Business Review, 1999)

④ 변화관리의 기본 방향

ISP[information strategy planning] 수립 컨설팅의 경우, 변화관리는 구성원들의 행동양식 및 조직 영역에서의 변화를 통해 프로젝트의 성공적 수행을 지원하는 활동을 의미한다.

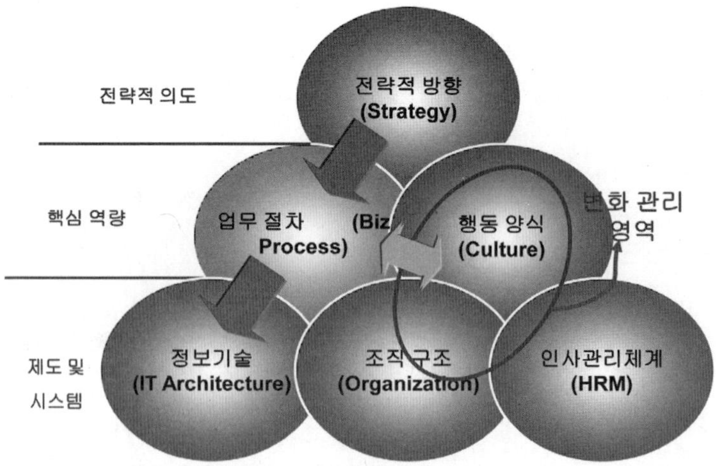

그림 15-17 변화관리의 기본방향

⑤ 변화관리 모델

변화의 성공은 전체 시스템의 실행을 통하여, ① 업무 프로세스 ② 조직/인력 ③ 제도 ④ 정보기술 전 분야에 대한 변화관리를 통해 달성해야 한다.

변화관리 전략 수립을 위하여 그림 15-18과 같은 변화관리 모델이 사용될 수 있다.

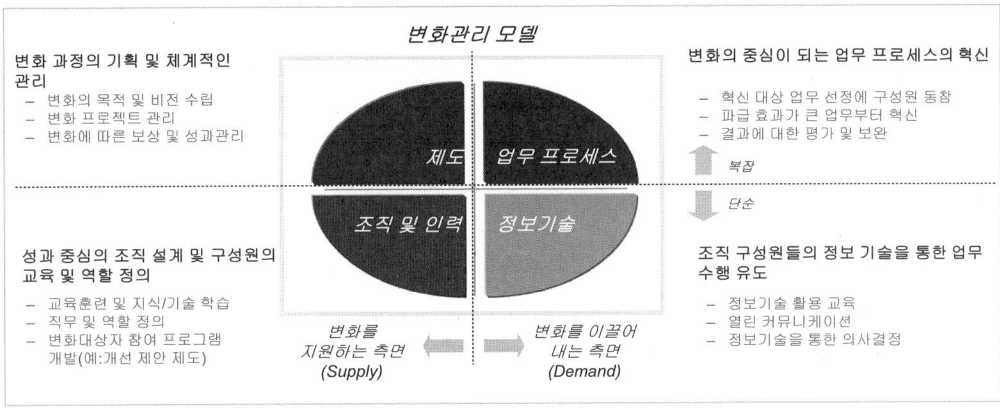

그림 15-18 변화관리의 모델

⑥ 부문별 변화관리 활동

성공적인 혁신을 위해서는 업무 프로세스별/업무 프로세스를 담당하는 인력 및 조직별 그리고 관련된 제도 및 정보기술별로 차별화된 교육 및 커뮤니케이션 프로그램의 적용, 전략적 방향에 대한 공유, 구체적 성과지표를 활용한 변화관리 활동을 체계적으로 전개해야 한다.

업무 프로세스	▪ 업무 정보화에 따라 변화된 업무 분장을 준비하고 이를 기반으로 신 업무 절차에 대한 교육을 수행함으로써 구성원의 변화에 대한 기대와 저항을 관리 ▪ 성과 지표에 대한 지속적인 홍보 및 측정 결과의 실행 계획 반영
조직/인력	▪ 의사소통을 위한 커뮤니케이션 장의 마련과 변화관리 교육방안 스트레스 극복 방안 제시 • 핵심 변화 관리 대상자에 대한 지속적인 변화 필요성홍보
제도	▪ 구성원들이 새로운 업무 환경에 최대한 빠르게 적응하고 지속적으로 성과를 향상시킬수 있도록 공청회를 개최하고, 지속적으로 의견 수렴 제도에 반영 ▪ 제도의 변경 후 최종 사용자들이 새로운 제도에 빠르고 효율적으로 적용하도록 돕기 위해 Help Desk를 운영함
정보기술	▪ 정보기술의 변화에 따른 관련 정보기술 교육 ▪ Web을 이용한 업무처리를 위해 인터넷 등 전산 교육 강화

그림 15-19 변화관리의 활동

⑦ 변화관리 실천전략

변화 단계	1 - 계획			2 – 변화 수행		3 - 안정화
	변화의 필요성 인식	변화방향의 공유	변화추진 착수	갈등 저항의 해소	변화의 실행	변화의 평가
실천 대안	• 비전목표의 공유 • 문제의식의 고취	• 변화원칙의 공유	• 변화 관리 조직의 구성	• 갈등 저항 요소의 파악 및 해소 방안 마련	• 변화 전략의 실행	• 변화 결과의 평가 및 피드백
실천 중점	<u>비전공유 워크샵</u> 전담조직 주관하의 비전 추진, 의식의 확산 <u>내부 분석</u> 내부의 정밀한 조직 진단을 통한 문제 의식의 확산 <u>계층별 교육을 통한 변화의 필요성 인식</u>	<u>벤치마킹</u> 선진 업체의 벤치마킹을 통해 비교 분석으로 변화의 원칙 도출 <u>변화의 결의</u> 변화의 결의를 위한 각종 의례 및 의식 행사 개최	<u>변화 관리 조직 구성</u> 변화를 전담할 조직 구성 – 역할의 명확화 – 위상 확립 – 원활한 협조	<u>갈등.저항 요소 파악</u> 업무별 의견수렴 기회를 통한 문제 요소의 파악 <u>해소 방안 마련</u> 문제 해당자(부서) 및 문제 요소와의 합의 및 이해 과정을 통해 해소 방안 도출	<u>계층간 협조 체제 구축</u> 계층간 협조 체제 하에 추진성 있는 실행 전략 수립 <u>역량의 강화</u> 문제 해결 실행 단계에 있어 변화 과정과 병행하여 교육.훈련을 통한 내부 역량의 강화(의식 개혁도 포함)	<u>평가 요소의 정립</u> 변화에 대한 평가요소 및 인사 제도와의 연계성 확보 <u>지속성의 부여</u> 정기적 피드백 체계의 마련으로 지속성 확보

그림 15-20 단계별 변화관리 실천전략

⑧ 변화관리의 핵심성공요인

핵심성공요인	시사점
• 의사결정자의 강력한 의지	• 의사결정자의 비전과 전략적 의도를 구성원들이 이해하고 공유할 수 있도록 유도
• 주인의식 고취	• 구성원들에게 변화의 방향과 변화를 위한 역할을 정확하게 전달함으로써 지속적인 주인 의식 고취
• 효과적인 혁신 관리	• 주요 이해 관계자와 의사결정자의 관심과 참여를 유도 • 치밀한 계획의 수립과 과감한 추진이 필요
• 효과적인 커뮤니케이션	• 계층별(대리/과장/부장/임원) 차별화된 방법을 개발하여 커뮤니케이션 전략 수립
• 변화 수용적 문화 형성	• 변화의 성과에 대한 지속적인 전달을 통해 변화 수용도 제고 • 변화에 대한 유연한 사고를 갖도록 교육 프로그램 개발 및 실시
• 성과지향적 지표 사용	• 구체적 성과 지표의 개발 및 활용
• 위기의식 및 변화 필요성 인식	• 혁신의 필요성에 대한 지속적인 홍보 및 교육

그림 15-21 변화관리의 핵심성공요인

③ 산출물 예시

표 15-9 세부 수행과제

세부과제	개요	기대효과
정보화 추진위원회 구성	정보화와 관련된 제반 사항(변화 관리 업무 포함)에 대해서 의사결정을 하는 기구임	정보화의 방향성을 제시 부분 간 이견 조율
정보화 T/F 팀 구성	CIO 직속으로 정보화 T/F 팀을 설치하여 정보화와 관련된 실무를 전달케 함 정보화로 인한 업무변화 부분을 모니터링하고 변화를 촉진하는 역할을 수행함	당사의 상황에 적합한 정보시스템 구출 유도 당사의 상황 및 정보시스템에 적합한 업무 프로세스 변화 유도
정보화 마인드 제고를 위한 교육 훈련	정보화 추진을 통하여 수축된 시스템의 사용자 교육 이수 및 사내 전파가 핵심 이슈 사항임	정보시스템에 대한 막연한 거부감 극복 정보시스템 활용 능력 제고를 통하여 업무 생산성 향상시킴
조직 구성원과의 효과적인 의사소통 체계 구축	중간 관리자 및 종업원과의 효과적인 의사소통 방안 모색 전사적인 위기 상황의 조장 및 긴장감 조성 성과 지표와의 연계 방안 마련	정보화에 대한 심리적 저항 극복 정보화에 대한 막연한 환상 극복 정보화 추진으로 인한 생산성 하락 최소화 효율적 정보화 추진을 위한 협조 체제 구축

- 정보화 추진 T/F 팀 구성 및 업무 분장

  정보화와 관련된 제반 사항(변화 관리 업무 포함)에 대해서 주도적으로 집행하고 관리할 수 있는 정보화 추진 T/F팀을 구성할 필요가 있다. 정보화 진행과 관련해서 100% 정보화 추진 업무만 수행하는 것은 현실적으로 한계가 있으므로, 시간의 흐름에 따라 정보화 업무와 현업의 업무를 적절히 조정할 필요가 있다.

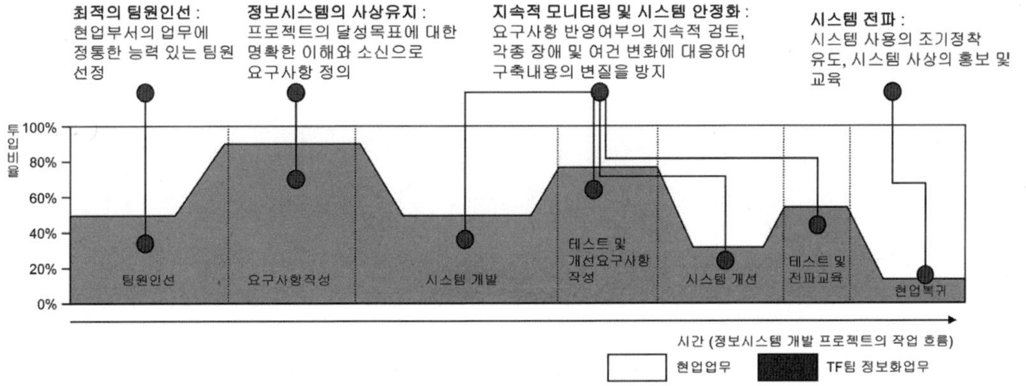

그림 15-22 업무 분장

- 정보화 마인드 제고를 위한 교육 훈련 방안

성공적인 정보화 추진을 위해서는 최소한 성공적인 정보화 추진을 위한 SI 개발 방법론 교육과 OA 및 시스템 사용자 교육 두 가지 측면에서의 교육 훈련이 이루어져야 한다.

SI 개발 방법론 교육은 향후 정보시스템 구축 시 개발업체에게 당사의 정보화 요구 사항을 명확히 전달할 수 있는 기술skill을 습득하고, SI 프로젝트에 대한 전반적인 업무 흐름을 숙지하여 외주업체와의 원활한 커뮤니케이션communication을 도모하게 한다. 교육 훈련에 드는 시간과 비용을 고려하여 T/F 팀장 1인이 수강하되, T/F 팀원들에게 교육 내용을 전파시켜 주어야 한다.

OA 및 시스템 사용자 교육을 통해 정보시스템 활용을 통한 업무 생산성 제고 및 필요성에 대한 공감대 형성을 도모한다.

- 의사소통 활성화 방안

그림 15-23의 전달 메시지 현황표와 같은 방식을 이용하여 의사소통이 활성화되도록 한다.

부문: ________________

날짜	채널	현업 접촉 대상	담당자	전달 또는 청취 메시지	전달 메시지와 기대한 현업 Feedback	Change Issue와 향후 대응 방안
	Intranet					
	알림판					
	Homepage					
	사내방송					
	회의					

작성요령

- ❑ 작성주기: 2주 또는 1개월
- ❑ 작성자: 의사 소통한 모든 PI요원
- ❑ 취합: 현업 관리자 대표가 취합하여 E-mail로 변화 관리 Team에 제출
- ❑ 1차 관리자: 부문별 현업 관리자 대표
- ❑ 2차 관리자: 변화 관리 팀

그림 15-23 전달 메시지 현황 분석표

토의문제 및 활동

1. 통합 실행 계획 수립을 위한 절차 3단계에 대하여 각 단계별로 수행해야 할 내용을 설명하고, 분석 기법들을 정리하여 설명하라.

2. 통합 일정 및 자원계획 수립 단계의 수행절차 2가지를 순서대로 설명하라.

3. 투자 대비 효과분석 단계의 수행절차 2가지를 순서대로 설명하라.

4. 투자 대비 효과분석을 할 때에 정성적 효과분석 시 고려해야 할 사항들을 설명하라.

5. 정량적 효과분석 절차 5가지를 순서대로 작성하라.

6. 변화관리 체계 구축 단계의 수행절차 4가지를 순서대로 설명하라.

7. 변화관리의 핵심성공요인에 대하여 설명하고, 핵심성공요인에 대한 시사점을 설명하라.

APPENDIX

부록

INNOVATION BIBLE

컨설팅 분석 기법

A 환경 분석

1) 거시 환경 분석

① 기업의 거시 환경 요인

컨설팅 프로젝트의 특성상 시간과 정보의 제약이 있기 때문에 체계적인 분석이 어려우므로, 기업의 의사결정과 경영성과에 중대한 영향을 미치는 요인들을 선별하여 집중적인 분석을 할 필요가 있다.

- 경제적 요인: GDP 성장률, 물가상승률, 이자율, 환율, 에너지 가격 동향 등의 분석이 필요함
- 정치적 요인: 기업 활동과 관련된 법률, 정책, 이해 당사자에 대한 분석
- 사회 문화적 요인: 인구증가율의 추이, 소비자 라이프스타일의 변화, 여성의 사회적 진출, 환경에 대한 사회적 인식의 변화 등의 분석이 필요함
- 기술적 요인: 기술 환경의 변화에 대한 분석

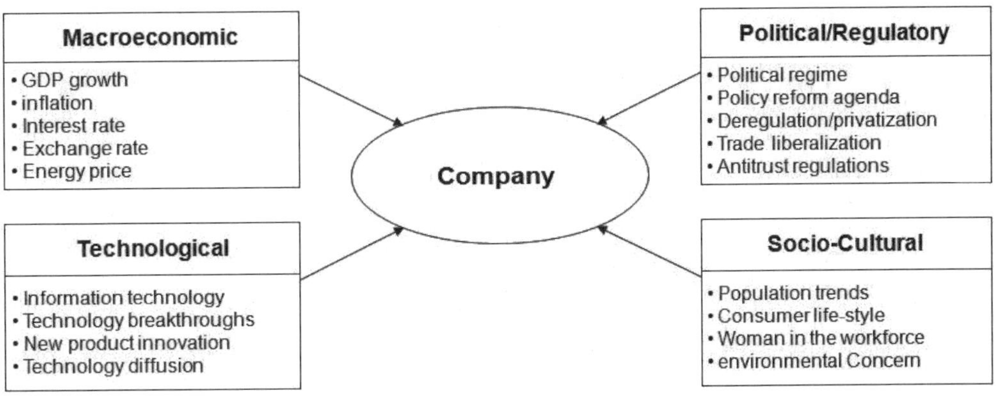

그림 A-1 기업의 거시 환경 분석

2) 빙산 모델The Iceberg Model

① 외부 환경에 대한 인식

빙산의 수면 위에 있는 사건events을 의미하는 말로 일상적으로 관찰, 파악이 가능한 가시적인 현상을 말한다. 외부 환경을 보다 심층적으로 이해하기 위해서는 평면적인 현상뿐만 아니라 사건

간에 존재하는 규칙적인 관계와 이를 결정하는 근본적인 요인에 대한 체계적인 분석이 필요하다.

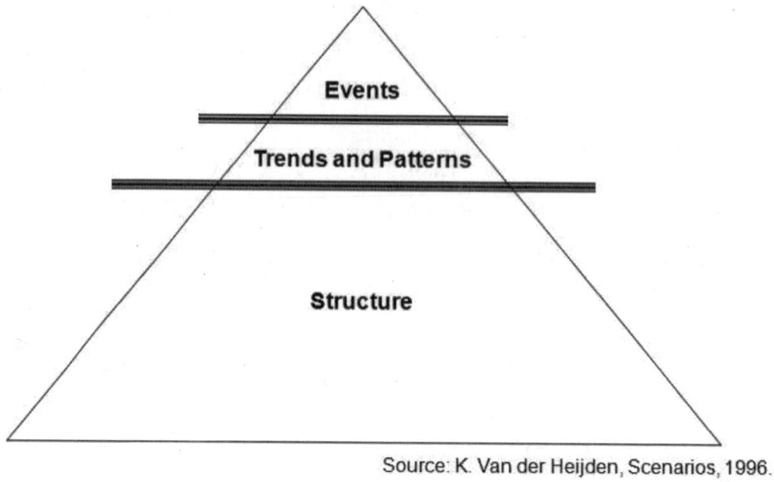

그림 A-2 빙산의 모델

② 경쟁사 빙산 모델 Competitor Iceberg Model

Iceberg 모델을 통해 심층적인 경쟁사 분석이 가능하다.

- 가시적 요인 visual differences
    - 경쟁사의 경영성과
    - 제품/시장전략
    - 사업영역 등
- 비가시적 요인 hidden differences
    - 경쟁사의 경영자원
    - 핵심역량
    - 조직운영
    - 전략적 의도 등의 근본적인 경쟁력의 원천

Source: D.Abell, Managing with Dual Strategies, 1993

그림 A-3 경쟁사 빙산 모델

3) 인식적 환경 분석

① 환경의 속성에 따른 접근법

속성별 접근법은 환경의 특성을 유형화하여 파악함으로써 의사결정에 도움이 되게 하는 데 그 목적이 있다. 즉, 속성별 접근법은 환경이 어떠한 특성을 갖는가에 초점을 맞추어 환경을 분석하는 것이라고 할 수 있다. 인식차원에 의한 환경 분류는 분류기준에 있어서 특히 두 가지의 환경특성, 즉 환경의 동태성과 환경의 복잡성에 따라 이루어진다.

동태적 환경일수록 기업이 당면한 불확실성이 높아지며, 여기서 관찰되는 대표적인 특징은 고객의 빈번한 기호 변화, 경쟁기업의 빈번한 전략 변화, 신제품의 계속적인 출현 등이다.

환경의 복잡성은 환경을 구성하는 요소들의 다양성diversity과 이들 구성요소들 간의 상호연관성interrelation의 정도를 의미한다. 구성요소들이 다양하고 상호연관성이 높을수록 환경이 복잡해지면 고려해야 될 환경요소가 많아지고, 이들 간의 상호관계를 파악해야 하므로 환경변화의 원인을 알아내고 예측하기가 어려워진다.

환경의 복잡성과 동태성에 따른 분류에서 가장 불확실성이 낮은 것은 안정적이고 단순한 환경으로서 전통적인 소매업, 서비스업 등이 여기에 속하며, 가장 높은 불확실성을 보이는 것은 동태적·복잡한 환경으로 전자 산업이 대표적이다.

		환경의 복잡성	
		단순함	복잡성
환경의 동태성	안정적	낮은 불확실성 1. 적은 수의 유사한 환경 요소 2. 환경요소 들이 천천히 변함	다소 낮은 불확실성 1. 많은 수의 서로 다른 환경요소 2. 환경요소 들이 천천히 변함
	동태적	다소 높은 불확실성 1. 적은 수의 유사한 환경 요소 2. 환경요소 들이 자주 변함	높은 불확실성 1. 많은 수의 서로 다른 환경요소 2. 환경요소 들이 자주 변함

그림 A-4 환경 속성에 따른 접근법

4) Porter's Five Forces Framework

① Analyzing Industry Structure

산업의 구조적 분석을 위해 주로 사용되는 기법으로 고객, 경쟁자, 공급자를 포함하는 산업의 구조적 특성을 이해하는 데 도움이 된다. 이러한 산업의 구조적 특징은 산업의 매력도, 즉 산업의 이익 창출 가능성에 지대한 영향을 미친다.

포터Porter의 산업구조 분석모델에 의하면, 산업의 매력도는 다음의 5가지 구조적 요인에 의해 결정된다.

- 산업 내 기존 업체들 간의 경쟁rivalry among existing firms
- 새로운 경쟁자의 위협threat of new entrants
- 대체재의 위협threat of substitutes
- 구매자의 교섭력bargaining power of buyers
- 공급자의 교섭력bargaining power of suppliers

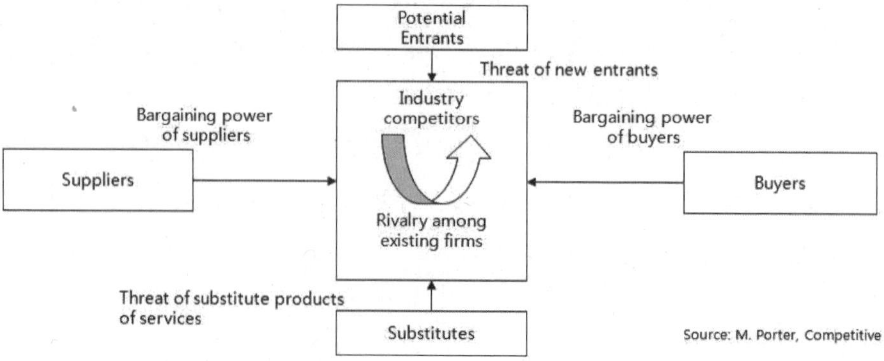

Source: M. Porter, Competitive Strategy, 1980

그림 A-5 산업구조 분석

② 산업의 매력도를 결정하는 제반 구조적 요인(Drivers of Industry Attractiveness)

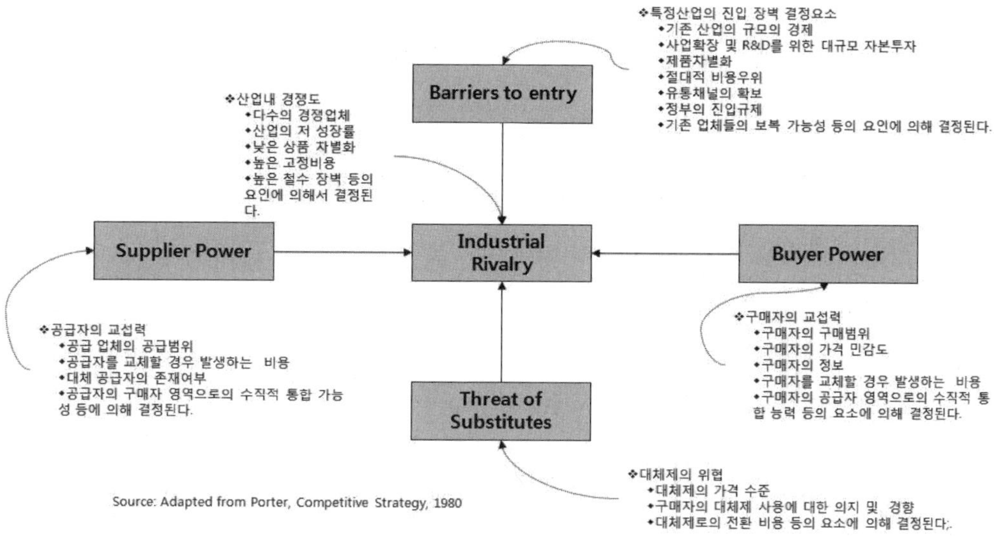

그림 A-6 산업구조 분석 정의

5) 시나리오 기법 Scenario Planning

① Traditional Forecasting vs. Scenarios

- 예측기법 Traditional Forecasting 의 한계

  사업 환경의 불확실성이 높을 경우 과거 추세의 연장선상에서 미래를 예측하는 것은 한계가 있다. 이 경우 과거의 사업추이 연장선상에서 미래의 손익을 추정함으로써 지나치게 낙관적

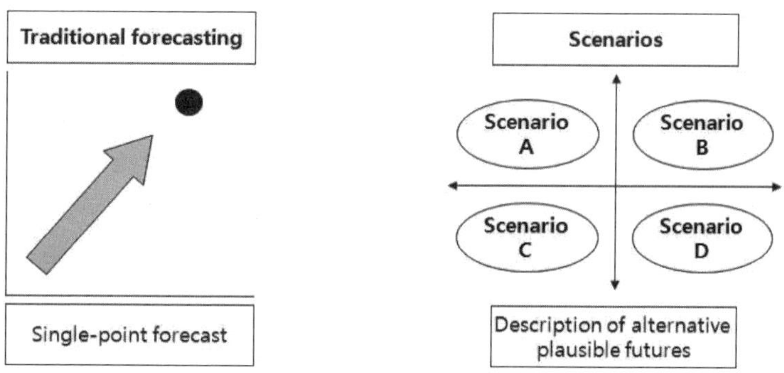

그림 A-7 예측기법 vs. 시나리오 기법

인 전망을 할 가능성이 높다.

- 시나리오 기법Scenario Planning

  시나리오 기법은 미래의 불확실성을 감안하여 다양한 미래의 모습을 상정함으로써 단순 예측기법의 한계를 보완할 수 있다.

② Building Blocks of Scenario Planning

- 외부환경의 변화추세와 불확실성의 주요 요인들을 파악한다.
- 변화추세와 불확실성에 영향을 미치는 변화의 동인drivers of change을 파악한다.
- 변화추세, 불확실성 및 변화의 동인 간에 존재하는 상호작용 패턴을 분석한다.
- 상호작용 패턴에 대한 깊은 이해를 바탕으로 복수의 시나리오를 도출한다.

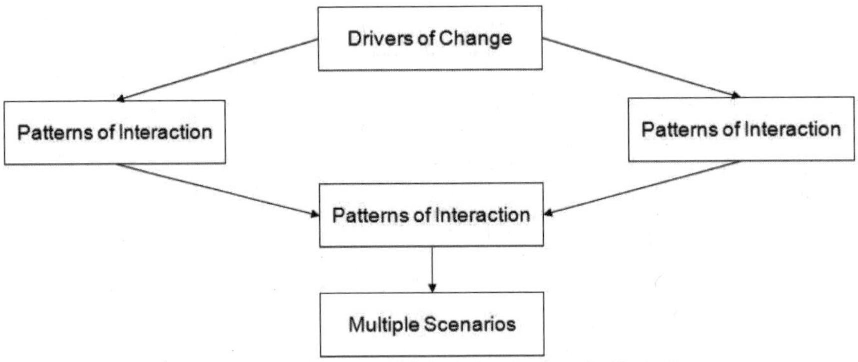

Source: P. Schoemaker, "Scenario Planning : A Tool for Strategic Thinking," *Sloan Management Review*, 1995

그림 A-8 시나리오 계획

③ 사례연구 - 세계 광고 산업의 미래 시나리오 도출

시나리오 기법을 통해 세계 광고 산업의 미래 시나리오를 도출한 예로서, 세계 광고 산업의 주요 불확실성을 다음의 5가지 요인으로 규명하고 이에 따라 3개의 시나리오를 도출하였다.

불확실성uncertainties에 대한 분석 후 발생 가능한 시나리오를 복수로 수립하여 시나리오별 대응전략을 수립할 수 있도록 한다.

도출 시나리오는 모든 가능성을 배제하지 않고 고려해야 하며, 시나리오를 통해 새로운 불확실성이 발생하지 않도록 수립해야 한다.

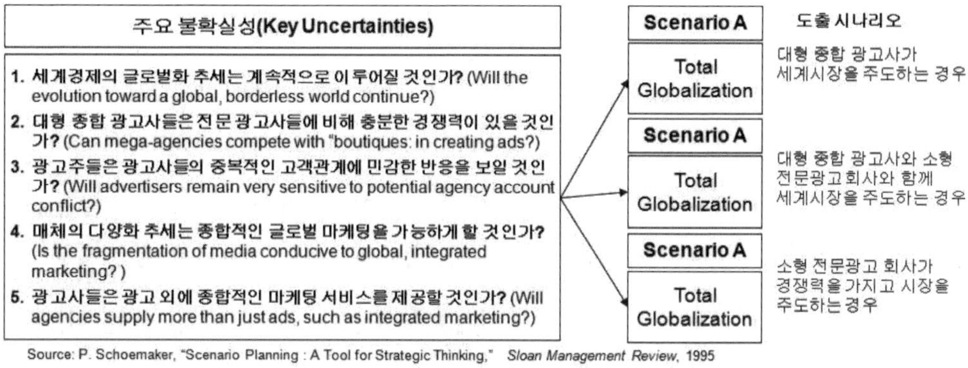

그림 A-9 시나리오 기법 사례

6)사업의 경제성 분석

① 규모의 경제 Economies of Scale

규모의 경제는 산출량이 증가함에 따라 단위당 비용이 최소효율 규모 minimum efficient scale 에 이를 때까지 감소하는 현상을 의미한다.

예를 들어 경쟁사 B는 최소효율 규모에서 생산함으로써 경쟁사 A 및 경쟁사 C보다 낮은 단위당 생산비용을 실현하고 있다. 일반적으로 규모의 경제는 투입 대비 산출의 기술적 특성, 투입요소의 비분할성 및 전문화의 이점으로 발생한다. 한편 규모의 경제는 최소효율 규모 이상에 이르면 제품차별화, 유연성 확보의 필요성, 조직 비효율의 부작용으로 인하여 제약을 받는다.

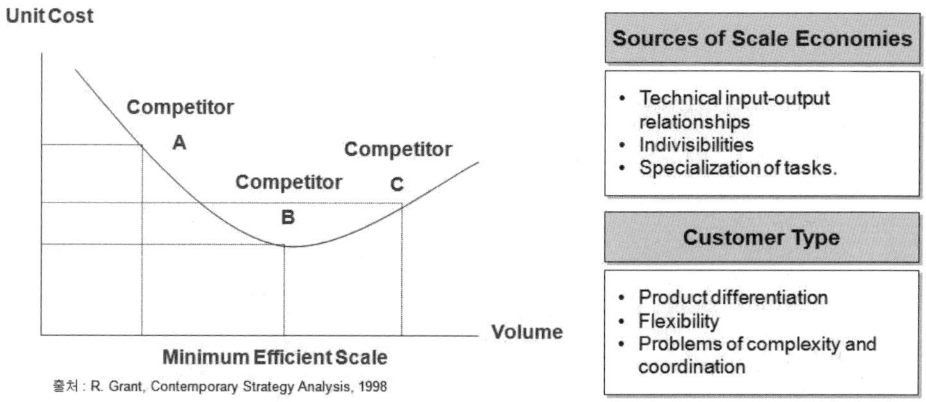

그림 A-10 규모의 경제를 통한 경쟁사 분석

② 경험 곡선Experience Curve

경험 효과는 누적 생산량이 증가함에 따라 단위당 비용이 일정한 비율로 하락하는 현상을 의미한다. 경험효과는 생산과정을 반복하면서 나타나는데 주로 다음과 같은 요인들에 의해 결정된다.

- 노동생산성의 향상
- 업무활동의 전문화
- 공정혁신 및 개선
- 제품표준화
- 제품설계의 개선
- 자원믹스의 변화

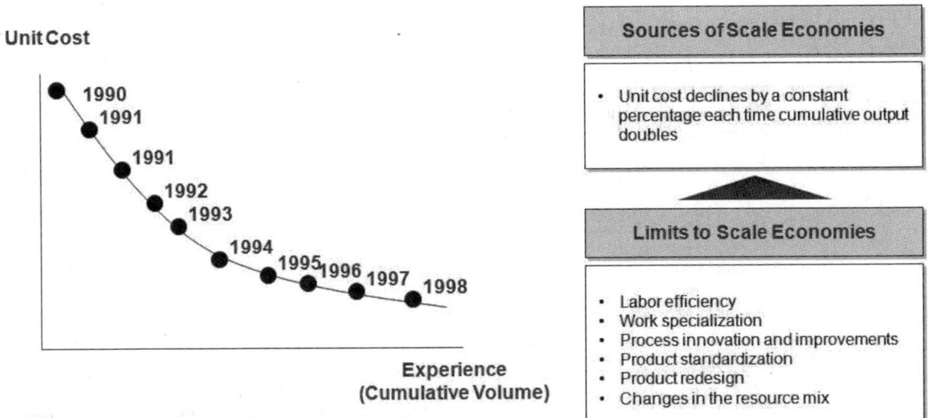

출처 : R. Grant, Contemporary Strategy Analysis, 1998

그림 A-11 경험 곡선

③ 범위의 경제성Economies of Scope

범위의 경제성이란 기업이 복수의 사업 활동을 함으로써 보다 경제적인 사업 운영이 가능해지는 것을 말한다. 범위의 경제성은 단일 사업 내에서 규모가 확대되는 것에 의한 효과를 의미하는 것이 아니다. 다양성이 증가함에 따라 경제성이 높아지는 것은 어떤 경제 자원을 공유함으로써 그것을 유효하게 이용할 수 있기 때문이다.

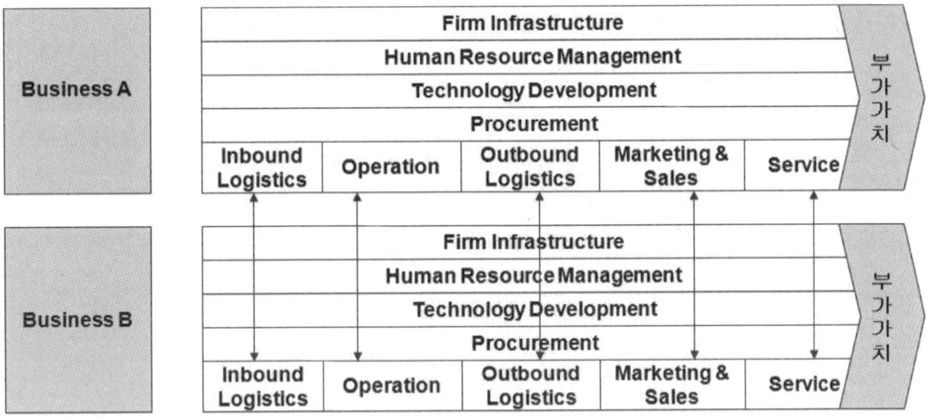

출처 : M. Porter, Competitive Strategy, 1980

그림 A-12 범위의 경제성

7) 기술혁신의 모델

① 기술혁신의 역동성The Dynamics of Innovation

기술혁신의 역동성에 대한 모델은 혁신 강도에 따라 제품혁신과 공정혁신의 비중이 달라지는 것을 보여주고 있다.

Fluid Phase는 산업의 형성단계로서 다양한 경쟁자 간 신제품에 대한 실험과 시도가 이루어져 제품혁신이 높게 나타난다. Transitional Phase에 이르면, 지배제품이 등장하고 제품표준화가 이루어짐에 따라 제품혁신이 감소하고, 공정혁신이 증가한다.

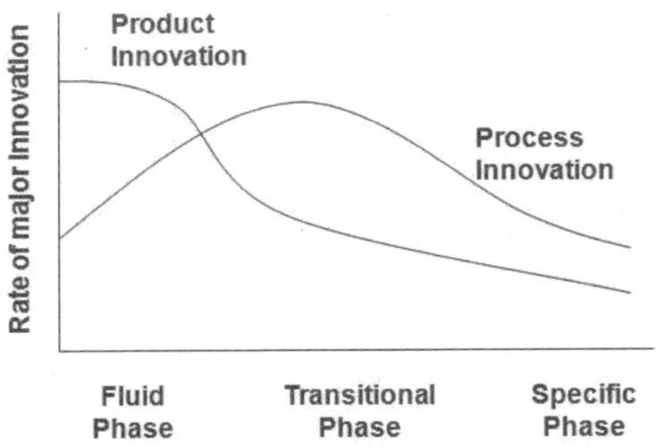

출처 : J. Utterback, Mastering the Dynamics of Innovation, 1994.

제품	From high variety, to dominate design, to incremental innovation on standardized products
프로세스	Manufacturing progresses from heavy reliance on skilled labor and general-purpose equipment to specialized equipment tended by low-skilled labor
조직	From entrepreneurial organic firm to hierarchical mechanistic firms with defined tasks and procedures and few rewards for radical innovation
시장	From fragmented and unstable with diverse products and rapid feedback to commodity-like with largely undifferentiated products
경쟁	From many small firms with unique products to an oligopoly of firms with similar products

그림 A-13 제품혁신 vs. 프로세스혁신

Specific Phase에 이르면 제품혁신과 공정혁신이 모두 감소하고, 점진적인 개선만이 이루어진다.

8) ABC 분석

ABC 분석은 제품 및 고객 믹스의 비율과 경영성과 간의 상관관계를 분석한다. 일반적으로 제품의 종류와 고객의 수가 많아질수록 복잡성이 증가하여 추가적인 비용이 발생하게 되므로, 이와 같은 복잡성 비용complexity cost은 철저히 관리될 필요가 있다.

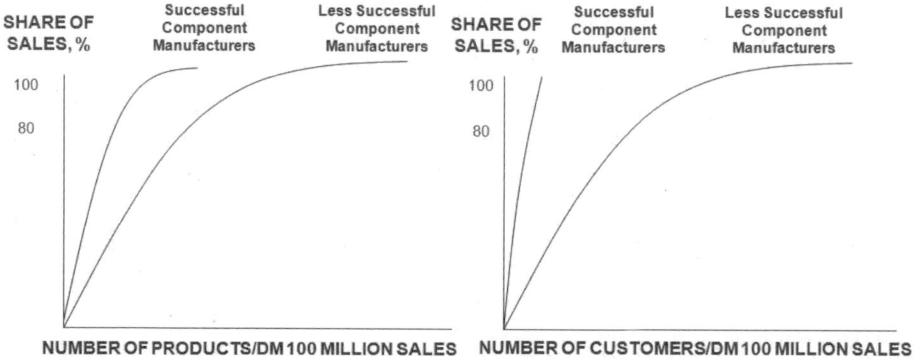

출처 : G. Rommel, Simplicity Wins, 1995.

그림 A-14 ABC 분석

9) 기술 투자 전략적 배분

새로운 기술의 개발에 많은 투자가 소요되므로 외부기술의 활용을 통한 경영자원의 효율적 배분을 모색할 필요가 있다. 기술의 전략적 중요도와 기업의 내부역량에 따라 기술투자의 전략적 배분을 위한 분석틀을 만들 수 있다.

기술의 전략적 중요도가 높고 기업의 내부역량이 높은 기술은 자체 R&D를 통해 집중적인 시스템을 개발한다. 기술의 전략적 중요도가 높고 기업의 내부역량이 취약한 기술은 M&A, 전략적 제휴 등을 통해 외부에서 도입할 수 있는 방안을 모색한다. 기술의 전략적 중요도는 낮으나 내부역량이 높은 기술은 라이센싱을 통한 외주화를 적극 추진한다. 기술의 전략도가 낮고 내부역량도 낮은 기술에 대해서는 투자를 줄이거나 중단한다.

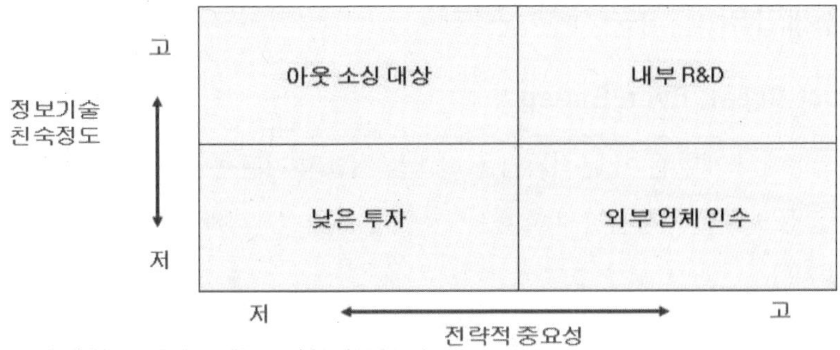

출처 : D. Leonard-Barton, Wellsprings of Knowledge, 1995.

그림 A-15 기술투자 포트폴리오 분석

10) 외부기술 확보의 메커니즘

① Strategic Resource Allocation of Technology Portfolio

단순 관찰, 라이센싱, R&D 계약을 통한 기술도입은 소요되는 투자는 적을 수 있으나 체득할 수 있는 새로운 기술적 역량은 제한적일 수 있다. 특정기업에 대한 지분투자나 공동개발 프로젝트는 투자규모가 늘어날 수 있으나, 새로운 기술을 보다 깊이 있게 검토할 수 있고 새로운 학습의 기회를 제공할 수 있다. M&A나 합작투자는 투자부담과 위험을 수반할 수 있으나 상대방 조직에 체화된 기술역량을 포괄적으로 확보할 수 있다는 측면에서 매우 효과적인 방안이 될 수 있다.

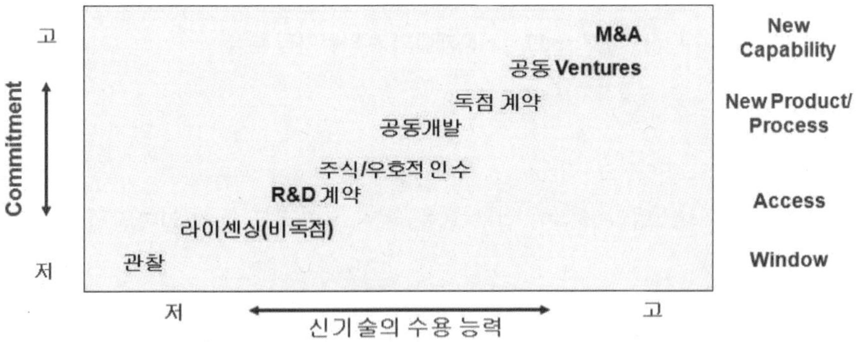

출처 : D. Leonard-Barton, Wellsprings of Knowledge, 1995.

그림 A-16 외부기술 확보의 메커니즘

11) 제품개발의 손익분기점 분석

① Product Break-Even Speed

휴렛 팩커드[HP]에서 개발된 이 분석기법은 신제품 개발의 기간뿐만 아니라 신제품의 성공적인 출시에 초점을 둠으로써 제품개발의 효율성[efficiency]과 효과성[effectiveness]을 동시에 관리할 수 있는 손익관리기법이다.

제품개발의 손익분기점 분석은 제품개발 프로젝트가 시작된 후 얼마 만에 손익분기점에 도달하는가를 파악하는 분석 방법이다. 여기서 손익분기점은 제품출시에 따른 총이익이 제품개발 및 생산을 위해 투입된 총투자분을 초과하는 시점을 의미한다.

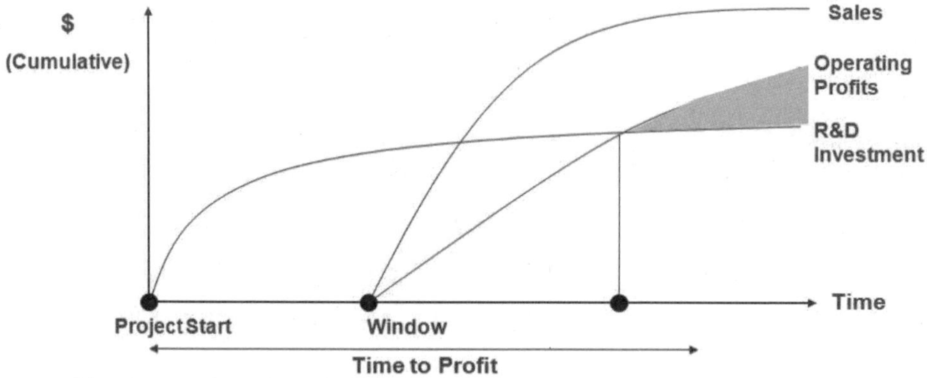

출처 : J. Deschamps, Product Juggernauts, 1995.

그림 A-17 제품개발의 손익분기점 분석

12) 민감도 분석

민감도 분석이란 정보시스템의 도입이 업무 효율, 서비스 만족도 등에 얼마만큼 영향을 줄 것인지를 평가하는 것이다.

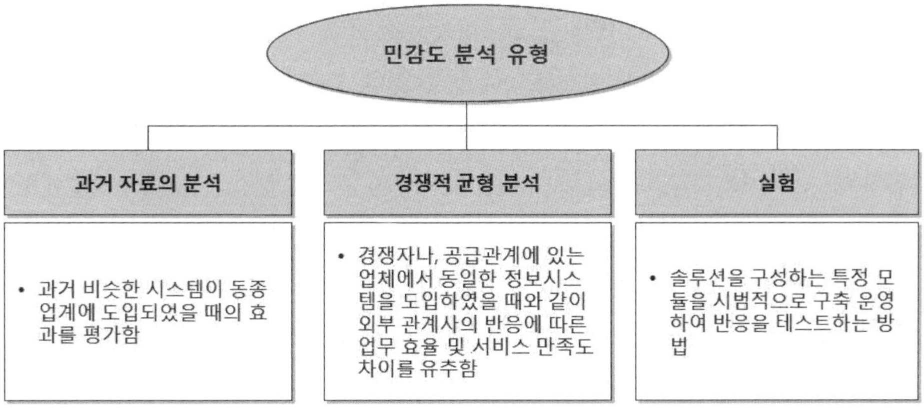

그림 A-18 민감도 분석 체계

13) 산업의 수명주기

① 산업의 수명주기Industry Life Cycle

각 제품이 수명주기life-cycle가 있는 것처럼 산업도 진화적 과정을 경험하게 된다. 산업의 수명주기에 따라서 수요는 고소득층 위주에서 점차 대중화되며 기술은 점차 표준화되고 확산된다. 산업이 성장함에 따라 신규진입 업체가 많아지고 경쟁이 심화되면서 경쟁력이 없는 기업 및 제품들은 시장에서 탈락되어 궁극적으로 산업의 재편이 이루어진다.

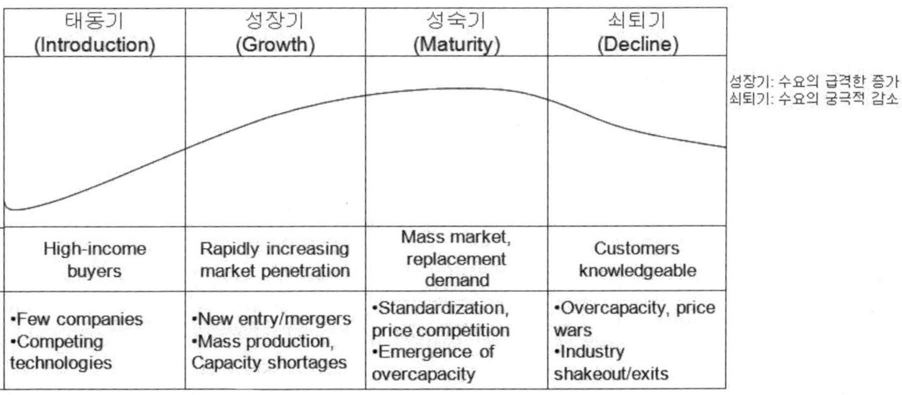

	태동기 (Introduction)	성장기 (Growth)	성숙기 (Maturity)	쇠퇴기 (Decline)
Demand	High-income buyers	Rapidly increasing market penetration	Mass market, replacement demand	Customers knowledgeable
Competition	•Few companies •Competing technologies	•New entry/mergers •Mass production, Capacity shortages	•Standardization, price competition •Emergence of overcapacity	•Overcapacity, price wars •Industry shakeout/exits

Source:R. Grant, *Contemporary Strategy Analysis*, 1998

그림 A-19 산업의 수명주기

② 산업의 수명주기와 전략적 기회strategic opportunities by industry life-cycle stages

산업의 진화과정은 새로운 전략적 기회를 창출할 수 있다. 다음은 산업 수명주기의 각 단계별로 기업이 취할 수 있는 전략방안을 보이고 있다.

- 산업의 태동기에서는 기술표준의 주도적 설정, 전략적 자산의 선점, 미래 유망사업에 대한 옵션 구축 등을 생각할 수 있다.
- 성숙기에서는 제품/고객믹스의 합리화, 서비스의 차별화, 해외시장 개척 등을 추진할 수 있다.
- 쇠퇴기에서는 M&A를 통한 산업 구조조정, 틈새시장에서의 지위 강화, 전략적 철수를 통한 경영자원의 재배치를 통해 새로운 전략적 기회를 창출할 수 있다.

Industry Life-Cycle	Strategic Opportunities
Emerging Industry	•Achieve technological leadership by setting industry standard •Preempt strategically valuable assets •Build portfolio of options in anticipation of new opportunities
Mature Industry	•Rationalize product/customer mix •Invest in service quality and other dimensions of differentiation •Expand into international markets
Declining Industry	•Seek a leadership position through industry consolidation •Create or defend a strong position in a particular segment •Manage a controlled disinvestments strategy, or liquidate the investment as early as possible

그림 A-20 산업의 수명주기와 전략적 기회

14) 핵심성공요인(CSF)

CSFcritical success factor(핵심성공요인)란 개인, 부서 또는 조직에게 성공적인 결과를 가져옴으로써 경쟁력 있는 업무 수행을 보장해 줄 수 있는 한정된 수의 영역을 말한다. CSF는 사업이 번창하고 경영자의 목표를 달성하기 위해 반드시 잘 되어야 할 몇몇 주요 영역으로 정의할 수 있다. 이는 한 기업의 활동이 성공하기 위해 갖추거나 수행되어야 할 주요 요소를 의미하며 한 기업이 선택한 전략의 방향 뿐 아니라 산업/경제의 전반적 구조에 의해 결정지어진다. 이는 경영 목적goal 및 경영 목표objective를 성취하는 데 있어서 중요한 내부 항목으로 경영 목적goal을 위한 수단이다. 경영 목적이 비교적 안정적이고 외부적인 경향이 강하다면, CSF는 상대적으로 불안정하며 내부적인 경향이 강하다. 따라서 CSF는 주요 가정critical assumption의 변화에 따라 조정되어야 한다. 그리고 CSF는 경영 목표를 달성하기 위한 수단means이며 성과의 달성도는 측정될 수 있어야 한다.

CSF의 성공적 달성을 위해서는 주요 요구정보Critical Information Required가 정의되어 활용되어야 한다.

① 핵심성공요인 분석

핵심성공요인을 파악하는 문제는 보다 본질적인 의문인 기업의 존재 이유에 답을 함으로써 해결할 수 있다. 특정시장 또는 특정산업의 핵심성공요인은 바로 고객의 욕구가 무엇인가에 대한 분석을 통해서 자연스럽게 도출된다. 고객의 욕구를 구체화하기 위해서는 고객 분석과 고객 욕구분석, 구매 의사결정 과정 등에 대한 분석 단계를 거쳐야 한다.

또한 동일한 산업 내에 고객의 욕구를 충족시키기 위해 노력하는 다른 경쟁기업이 있을 것이므로 경쟁상황에 대한 분석을 통해 경쟁우위의 요소를 도출하여야 한다.

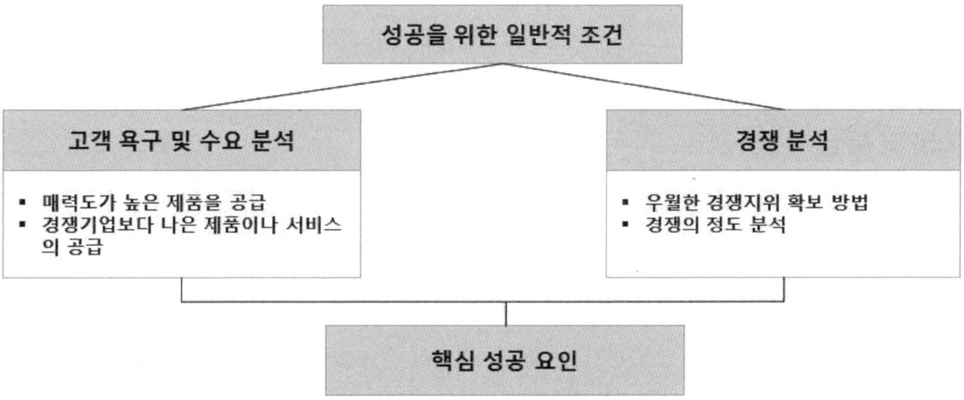

그림 A-21 핵심성공요인

② 핵심성공요인 효과

CSF는 John F. Rocket에 의해 최고 경영자의 정보 요구를 이해하기 위한 수단으로 개발되었다. 이 방법은 기업 전체에 적용되었으며, 하나의 보다 광범위한 기획 방법으로 확장되어 전략정보 기획 방법의 필수요소로 발전되었다.

CSF의 2가지 효과는 다음과 같다.

- 경영자로 하여금 가장 중요한 활동에 초점을 맞출 수 있게 한다.
- 경영자로 하여금 그들의 정보 요구를 심사숙고하게 도와준다.

CSF는 정보시스템 기획자로 하여금 필수인 정보를 식별하게 해주고, 적절한 의사결정 지원 도구 및 자원과 함께 경영자에게 사업의 핵심성공요소를 인식하도록 도와준다. 또한 반드시 구축되어야 할 의사결정 지원시스템을 기획하고 우선순위를 설정하는 데 도움을 준다.

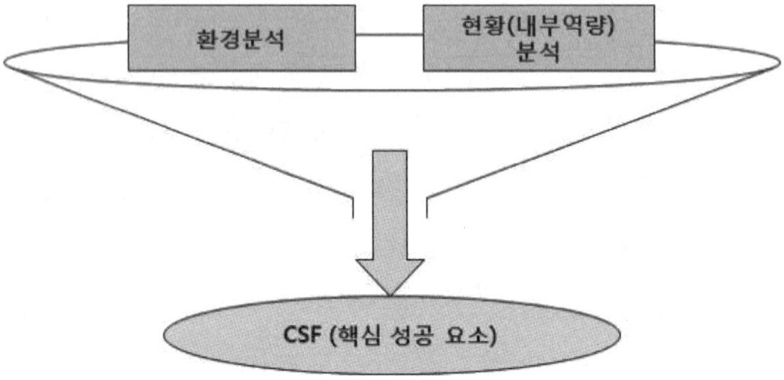

그림 A-22 핵심성공요인의 의미

③ CSF의 특징

CSF는 계층적 구조를 가진다. 즉, 1차적으로 기업 전체의 CSF가 결정되고 나면 최고경영자, 사업단위business unit 등으로 그보다 낮은 차원의 주요 성공요소를 세분화할 수 있다. 또한 CSF를 지속적으로 유지 발전시키기 위한 측정자를 보유한다.

CSF는 내적인 CSF와 외적인 CSF, 감시적 기능의 CSF와 구축적 기능의 CSF로 대별할 수 있다. 내적인 CSF는 기업 내에서 일어날 수 있는 행위에 관련된 것(예, 제품의 품질 개선 또는 재고원가 감소 등), 외적인 CSF는 기업 외부에서 일어날 수 있는 요인(예, 기업 인수 또는 융자 획득 등)을 말한다.

감시적 기능의 CSF는 현재 상황에 대한 정밀 조사를 포함하는 것(예, 직원의 사기 추적, 결함 보고량 감시 등), 축적 기능의 CSF는 기업의 변신 혹은 미래에 대한 기획의 변경 등에 관련된 것(예, 제품별 생산비 개선, 독점 판매권 운영 실시 등)을 의미한다.

④ CSF가 도출되는 원천 5가지

1. 해당 산업: 산업 자체의 특성으로부터 도출되는 CSF
2. 경쟁적 전략 또는 업계 내의 위치: 기업의 특정 활동범위 또는 역할에 의해 도출되거나 고유한 전략에 의해 도출되는 CSF

3. 환경적 요인: 환경적 변화 요인에 의해 도출되는 CSF
4. 일시적 요인: 단기적 위기 상황에 의해 도출되는 CSF로 위기에 관련된 CSF는 중요할 수는 있지만 수명이 짧음
5. 관리직의 위치: 어떤 CSF는 특정 관리자에게 관련되어 있는 경우도 있음. 특정 업무는 특정의 CSF를 가짐

15) 주요 정보화 요구사항(CIR)

경영 환경 분석결과 중장기 발전전략 달성을 위한 핵심성공요소를 기준으로 정보화 측면에서 향후 지향하여야 할 정보화 추진 방향을 설정하고 이에 대한 주요 정보화 요구사항을 도출한다.

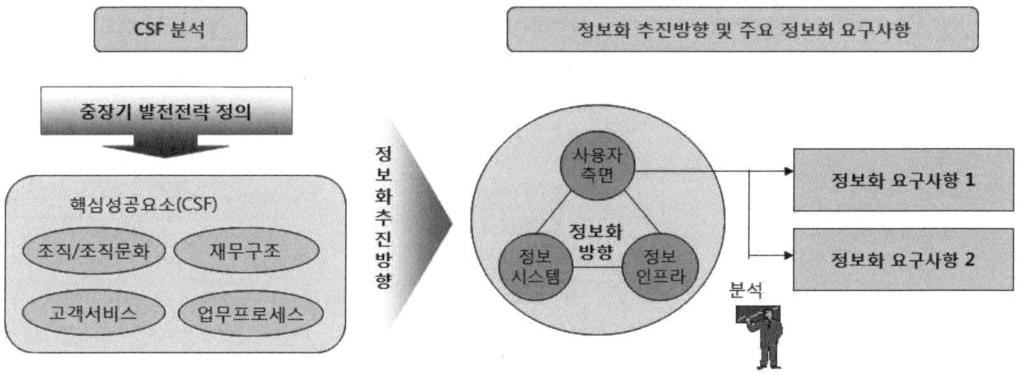

그림 A-23 주요 정보화 요구사항(CIR)

16) 시장 세분화

① 시장 세분화market segmentation의 주요 단계

효율성을 추구하는 기업 입장에서는 시장 전체에 대해 동일한 제품을 동일한 마케팅으로 판매하는 것이 가장 바람직하다. 하지만 시장의 욕구는 다양하고 기업의 역량과 자원은 한정되어 있으므로, 시장을 동질적인 특성에 따라 세분화하고 특정 시장을 선정해서 자사의 역량과 자원을 집중하는 것이 반드시 필요하다.

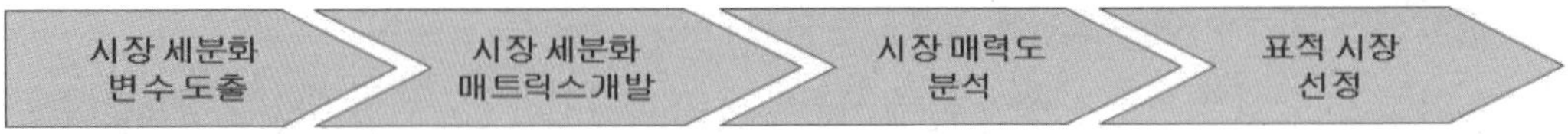

그림 A-24 시장 세분화 Step

② 시장 세분화 변수도출

시장 세분화 변수는 제품의 특성, 고객의 유형, 고객의 구매 행위 등 다양한 기준에 따라 정의될 수 있는데, 어떤 시장 세분화 기준을 선택할 것인가는 전략 방향과 분석의 목적에 따라 달라질 수 있다. 일반적으로 소비재 산업의 경우에는 고객의 요구나 행동을 고려한 고객 지향적 시장 세분화 방법이 유용하지만, 많은 시간과 노력이 요구될 수 있는 단점이 있다.

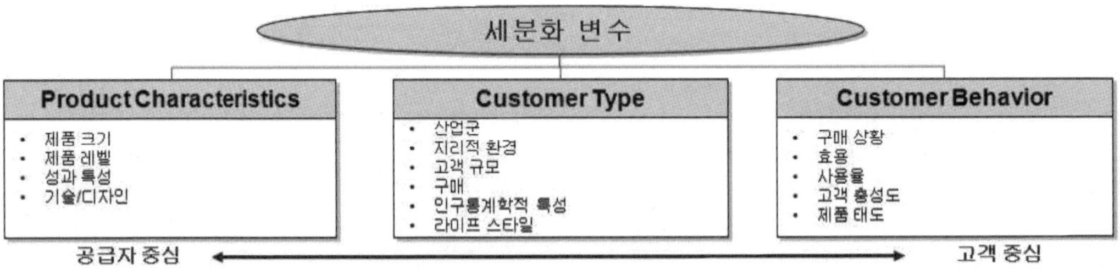

그림 A-25 시장 세분화 변수도출

③ 시장 세분화 매트릭스 : 조선산업 사례

그림 A-26은 조선산업에 있어서 시장 세분화 기준을 제품의 특성과 고객의 유형을 두고 작성한 시장 세분화 매트릭스이다. 이와 같이 세분화segment의 특성과 매력도를 평가하고, 가장 매력적인 Target Segment를 선정하는 데 시장 세분화 매트릭스는 유용하게 이용될 수 있다.

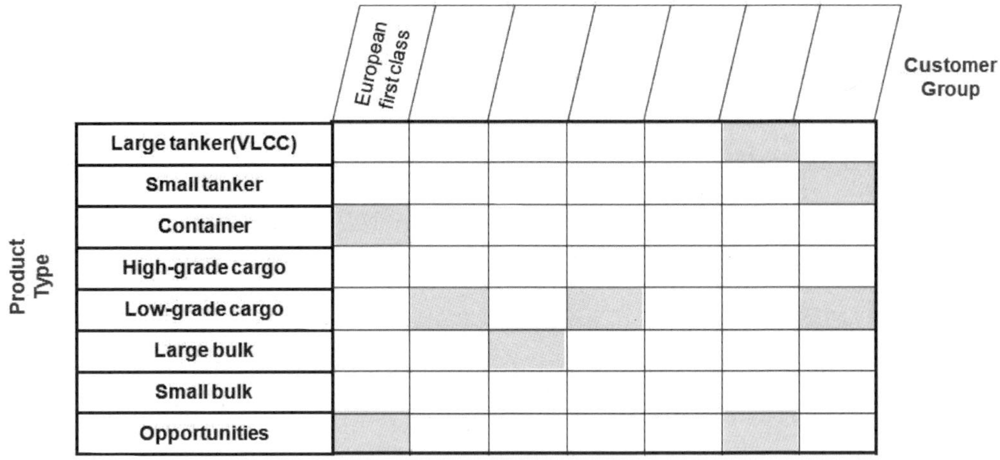

출처 : K. Ohmae, The Mind of the Strategist, 1982.

그림 A-26 시장 세분화 매트릭스

④ 시장 세분화의 구조적 분석

포터Porter는 경영활동이 이루어지고 있는 산업의 구조를 분석하여 제품과 시장에 대한 정보를 얻고 이에 근거한 경쟁 우위전략이 수립되어야 한다고 주창한다. 포터의 산업구조 분석틀은 전체 시장뿐만 아니라 세분 시장의 구조적 특성과 매력도를 평가하는 데 활용 가능하다.

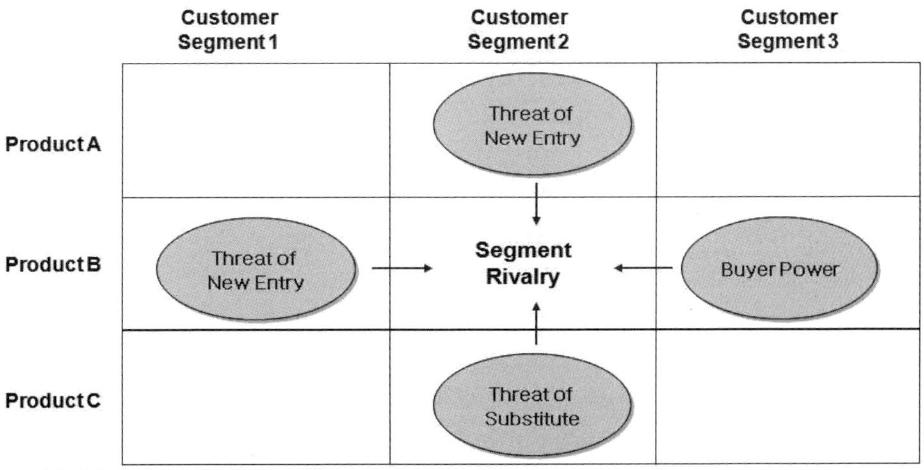

출처 : M. Porter, Competitive Advantage, 1985.

그림 A-27 시장 세분화 구조분석

⑤ 세분 시장별 매력도 분석(미국 자전거 제조 산업)

미국 자전거 시장을 제품의 유형과 가격수준에 따라 3개의 세분 시장Segment으로 나누고, 각 세분 시장별 시장규모, 성장성, 수익성 및 성공요인을 분석하면 다음과 같다.

저가 자전거 세분 시장은 시장 규모가 제일 크나, 시장의 성장성 및 수익성은 상대적으로 낮으므로 글로벌 소싱sourcing을 통해 저비용 생산체제를 구축한 것이 사업의 주요 성공요인이다.

중가 자전거 세분 시장은 시장규모, 성장성 및 수익성이 모두 중간이므로 여기에서의 성공요인은 공장자동화를 통한 품질 및 비용상의 경쟁우위를 구축하는 것이다.

고가 자전거 세분 시장은 시장 규모는 작으나, 시장의 성장성 및 수익성이 높은 시장으로서 혁신적인 디자인을 통한 차별화나 브랜드 관리를 통한 높은 명성을 확보하는 것이 필수이다.

세분시장	시장 규모	시장 성장률	수익성	주요성공요인 (KSF)
저가 자전거 세분 시장	$500 million	5%	낮음	• 글로벌 Sourcing으로 인한 낮은 생산가
중가 자전거 세분 시장	$200 million	7%	중간	• 대량 생산 체계 완비로 인한 품질, 비용 우위
고가 자전거 세분 시장	$100 million	10%	높음	• 혁신적인 디자인 • 브랜드 관리를 통한 높은 명성

출처 : R. Grant, Contemporary Strategy Analysis, 1998.

그림 A-28 세분 시장별 매력도 분석

17) 고객 욕구 분석

① 고객 욕구의 요소 분석

공통된 욕구를 가진 집단인 세분 시장을 알기 위해서는 고객의 욕구를 자세히 분석해볼 필요성이 존재한다.

고객의 욕구는 제품 특성이나 성능, 디자인, 가격 등 본질적인 면뿐 아니라, 제품 이미지, 편의성, 서비스 품질, 배달, 제품의 폭, 분위기, 관계, 지불 조건 등 다양한 주변 요인들로 구성된다. 이 중에서 고객의 의사결정에 결정적인 영향을 미치는 요인이 무엇인가를 파악하여 차별된 가치를 제공하는 것이 중요하다.

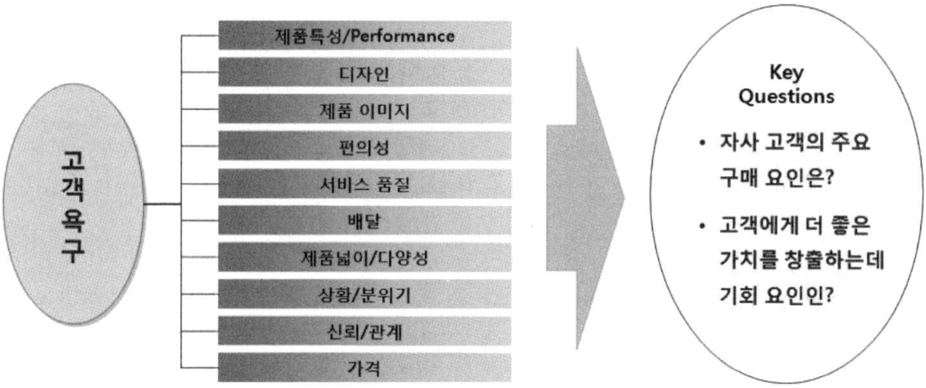

그림 A-29 고객 욕구의 요소분석

② 고객 중심의 세분화의 예

구매결정 요인, 구매행태에 따라 가전제품 시장과 맥주시장을 세분화한 결과는 다음과 같다.

가정용 전자제품의 경우 전체 시장을 고객의 구매결정요인에 따라 품질 중시 세분시장, 디자인 중시 세분시장, 브랜드 중시 세분시장, 가격 중시 세분시장으로 구분한다.

맥주시장의 경우 소비자들의 음주성향 및 음주빈도에 따라 Non-User, Special Occasion User, Regular Light User, Regular Heavy User 등으로 세분시장을 분류할 수 있다.

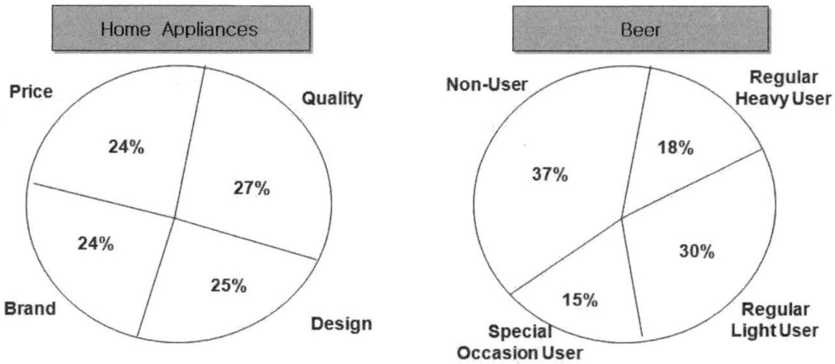

그림 A-30 가전제품과 맥주의 시장 세분화 사례

18) 제품 개념 분석 Total Product Concept

제품은 다양한 가치들의 총체적 개념으로서 경쟁의 범위는 자사가 제공하는 제품이나 서비스 영역의 정의에 따라 달라진다.

Generic Product는 제품의 본질적인 기능을 의미하고, Expected Product는 고객이 기대를 최소한 충족할 수 있는 제품을 의미하며, 여기에 추가적인 가치를 제공하는 것이 Augmented Product가 되며, 고객이 의식하지 못하는 잠재적인 욕구까지 충족하면 Potential Product가 된다.

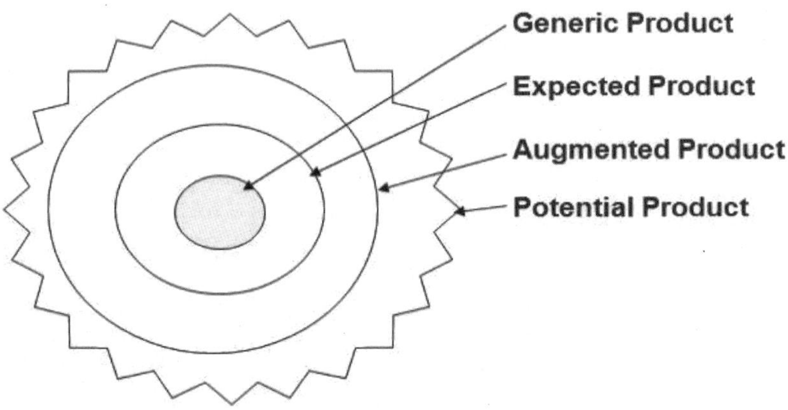

출처 : T. Levitt, The Marketing Imagination, 1986

그림 A-31 제품 개념 분석

19) 정보기술 적용 가능성 검토

① TBB와 검토대상 및 평가기준

정보시스템을 구성하는 각종 기술요소를 체계적으로 그룹핑하여 블록 형식으로 정리한 것이 TBB이다. TBB의 기술구조별로 도입여부를 검토할 대상 정보기술을 정리한다(프로젝트의 성격과 특성 반영). 또한 이들의 평가기준들로 그림 A-32와 같은 항목들을 제시한다.

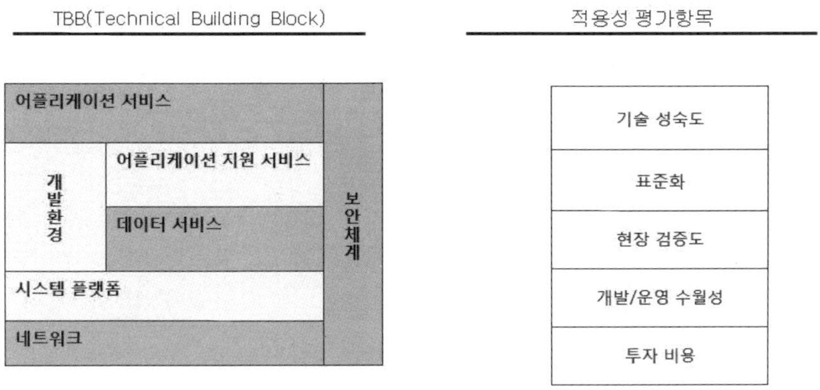

그림 A-32 TBB vs. 평가항목

② TBB[Technical Building Block]

정보시스템을 구성하는 각종 기술요소를 체계적으로 그룹핑하여 블록 형식으로 정리할 수 있으며 각각의 기술블록을 정리하면 다음과 같다.

- 어플리케이션 서비스: 일관된 사용자 인터페이스 표준이 필요하며 하이텍스트 방식이나 전문가시스템 개념이 적용된 강력한 도움말 기능이 통합적으로 제공되어야 한다.
- 개발 환경: 응용시스템 개발을 지원하는 개발 툴 및 실제 EUC에 필요한 기능을 제공하는 역할
- 어플리케이션 지원 서비스: 어플리케이션이 데이터에 편리하고 안정적으로 접근할 수 있는 기능을 제공
- 데이터 서비스: 데이터의 원활한 저장 및 필요한 모델로의 가공을 가능하게 하는 기능을 제공
- 시스템 플랫폼: 기반업무 개발 및 응용시스템을 위한 기본 기능을 제공하는 역할
- 네트워크: 시스템 간 상호 정보교환 및 전체 시스템의 유기적인 연결을 위한 기능을 제공하는 역할
- 보안체계: 일관성 있는 보안 체계의 제공으로 정보시스템의 신뢰성을 증가시킴

③ 정보기술 도입 가능성 검토 대상

정보기술 구조 중에서 도입여부를 검토할 대상 정보기술을 TBB[Technical Building Block] 형태로 정리하면 다음과 같다.

- 어플리케이션 서비스: 그룹웨어[groupware], EMR, OCS, PACS, CRM, D/W

- 개발 환경: C/S 개발환경, Web 개발환경
- 어플리케이션 지원 서비스: 미들웨어middleware
- 데이터 서비스: DBMS
- 시스템 플랫폼: 고가용성 시스템, C/S 계층구조, 운영체제, 모바일 컴퓨팅mobile computing
- 네트워크: 고속 네트워크 기술, NMS, DICOM
- 보안체계: 보안정책, 보안기술

④ 정보기술 적용 가능성 평가 기준

- 기술 성숙도: 해당 요소기술의 완성도 수준을 의미하며 향후 대규모의 기술보완 및 업그레이드가 예상되지 않아 기술도입 시 안정적 유지보수가 가능한 정도
- 표준화: 해당 요소기술이 전 세계적 정보기술 발전 추세로서 업계 표준, 산업 표준으로 선택된 정도
- 현장 검증도: 해당 요소기술을 도입하여 활용하는 현장 사이트 수의 많음 정도
- 개발/운영 수월성: 해당 요소기술의 습득 및 활용이 수월한지 여부로서 개발/운영의 난이도 수준
- 투자비용: 해당 요소기술 도입 시 상대적인 투자비용의 과다 수준

B 현황 분석

1) 현황 분석 체계

① 프로세스 구성 및 분석

경영전략을 수립하기 위해서는 기업의 외부환경과 더불어 기업의 현황(내부역량)에 대한 객관적인 분석이 이루어져야 한다. 프로세스 분석 목적은 다음과 같다.

경영환경 분석 결과 도출된 핵심 경쟁전략/CSF 항목을 달성하기 위하여 이와 연관된 현행 비지니스 프로세스의 바람직한 모습과 현재의 상태에 대한 차이^GAP^를 분석하여 핵심 프로세스 개선과제를 도출한다. 각 프로세스 개선 과제별로 프로세스가 달성하고자 하는 목적과 이에 대하여 측정 가능하며 구체적이고 정량적인 달성수준을 의미하는 목표수준을 설정한다. 목표수준 설정 항목은 원가, 품질, 속도^speed^, 서비스 등의 수준으로 설정하는 것이 효과적이다.

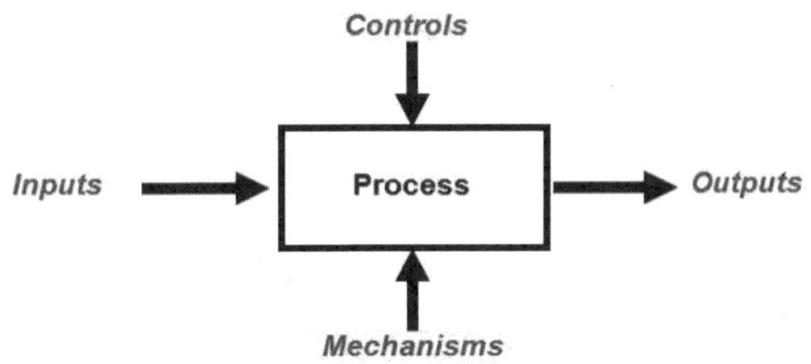

그림 B-1 ICOM 모델

② 정보시스템 분석 관점

현재 기업에 구축되어 있는 정보시스템의 현황을 분석하는 단계로 경영 측면의 정보시스템, 정보기술 측면의 정보시스템 양면을 분석하며 시스템 개발순환주기^SDLC^ 측면, 시스템 운영 측면 양면을 분석한다.

분석 관점은 다음의 3가지의 관점에서 실행하여야 한다.

첫째, 기업 경쟁력/경쟁전략 차원에서의 정보시스템
둘째, 현업 관리자/실무자 입장에서의 정보시스템

셋째, 정보시스템 전문가 입장에서의 정보시스템에 대하여 평가가 가능하도록 분석한다.

그림 B-2 분석의 3가지 관점

- 전략 기여도 분석

  정보시스템이 기업 경영전략 측면에서 기여하는 정도를 측정하는 것을 의미하며 기업 경쟁력 차원에서의 다음과 같은 주요 효과성을 분석한다.

  » 기업 경영전략과 연계된 정보시스템 전략 현황 분석

  » 기업의 핵심 경쟁력 강화를 위한 정보시스템 현황

  » 기업의 핵심성공요소와 관련된 정보시스템 현황

  » 동종업계 선진기업의 핵심 정보시스템 대비 현행 정보시스템 현황

  » 경영층의 정보화 요구 수준 대비 현행 정보시스템 현황

- 업무 기여도 분석

  기업이 수행하는 업무에 대하여 정보시스템이 얼마나 효율적으로 지원하는가를 측정하는 것을 의미하며 주로 현업 관리자/사용자 차원에서 다음과 같은 항목을 분석한다.

  » 기업의 사업 범위/ 업무 기능 대비 전산화율 정도

  » 사용자의 업무 생산성을 지원 하는 정보시스템 현황

  » 사용자의 필요정보 니즈Needs에 대한 정보시스템 지원 수준

  » 정보시스템 조회 화면/리포트 정확도 및 사용자 신뢰도

  » 정보시스템 개발/보완 요망 사항에 대한 대응 속도

  » 사용자의 사용 편리성/ 정보시스템 응답 시간

  » 사용자 만족도 등

- 정보 인프라 분석

  정보 인프라 분석은 다음의 요소들 중 프로젝트 특성을 고려하여 필요한 요소를 선택하여 분석한다.

» 상호 운영성
» 구매 다양성
» 유지보수 수월성
» 기능 적합성
» 기능
» 신뢰성
» 이식성
» 생산성 및 확장성
» 사용자 인터페이스
» 보안

2) 내부분석

① 경쟁우위의 원천과 내부자원

내부분석의 목적은 첫째, 기업이 보유한 내부 자원과 능력을 평가하여 기업의 강점과 약점을 파악하고, 둘째, 강점을 활용하거나 새로운 자원이나 능력의 개발과 축적을 통해 강점을 강화함으로써 경쟁우위를 지속시키는 데 있다.

경쟁우위의 원천이 내부 자원에 있다는 점을 고려해 볼 때, 강점과 약점에 대한 파악만으로는 성공적인 전략을 수립할 수가 없다. 경쟁우위를 창출할 수 있는 내부 자원이 무엇이며, 이를 어떻게 획득하고, 개발하고, 축적할 것인가 하는 측면에 대한 분석이 이루어져야 한다.

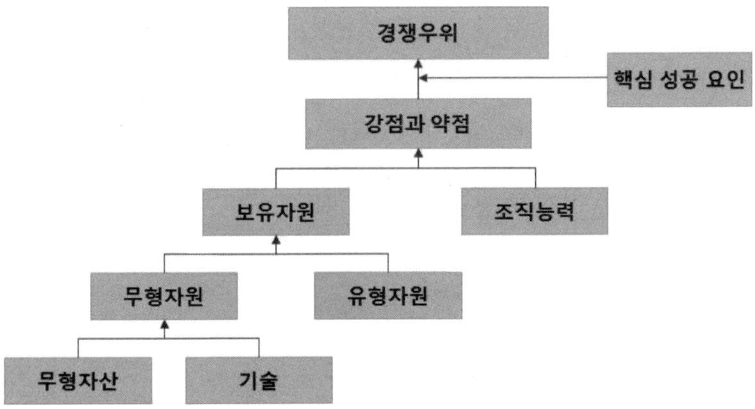

그림 B-3 경쟁우위의 원천 계층도

② 내부 자원의 종류

핵심역량은 경쟁기업에 비해 특별히 뛰어난 자원이나 능력을 의미하며 차별화된 기술적 능력, 뛰어난 학습능력, 보완적 자산 등을 그 예로 들 수 있다.

조직능력이란 조직이 습득한 효율성과 효과성을 지속적으로 개선하고 증진시킬 수 있는 경영능력을 의미한다. 지속적으로 기업을 개선시키는 방향으로 외부변화를 혁신하고 수용하는 집단적 능력을 보유하고 있는 것을 말한다.

관리유산은 무형적 문화유산과 물질적 유산으로 나눌 수 있는데, 전자는 리더십 스타일과 비전, 조직의 전반적 문화, 역사직인 상싱적 행동 등을 의미하고, 후자는 공장의 입지, 사무시설, 통신시스템, 기계장비 등이 포함된다.

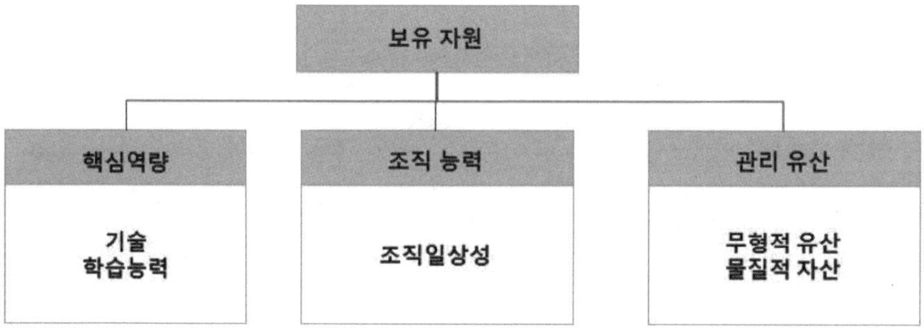

그림 B-4 자원의 분류

③ 내부 자원의 특성과 경쟁우위의 지속성

기업이 누리는 경쟁우위는 제품생산에 필요한 자원의 복잡성과 독특성으로 인해 다른 기업이 모방할 수 없을 때 지속될 수 있다. 기업의 자원이 지속적 경쟁우위의 원천이 되기 위해서는 유용성, 희소성, 불완전한 모방성, 불완전한 대체성을 모두 갖추어야 한다.

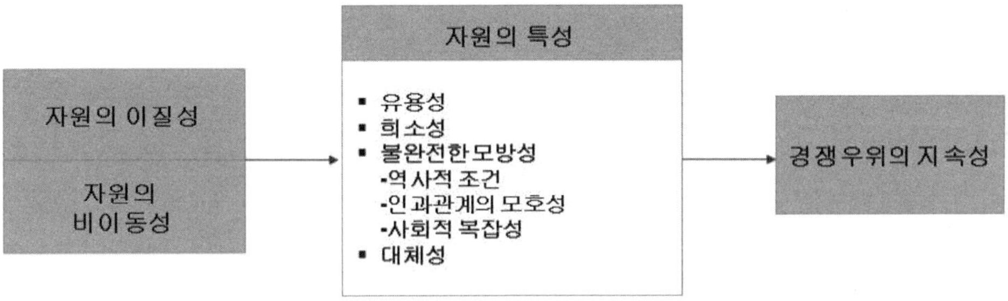

그림 B-5 자원의 특성과 경쟁우위의 연계성

3) 시장 점유율 분석

① 시장 점유율 분석Market Share Analysis

시장 점유율은 특정시장에서 기업의 상대적인 매출 성과를 의미하는데, 이는 시장에 대한 Coverage와 경쟁사 대비 승률winning ratio로 분해해 볼 수 있다. 시장에 대한 승률은 제품의 품질, 디자인, 서비스, 가격 등 기업의 총체적인 경쟁력에 의해 결정된다.

그림 B-6의 경우 시장점유율 25%는 시장 Coverage 70%와 승률 36%로 분해할 수 있는데, 이 경우 시장점유율을 높이기 위해서는 시장 Coverage의 개선도 중요하지만, 경쟁승률을 높일 수 있는 방안을 집중적으로 모색할 필요가 있다.

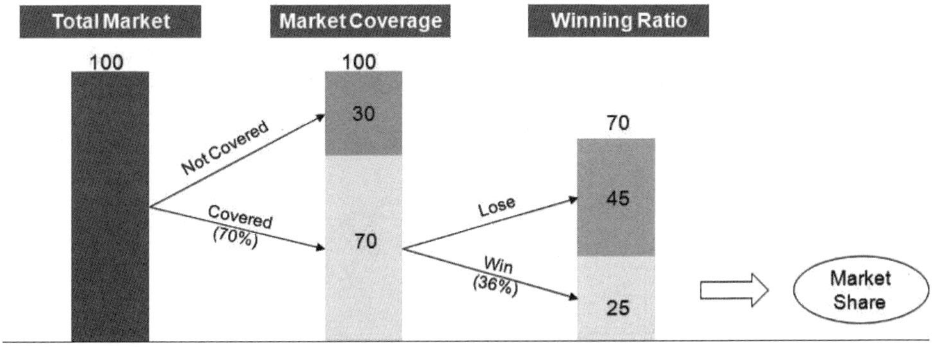

그림 B-6 시장 점유율 분석

③ 누출시장 분석Market Leakage Analysis

시장점유율이 20%라는 것은 전체 시장의 80%를 경쟁사에 놓치고 있다는 말과 같다. 이와 같이 누락된 80%의 시장이 어떤 요인에 의해 발생하는가를 분석하는 것이 누출시장Market Leakage 분석이다.

아래 예시의 경우, 누출된 80%의 시장은 다음과 같은 요인들에 의해 발생하고 있다.

- 전체 시장의 약 20%는 제품 Coverage가 부족해서 누출된다. 당사의 기술력과 생산 대응 능력이 부족하여 발생한다.
- 전체 시장의 약 25%는 고객에 대한 영업 Coverage가 부족해서 누출된다. 유통망 및 영업력의 부족에 기인한다.
- 전체 시장의 35%는 제품과 영업 Coverage는 있으나 경쟁력이 부족해서 놓치고 있다. 제품의 품질, 서비스, 가격 경쟁력 및 지불조건에 있어서 개선의 여지가 있다.

이와 같이 누출된 시장에 대한 체계적인 분석을 통해 문제의 근본원인을 파악하고 시장점유율을 높일 수 있는 방안을 집중적으로 모색할 수 있다.

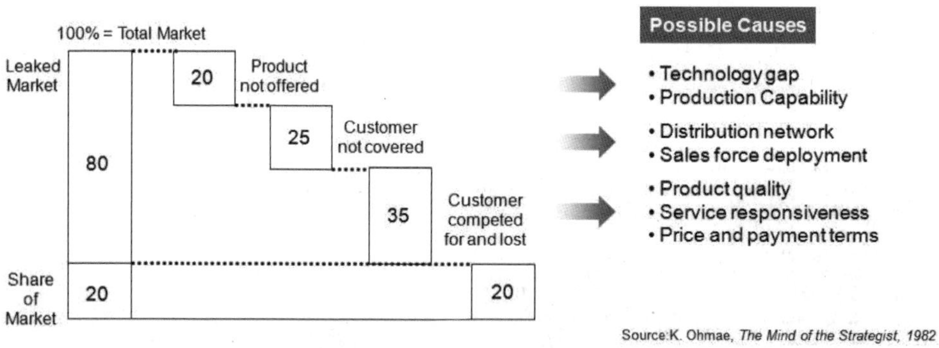

그림 B-7 누출 시장 분석

4) 가치 맵

① 가치 맵

가치 맵Value Map은 특정 제품의 고객에 대한 가치를 도표로 나타내어 경쟁사 대비 가치의 상대적인 위치를 파악하게 할 수 있다. 가치 맵의 가로축은 고객의 관점에서 제품의 편익수준을 나타낸다. 가치 맵의 세로축은 제품의 가격수준을 나타낸다.

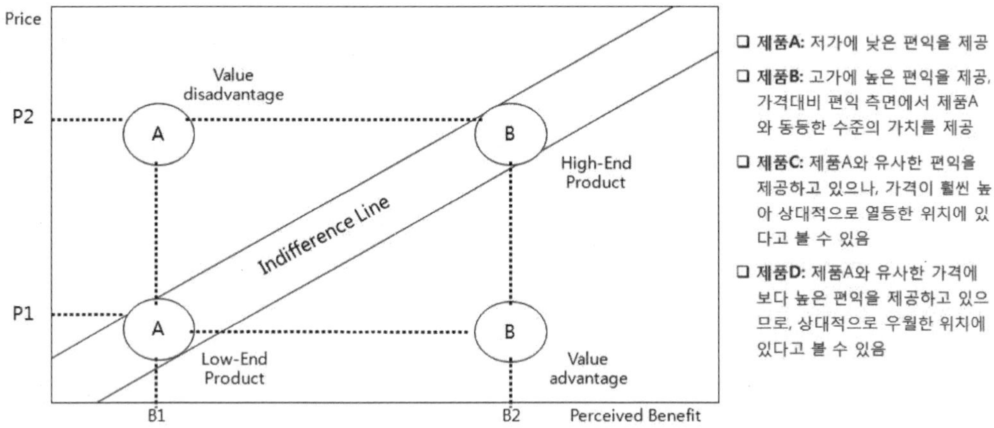

그림 B-8 가치 맵

5) 비즈니스 시스템

① 비즈니스 시스템

비즈니스 시스템business system은 고객에게 가치를 전달하기 위해 수행하는 주요 활동들을 체계적으로 분석하고 경쟁사 대비 차별화 요인을 파악하는 데 유용한 방법으로 사업의 성격에 따라 다양한 형태를 취한다.

비즈니스 시스템의 분석 방법은 다음과 같다.

- 기능적 활동functional activities 중심의 분석: 그림 B-9에 제시된 제조업의 경우와 같이 R&D, 제품개발, 구매, 생산, 마케팅, 서비스 등과 같은 요소를 중심으로 분석하는 방법

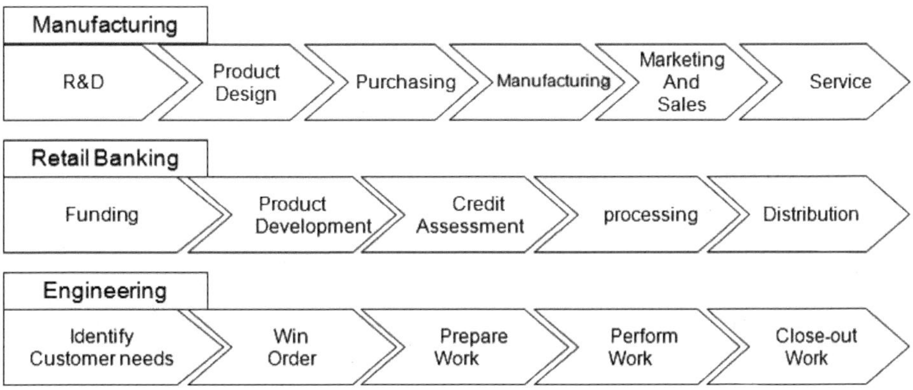

그림 B-9 비즈니스 체계 분석

- 핵심과정core process 중심의 분석: 그림 B-10에 제시된 엔지니어링 사업에서와 같이 고객 수요 파악, 수주, 작업 준비, 작업 실시, 작업 완료 등과 같은 요소를 중심으로 분석하는 방법

Design	Manufacturing	Distribution	Retailing	Installation
• Clear value proposition focused on low-cost and ease of installation • Modular furniture design • In-house design capability	• Low-cost manufacturing • 100% sourcing from long-term suppliers • Large runs	• Third party • Bulk shipments • Ample inventory on site	• Suburban locations with ample parking • Most items in inventory •Very low price •Limited customer service •Attractions for children	• Easy self-assembly by customers •"Knock-down" kit packaging • Self-transport by customers

Source:A. freeling, "Pan-European Retailing," *Retailing in the 1990s*, 1990

그림 B-10 비즈니스 체계 분석 사례

② 사례연구 - IKEA(스웨덴 가구업체)의 비즈니스 시스템 분석

IKEA는 제품디자인, 생산, 마케팅, 유통에 있어서 기존의 경쟁사들과 차별화된 독특한 비즈니스 시스템을 구축하고 사업을 운영하고 있다. 비즈니스 시스템은 기업의 비용을 절감하거나 고객에게 가치를 제공하기 위한 혁신적인 방안에 대한 통찰력을 제공해 줄 수 있다. 차별적인 비즈니스 시스템을 구축하기 위해서는 다음과 같은 점에 유의할 필요가 있다.

- 경쟁사들은 어떠한 특성을 가진 비즈니스 시스템을 구축하고 있는가?
- 비즈니스 시스템의 각 부문별로 비용이 얼마나 발생하고 고객에게 얼마나 부가가치를 창출하고 있는가?
- 경쟁사 대비 차별화 포인트는 어디서 발견할 수 있는가?

6) 가치 사슬 분석

① 가치사슬에 의한 분석

가치사슬value chain은 맥킨지McKinsey 컨설팅사의 비즈니스 시스템을 포터Michael Porter가 1985년에 훨씬 정교한 분석틀로 발전시킨 것이다.

가치사슬 기법은 기업의 전반적인 생산 활동을 주 활동부문primary activities과 보조 활동부문support activities으로 나누어 기업이 구매 및 재고관리부터 시작하여 물류, 생산과정, 판매, 애프터서비스 단계에 이르기까지 각각의 부문에서 비용이 얼마나 들고 소비자들에게 얼마나 부가가치를 창출하는지를 보다 정교하게 분석하게 해준다.

Source: M. Porter, *competitive Advantage*, 1985

그림 B-11 가치사슬 분석

② 가치사슬의 주요 부문별 차별화 요인

차별화 요인은 생산, 물류, 영업 등 주 활동 부문뿐만 아니라 인사관리, 전산시스템, 기술개발 등 지원활동 부문에서도 찾아볼 수 있다.

차별화 전략을 추구하기 위해서 다음의 주요 사항들에 유의해야 한다.

- 차별화 요인은 경쟁사들이 쉽게 모방할 수 없는 기업의 독특한 비교우위를 활용할 수 있어야 한다.
- 차별화 전략은 가치사슬의 주요 부문 간의 연계를 고려하여야 한다.
- 특정 제품의 브랜드 이미지를 제고하기 위해서는 마케팅 활동뿐만 아니라 제품개발, 생산, 유통, 서비스 등 모든 단계에서 일관성 있는 차별화 정책이 추진되어야 한다.
- 차별화에 소요되는 비용이 차별화를 통해 얻을 수 있는 이득, 즉 가격 프리미엄을 초과하지 않도록 유의해야 한다.

Source: R. Grant, *Contemporary Strategy Analysis*, 1998

그림 B-12 가치사슬의 주요 부문별 차별화 요인

③ 가치사슬 내의 정보기술

전략적 기회를 창출하고 경쟁우위를 실현하는 구조를 기획단계에서 어떻게 조직하는가에 의해 새로운 정보시스템의 유효성이 결정된다. 포터와 밀러V.E.Miller에 의하면 정보 기술이 만들어 내는 전략적 기회를 이용하기 위해서는 우선 사업 부문이 지닌 정보 밀도를 평가해야 한다고 주장한다.

정보 기술 도입에 의한 기회 창출과 우선순위 판정을 위해서는 각 사업 부문이 가진 기존 또는 잠재적인 정보 밀도를 평가하는 것이 필요하다. 각 사업 부문의 가치사슬의 정보 밀도를 평가하기 위해서는 가치사슬 분석의 체계가 효과적이다. 거래하는 공급업자와 고객의 수가 많고, 제품라인 및 부품의 품목 수가 많으며 제조 방법이 많은 공정으로 나누어지고 있는 것처럼 가치사슬에 따른 정보 밀도가 높은 경우, 정보기술은 큰 전략적 영향력을 발휘할 가능성이 높다.

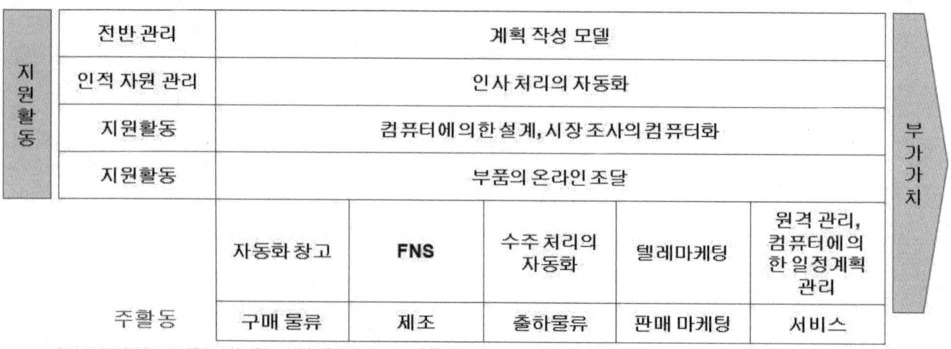

출처 : M.E. 포터, V. E. 밀러, "정보기술의 경쟁 우위에 활용", 다이아몬드 하버드 비즈니스, 1985

그림 B-13 가치사슬 내의 정보기술

7) FID 기법

① FID^function information diagram^

이 분석 기법의 목적은 정보화를 전제로 한 기존 프로세스 혁신 및 정보시스템의 개선을 효과적으로 추진하는 데 있다. 본 기법의 특징은 다음과 같다.

- 기존의 업무를 활동과 산출물의 관계 즉, 목적과 수단의 관계로 접근하여야 한다.
- 프로세스 맵의 작성 결과가 바로 정보시스템화(설계)로 연결될 수 있다.
- 표현 방법에 지나치게 상세한 규정은 없다.
- 그 결과가 프로세스 맵으로 표현되기 때문에 부문이 아니라 전체에서 파악할 수 있다.

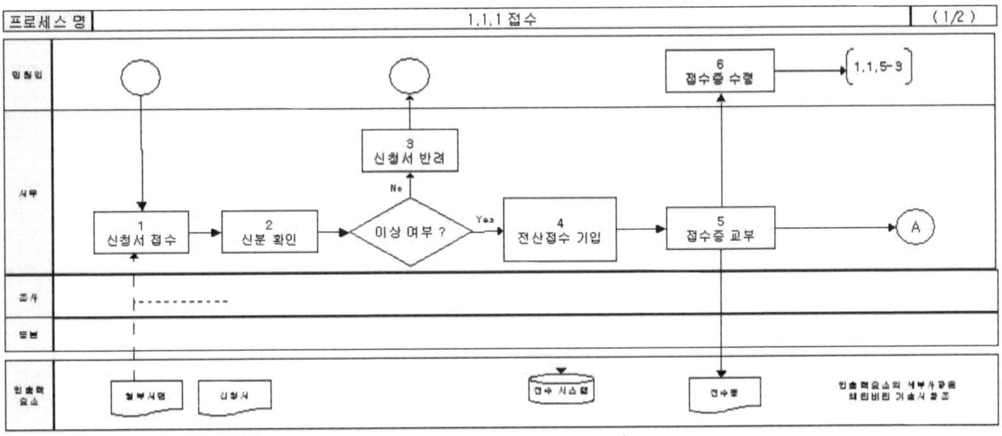

출처 : Geoffrey A. Moore 1997

그림 B-14 FID 분석

수행 방법은 현황을 파악하는 As-Is작성과 미래의 업무 및 시스템 모습을 그리는 To-Be 작성으로 분류된다.

As-Is 작성

- 업무 프로세스 기술서 또는 업무 기술서의 작성
- 각 활동^activity^ 또는 기능^function^에서 입력 또는 산출되는 정보(자료)의 명확화
- 활동(또는 기능)과 정보와의 연관 관계의 명확한 이해
- 정보 중심으로 전후 활동(또는 기능)간의 연관 관계를 파악

- 파악된 내용에 의거 표현 방법에 의해 현행 프로세스 맵을 작성
- 세부 내역 및 보완처리
- 활동(또는 기능)을 동작 또는 움직이게 하는 동인(또는 트리거trigger)를 파악하여 그 내용을 기술함
- 활동(또는 기능)의 수행에 관련된 기준 및 통제 요인을 파악하여 기술함
- 출력물의 평가 항목 및 요인을 파악하여 기술함

To-Be 작성

- 프로세스 목적 및 품질 기준항목을 중심으로 현행 기능과 산출물을 평가하고 명확화함(통폐합)
- 기준 및 통제 요인의 부적절성 평가 및 개선 내용 기술
- 동인 및 트리거의 내용을 파악하여 활동(또는 기능) 간의 흐름 및 연계성을 재평가하고 활용 정보기술 및 정보 공유성을 검토하여 현행 활동 및 정보를 재편성
- 재편성된 내용에 의거 표현 방법에 의해 프로세스 맵을 작성

8) 벤치마킹

① 벤치마킹

특정분야에서 우수한 대상을 찾아 성과차이를 확인하고, 그 차이를 극복하기 위하여 대상의 뛰어난 운영방식을 배우면서 자기혁신을 추구하는 기법이다. (미시적 정의)

선진사례에 대한 전략, 업무 프로세스, 정보기술, 조직 등에 대한 정보수집 및 사례분석을 실시하고, 선정된 대상의 우수성과 자사 간의 성과차이에 대한 원인을 분석하여, 이를 극복하기 위한 방안을 중장기적인 경영계획 또는 정보화계획에 반영하는 업무이다. (거시적 정의)

- 성공적인 벤치마킹이란?

  벤치마킹을 통한 성과차이 분석 및 원인 분석뿐만 아니라, 규명된 원인을 제거하기 위하여 수립된 혁신 전략 및 활동계획에 근거하여 혁신활동을 전개해야 된다. 또한 혁신활동 중의 변화관리 방안 및 활동 수행 후의 평가방안(평가지표 포함)까지 사전에 수립함으로써 실패한 부분에 대한 원인분석을 가능케 해야 한다.

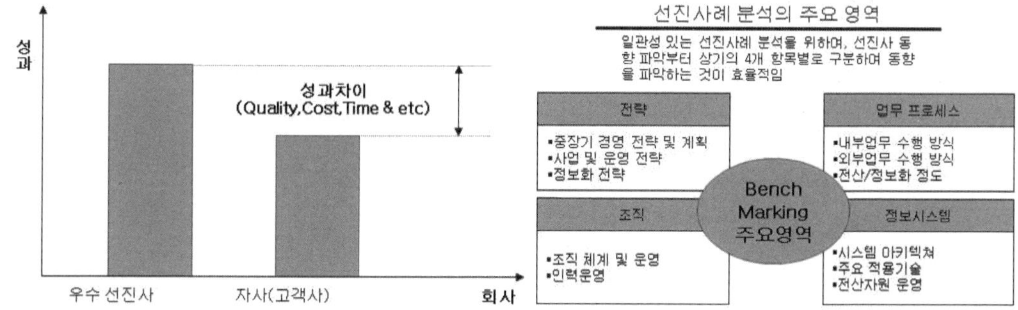

그림 B-15 벤치마킹

9) 경쟁우위 원칙

기업의 지속적인 경쟁우위의 원천은 기업의 핵심역량에 있다. 핵심역량이란 기업이 보유하고 있는 내부역량으로서 경쟁사와 차별화될 뿐만 아니라 사업성공의 핵심으로 작용하는 경쟁우위의 원천이라고 할 수 있다. 기업의 핵심역량은 다양한 형태의 유형 및 무형자원과 조직능력에 기반을 두고 있으며 핵심역량은 지속적인 학습과 공유를 통해서 더욱 향상될 수 있다.

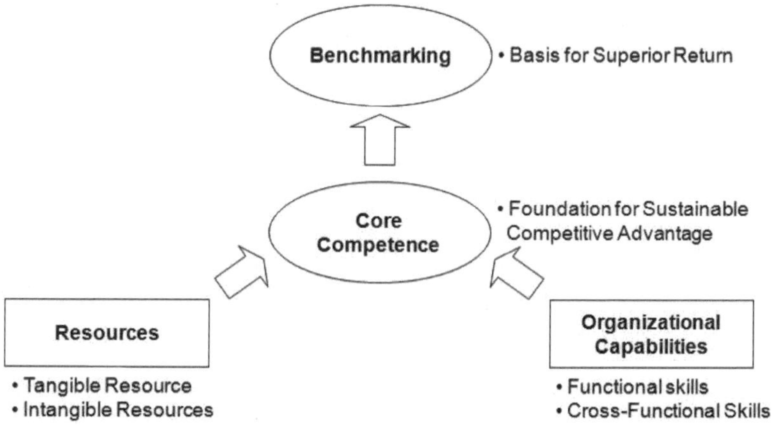

그림 B-16 경쟁우위 분석

10) 핵심역량 분석

① 핵심역량의 조건

기업의 핵심역량을 구체적으로 파악하기 위해서는 다음의 4가지 기준을 적용할 수 있다.

- 핵심역량은 경쟁사 대비 차별적 우위가 있어야 한다. 핵심역량은 단순히 특정 기업이 잘하는 활동을 의미하는 것이 아니라, 경쟁사에 비해 우월한 상대적인 능력을 의미한다.
- 핵심역량은 가치창조에 기여할 수 있어야 한다. 즉, 고객에 대한 가치를 높이거나 그 가치가 전달되는 과정을 더 효율적으로 할 수 있어야 한다.
- 핵심역량은 경쟁사가 쉽게 모방할 수 없는 희소성이 있어야 한다. 핵심역량은 개별 기술뿐만 아니라 다양한 경영자원과 조직능력에 의해 복합적으로 구성되고 집단적으로 학습될 때 모방하기 더욱 힘들다.
- 핵심역량은 다른 사업으로의 적용 가능성이 있어야 한다. 예를 들어 혼다Honda의 엔진기술에서의 핵심역량은 모터사이클에서 시작하여 자동차, 모터보트, 잔디 깎는 기계 등 다양한 사업 분야의 신규진출을 가능케 하였다.

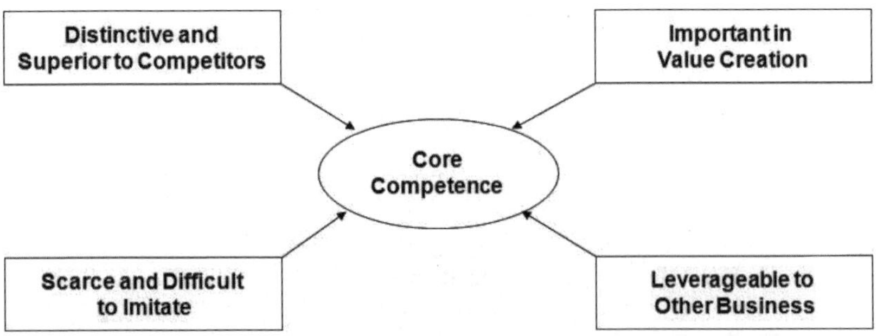

그림 B-17 핵심역량 분석

② 사례연구 – 월마트Walmart의 핵심역량

월마트의 핵심역량은 크게 주요 업무 프로세스 및 경영시스템을 통해 구축했다.

월마트는 '적하차 교차시설Cross-Docking' 시스템을 통해 재고비용과 운영비용을 최소화하면서 상품의 이동시간을 48시간 이내로 단축시켰다. 적하차 교차시설과 관련된 지원시스템에 광범위한 전략적 투자를 하여 경쟁사들이 쉽게 모방할 수 없는 핵심역량을 구축했다.

월마트는 각 점포와 거래처, 물류센터 및 본사를 컴퓨터 통신 및 인공위성 통신시스템으로 연결하여 소비자가 원하는 제품을 적시적소에 공급하고 물류비용을 대폭적으로 감축했다. 핵심역량을 통한 비용절감은 "매일매일 저가전략Everyday Low Price"을 가능하게 하여 지속적인 매출 성장을 이루게 했다.

③ 사례연구 - 캐논Canon의 핵심역량

캐논은 광학기술, 정밀기계기술 및 첨단 전자기술 등 기술적 핵심역량을 바탕으로 카메라, 의료기기, 복사기, 프린터, 팩시밀리 등 계속적으로 새로운 사업영역을 개척했다. 캐논은 핵심적인 기술역량을 개발하고 확충하면서 다양한 관련 사업부문으로 진출했다. 이러한 새로운 사업부문으로의 진출은 새로운 핵심역량의 개발을 가능하게 하여 지속적인 성장을 이어 나갔다.

11) 맥킨지McKinsey의 7S 모델

① 맥킨지의 7S 모델의 구성요소

맥킨지의 7S 모델McKinsey's 7s' Model은 증가되는 기업 문화의 중요성에 대한 인식을 강조한다. 또한 이 모델은 각 요소 간의 원활한 대화의 기회증가를 중요시 한다.

피터스Peters는 그의 저서 『초우량 기업의 7가지 요소』에서 7S 모델을 제시했는데 이는 전략을 포함하여 기업 전체를 진단하고 전략을 수립, 실행, 평가하는 구조적 사고의 틀을 제공한다. 7S 모델은 기업조직의 변화 대처능력에 영향을 끼치는 7가지 경영 요소들이 거미줄처럼 상호 연결되어 있어 전략을 수립, 실행, 평가하는 데 있어 전체적인 시각에서 사고하지 않으면 안 된다는 것을 시사하고 있다.

② 7S 모델의 구성요소

- Strategy: 경쟁에서 이기고 지속적인 이익을 얻는 것을 목표로 하는 일련의 응집성 있는 행동의 세트
- Structure: 조직의 구성과 구성원들 간의 역할 및 임무 수행을 분담하고 통합하는 것
- System: 일상적인 조직 내 업무를 수행하게 하는 과정 및 흐름
- Staff: 조직 내의 구성원
- Skill: 조직 내 사람들과 전체 조직으로부터 생겨날 수 있는 업무수행 능력 및 기술
- Style: 실체적인 경영 및 관리방식의 유형

- Shared Value: 기업의 운명을 좌우함과 동시에 기업 내 모든 조직원에 의해서 나누어 질 수 있는 가치

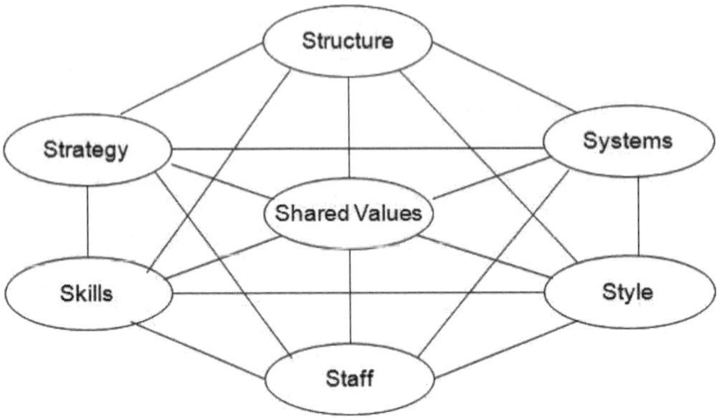

그림 B-18 맥킨지의 7s 모델

12) 이해관계자 분석기법

① 이해관계자 분석기법(생명 보험회사 사례)

이 기법은 기업의 전략을 관계라는 관점에서 바라보는 경영분석기법의 일종이다. 기업 및 기관과 관련된 내부 및 외부의 이해관계자의 관계를 분석함으로써 이미지 개선, 내부 및 외부 고객의 만족도 제고 및 경쟁력 강화를 위한 방안 및 이슈를 찾아가는 기법이다.

이해관계자 분석기법의 목적은 기업과 관련된 내부 및 외부의 이해관계자의 관계를 분석함으로써 내부 및 외부 고객의 만족도 제고 및 경쟁력 강화를 위한 방안 및 핵심 과제를 도출하는 데 있다.

또한 이러한 툴을 이용해 기업 및 조직이 취하는 각종 전략 및 의사결정, 외부에서의 환경변화가 주요 이해관계자에 미치는 영향을 분석하기도 한다.

분석 방법은 다음과 같다.

- 기업 및 기관과 관련된 이해관계자를 도출한다.
  이해관계자는 내부와 외부에서 관련이 있는 모든 사람, 기관, 기업을 지칭한다. 이해관계가 다른 부류는 다른 이해관계자로 정의한다.
- 이해관계자의 지지/거부 등을 표현하는 이해관계자도를 작성한다.
  지지/거부에 대한 관계를 5 스케일Scale에 의하여 표현한다.

- 이해관계자의 주요 이해관계를 파악하여 전략적 중요도를 평가한다.

  이해관계가 기업 및 조직의 전략을 달성하는 데 어느 정도의 중요도를 지니고 있는지를 분석하여 정리한다.

- 이해관계자와의 접속 채널을 조사하여 정리한다.

  기업 및 조직과 이해관계자 간의 의사소통 및 작업환경, 서비스 제공 채널 등을 조사하여 정리한다.

- 핵심 이해관계자에 대한 현재의 대응형태를 파악하고, 향후 개선방향을 정립한다.

  전략적 중요도가 높은 핵심 이해관계자의 요구사항을 파악하고, 이에 대한 현재의 대응형태를 분석하여 정리하며, 이해관계자들의 요구사항을 바탕으로 대응형태의 개선방향을 모색하여 정리한다.

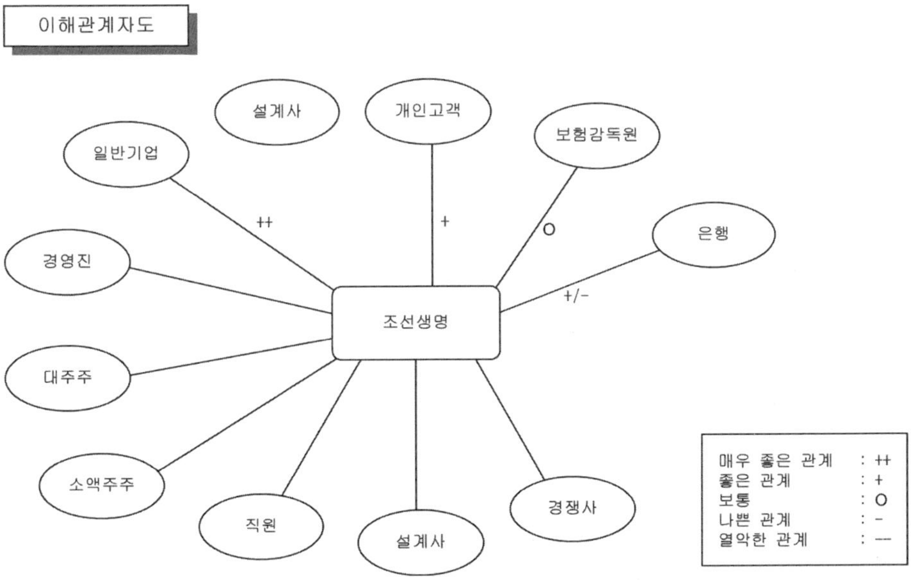

그림 B-19 이해관계자 분석(예시)

13) 3C 분석

① 3C 분석(세부시장분석)

3C 분석이란 자사company 능력, 경쟁사competitor 분석, 고객customer 분석을 의미한다. 자사의 강점과 약점을 분석하고 자사의 경쟁우의 창출 가능성을 식별하는 것이다. 경쟁사 분석이란 경쟁사의

생산능력, 경쟁사의 시설투자 규모의 진척 정도, 경쟁사의 주요 고객 및 판매전략 등에 대해서 분석하는 것이다

② 분석방법

시장을 세분화한 다음 기업은 세분된 시장 내에서 마케팅 전략을 펼칠 시장, 즉 표적시장을 선정해야 한다. 이때 기업들은 표적시장 선정을 위하여 각 세분시장별 매력도를 평가하는데, 평가 시 고려해야 할 사항이 고객customer, 경쟁사competitor, 자사company의 3C이다. 기업들은 시장 규모와 시장 성장률, 현재의 경쟁사와 잠재적 경쟁사, 자사와의 적합성 분석 등을 통해 세분 시장별 매력도를 평가하고 자사와 가장 적합한 시장, 즉 표적시장을 선정하는 것이다.

각 평가요소는 5점 또는 7점 척도를 사용하여 평가하고, 평가 요소별 중요도를 감안하여 각 세분 시장의 매력도를 산출한다. 그리고 각 평가 요소의 중요도는 기업에 따라 다르게 나타날 수 있다.

3C	평가요소	평가기준
고객(Customer)	▪ 시장규모, 시장 성장률 ▪ Segment/Needs ▪ 구조변화	▪ 해당 세분시장이 적절한 규모인가? ▪ 성장 가능성이 높은 시장인가? ▪ 각 세분시장별 잠재수요는 어느 정도인가?
경쟁(Competitor)	▪ 현재의 경쟁자, 잠재적 경쟁자 ▪ 경쟁자의 장점과 약점 ▪ 모델 선진기업의 성공요인과 당사에 주는 의미	▪ 현재의 경쟁사들이 공격적이고 강력한가? ▪ 새로운 경쟁자의 진입가능성이 높은가?
자사(Company)	▪ 기업목표, 자원시너지 효과 ▪ 당사 주요제품 ▪ 매출/이익공헌도 ▪ 기술력 ▪ 이익 ▪ 판매력 ▪ 품질	▪ 기업의 목표와 일치하는가? ▪ 인적, 물적, 기술적 자원을 갖추고 있는가? ▪ 기존 브랜드의 마케팅 믹스 요소를 연계하여 시너지 효과를 가져올수 있는가?

그림 B-20 3C 평가 기준

Index

찾아보기

ㄴ

ㄷ

ㄹ

ㅁ

ㅂ

ㅅ

ㅇ

ㅈ

ㅎ

기타

T

V

X